2012

上海口岸年鉴

shanghai kouan nianjian

上海市口岸服务办公室
上海口岸联合会 编

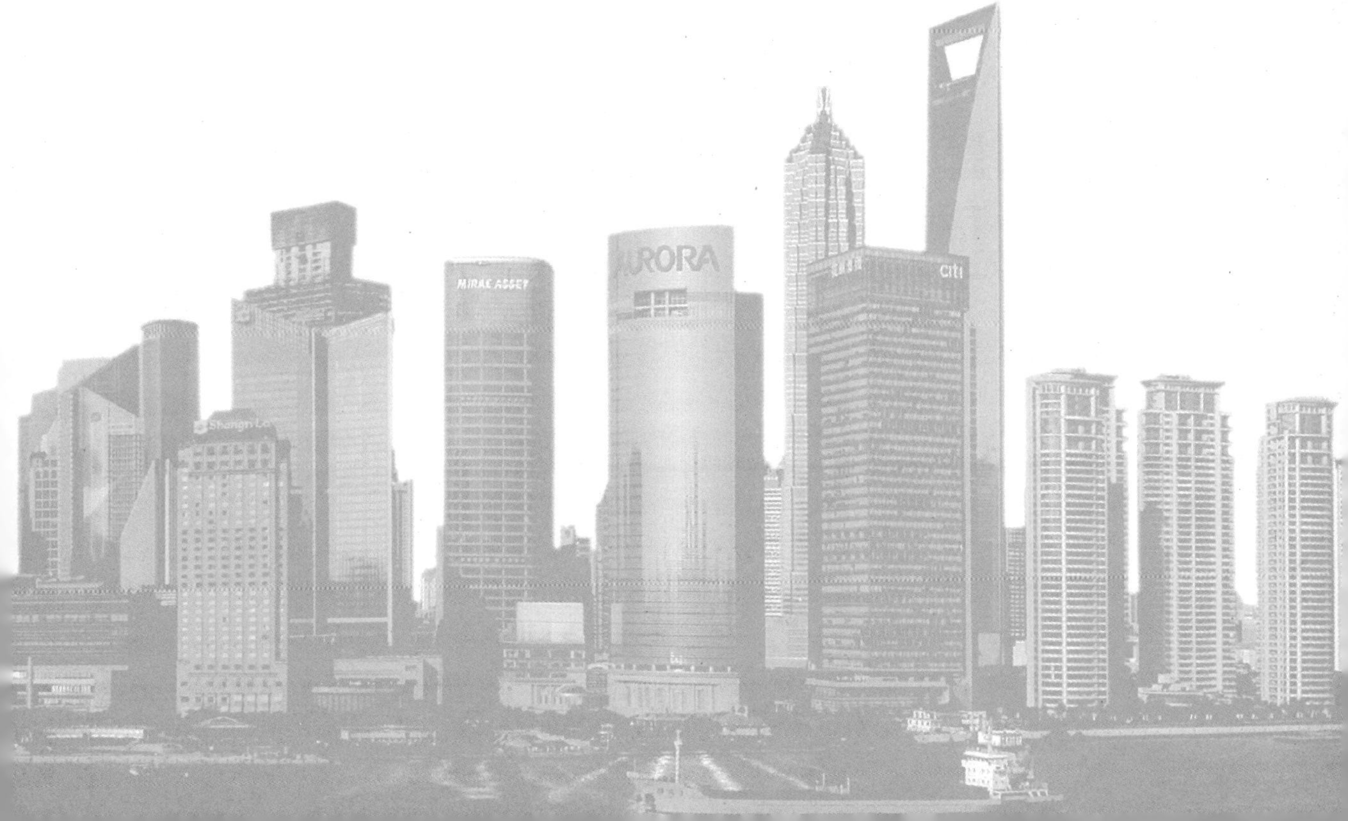

9月6日杨雄常务副市长在浦东机场口岸通关服务中心调研

8月9日杨雄常务副市长与边检总站领导一起为“中国边检·阳光国门”服务品牌揭牌

2月28日《上海口岸服务条例》宣传贯彻大会

2月15日上海浦东国际展览品监管服务中心揭牌暨合作备忘录签订仪式

7月25日上海口岸发展情况新闻发布会

11月29日上海与中部六省和川渝沪大通关联席会议

3月15日浦东国际机场24小时直接过境旅客免办边检手续启动仪式

边检领导在机场口岸现场进行调研

8月29日上海口岸文艺展演晚会

3月9日上海同创共建文明口岸活动领导小组会议评选表彰五星级文明示范窗和最具影响力共建典型

上海海关领导实地检查口岸视频监控系统建设和运行情况

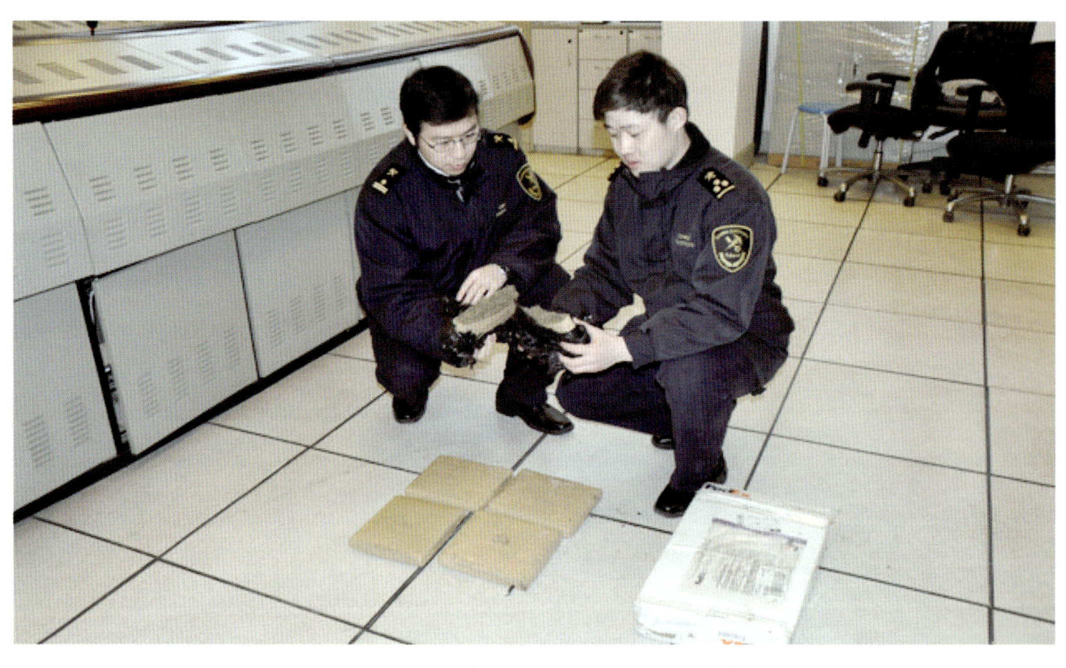

海关工作人员在国际快件渠道查获毒品

海关工作人员开展毕加索中国大展展品转关监管工作

海关工作人员对保税仓库履行监管职责

上海检验检疫局领导在出口企业一线调研

检验检疫工作人员对上海机场范围内口岸食品经营单位实施卫生监督

检验检疫工作人员对进口香蕉进行查验

检验检疫工作人员对来自疫情地区的国际旅客实施入境卫生检疫

上海海事局与上海出入境检验检疫局合作签约

海事工作人员开展东海民用航空器遇险搜救演习

上海海事局"海巡01"大型巡航救助船顺利下水

上海海事局为国际音乐节活动水上安全护航

边检领导检查指导浦江口岸工作

口岸通关移民管理与服务国际研讨会在沪召开

边检工作人员热情为出入境人员服务

边检工作人员在铁路上海站口岸冒雪执勤

联邦快递上海国际快件和货运中心落户上海机场

加快推进北外滩航运服务总部基地建设合作协议签约

上海浦东机场综合保税区

2009年7月3日，国务院正式批准设立上海浦东机场综合保税区，批复规划面积3.59平方公里，一期(1.60平方公里)和二期(1.99平方公里)分别于2010年4月2日和2011年12月28日通过验收。

上海浦东机场综合保税区以口岸及保税物流为基础，不断深化和延伸国际贸易、金融服务和展示交易等功能，全力打造航空特色鲜明、配套服务齐全、业务类型多样的国际化空港型综合保税区。

上海浦东机场口岸通关服务中心：

上海浦东机场口岸通关服务中心是上海市四个口岸一门式通关服务中心之一，位于浦东机场综合保税区卡口以西，由两座U字形建筑组成，一期总建筑面积9.34平方米，楼内设有海关、检验检疫、工商、税务、外汇等政府相关职能部门的对外业务受理大厅及企业办公场所。

保税仓储设施：

一期保税仓储面积近30万平方米，满足物流、货代、生产加工等各类企业需求。

系单位：上海浦东机场综合保税区招商服务中心
址：上海市浦东新区闻居路1333号浦东机场综合保税
公共服务中心(一期)A区7楼707室
编：201207
话：021-60752900
真：021-60752899

- 货车通过盘道上下；
- 仓库每层层高7米；
- 提供1600—4800平方米不等的单元，可根据客户的需要进行灵活分隔及组合；
- 仓库单元内办公面积配比约为10%；
- 设计满足TAPA认证硬件要求；
- 配备装卸平台、雨棚、消防喷淋等设施；
- 标准办公室与作业区分离，隔音条件良好；
- 水、电、气、通讯等基础管线预留充足。

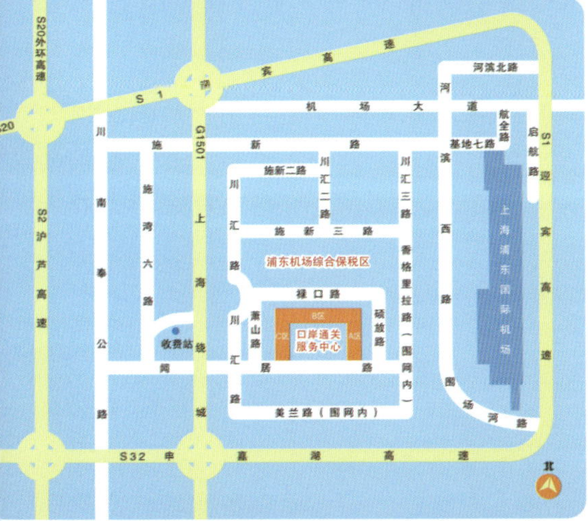

上海老凤祥国际贸易有限公司

1990年，中国第一个金融贸易区——陆家嘴金融贸易区在浦东建立，它是迄今为止唯一一个以金融贸易命名的国家级开发区。作为 中国大陆唯一以“金融贸易区”命名的国家级开发区以金融贸易、会展商务为主导功能。2000年10月27日，由上海陆家嘴集团公司、中国工艺品进出口总公司及香港公司等共同组建、成立全国第一家钻石交易所。2001年12月上海老凤祥国际贸易有限公司成立了上海钻石交易所的首批会员单位。

上海老凤祥国际贸易有限公司是上海钻石交易所为数不多的国内国有企业，承接着批发、零售和代理钻石的业务，是钻交所为数不多的公司购货方，同时也是购买力排名数一数二的采购方。

上海老凤祥国际贸易有限公司2001年12月公司成立至今，办公面积从最初的20多平方米到现在近130平方米；进出交易数量也从刚成立的每年五、六十票到目前的三百多票；公司的销售额从2002年二千伍佰二十万元上升到2011年两亿一千万元，缴纳海关增值税额从最早的三百九十七万元提高到去年的四千三百七十七万元。

从上海老凤祥国际贸易有限 公司发展的这十多年的过程来看，从公司不断提升的经济增长表明了浦东的改革开放具有跨时代的意义。浦东，这个当时在老上海人口中的“穷地方”经过改革开放的滋润，已经发生了翻天覆地的变化。陆家嘴金融贸易区正以“伦敦金融区”为样本进行开发。今年，党的十八大顺利召开，上海老凤祥国际有限公司将依托上海钻石交易所的发展壮大的步 伐，在新一轮的“十二·五”发展计划中，以提高经济增长的质量和效益为中心，稳中求进，迈出更大步伐。

上海金桥出口加工区(南区)

金桥出口加工区(南区)是2002年6月经国务院八部委验收通过,正式封关运行的特殊监管区,享受国家级出口加工区的各项优惠政策。金桥南区作为浦东新区唯一的国家级出口加工区,距上海城市外环线3公里、内环线12公里,浦东国际机场10公里、虹桥国际机场30公里,外高桥港区19公里、洋山深水港50公里,空运、海运、陆运均极为方便。

金桥南区总规划面积为2.8平方公里,一期封关1.55平方公里,吸收投资总额16.4亿美元,合同外资5.86亿美元。根据上海微电子和半导体装备产业的发展战略,由上海市经委命名的上海半导体装备基地也在金桥南区挂牌,以中微半导体为主的具有自主知识产权的半导体装备企业群体在区内得以蓬勃发展,科技研发已成为区域经济发展的一个新亮点。

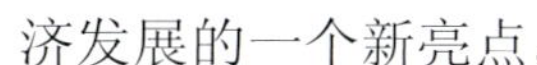

金桥南区以“功能集成、提升优势、资源整合、集约优化”为发展目标,利用区位优势,提升产业能级,将加工制造业向先进制造业转变;积极探索实施功能拓展与创新,大力开展保税物流、研发设计、检测维修及配套服务功能,推动金桥南区成为先进制造业和生产性服务业集聚区。

我们竭诚欢迎海内外企业来金桥南区创业和发展,携手共创美好的未来。

联系单位:上海金桥出口加工区(南区)管理委员会 地址:上海浦东新区华东路5031号

电话:(021)58584689 传真:(021)58584682

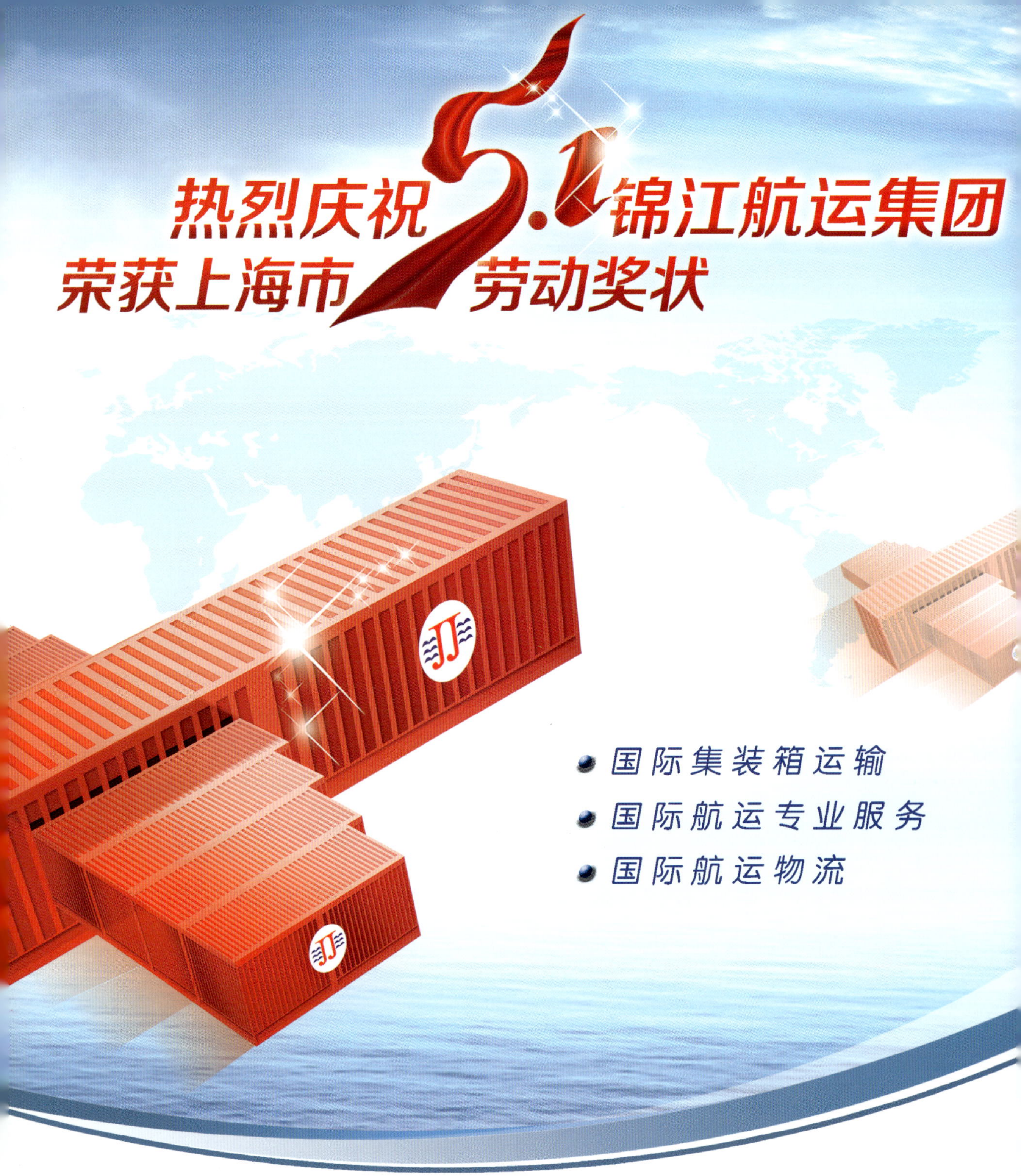

国际集装箱运输

国际航运专业服务

国际航运物流

中国·上海·淮海中路98号金钟广场15楼　200021

电话：+86-21-53862200　传真：+86-21-63904798　www.jjshipping.cn

上海亿通国际股份有限公司
Shanghai E&P International,INC.

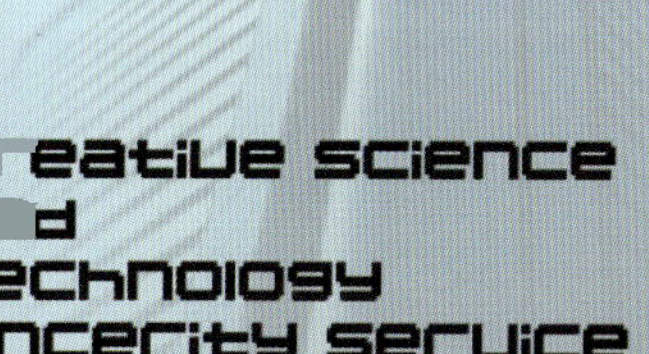

公司介绍

上海亿通国际股份有限公司于2001年7月28日成立，经国家口岸管理部门和上海市政府授权，负责上海口岸物流信息系统建设和运营，以及上海国际航运中心的信息网络建设。功能贯穿“贸易”、“监管”、“物流”、“支付”四大环节的信息服务功能，开发面向通关及物流信息化的整体解决方案，同时开展相关的软件开发、系统集成、信息技术咨询与培训等业务。公司相继承担建设了“上海大通关平台 ”、“上海电子口岸平台”、“特殊区域联网监管系统”、“洋山综合信息服务平台”、“上海世博会物流管理信息系统”等一系列重大项目。2007年，公司被国家人力资源部与中国物流采购协会评为全国物流先进集体，2009年获得上海市信息服务行业杰出贡献奖，2010年被评为上海世博会世博园区服务保障先进集体的荣誉称号。作为上海口岸信息化建设领域的中坚力量，亿通正在向现代物流信息服务领域拓展，积极参与长三角、长江流域的物流信息一体化进程，为上海国际航运中心建设、为上海服务长三角、服务全国做贡献。

亿通国际 Shanghai E&P International, Inc.
地址:上海市浦东新区世纪大道 211 号上海信息大楼 12、37 楼　邮编:200120
Add: 37F Shanghai Information Tower,211 Century Avenue,
Pudong New District, Shanghai City,China 200120
Tel: +86-21-58775890-152　Fax: +86-21-58777200
http://www.easipass.com

上海国际航运中心开发有限公司

体现**航运服务业**的核心功能和**规模效应**，

发挥吸引跨国航运企业集聚的作用。

上海国际航运服务中心项目位于上海市虹口区北外滩地区，西起公平路、东至瑞丰大厦及秦皇岛码头、北靠临江小区至杨树浦路、南临黄浦江，与浦东小陆家嘴地区隔江相望。该地块与西侧的上海港国际客运中心相连，形成一个两倍于外滩长度的滨江区域。

本项目建设规模近60万平方米，包括办公楼宇、商业广场、会议中心、公寓式酒店以及游艇港池等在内的相关设施。功能上定位为“上海国际航运中心”，体现航运服务业的核心功能和规模效应，发挥吸引跨国航运企业集聚的作用。为此，本项目围绕航运交易与商务的需要，强化航运服务的商务性及配套功能，并通过游艇港池等设施体现航运服务特色，形成与航运主题相符的沿江经典建筑群，强化以航运中心为主体的办公及商业区域功能。

地址：虹口区公平路50号

上海南港

上海南港是上海第二个、杭州湾新增的多用途、综合性港区，于2012年获国务院口岸扩大开放批复，坐拥11.4公里岸线。首期建设9个泊位，其中3万吨级件杂货船泊位3个、2万吨级汽车滚装船泊位1个、5千吨级通用杂货船泊位5个，23万平方米堆场；设计年通过能力250万吨、汽车16万辆。码头水深条件良好，可满足3万吨级件杂货船乘潮通过。港区内建有现代化的联检大楼（入驻单位包括海关、海事、商检及边检等），能实现快速便捷、“一站式”通关综合服务。

上海南港作为上海市开放口岸将以服务临港产业区为抓手，充分利用岸线资源，发挥口岸功能，在满足产业区五大装备产业重大件、滚装及集装箱捎带箱物流需求的基础上，依托芦潮港铁路中心站、洋山深水港及周边快速路等硬件基础设施，实现海铁联运、水水中转、多式联运等现代集疏运方式，打造贯通上海、连接浙江、服务全国、惠及临港的物流配送网络，为江浙沪、长三角地区、乃至全国市场提供优质的物流服务。

以口岸功能推动产业功能
为产业转型提供优质服务
为航运中心建设增添光彩

临港产业区规划布局图

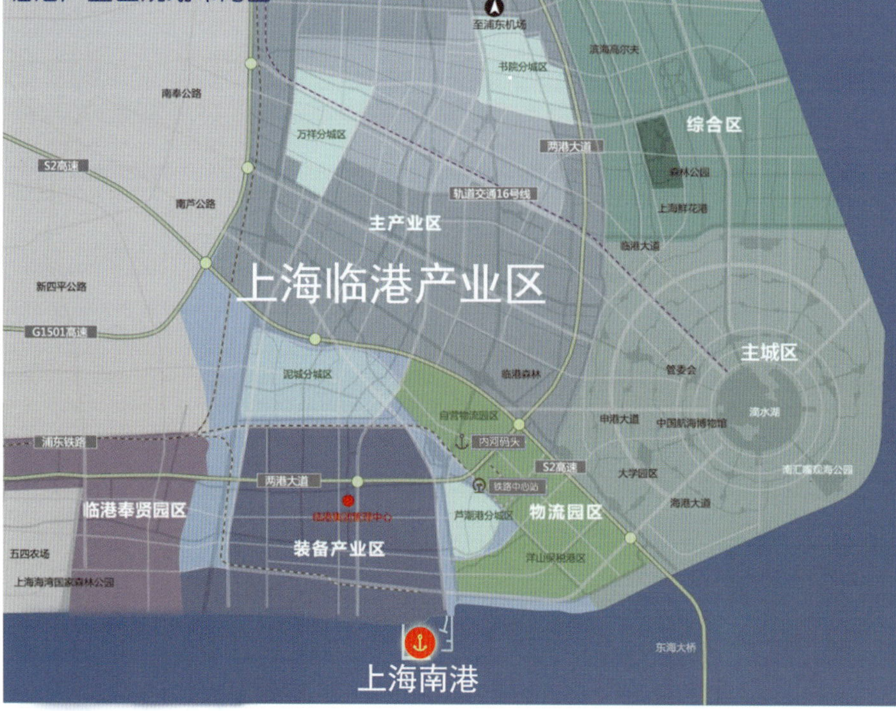

上海临港产业区作为国家级先进制造业基地、战略性新兴产业示范基地、国家级创新产业基地、国际现代物流服务中心和国际现代生态化产业区，承载上海产业转型升级的战略使命并作为上海国际金融中心和航运中心建设的重要组成部分。

临港产业区已形成五大产业集群：

- 新能源装备制造业
- 大型船用关键件
- 海洋工程装备
- 汽车整车及零部件
- 工程机械

2012年底，上海临港产业区工业总产值已达514亿元人民币，预计在2020年，工业总产值将达到1800亿元人民币。上海临港产业区是上海南港发展的坚强后盾。

更多信息请访问

WWW.SHLINGANG.COM

WWW.SHNP.COM.CN

阿提哈德航空

我们服务全球

您的业务，我们接手

上海至阿布扎比，每日

Shu Xu，
货运代理人，
中国上海

当 Shu Xu 需要在当天将微芯片运往阿布扎比时，她致电了阿提哈德航空货运(Etihad Cargo)。 阿提哈德航空拥有 18 个客运航班及 11 个货运航线，每周可从中国向阿布扎比运送高达 1160 吨甚至更多的货物。

因此，不论您需要运送的是微芯片还是电脑，请访问 **www.etihadcargo.com** 获取更多信息，或联系您当地的阿提哈德航空货运代表，我们将接手为您服务。

阿提哈德航空
ETIHAD
CARGO
ABU DHABI

《上海口岸年鉴》编辑委员会

主　任：

张超美

副主任：

陆海祜

成　员：

（以姓氏笔画为序）

马凌俊　王吉杰　王新培　戎之勤　江一新　李伟达
李国官　李　晋　李锦高　沈山州　张　林　张　页
张云龙　张华鲁　陈　臻　金国军　赵　峻　袁嘉蓉
顾洪辉　徐国毅　黄　新　章式洪　简大年

执行编委：

江一新　章式洪

执行编辑：

邹增强　洪　雷

撰稿人：

（以姓氏笔画为序）

丁佳贤　马文辉　马美玲　王关云　王家斌　王莉芳
冯　赟　朱泽榕　刘　生　刘江萍　刘　葳　许家义
孙　昊　江　炜　李玉红　李镜菁　杨　洁　杨　晓
杨云丽　杨海根　吴启华　何　明　沈　娉　张　俭
张　强　陈　立　谷二艳　邵　祺　邵永表　邹增强
茅　健　林乐明　林章林　林惠政　金　权　金彩娣
郑明邑　赵　刚　段雪薇　施聪裕　洪　雷　袁　璐
徐志忠　徐　凯　徐国民　高　丰　唐　韵　唐湛祥
谭　波　蔡　捷　翟耀华　熊　魏

序

上海是我国最大的口岸城市。作为国家对外开放的重要窗口,上海口岸代表着中国口岸的形象和水平,承担着促进上海经济社会发展和服务长三角、服务长江流域、服务全国的历史使命。

随着改革开放的不断深入,尤其在“十一五”期间,依托上海国际航运中心建设,上海口岸发展始终保持良好态势。国际枢纽综合服务功能不断提升,“三港三区”联动效应逐步显现,服务全国的能力和全球影响力显著增强。货物吞吐量连续六年位居世界第一,集装箱吞吐量于2010年首次跃居世界第一。航空口岸出入境旅客连续12年居中国内地首位,浦东国际机场货邮吞吐量连续三年名列世界第三。

“十二五”是上海加快实现“创新驱动、转型发展”的关键时期。全力营造“便捷、高效、安全、法治”的口岸环境,对上海推进“四个率先”、建设“四个中心”具有重要意义。上海口岸要坚决贯彻中央部署,围绕改革开放和经济社会发展大局,瞄准国际一流口岸目标,在完善口岸开放格局、提高口岸资源使用效率、推动口岸信息化建设、拓展综合改革试验区政策效应、提升口岸集聚辐射功能等方面,进一步自我加压,全力以赴谋创新、求突破。

《上海口岸年鉴》自2000年创刊以来,得到上海口岸各单位、业内专家学者及全国口岸系统的关注和好评。希望改版后的《上海口岸年鉴》,能够坚持“调整、充实、创新”的主基调,不断提高办刊质量,着力在资政、存史、研究、宣传等各方面,为上海口岸长远发展发挥更加积极的作用。

杨雄

目　录

特载

一、口岸综合

二、口岸检查检验

三、水运口岸

四、航空口岸

五、陆路口岸

六、特殊监管区域

七、协会工作

八、政策法规选编

九、口岸工作文集

十、统计资料

特　　载

2012年上海口岸要闻

1.《上海口岸服务条例》正式实施。上海市第十三届人大常委会第三十次全体会议表决通过的《条例》于2012年3月1日起施行。该条例分“总则、口岸开放、通关服务优化、口岸环境保障、法律责任、附则”等6章、共31条。2月29日召开《条例》宣贯大会,市政府副秘书长周波强调要从全面落实依法行政、加快建设法治政府高度贯彻实施好《条例》。

2. 上海港集装箱吞吐量连续三年保持全球第一,浦东国际机场货运量连续五年位居世界第三。2012年上海口岸运行态势良好,海港货物吞吐量7.36亿吨,其中口岸占49%;集装箱吞吐量3253万标准箱,其中口岸占87%。空港货邮吞吐量338万吨,其中口岸占77%。全年上海口岸进出口货值1,0578亿美元,占全国进出口货值27.4%。

3. 国家旅游局授牌上海“中国邮轮旅游发展实验区”。9月15日,国家旅游局局长邵琪伟和上海市市长韩正共同为设在北外滩国际客运中心和吴淞口国际邮轮码头的“中国邮轮旅游发展实验区”揭牌。2012年上海靠泊国际邮轮218艘次,其中母港邮轮164艘次,同比增长20.4%,成为亚洲母港邮轮发展最快地区之一。

4. 上海航空口岸出入境公务机增长势头迅猛。全年共有近1800架次公务机从上海口岸进出境。虹桥国际机场公务机基地作为中国大陆首家公务机基地,自2010年6月29日正式运行以来,年出入境公务机数量屡创新高,2012年达到917架次,同比增长24.3%,成为中国大陆地区最繁忙公务机机场。

5. 国务院批准上海航空口岸旅客过境免签由48小时延长至72小时。

2012年5月，国务院批准上海浦东、虹桥两大国际机场过境旅客免签证扩大到45个国家、时间延长至72小时，自2013年1月1日起实施。此项政策将有力提高上海航空口岸对国际中转旅客的吸引力。

6. 洋山保税港区正式启动“保税船舶登记”试点。2012年3月6日，“上海海事局船舶登记中心”保税区分中心成立，为注册在洋山保税港区的企业所拥有的从事国际航运业务的保税船舶办理登记手续。8月，“冠海朝阳”轮注册成为“中国洋山港”首艘保税登记船舶。

7. 上海口岸通关单无纸化试点实现全覆盖。2012年4月23日，上海海关、上海检验检疫局共同宣布在上海口岸实施通关单无纸化试点，范围涉及法律规定必须经检验检疫机构检验的所有出口商品及部分进口商品。至当年11月，试点覆盖到全部进出口商品。

8. 首部上海口岸年度发展报告发布。按照《上海口岸服务条例》规定，市口岸办会同口岸相关单位编制的《2011年上海口岸发展报告》，于7月25日在市政府专题新闻发布会上正式发布。报告包括“综述、运行分析、通关环境、开放管理、安全监管、服务保障”等部分，比较全面地反映了当年上海口岸发展的总体情况和主要成果。

9. 安徽省正式加入长三角区域大通关建设协作机制。2012年3月，经修订的《长三角口岸城市群大通关合作协议》正式吸纳安徽省9个口岸城市全面加入。至此，参与长三角区域大通关合作的口岸城市群由原15个发展至28个。新的《合作协议》还确定了五大内容15个具体合作项目。

10. 上海港首次实现对国际集装箱货物的中转运输和二次集拼。2012年12月12日，洋山保税港区成功运作首单国际中转集拼业务，将由国外运达的货物在港区内进行二次拆拼箱后，再次出口其它国家，结束了以往上海港对国际中转货物只能整箱出口或进口的历史。

11. 上海海关在全国率先实现进出口货物报关单分类通关改革全覆盖。2012年5月15日，随着外高桥保税区海关分类通关改革全面启动，上海海关实现了将进出口货物报关单纳入分类通关改革全覆盖。自2007年底开始试点，上海海关相继实现了从出口到进口货物、从海运到空运方式、从口岸海关到区域海关的分类通关改革。

12. 启运港退税政策在上海与青岛、武汉间试点启动。2012年8月1日起，从青岛和武汉经上海洋山保税港区中转至境外的出口货物无需离境，一经确认离开启运港口，即可视同出口并办理退税。此监管方式创新，可更好地发挥上海口岸区位优势，吸引出口货物经洋山港中转，促进洋山国际枢纽港建设。

13. 洋山保税港区扩区获国务院批复同意。洋山保税港区于2005年12月启用时，规划面积8.14平方公里，由保税区陆域部分、东海大桥和小洋山岛港口区域三部分组成。2012年1月21日国务院批复同意扩区后的洋山保税港区面积达到14.16平方公里，其中岛屿规划面积7.31平方公里，陆域规划面积6.85平方公里。

14. 成功举办"和谐口岸、共守国门"文艺展演晚会。由市文明办、市口岸办等十家口岸单位共同举办的展演，以喜迎党的十八大为背景，围绕"和谐口岸、共守国门"主题，生动展示了上海口岸人精神风貌。整台晚会大部分节目由多个单位共同创作、合作演出，演职人员逾600人。海关总署副署长孙毅彪、常务副市长杨雄及国家有关部委相关负责人出席观看。

15. 上海口岸启动修志工作。本市第二轮修志设立"上海市志口岸分志"，包括"口岸综述卷"、"海关卷""出入境检验检疫卷"和"出入境边防检查卷"。口岸修志旨在传承上海口岸历史文脉，记载改革开放以来上海口岸发展成就。2012年12月，"口岸综述卷"编纂工作正式启动，由市口岸办承编，19家相关单位参编。

口岸综合

综　述

2012年，上海口岸各相关单位积极贯彻中央和市委市政府的决策部署，落实上海国际航运中心、贸易中心建设以及“创新驱动、转型发展”的各项要求，围绕营造“便捷、高效、安全、法治”口岸环境的目标，积极应对复杂外部环境冲击和经济结构调整对口岸工作的压力和挑战，聚焦关键环节，着力创新突破，加强联动协作，共建和谐口岸，取得新的突破进展，较好地完成了各项目标任务。

（一）口岸通关监管政策和措施取得突破。在货物通关方面，4月23日上海口岸对一般贸易全部出口法检商品和部分进口法检商品正式实施通关单无纸化试点，8月1日起海关总署在上海开展海运进出口货物通关作业无纸化改革试点工作。检验检疫大力推行入境货物“提货单电子签章放行”试点，全面实现了上海口岸海运进境集装箱货物和空运进境货物的检验检疫电子签章放行。市口岸办会同海关、检验检疫、电子口岸办共同开展通关全程无纸化课题调研，形成三年行动计划方案。国际航运中心综合试验区功能进一步完善，机场综保区率先探索区港一体化运作模式。启运港退税政策启动试点，“中国洋山港”保税船舶登记制度实现突破，国际中转集拼功能进一步深化拓展，“全国入境再利用产业检验检疫示范区”挂牌，融资租赁业务得到进一步拓展。在旅客通关方面，经市政府与公安部专题协商，市出入境管理局和边检总站及相关单位的共同努力，3月15日起浦东国际机场试行24小时过境旅客免办边检手续政策，过境免签证扩大到45个国家、时间延长至72小时政策获国务院批准从2013年1月1日起实施，口岸团体旅游签证人数从规定的5人调整为2人及以上。市出入境管理局自主研发的台胞口岸签注自助受理机10月份在浦东和虹桥国际机场启用。

（二）口岸对外开放格局不断完善。按照市级专项规划要求，编制完成了上海口岸发展“十二五”规划。洋山保税港区扩区正式获国务院批准，建设工作抓紧推进。上海港杭州湾港区临港作业区扩大开放获国务院批准，口岸相关配套设施抓紧建设。上海站铁路口岸顺利通过对外开放预验收。完成上电漕泾电厂、石洞口第二电厂等4座水运码头8个泊位的对外开通启用工作。全力做好16座未开放码头临时接靠国际航行船舶保障工作，为上海能源供应、重要项目建设、科研考察和重大活动提供支持。市口岸办制定了对外开通启用验收、临时接靠办理两个配套规范性文件，进一步完善口岸开放管理。按照国家口岸办部署，认真组织开展口岸安全排查工作。完成了国家口岸办委托的“国家水运口岸查验设施标准研究”课题研究和口岸管理运行绩效评估试点工作。

（三）口岸服务环境进一步优化。认真做好3月1日起正式施行《上海口岸服务条例》的宣传贯彻工作，不断提高口岸工作的法治化水平。北外滩、浦东机场综保区口岸通关服务中心先后正式启用，上海口岸“一门式”通关服务保障体系得到进一步完善。邮轮便利通关统筹协调机制逐步建立，口岸服务环境不断完善，业务快速发展，吴淞口国际邮轮码头创造了亚洲邮轮母港日均进出邮轮游客人数的新纪录。电子口岸建设持续推进，形成了国际航运中心综合信息平台七个专项建设方案，中国船舶动态监控中心落户上海。贸易便利化进一步推进，海关、检验检疫部门坚决贯彻落实国家有关促进外贸稳定增长的若干措施，制定支持总部经济发展试点方案，免收海关监管手续费、检验检疫费等多项收费，切实为企业减轻负担。查验单位加强自身建设，努力提高服务质量，上海海关加快“12360”海关统一服务热线建设，上海检验检疫局推行“5S管理法”打造精品服务窗口，上海海事局全面做好依法行政工作，上海边检总站积极落实公安部12项便民服务举措，都取得很好成效。口岸单位出色完成了第22届华交会、亚洲公务航空展、亚洲沙滩运动会等重大赛事活动的口岸保障任务，确保了十八大期间口岸的稳定。

（四）口岸区域大通关合作深入推进。长三角大通关合作机制实现拓展，将安徽省纳入机制范围。建立长三角口岸城市群合作机制，扎实推进15个“点对点、城与城”合作项目。“川、渝、沪”和上海与中部六省的大通关协作深入推进。上海海关扩大“属地申报、口岸验放”适用范围，与全国30省区市的40个直属海关建立了区域通关工作机制，试点企业达7000余家。上海检验检疫局全面推广应用“泛长三角检验检疫合作机制信息平台”，实现口岸局和属地局之间对电子转单、直通放行、企业信用等数据的共享共用。

（五）同创共建文明和谐口岸成效显著。评选发布最具影响力的十大共建典型，开展基层文化建设巡礼活动，命名了7个示范点。组织口岸文化建设研讨活动，形成一批具有口岸特点和文化特质的研究成果。举行“和谐口岸、共守国门”口岸文艺展演活动，获第六届上海市“五一文化奖”提名奖。巡访评议团对外高桥港区等通关作业现场开展集中巡访，并将常态随访覆盖面不断扩大。口岸查验单位与运营单位、企业主动签订合作协议，加强联动协作，提升服务水平，特别是在吴淞口国际邮轮港码头临时接靠中，克服高温酷暑等各种困难，顾全大局、坚守岗位，确保了出入境旅客的顺利通关和口岸安全。中央文明办领导实地检查上海市同创共建文明航空港工作，并给予充分肯定。市口岸办会同口岸各单位完成首部上海口岸发展白皮书——《2011年上海口岸发展报告》编制工作，在市政府举行的专题新闻发布会上予以发布。

重要会议

【2012年上海口岸工作领导小组会议】2月8日，2012年上海口岸工作领导小组会议在兴国宾馆召开。市委常委、常务副市长、上海口岸工作领导小组副组长杨雄出席会议并讲话。市政府副秘书长、上海口岸工作领导小组秘书长周波主持会议。上海口岸工作领导小组成员等参加了会议。

杨雄在讲话中指出：当前国际经济形势复杂多变，经济复苏的不确定因素依然存在，国内经济面临下行压力，都给上海推进“创新驱动、转型发展”带来了压力和挑战。今年是上海落实“十二五”各项目标任务关键之年，上海是经济外向型程度非常高的枢纽型城市，希望口岸相关部门和查验单位要用战略眼光、开放胸怀、创新理念、协同精神来谋划推进口岸工作。

杨雄要求，上海口岸相关单位一要聚焦国际航运中心、国际贸易中心建设的关键环节，加快口岸通关监管的制度创新。重点要加强“单一窗口”建设，最大程度地整合政府内部监管需求和优化口岸通关监管流程，为贸易企业提供整体性、一站式的便利服务。近年来，上海口岸查验单位按照上级主管部门要求，在企业分类管理、电子通关单联网核查、通关作业无纸化试点、国际航行船舶电子报检、企业诚信体系建设等方面采取了一系列便利措施，成效明显。二要推进“四个中心”建设、促进贸易便利化方面取得突破，重点是一方面加快口岸通关信息化建设，深化推进通关无纸化试点，进一步扩大“一单两报”试点；另一方面加强诚信体系建设，以企业诚信为基础，完善口岸通关风险管理，为实行无纸通关打好基础。三要做好配套的口岸监管服务，帮助企业应对当前严峻形势。去年，上海口岸在国家有关部门以及中央在沪口岸查验单位的大力支持下，在国家进口贸易促进创新示范区、国际贸易结算中心、期货保税交割和融资租赁等新型业务、国际航行船舶保税登记、水水中转和国际中转集拼等“四个中心”的功能性项目上都取得了突破。杨雄强调，今年还要启动启运港退税试点，口岸单位要更加主动地为这些功能性项目的落地，做好口岸监管配套服务。

会上，市口岸办主任张超美就 2011 年工作情况和 2012 年工作安排作了报告。市发展改革委、市建设交通委、市商务委、市经济信息化委等部门和上海海关、上海出入境检验检疫局、上海海事局、上海出入境边防检查总站，以及浦东新区、虹口区等领导进行了交流发言。

会议审议同意增补上海综合保税区管理委员会、上海航运交易所为上海口岸工作领导小组成员单位。至此，上海口岸工作领导小组成员单位达到 23 家。

【《上海口岸服务条例》宣贯大会召开】 2 月 29 日，上海市人大法制委、市口岸办组织召开《上海口岸服务条例》宣贯大会。市政府副秘书长周波在《条例》宣传贯彻大会上讲话，要求从实施国家战略的高度，充分认识《条例》出台的重要意义；要从全面落实依法行政、加快建设法治政府的要求加强条例的贯彻实施；要全面准确地把握《条例》的内涵，从保障上海加快实现“创新驱动、转型发展”的大局，发挥好《条例》对于优化口岸服务环境的引领作用。市十三届人大常委会第三十次会议表决通过的《上海口岸服务条例》于 2012 年 3 月 1 日起实施。该《条例》是本市第一部以强化地方政府口岸服务保障职能、形成优化口岸环境合力为出发点的地方性法规，也是本市保障“四个中心”建设，尤其是航运中心、贸易中心建设的基础性地方立法。

【上海口岸发展情况专题新闻发布会】 5 月 25 日下午，市政府新闻办和市口岸办联合举行“和谐发展看申城”—上海口岸发展情况专题新闻发布会，市口岸办、上海海关、上海出入境检验检疫局、上海海事局、上海出入境边防检查总站负责人分别介绍了上海口岸发展情况白皮书、今年上半年上海口岸运行情况以及提升上海口岸服务水平的相关举措。

会上，市口岸办介绍了《2011 年上海口岸发展报告》编制情况、2012 年上半年上海口岸运行情况以及优化口岸环境取得的主要进展。上海海关介绍了今年以来上海海关不断改革监管与服务，积极支持口岸发展的新举措，着力提升上海口岸贸易便利化水平，努力在更高层次上为经济平稳较快发展服务相关情况。上海出入境检验检疫局介绍了今年上半年以来，上海检验检疫部门围绕提升上海口岸通关便利化水平、优化上海口岸“软环境”所推出的措施和政策实施情况。上海海事局介绍了上海海事部门在优化口岸通关环境、提升口岸服务水平新举措。上海出入境边防检查总站介绍了上海边检总站在优化口岸通关环境、提升口岸服务水平方面的情况。期间，与会领导分别接受了新闻媒体记者的现场采访。（邵永表）

【《上海市志·口岸分志·口岸综述卷》编纂工作启动】 12 月 11 日，市口岸办召开《上海市志·口岸分志·口岸综述卷》编纂工作会议，正式启动口岸志书编纂工作。根据上海口岸工作体制、格局，本市第二轮修志工作决定设立“口岸分志”，包括“口岸综述”、“海关”“检验检疫”和“边防检查”4 卷，以全面、完整记载改革开放 30 多年上海口岸发展历史。其中，“口岸综述”卷承编单位为市口岸办，参编单位包括市发展改革委、市建设交通委、市商务委、市经济信息化委、上海海关、上海检验检疫局、上海海事局、上海边检总站、市公安局、市交通港口局、上海铁路局、民航华东管理局、上海综保区管委会、上海国际港务集团、上海机场集团、东方航空公司、上海亿通公司、上海航交所、上海口岸联合会等共 19 家口岸相关单位。按照《〈上海市志·口岸分志·口岸综述卷（1978－2010）〉编纂实施方案》，这项工作正式启动后，将于 2017 年完成。（邹增强）

口岸运行

【概况】据统计,2012 年上海口岸进出口货物总值 10577.9 亿美元,同比下降 0.7%,占全国比重 27.4%,其中出口 6273.5 亿美元,同比增长 0.4%;进口 4304.4 亿美元,同比下降 2.3%(上海关区进出口货物总值 8013.1 亿美元,同比下降 1.4%,占全国比重 20.7%,其中出口 4911.6 亿美元,同比下降 1.8%;进口 3101.5 亿美元,同比下降 0.7%)。上海口岸货物吞吐量 3.6 亿吨,同比增长 5.9%,其中水运口岸货物吞吐量 3.58 亿吨,同比增长 6.1%,占上海港货物吞吐量(7.36 亿吨,同比增长 2%)的 48.7%;航空口岸货邮吞吐量 261.6 万吨,同比下降 4.9%,占空港货邮吞吐总量(337.9 万吨,同比下降 5.1%,其中浦东机场 295 万吨,居世界第三)的 77.4%。上海口岸集装箱吞吐量 2815.9 万标箱,同比增长 2.1%,占上海港集装箱吞吐总量(3252.9 万标箱,连续三年保持世界第一)的 86.6%。上海口岸出入境旅客 2437.1 万人次,同比增长 6.6%,占上海口岸出入境人员(2682.5 万人次,同比增长 6.1%)的 90.9%,其中航空口岸 2386.9 万人次,同比增长 6%;水运口岸 35.1 万人次,同比增长 67%;铁路口岸 15.1 万人次,同比增长 0.1%。

【海关特殊监管区域物流货物进出口呈快速增长态势】2012 年,上海口岸以一般贸易方式进出口 4993.4 亿美元,同比下降 1.2%,以加工贸易方式进出口 3864 亿美元,同比下降 6.2%。同期以海关特殊监管区域物流货物贸易方式进出口 1310.3 亿美元,同比增长 29.8%。分析认为,口岸特殊监管区域物流货物的增长,主要得益于上海推动国际航运综合试验区物流、仓储、配送功能的拓展完善。

【集成电路出口显著增长，跨境电商邮运成为口岸新热点】2012年机电产品出口3972亿美元，同比增长1.6%，占比67.9%，其中集成电路出口259.7亿美元，同比增长38.9%。高新技术产品进口1611.3亿美元，同比增长1.8%，占比41.3%。统计显示，跨国网络购物成为去年口岸贸易新热点，2012年进出境邮政快件1286.8万件，同比增长54.8%；进出境普邮包裹1474.3万件，同比增长21.0%；日均进出境邮件包裹超过7万件，其中进境邮包1.18万件。

【水运口岸货运吞吐量和集装箱水水中转保持增长】2012年全港集装箱吞吐量3252.9万标准箱，同比增长2.5%，其中外高桥港区完成1536万标箱，连续八年蝉联全国国际船舶货运吞吐量最高的港区。洋山口岸完成国际集装箱1415万标箱，同比增长8%。全年上海水运口岸集装箱水水中转比例达42.7%，较上年提高1.7个百分点。洋山口岸水水中转比例由2011年45.9%上升到46.7%，其中，国际中转比例达8.5%，同比增长29.3%。

【航空口岸货邮量与上年基本持平，旅客量创历史新高】受世博效应积极影响，国际物流业不断向上海航空口岸集聚，尽管国际市场需求低迷，上海航空口岸货邮吞吐量仍保持基本平稳。2012年，浦东机场货邮吞吐量260.3万吨，同比下降5.0%，货运量列全球机场第3名，飞机起降量排名全球机场第30。其中，三大国际物流集成商建立的转运中心以10%的货运量贡献货值达40%。航空口岸全年出入境旅客占上海口岸出入境旅客总量的97.9%，连续第14年保持全国航空口岸排名第一。其中，内地旅客达1099.8万人次，同比增长19.4%，占45.1%。

【邮轮母港经济取得迅猛发展】2012年上海水运口岸出入境旅客35万人次，同比增长67%。全年出入境邮轮218艘次(其中母港邮轮164艘次，访问港邮轮54艘次)，同比增长20.4%，以上海为母港的4艘大型(3万吨以上)邮轮运营旅客占75%。随邮轮出入境旅客33.4万人次，同比增长72.2%，其中内地旅客随邮轮出入境24.2万人次，同比增长82.4%。

【虹桥机场成为目前大陆地区最繁忙的公务机机场】随着现代服务产业蓬勃发展和世博会后续放大效应，高端商务人员频繁来沪，入境旅游和国际会展业日趋活跃。2012 年共有近 1800 架次国际公务机从上海口岸出入境，其中近八成属于商务出行。虹桥机场出入境公务机数量首次超越浦东机场，全年公务机 917 架次，同比增长 24.3%。（林乐明）

2012年上海口岸运行主要数据统计表

大类	项　目	2012年	同比(%)	2011年	同比(%)
货物	上海口岸进出口货物总值(亿美元)	10577.9	−0.7	10654.9	17.3
	出口	6273.6	0.4	6249.6	17.3
	进口	4304.4	−2.3	4405.3	17.3
	上海关区进出口货物总值	8013.1	−1.4	8123.1	18.6
	出口	4911.6	−1.8	4999.6	18.1
	进口	3101.5	−0.7	3123.5	19.5
	上海市进出口货物总值	4367.6	−0.2	4374.4	18.6
	出口	2068.1	−1.4	2097.9	16.0
	进口	2299.5	1.0	2276.5	21.0
	上海口岸货物吞吐量(万吨)	36086.6	5.9	34052.6	11.6
	航空口岸货邮量	261.6	−4.9	275.0	−3.2
	水运口岸货运量	35825	6.1	33777.6	11.8
	上海口岸集装箱吞吐量(万标箱)	2815.9	2.1	2759.3	9.1
	出口	1218.6	0.5	1212.0	8.1
	进口	1170.8	2.6	1141.5	5.7
	内支线	426.5	5.1	405.8	23.2
人员	上海口岸出入境人员总数(万人次)	2682.2	6.1	2527.8	6.2
	旅客总数	2437.1	6.6	2286.9	6.4
	航空口岸出入境人员	2565.9	5.8	2425.9	6.6
	旅客	2386.9	6.0	2250.8	6.8
	水运口岸出入境人员	100.3	16.8	85.8	−2.6
	旅客	35.1	67.0	21.0	−20.3
	铁路临时口岸出入境人员	16.03	0.03	16.02	0.3
	旅客	15.08	0.1	15.06	0.3
交通工具	上海口岸出入境交通工具总数	200146	0.6	198871	6.9
	飞机(架次)	174376	1.4	171884	7.2
	船舶(艘次)	25404	−4.6	26623	5.3
	列车(车次)	366	0.5	364	−0.5
	进出上海口岸国际航行船舶(艘次)	42061	−2.7	43222	6.3
	货船	41620	−2.8	42800	6.3
	邮(客)船	441	4.5	422	1.2

备注:①2012年上海口岸进出口货物总值占全国进出口货物总值(38667.6亿美元)的27.4%。②上海水运口岸货物吞吐量占上海港货物吞吐量(73559万吨)的48.7%;水运口岸集装箱吞吐量占上海港集装箱吞吐量(3253万标箱)的86.6%。③上海航空口岸货邮吞吐量占上海航空港货邮吞吐总量(337.9万吨)的77.4%,出入境旅客占上海航空港旅客吞吐总量(7870.8万人次)的30.3%。④进出上海口岸国际航行船舶包括在上海口岸办理出入境手续的国际航行船舶(即上海口岸出入境船舶)和在我国其他口岸办理出入境手续但进出上海口岸的国际航行船舶。

口岸开放管理

【概况】2012 年是实施“十二五”口岸开放规划的关键一年，上海口岸开放管理坚持口岸对外开放与日常管理服务并举，认真组织实施 2012 年度开放计划，规范完善对外开通启用和临时接靠制度，稳步推进各项工作。一是编制印发《上海市口岸发展“十二五”规划》，明确了完善口岸对外开放体系等 7 项主要任务和推动口岸法制机制建设等 6 项保障措施，基本确定了上海口岸“十二五”口岸开放布局。二是口岸扩大开放工作取得重大突破，洋山保税港区扩区和上海港杭州湾港区临港产业作业区扩大开放先后获得国务院批复，进一步拓宽了上海水运口岸对外开放范围。三是口岸煤炭能源保障能力进一步增强，上电漕泾电厂、华能石洞口第二电厂等电厂煤炭码头相继对外开通启用，有效提高了上海煤电的安全稳定供应水平。四是部分口岸作业区加快功能转型升级，上海石洞口煤气制气有限公司码头和上海氯碱化工股份有限公司（上海化学工业区）码头改扩建后对外开通启用，进一步提升码头综合管理水平和码头有效利用率；五是口岸开放范围内作业区对外开通启用验收和临时接靠办理流程手续进一步规范，口岸开放管理工作不断走向法制化、规范化。六是水运口岸和航空口岸运行绩效评估试点工作顺利开展，有效促进上海口岸开放管理运行效能进一步提升。七是完成国家水运口岸查验设施建设标准研究课题，研究论证了水运口岸查验监管设施分类分级、项目构成、规模指标、选址布局等方面的意见建议，探索提出了水运口岸查验设施建设标准制定的思路和原则。

截至 2012 年底，上海口岸已经形成了水运口岸、航空口岸、陆路口岸并存的全方位开放格局。水运口岸四大开放水域范围内共有88座码头、288个泊位,航空口岸有虹桥、浦东2大国际机场和1个公务机基地,陆路口岸上海站铁路口岸已经通过预验收。

【上海站铁路口岸顺利通过预验收】11月12日,上海站铁路临时口岸通过上海市口岸办组织的对外开放预验收。上海站铁路临时口岸自2003年10月起开通至香港旅客列车,2009年11月国务院批复同意上海站铁路口岸对外开放。

【上海上电漕泾发电有限公司卸煤码头对外开通启用】3月28日,上海上电漕泾发电有限公司卸煤码头通过上海市口岸办组织的对外开通启用验收。同年4月10日经上海市人民政府批准对外开通启用。上海上电漕泾发电有限公司卸煤码头位于金山区漫华路8号,开放岸线长270米,1个泊位。设计通过能力为400万吨/年。

【华能上海石洞口第二电厂码头对外开通启用】8月28日,华能上海石洞口第二电厂码头通过上海市口岸办组织的对外开通启用验收。同年9月11日经上海市人民政府批准对外开通启用。华能上海石洞口第二电厂码头位于宝山区盛石路350号,开放岸线长586米,2个泊位,其中1号泊位长236米,2号泊位长250米。设计通过能力为1200万吨/年。

【上海石洞口煤气制气有限公司改扩建码头对外开通启用】12月26日,上海石洞口煤气制气有限公司改扩建码头通过上海市口岸办组织的对外开通启用验收。上海石洞口煤气制气有限公司改扩建码头位于宝山区煤电路1号,开放岸线长440米,2个泊位。公司原码头(即现2号泊位)于1994年经原上海口岸管理委员会批准对外开放。此次改扩建后对外开通启用的1号泊位长290米,设计通过能力为191万吨/年。

【上海氯碱化工股份有限公司(上海化学工业区)改扩建码头对外开通启用】12月27日,上海氯碱化工股份有限公司(上海化学工业区)改扩建码头通过上海市口岸办组织的对外开通启用验收。上海氯碱化工股份有限公司(上海化学工业区)改扩建码头位于上海化学工业区内,由原天原华胜码头向西延长 498 米改造而成，新增 6 个泊位。公司原码头（天原华胜码头）于 2007 年经上海市人民政府批准对外开放。此次改扩建后对外开通启用的为 3 号、5 号、7 号、8 号泊位，设计通过能力为 700 万吨/年。

【协调办理 16 座码头临时接靠国际航行船舶】 2012 年，上海口岸按照《上海口岸服务条例》有关规定，进一步规范和简化临时接靠办理手续流程，全年共协调办理上海水运口岸 16 座码头临时接靠国际航行船舶，确保了对本市能源保障、应急储备、生产建设、科研考察、外事活动、邮轮产业等的需求，进一步发挥临时接靠在推进上海“四个中心”建设和促进上海经济社会发展中的服务保障作用，

【《上海口岸开放范围内作业区对外开通启用验收工作规程(试行)》和《上海口岸开放范围内作业区临时接靠工作办理规程(试行)》两项规程正式出台试行】 根据国家法律法规精神和《上海口岸服务条例》有关规定，结合上海实际，2012 年 10 月 18 日，上海市口岸服务办公室制定印发了《上海口岸开放范围内作业区对外开通启用验收工作规程（试行）》和《上海口岸开放范围内作业区临时接靠工作办理规程（试行）》，自 2012 年 12 月 1 日起试行。两项规程的制订，细化了对外开通启用验收和临时接靠办理的条件和流程，更加方便指导口岸运营单位等行政相对人办理相关手续，进一步规范了上海口岸开放范围内未对外开放作业区的对外开放和临时接靠工作，不断提升口岸开放管理的法制化水平。

【开展口岸安全大排查工作】 根据国家口岸办要求，上海口岸于 6 月 7 日起部署开展安全排查工作，重点排查了上海四大开放水域内已开放在运营的码头、两大国际机场和上海站铁路口岸等区域，涉及运营单位共计 56 家。从排查结果看，上海口岸安全状况总体良好，各口岸运营单位安全责任明确，应急联动机制健全，口岸设施运行正常。

【国务院批准洋山保税港区扩区】 2012 年 1 月，国务院批准洋山保税港区扩区。洋山保税港区于 2005 年 12 月启用时，规划面积 8.14 平方公里，由保税区陆域部分、东海大桥和小洋山岛港口区域三部分组成。扩区

后洋山保税港区总面积达到 14.16 平方公里，其中岛屿规划面积 7.31 平方公里，陆域规划面积 6.85 平方公里，将有力推动洋山枢纽港建设，更好地发挥中转和集聚辐射功能，进一步提升洋山保税港区国际竞争力。

（郑明邑）

口岸通关

【概况】2012年，国内外经济增长速度明显放缓，外贸形势严峻，为适应新形势对上海口岸的要求，上海口岸各相关单位加快改革步伐，加大创新力度，力争为上海实现转型发展提供一流口岸通关环境。这一年，上海口岸多项通关政策取得重大突破、多项通关流程进行重大改革、多项便利措施得到全面推广。上海航空口岸过境优惠政策的成功落地、启运港退税政策的上海试点，为上海转型发展争取更多的政策红利；上海口岸通关无纸化破题、上海海关通关作业无纸化改革、上海港国际中转集拼业务试水，将有力助推上海集聚国际资源，实现产业升级；分类通关全面推开、通关单无纸化全覆盖、"一单两报"试点不断深化、检验检疫集中审单模式全面铺开，提高了通关效率，促进企业降低综合成本。

【浦东机场实施24小时直接过境免办边检手续】2011年9月起，上海市政府就放宽上海口岸出入境便利政策与公安部进行专题协商，确定自2012年3月15日起，实施24小时直接过境免办边检手续政策，这是在内地航空口岸的首次政策突破。今后，在上海浦东国际机场，持有联程客票、24小时内转乘其他国际航班，且不出口岸限定区域的过境旅客，将可免办边检手续，这改变了往日国际中转过境旅客转机均需经过边防检查的惯例，使得浦东机场的中转流程进一步与国际接轨。截止2012年底，上海边检共办理24小时直接过境免边检手续旅客24万余人次，过境数同比增长150%以上。

【部分国家旅客过境上海48小时免签延长至72小时】5月，国务院批准上海航空口岸对部分国家公民过境免签时间由48小时延长至72小时，该政策自2013年1月1日起与北京口岸同步实施。45个国家的公民，凭本人有效国际旅行证件，前往国(地区)签证和已确定日期及座位并在72小时内离境的联程机票或者相关证明，过境上海的空港口岸前往第三国(地区)，可免办签证在上海行政区域内停留不超过72小时。此项政策将使上海口岸对国际中转旅客的吸引力明显提高。

【上海水运口岸海关通关作业无纸化改革试点启动】8月1日，海关总署在沪召开海关通关作业改革启动新闻发布会，宣布上海海关等12个海关为第一批试点单位。上海海关在水运口岸启动通关作业无纸化改革，在通关作业无纸化改革流程中，企业办理货物进出境手续时将电子报关单及随附单证电子数据向海关申报，对低风险的货物海关计算机系统将自动放行，并向货物存放的场所和企业发送放行信息，企业即可直接办理进口提货或出口装运手续；对高风险货物，转为人工审核。从企业申报到货物放行，所有报关单及随附的纸质单证都转变为电子数据，企业不需要到海关现场提供纸质单证，通过互联网就可以完成所有申报、通关的全过程。截至2012年底，共有17890家企业与上海海关签约，共放行无纸化报关单203134票，货值129.32亿美元，列全国12家试点海关首位。

【海关分类通关改革实现全覆盖】5月15日，上海外高桥保税区海关分类通关改革全面启动，至此，上海海关将所有进出口货物报关单全部纳入分类通关改革，约有83%的出口货物和80%的进口货物以低风险验放方式通关，此类货物单证的海关平均作业时间由改革前的15分钟缩短至7—8分钟。上海海关早在2007年在全国第一个启动分类通关改革试点，从浦江海关海运出口报关单起步，从出口货物到进口货物、从海运方式到空运方式、从口岸海关到区域海关稳步推进分类通关改革，率先实现了分类通关对关区进出口货物报关单的全覆盖，推动上海海关的通关作业改革进入了一个新的历史阶段，也让更多的诚信守法企业享受到便捷通关的好处。

【通关单无纸化试点覆盖全部进出口商品】4月23日，上海海关与上海出入境检验检疫局共同宣布在上海口岸实施通关单无纸化试点，范围涉及法律规定必须经商检机构检验的所有出口商品及部分进口商品。参加试点的企业向海关申报前不必到检验检疫部门业务现场申领纸质通关单，由检验检疫部门将通关单电子数据发送给海关，海关对电子数据进行自动比对，办理相关通关放行手续。2012 年 11 月，试点继续扩大，覆盖到全部进出口商品，此举来年将为企业节省约 1700 万小时通关时间。

【海关、检验检疫加大推进贸易便利化措施，促进外贸稳定增长】 2012 年，上海口岸积极落实《国务院办公厅关于促进外贸增长的若干意见》。上海海关将跨关区"属地申报、口岸验放"通关模式适用范围放宽至一年内无走私违规记录、资信良好的 B 类生产型出口企业，企业受惠面增长近 3 倍。上海检验检疫局坚决贯彻落实国务院和质检总局免收检验检疫规费政策，10 月 1 日至 12 月 31 日期间，累计免收检验检疫规费 9110.1 万元，惠及企业 46883 家。

【台胞签注自助机启用】 2012 年，上海出入境管理局制定、推进台胞自助机研发方案，于 11 月 21 日举行"台湾居民口岸签注自助受理机"启用仪式，实现台湾居民在上海空港办证电子化。自助机的推出优化了台湾居民口岸签注的受理模式，增加了受理渠道，简化了办证流程，主要实现了免手工填表、免传统拍照、简化审批程序的"三个突破"，实现证件签发快速稳妥。大大缩短了台胞申请等候时间，提升了申请办证效率。自助机投入使用后，月业务量超过 5000 证次，占台胞口岸签注总量的 80%。

【"一单两报"试点深化拓展】 2012 年，"一单两报"试点企业增加到 24 家。根据试点企业提出的需求和建议，不断改进软件中的问题；并对新试点的元初公司，协调解决了企业 ERP 数据导入到"一单两报"联合录入软件过程中的技术问题。"一单两报"试点为进一步深化口岸单位的信息共享提供了经验。

【上海口岸开展通关无纸化研究】 2012 年，按照市领导要求，市口岸办会同上海海关、上海检验检疫局，系统梳理了通关全流程的信息流、单证流和资金流，针对通关过程中的问题提出相应对策，完成上海口岸通关无纸化课题研究，相关报告顺利通过专家评审。8月份以后，市口岸办积极推进通关无纸化课题成果转化，截止2012年12月底，已完成上海口岸通关无纸化三年行动计划的征求意见稿，行动计划将为未来三年上海口岸推进通关无纸化确定了基本框架和目标。

【推行入境货物检验检疫“提货单电子签章放行”试点】4月，上海检验检疫局在洋山港和外高桥等港区全面启动了海运进口集装箱货物无纸化放行工作，取消提货单纸面盖章，港区、货站凭检验检疫电子指令进行放行。截止2012年底，空运和海运入境货物月均电子放行批次达26.3万。

【检验检疫实现集中审单模式全覆盖】集中审单是指通过电子自动审单方式，将进出口监管需求转化为审单指令下达到具体的检验检疫工作上，使管理和操作有机结合，改变了传统的单一柜台式人工审单和记录式审单模式，具有审单口径统一规范、审单信息更新及时、审单重点突出依据充分、检企交流反馈机制强大、业务数据管理高效等特点，实现了365天24小时全时审单和智能审单。2012年上半年，上海检验检疫局将集中审单模式推广至下辖的全部16个分支局、办事处的所有进出口报检工作点，平均单日电子审单批次达到1.5万批，成为全国检验检疫系统内集中审单覆盖面最广、集中审单量最大的直属局之一。

【上海港首次实现对国际集装箱货物的中转运输和二次集拼】国际中转集拼业务是指境外货物经过近洋、远洋国际航线运至上海港，与内地通过沿海、沿江内支线船舶转关至上海港的出口货物，在海关特殊监管区域内拆箱进行分拣和包装，并根据不同目的港和客户，与上海本地货源一起重新装箱后再运输出境的一种港口物流业务。两年前，上海海关、上海综合保税区管委会和上海港务集团联合成立了“洋山保税港区拓展国际中转集拼功能”课题组，两年来，课题组解决了远洋航线、近洋航线、沿江沿海支线的互联互通问题，优化制定了水运、港务、报关、拆拼箱等流程业务环节，实现了国际中转集拼。这条路的打通对上海适应产业转移，参与国际资源配置意义重大。

（马美玲）

【上海国际航运服务中心举行落成庆典仪式，北外滩口岸通关服务环境得到优化和提升】 3 月 28 日，上海国际航运服务中心落成庆典仪式在上海国际航运中心大厦举行。市委常委、常务副市长、上海口岸工作领导小组副组长杨雄宣布中心落成启用，并实地察看查验单位业务受理情况，慰问一线工作人员。口岸通关服务作为上海国际航运服务中心主要功能之一，自 1998 年以来，在“一门式”窗口服务、“5＋2 天”通关工作制、分类通关改革等方面进行了一系列探索和先行先试，在上海口岸推进大通关建设中发挥了重要作用。随着新大厦的启用，北外滩口岸通关服务环境得到进一步优化和提升。

（邵永表）

区域通关合作

【概况】2012年,上海口岸着力完善区域间口岸合作机制,务实推进合作项目,服务腹地经济发展的功能显著提升。长三角“点对点、城与城”城市群口岸合作取得实质进展,合作城市范围扩大至28个城市,五大类15个合作项目稳步推进,多式联运方式趋向成熟;上海与中部六省区域大通关合作进展顺利,中转旅客比去年同期翻两番,区域间电子口岸合作不断纵深拓展;上海与四川重庆口岸区域大通关合作稳步推进,川渝地区经上海口岸进出的比例不断提高,“五定”快班轮和江海直达班轮的运转使川渝沪口岸合作走向常态化。

【安徽省正式加入长三角区域大通关协作机制】3月,长三角区域大通关建设协作第四次联席会议第一次联络员会议在沪召开,会上,一致同意安徽省9个口岸城市全面加入《长三角口岸城市群大通关合作协议》,并对协议内容进行了相应调整补充。至此,长三角区域大通关协作由2省1市扩大为3省1市,参与长三角区域大通关合作的口岸城市群范围由原有的15个扩大至28个。

【长三角口岸城市群合作深化务实】2012年,长三角四省市口岸管理部门进一步调研听取口岸城市和口岸相关单位的需求建议,根据《长三角口岸城市群大通关合作协议》确定的干支线中转、铁海联运、空陆(空空)联运、保税物流和区域通关等五方面内容,梳理了15个具体合作项目,覆盖区域内19个主要口岸城市。制定了任务分工表,对每个项目的合作类型、工作目标、主要内容、重点协调问题和责任、参与单位进一步予以明确。参与单位总数超过100个。合作领域从原来较为单一的区域通关模式改革,逐步拓展到信息平台建设、保税货物便利监管和口岸物流多式联运等方面。

【长三角跨区域多式联运常态化运作】跨区域间水水中转、铁海联运、空(空)陆联运等多式联运业务日趋成熟。截至2012年底,长江直线班轮密度达每周50班,已实行班轮化运作的船公司达12家;上海海事局全年完成套泊作业1339艘次,节约航运企业成本1300余万元。铁海联运新增常州—上海,蚌埠—上海班列,上海口岸铁海联运货物全年达11万标箱。杭州、南通两地与上海间的单月空陆联运货物量同比增长近300%。

【上海与中部六省、川渝沪口岸区域大通关联席会议召开】11月29日,上海与中部六省口岸大通关第七次、川渝沪口岸区域大通关第五次联席会议在沪召开。上海市人民政府副秘书长、上海口岸工作领导小组秘书长周波出席会议并致辞。国家口岸管理办公室副主任白石出席会议讲话。上海以及湖北、河南、湖南、安徽、江西、山西中部六省和四川、重庆口岸主管部门和查验单位领导约180人出席联席会议。会上一致认为,上海与中部、与川渝口岸区域大通关要在充分发挥联席会议统筹指导作用的基础上,健全定期沟通交流的联络员工作机制,建立以项目为导向的专题合作机制。

【上海与中部六省区域大通关合作进展顺利】2012年,上海与武汉港率先试点启运港退税;上海与中部六省联程中转旅客6万人次,比去年同期翻两番;上海、武汉、九江电子口岸与物流平台建设不断加强,上海与中部四省检验检疫局实现口岸与产地间电子转单、直通放行、企业信用等信息交换和共享。

【上海与川渝沪口岸区域大通关合作稳步推进】2012年,重庆水运有90%的货物经过上海口岸进出,国际空运货物有近三分之一经上海口岸进出;四川省进出口货物有近6成经上海口岸进出。在区域通关改革方面,渝沪探索创新了“数据直转、分段监管”便捷转关模式;川沪签订特殊区域间货物多式联运便捷转关协议;渝沪等地推进检验检疫区域进出口直通放行,取得实质性突破。在水运口岸方面,沪渝合作开通“五定”快班轮和江海直达班轮。在航空口岸方面,成都、重庆和上海的联程中转旅客全年达4万人次。在铁路口岸方面，上海芦潮港中心站到发成都、重庆等地的箱量达到和接近班列化运行水平。在口岸信息化方面，上海与重庆推进口岸物流平台建设和数据交换等合作；川渝沪三地检验检疫机构依靠信息化实现进出口货物流程监管的全覆盖。（马美玲）

口岸信息化建设

【概况】2012 年,上海口岸推进信息化建设取得了一系列新的进展:

一是上海电子口岸建设重点工作进展情况良好。努力落实年度确定的各项任务,积极支持海关、检验检疫通关、通检申报作业改革,大力推进国际航运中心综合信息平台项目建设,进一步提高了口岸信息化应用、硬件网络等基础建设的能力和水平。全年上海电子口岸信息化应用达 83 个,完成报文交换量 1.79 亿个,同比增长 4.86%。

二是深化拓展"一单两报"试点。自 2011 年 1 月正式启动"一单两报"试点,试点企业增加到了 24 家。根据试点企业提出的需求和建议,不断改进软件中的问题,并对新试点的元初公司,协调解决了企业 ERP 数据导入到一单两报联合录入软件过程中的一系列技术问题。"一单两报"试点为进一步深化口岸单位的信息共享提供了经验。

三是开展上海通关口岸无纸化研究。系统梳理了上海口岸通关全流程的信息流、单证流和资金流,针对通关过程中的问题提出相应对策,完成口岸通关无纸化课题研究,积极推进课题成果转化,形成上海口岸通关无纸化三年行动计划基本框架,确定了上海口岸推进通关无纸化工作的总体目标和各项任务。

四是航运金融电子支付基础平台进入市场运行阶段。截至 2012 年底,该平台交易金额约达 1.6 亿,交易笔数约 30 万笔,支付企业达千家,覆盖了同类市场份额的 30%。现有多家大中型船(代)公司在进口换单费以及出口放箱费方面通过与平台合作,实现在线结算。航运金融电子支付基础平台将电子支付基础平台与业务系统对接,为航运企业提供航运费用网上支付服务，降低企业运营风险、加速其资金回笼。

五是进出港船舶调度管控系统投入运营。该项目整合了上海港生产业务干支线调度和各码头装卸作业系统，包括船舶计划管理、码头船舶作业监控、数据标准化、自动数据交换、信息整合等五个子系统，通过统一的电子报文格式，实现港口管理部门与港域内各码头企业信息系统进行对接。为增强港口服务合作体系、实现智能化港口奠定了基础。

六是拓展现代物流信息服务领域。上海电子口岸积极探索长三角、长江流域通关物流信息化一体化，进一步与各地电子口岸开展多种形式合作，为武汉港在上海电子口岸平台上实施物流信息协同系统并开通运行；完成了湖北电子口岸建设项目验收。 （邹增强）

【海关推进通关单证审核无纸化】根据海关总署、上海海关的通关作业无纸化改革要求，在分类通关和风险分析的基础上，加快推进通关申报作业中的随附单据电子化，逐步实现单证审核依据由纸质单证为主向电子数据为主的转变。目前，试点阶段将重点实现合同、发票、装箱清单、提（运）单、代理报关委托书/委托报关协议等随附单据的电子化，截止 10 月底已经有 470 家普通申报企业和 4 家快件企业签署协议开通运行，包含快件在内每天处理约 3 万份随附单证。同时，上海海关在上海港各集装箱码头全面推行的无纸化放行运行情况良好，为港区节约了人力物力，普遍提升了作业效率。

【检验检疫无纸化电子验放】检验检疫无纸化电子验放系统自推广运行以来已取得良好效果，实现了空港、海港口岸入境货物的全申报，加快了货物在检验检疫的放行速度，提升了通关效率。2012 年 4 月，上海检验检疫局全面实施空港口岸入境普通货物运单以及外高桥港区入境集装箱货物提货单的无纸化电子验放工作。2012 年 10 月，上海检验检疫局进一步扩大无纸化电子验放的业务范围，对空港口岸入境快件货物运单全面实施无纸化电子放行，自此，空港口岸入境货物已全面实现无纸化电子验放。

【全国海关税费电子支付系统全面推广】3 月，海关总署关税司在昆明召集内陆及中西部25个地区的税费电子支付系统业务培训,在之后的三个月内,系统已经实现了在上述15个地区的推广开通。同时,根据海关总署129号文件要求,长三角地区包含上海、南京、杭州、宁波关区范围内,及全国在该地区有通关业务的企业,已在9月30日之前完成了切换。长三角地区用户切换率达到92%,业务切换率达到97%,为总署进一步实施长三角地区老系统关停提供了良好的业务基础。截至2012年底,全国海关税费电子支付系统累计用户数达到29876家,累计支付笔数795万笔,累计支付金额7000亿,全国41个直属海关均开通了东方支付平台的整合海关税费电子支付系统,其中,40个海关有交易数据。

【航运中心综合信息平台建设推进概况】根据《国务院关于推动上海加快发展现代服务业和先进制造业建设国际金融中心和国际航运中心的意见》(国发[2009]19号)要求,上海航运中心综合信息平台建设方案初步形成,主要建设内容包括口岸云数据中心、国际航运中心公共数据交换系统、国际航运中心信息门户网站、国际航运中心联合呼叫中心、口岸"一单两报"系统、跨区域通关协同系统、船舶动态系统、危险品运输管理服务系统、海运公共订舱系统、公共集装箱管理系统、长江智能集疏运系统、航运金融支付系统、口岸航运电子社区系统等内容,项目已进入立项程序。截至年底,一批航运信息化公共服务和应用示范项目相继建成:(1)航运金融电子支付基础平台①基本建成。目前,航运金融电子支付基础平台已顺利研发并进入市场试运行阶段,现有上海外轮代理有限公司、民生轮船代理有限公司、海南泛洋船务有限公司、法国达飞轮船有限公司等多家大中型船(代)公司在进口换单费以及出口放箱费方面通过与平台合作,实现了在线结算。截至

① 航运金融电子支付基础平台是为航运企业提供的一种航运费用网上支付服务,即将电子支付基础平台与业务系统对接,使每一次业务完成后产生的费用得到实时结算支付,既减轻了付款方反复对账划账、人工现金支付的麻烦,又满足了收款方的资金记账和账务处理方面的业务需求,降低了运营风险、加速资金回笼。另外,对于需要退款处理的交易,平台账户功能可以使过程更为简易,无需再次经过银行账户或是财务流程,业务人员可以直接确认退款操作,在以往的信息化服务上有了更大的突破,更好地促进航运业务的发展。

2012年底，平台交易金额约达1.6亿，交易笔数约30万笔，支付企业达千家，覆盖了同类市场份额的30%。(2)智慧港口船舶统一调度与公共服务平台投入运营。该项目建立了与上海国际航运中心地位相匹配的船舶调度管控体系，整合了上海港生产业务干支线调度和各码头装卸作业系统，有效地实现各系统信息的及时和可靠传递。港口管理人员可以通过图形化友好的人机界面，审核并监控上海港内各生产企业的作业动态，并可以通过平台快速生成各类生产与市场数据分析报表，进一步增强了上海港船舶调度管理水平，加快了港口资源的整合和综合开发，为增强港口服务合作体系、促进信息资源共享利用、实现智能化港口建设奠定了基础。(3)软件即服务(SaaS)模式下的集装箱管理公共平台投入应用。该平台主要提供了集装箱动态、设备交接单、堆存费、滞期费、修箱等管理功能，利用电子数据交换和网络服务技术解决了集装箱运输过程中与多达三四十家企业的信息交互，实现集装箱的动态跟踪，并利用业务规则管理和处理不同港口、不同区域的集装箱运输中的各种特殊业务需求。目前，该平台已经为三家中小航运企业提供了支持服务，避免了中小航运企业独立建设信息系统的高投入和高难度的风险。(4)船舶航运应急响应服务系统(ERS)覆盖面不断扩展。根据交通部《关于强制实施船舶应急响应服务系统的通知》要求，采用符合ERS要求的船舶在紧急状态下可立即使用破损稳性和剩余结构强度岸基电脑计算程序以获得妥善处置措施的技术支持。上海杰星船舶科技有限公司作为仅有的两家中国海事局指定的ERS岸上服务机构之一，开发的船舶航运应急响应服务系统包括了工程师服务、项目信息管理、客户管理、专家知识库以及系统管理等系统，截止2012年底公司已签订了200多份ERS合同，服务对象涵盖国内外100多家船东。

【推进上海国际航运中心综合信息平台项目建设】上海电子口岸积极落实市府航运中心平台专题会议精神，2012年上半年抓紧推动航运平台项目建议书的深化编制工作，形成了由一个主报告和七个分报告组成的项目建议书材料，11月，市发改委基本确定评估意见。同时，可行性报告的编制工作也已基本完成;另外,根据市政府要求,提前开展了航运平台门户网站的建设工作,目前网站一阶段功能已经设计、开发完成,网站数据内容的组织工作也已开展,正在与各数据提供单位进行联调,网站开通准备工作基本就绪。此外,航运平台项目的各个专项配套建设也已全面启动,包括:用于航运平台后台监控和日常管理的场地装修、航运平台的呼叫中心一期系统、外部应用挂接 APP 系统等建设也在齐头并进的开展中。

【配合海关无纸化通关系统】2012 年,根据海关总署、上海海关的通关作业无纸化改革要求,在分类通关和风险分析的基础上,加快推进通关申报作业中的随附单据电子化,逐步实现单证审核依据由纸质单证为主向电子数据为主的转变。截至 2012 年 10 月底已经有 470 家普通申报企业和 4 家快件企业签署协议开通运行,包含快件在内每天处理约 3 万份随附单证。此外,在上海电子口岸的支持与配合下,2012 年各集装箱码头的海关无纸化放行运行情况良好,为港区节约了人力物力,普遍提升了作业效率。同时按照上海海关酝酿的货主码头及其他海关监管场所的无纸化放行规划,上海电子口岸于 2012 年已经完成相关技术开发工作,在 11 月底开通运行。

【支持检验检疫无纸化电子验放工作】检验检疫无纸化电子验放系统自推广运行以来已取得良好效果,实现了空港、海港口岸入境货物的全申报,加快了货物在检验检疫的放行速度,提升了通关效率。按照上海检验检疫局关于无纸化电子验放工作的统一部署,上海电子口岸在与港务集团、各空运监管仓库等相关单位的共同研究基础上,配合进行了系统的技术改造,完善了核销流程,支持了非工作时间查验点转移,并支持了与港区、仓库作业系统的信息对接。2012 年 10 月,上海检验检疫局进一步扩大无纸化电子验放的业务范围,对空港口岸入境快件货物运单全面实施无纸化电子放行,自此,空港口岸入境货物已全面实现无纸化电子验放。

【推广全国海关税费电子支付系统】2012 年,上海电子口岸支持推动的全国海关税费电子支付系统继续在全国范围加快推广。截至 12 年底,共计 18 家商业银行完成上线并在整合系统中有业务交易。2012 年,全国海关税费电子支付系统新增用户数达22740家，支付金额9947亿元。全国41个直属海关均开通了东方支付平台的整合海关税费电子支付系统，其中，40个海关有交易数据。

【特殊区域联网监管信息化的异地拓展与深化】2012年在海关总署、中国电子口岸数据中心的大力支持下，上海电子口岸已在原有上海版本的基础上升级开发了“电子口岸特殊监管区域辅助管理系统”（简称“特殊区域信息系统全国版”），并按照“整体规划、分步实施”的原则在全国范围内开始推广应用。目前已完成新疆阿拉山口综保区和武汉的技术实施，并在大连、西安、太原等地的特殊区域进行了推广准备。（唐　韵）

口岸设施建设

【概况】2012年，上海口岸基础设施建设和相关配套设施建设主要在以下方面有了新的推进：一是实施航空口岸改造工程。上海浦东国际机场第四、第五跑道和T1航站楼改造工程前期工作陆续展开，其中T1航站楼改造项目于12月正式实施。虹桥国际机场东片区及T1航站楼改造规划各项工作有序推进。二是完成口岸通关服务重大设施建设。总建筑面积93387平方米浦东国际机场综合保税区口岸通关服务中心和总建筑面积4.8万平方米上海国际航运服务中心口岸通关服务中心两个项目分别建成并正式启用。三是港航建设持续推进。基本完成洋山深水港区四期前期工作和临港产业区东港区公用码头工程。外高桥六期工程全面竣工，投入使用。长江口深水航道整治三期顺利完成，内河高等级航道整治工程全面启动，黄浦江上游航道整治工程竣工，大芦线一期(临港新城段)、赵家沟航道整治工程进入收尾阶段。 (邹增强)

【新上海国际航运服务中心正式落成启用】3月28日，新上海国际航运服务中心正式落成启用。新启用的上海国际航运服务中心位于杨树浦路18号，总建筑面积4.8万平方米，覆盖全上海80%航运服务企业，承担着上海口岸95%出境通关和45%入境通关业务。新中心突出了深化口岸信息功能和优化口岸服务环境，集中了检验检疫、海关、边检、海事等口岸职能部门，以及港、航、货、代、金融保险、法律咨询等航运相关企业单位，凸现出口岸一站式服务的便捷优势。

【外高桥港区六期工程实现全面竣工验收】6月28日，外高桥港区六期尾留工程通过上海市交通港口管理局组织的验收，并于10月14日顺利通过国家竣工验收，工程总投资达45.97亿元人民币，系一个具备汽车滚装、集装箱运输、港口物流三大主体功能的综合性港区。此番竣工验收的上海港外高桥六期港区码头岸线长1538米，陆域面积181.9万平方米，建设1个10万吨级和2个7万吨级集装箱泊位、2个5万吨级汽车滚装泊位，滚装泊位内侧建设2个长江驳泊位。该工程是上海整合港口资源，完善港口集疏运体系，拓展港口服务功能的重大工程项目，港区设计年通过能力为210万标准箱和73万辆汽车，是建设"资源节约型、环境友好型"港口的有益实践。其中，多层停车场工程创建成为上海水运工程"平安工地"示范观摩工程，水工码头等多个单项工程先后获得了上海市白玉兰奖、中国钢结构金奖和上海市水运优质工程奖等奖项。

【浦东机场综合保税区口岸通关服务中心正式运作】8月13日，上海浦东机场综合保税区口岸通关服务中心正式启用，总建筑面积为93387平方米，共分2万余平方米的服务大厅和8个片区的办公区域，设有海关、检验检疫、税务、工商等各类服务窗口约400个。该中心为进出浦东机场和机场综合保税区货物提供"一站式"通关服务，是上海航空口岸"大通关"的一个综合性服务平台，也是作为推进上海国际航运中心建设、推进贸易便利化的重要措施之一。

（洪　雷）

【S26沪常高速公路(东延伸段)开工建设】S26沪常高速公路(东延伸段)西起G1501上海绕城高速公路东至G15沈海高速公路，途经青浦区香花桥街道、重固镇和华新镇，建成后可分流沪宁、沪渝等多条高速公路。

S26沪常高速公路(东延伸段)主线高架为高速公路，全长约10.6km，道路红线宽为60m，双向6车道；沿线立交4座：G1501立交、赵重立交、嘉松立交、G15立交。地面道路为二级公路，西起山周公路东至华徐公路，全长约8.04km，双向4快2慢共6根车道。

【黄浦江上游航道整治工程竣工】黄浦江上游(分水龙王庙～大涨泾河口)航道整治工程，是"十一五"上海内河航道整治工程内容之一，是苏申外港线、杭申线、平申线等航道连接芦潮港、外高桥内河集装箱港区的最近通道。黄浦江上游(分水龙王庙～大涨泾河口)航道位于本市松江区，总里程

8.7公里，工程主要建设内容包括按照Ⅲ级航道标准对三里湾航段、分水龙王庙等碍航部分航段进行整治，对跨航道G1501横潦泾大桥实施改造。工程自2010年6月启动，2011年12月竣工。 （马文辉）

口岸贸易

【概况】在外需持续低迷的形势下，2012 年上海进出口比重与去年同期相比，有所下降。2012 年全年上海市进出口总额 4367.58 亿美元，比上年下降 0.2%。其中，进口总额 2299.51 亿美元，比上年增长 1%；出口总额 2068.07 亿美元，比上年下降 1.4%。按市场分，对美国出口 501.59 亿美元，比上年增长 3.6%；对日本出口 249.62 亿美元，增长 4.1%；对香港地区出口 159.69 亿美元，比上年下降 1.1%；对德国出口 94.34 亿美元，比上年增长 9.4%。按贸易方式分，一般贸易出口额 789.29 亿美元，增长 2.3%；加工贸易出口额 1015.29 亿美元，比上年下降 6.9%。

全年签订外商直接投资合同金额 223.38 亿美元，比上年增长 11.1%。外商直接投资实际到位金额 151.85 亿美元，增长 20.5%。其中，第三产业实到外资 126.79 亿美元，增长 21.6%；工业实到外资 24.55 亿美元，增长 16.5%。按市场分，对美国出口 501.59 亿美元，比上年增长 3.6%；对日本出口 249.62 亿美元，增长 4.1%；对香港地区出口 159.69 亿美元，比上年下降 1.1%；对德国出口 94.34 亿美元，比上年增长 9.4%。按贸易方式分，一般贸易出口额 789.29 亿美元，增长 2.3%；加工贸易出口额 1015.29 亿美元，比上年下降 6.9%。

对外贸易“负增长”的态势也在沪上港口海关货物流量数据上有所反映。数据表明，2012 年上海海关出口 4911.6 亿美元，下降 1.8%；进口 3101.5 亿美元，下降 0.7%；贸易顺差为 1810.1 亿美元，下降 3.5%。其中，一般贸易进出口占五成以上，加工贸易进出口双双下降。就进出口地区看，上海海关关区对第一大贸易伙伴欧盟进出口有所下降，降幅为 7.6%；对美国出口保持小幅增长态势，增幅 1.2%；对日本进出口也有所下滑，降幅为 3.7%；但对东盟进出口保持较快增长，增幅达到 7.9%。与此同时，去年上海利用外资数量却有所提升。全年上海签订外商直接投资合同金额 223.38 亿美元，比上年增长 11.1%。外商直接投资实际到位金额 151.85 亿美元，增长 20.5%。其中，第三产业实到外资 126.79 亿美元，增长 21.6%；工业实到外资 24.55 亿美元，增长 16.5%。

2012 年上海服务贸易进出口总额为 1515.6 亿美元，同比增长 17.2%，高于北京、广东等其他城市。其中进口 1000.3 亿美元，同比增长 22.1%，出口 515.3 亿美元，同比增长 8.9%。从增长幅度上来看，与 11 年进出口总额相比，在进出口总额排在前十名的省市中，上海的增长幅度最大。但从进出口结构上来说，上海主要还是以进口为主，进口占到进出口总额的 66%，这说明上海的服务贸易进出口逆差大，结构还存在不合理的地方。

另外从服务贸易类别来说，运输、旅游两项传统服务贸易仍然是上海最主要的服务贸易项目，2012 年这两项服务贸易进出口合计占上海服务贸易进出口总额的比重达到 66.2%。咨询、其他商业服务、计算机和信息服务等新兴服务贸易是上海重要的服务贸易领域，占上海服务贸易进出口总额的 24.9%。这些数字表明，上海主要还是以运输、旅游等传统服务业为主，在新兴服务业如建筑、保险、金融、电影、音像等领域与其他省市相比，还存在一定的差距。因此上海在保持传统服务业发展的同时，也要积极的制定相关的政策推动新兴服务业的发展[①]。 （洪　雷）

【上海海关关区对外贸易】据上海海关统计，2012 年，上海海关关区累计实现进出口 8013.1 亿美元，较 2011 年（下同）下降 1.4%，占同期全国进出口总值的比重为 20.7%，依旧保持全国进出口第 1 大关区地位。其中，出口 4911.6 亿美元，下降 1.8%；进口 3101.5 亿美元，下降 0.7%；贸易顺差为 1810.1 亿美元，下降 3.5%。2012 年，上海海关关区季度进出口同比增速逐

① 统计数据来源：2013 年 1 月 21 日上海市政府新闻发布会。

季回落，下半年起季度进出口同比由增转降，至第 4 季度，关区进出口 1987.4亿美元，同比下降 6.1%。其中，12 月份关区进出口 684.4 亿美元，同比下降 6%，环比增长 2.1%；出口 415.5 亿美元，同比下降 6.5%，环比下降 0.5%；进口 268.9 亿美元，同比下降 5.3%，降幅较 11 月份收窄 0.6 个百分点，环比增长 6.3%。

(1)贸易方式。2012 年，上海海关关区以一般贸易方式进出口 4239.6 亿美元，下降 0.3%，占同期关区进出口总值的 52.9%；其中，出口 2722.6 亿美元，增长 1.1%；进口 1517 亿美元，下降 2.7%。同期，以加工贸易方式进出口 2532 亿美元，下降 7.7%；其中，出口 1855.6 亿美元，下降 7.1%；进口 676.4 亿美元，下降 9.3%。此外，关区以海关特殊监管区域物流货物贸易方式进出口 940 亿美元，增长 15.6%。

(2)企业性质。2012 年，外商投资企业通过上海海关关区进出口4802.1 亿美元，下降 2.9%，占同期关区进出口总值的 59.9%，比重较上年下滑 1 个百分点。其中，出口 2739.6 亿美元，下降 4%；进口 2062.5 亿美元，下降 1.4%。同期，私营企业进出口 1806.6 亿美元，增长 5.7%；其中，出口 1359.7 亿美元，增长 5.9%；进口 446.9 亿美元，增长 5.2%。此外，国有企业进出口 1262.8 亿美元，下降 4.3%。

(3)贸易伙伴。2012 年，上海海关关区对第 1 大贸易伙伴欧盟进出口 1647 亿美元，下降 7.6%。其中出口 934.3 亿美元，显著下降 13.4%；进口 712.7 亿美元，增长 1.4%。同期，对美国进出口 1377.1 亿美元，增长 1.2%；其中，出口 1087.5 亿美元，增长 2.7%，进口 289.6 亿美元，下降 3.9%。对日本进出口 1045 亿美元，下降 3.7%；其中，出口 552 亿美元，增长 1.3%，进口 493 亿美元，下降 8.7%。此外，关区对东盟进出口 928.9 亿美元，增长 7.9%；其中出口 499.2 亿美元，增长 7%，进口 429.7 亿美元，增长 8.9%。

(4)出口商品。在出口商品中，部分机电产品出口出现明显下降，主要劳动密集型产品出口微降。2012 年，上海海关关区出口机电产品 2854.9 亿美元，下降2.5%，占同期关区出口总值的58.1%。其中，自动数据处理设备及其部件、手机、液晶显示板和太阳能电池分别出口575.5亿美元、74.7亿美元、68亿美元和62.7亿美元，分别下降6.5%、20.9%、7.1%和44.6%。同期，关区服装、纺织品、家具、塑料制品、箱包、鞋类、床垫寝具、灯具、玩具等9类劳动密集型产品合计出口1215.8亿美元，下降0.1%。其中，服装和纺织品分别出口545亿美元和367.1亿美元，分别下降3.9%和1.8%。

(5)进口商品。在进口商品中，高新技术产品进口比重有所提高，消费品进口仍保持较快增长势头。2012年，上海海关关区进口高新技术产品1037.4亿美元，增长4.4%，占同期关区进口总值的33.4%，比重较上年提高1.6个百分点。其中，集成电路、自动数据处理设备及其部件和计量检测分析自控仪器及器具分别进口435.4亿美元、97.7亿美元和77.8亿美元，分别增长6.6%、9.4%和4.4%。同期，关区未锻造铜及铜材、初级形状塑料、成品油、钢材、铁矿砂及其精矿和棉花6类进口值靠前的原材料商品合计进口492亿美元，增长5.2%。其中除钢材以外，其余5类商品进口量均呈现增加态势，而6类商品进口平均价格均呈现不同程度的下跌。此外，关区消费品进口409亿美元，增长10.5%；其中，乘用车、医疗保健品和服装分别进口153.8亿美元、58.7亿美元和23.5亿美元，分别增长8.1%、20.5%和17.3%。

（张　俭）

2012 年 1—12 月上海关区贸易方式统计表

	进出口合计				出口				进口			
	2012 年 01 月至 2012 年 12 月		2011 年 01 月至 2011 年 12 月		2012 年 01 月至 2012 年 12 月		2011 年 01 月至 2011 年 12 月		2012 年 01 月至 2012 年 12 月		2011 年 01 月至 2011 年 12 月	
贸易方式 2 位	美元值（亿）	美元值（同比）	美元值（亿）	美元值（同比）	美元值（亿）	美元值（同比）	美元值（亿）	美元值（同比）	美元值（亿）	美元值（同比）	美元值（亿）	美元值（同比）
合计	8,013.10	−1.3546	8,123.13	18.6474	4,911.56	−1.7618	4,999.64	18.0999	3,101.54	−0.703	3,123.50	19.5344
一般贸易	4,239.58	−0.2518	4,250.29	25.2515	2,722.62	1.14	2,691.93	23.2582	1,516.96	−2.6559	1,558.35	28.8511
国家间、国际组织无偿援助和赠送的物资	1.3184	−19.9502	1.647	140.364	1.1901	−27.4142	1.6395	162.6735	0.1283	1,623.07	0.0074	−87.7962
其他境外捐赠物资	0.0195	−51.5074	0.0401	300.291	0	−99.9466	0.0199	561.2269	0.0194	−3.751	0.0202	188.1739
补偿贸易	.	.	0.0002	−84.9808	.	.	0.0002	−84.9808	.	.	.	.
加工贸易	2,532.03	−7.7376	2,744.37	8.0286	1,855.59	−7.1449	1,998.37	9.908	676.4373	−9.3253	746.0042	3.2971
来料加工	260.5825	−9.3511	287.4635	−17.3664	137.5235	−9.3931	151.7803	−14.978	123.059	−9.3042	135.6832	−19.8839
进料加工	2,271.44	−7.5488	2,456.91	12.0579	1,718.06	−6.9601	1,846.59	12.6174	553.3783	−9.33	610.321	10.3985
寄售、代销贸易	0.0218	.	.	.	0.0218	.	.	.	.	.	.	.
加工贸易进口设备	2.4792	51.4172	1.6373	−40.5545	.	.	.	.	2.4792	51.4172	1.6373	−40.5545
对外承包工程出口货物	72.1446	−7.1508	77.7009	28.3276	72.1446	−7.1508	77.7009	28.3276	.	.	.	.
租赁贸易	10.7995	−21.2404	13.712	−26.1478	0.0074	−67.1311	0.0227	215.7581	10.7921	−21.1645	13.6894	−26.2413
外商投资企业作为投资进口的设备、物品	33.0043	−35.5184	51.1842	16.8402	.	.	.	.	33.0043	−35.5184	51.1842	16.8402
出料加工贸易	0.5547	30.1883	0.4261	122.9054	0.1233	9.0024	0.1131	28.9904	0.4314	37.8425	0.313	202.4683
易货贸易	.	.	0.0005	.	.	.	0.0005	.	.	.	.	.
免税外汇商品	0.0161	47.3089	0.011	27.3889	.	.	.	.	0.0161	47.3089	0.011	27.3889
保税监管场所进出境货物	166.9074	6.2198	157.134	37.1324	54.3072	11.9876	48.4939	46.5189	112.6003	3.6452	108.6401	33.3199
海关特殊监管区域物流货物	940.0136	15.5601	813.4417	22.924	205.2336	13.3478	181.0654	32.5523	734.78	16.1935	632.3762	20.4195
海关特殊监管区域进口设备	4.3286	25.3535	3.4531	−15.7044	.	.	.	.	4.3286	25.3535	3.4531	−15.7044
其他贸易	9.8784	22.1441	8.0875	43.4446	0.3194	14.3292	0.2794	21.18	9.5591	22.4237	7.8082	44.3938

【上海市进出口贸易】2012年上海市货物贸易进出口4367.6亿美元，同比下降0.2%；其中出口2068.1亿美元，下降1.4%，进口2299.5亿美元，增长1.0%，逆差231.4亿美元，扩大29.6%。主要特点有：(1)外贸增速呈逐季下滑态势。受外需低迷、内需不振、产能和订单转移等因素影响，本市货物贸易增速回落明显，比去年同期下降了18.8个百分点，在全国的占比也由去年的12.0%下降至11.3%。从走势来看，呈逐季回落、降幅扩大的态势，其中一季度增长3.9%，二季度增长2.5%，三季度下降2.4%，四季度下降3.9%，尚未出现筑底企稳迹象。(2)外贸市场出现分化迹象。从出口看，传统市场基本稳定，对美国、日本出口增速高于全市水平，但对欧盟出口下降10.3%，表明欧盟市场萎缩加剧；新兴市场中俄罗斯、中东增速分别达27.8%、7.1%，但对非洲出口下降11.2%。从进口看，传统市场表现不佳，除欧盟增长9.3%外，日本、美国分别下降6.7%和5.8%；新兴市场的差异也很明显，拉美增长4.7%，东盟增长8.0%，但俄罗斯下降13.3%，澳大利亚下降7.7%。(3)外贸结构调整继续深入。主要体现在"三个好于"：一般贸易好于加工贸易。加工贸易出口同比下降6.9%，占全市出口的比重近十年来首次降至50%以下；一般贸易出口同比增长2.3%。进口好于出口。进口前10位商品中，6类增长、4类下降，特别是汽车、酒类、医药品等消费类产品仍保持两位数增长；出口前10位商品中，4类增长、6类下降，其中自动数据处理设备、服装、船舶、钢材等造成出口下降的主要商品。民营企业好于其他企业。民营企业进出口增长较快，增速分别高于国有企业、外资企业18.1和11.9个百分点。(4)综保区外贸持续较快增长。综保区进出口总额达1130亿美元，同比增长14.5%，净增140亿美元。其中进口额870亿美元，增长15%，出口额260亿美元，增长12%。其中外高桥保持稳步增长，洋山港、机场保税区增长迅猛。外高桥(含物流园区)进出口1020亿美元，同比增长10%，净增96亿美元。洋山港进出口90亿美元，同比增长55%，净增30亿美元。机场保税区进出口20亿美元，同比增长230%，净增14亿美元。

【推进贸易便利化工作】2012年推进上海市贸易便利化工作主要：

(1)积极向中央争取新政策落地，为本市贸易便利化工作带来新的契机。2012年新政策内容包括：①全国首个“全国入境再利用产业检验检疫示范区”获批。2012年9月“入境再利用产业检验检疫示范区”建设获得国家质检总局批复，正式落户上海综合保税区和临港产业区。②跨国公司总部外汇资金集中运营管理试点启动。2012年11月30日，国家外汇管理局正式批复上海启动跨国公司总部外汇资金集中运营管理试点。五家获批企业的试点工作近期将陆续启动。③启运港退税政策在上海试行。2012年6月，财政部海关总署国家税务总局联合下发了《关于在上海试行启运港退税政策的通知》，规定从2012年8月1日起在青岛、武汉至上海洋山保税港区之间试行启运港退税政策。④外国人72小时过境免签政策落地。国务院于2012年5月批准我市将外国人过境免签证时间由48小时延长至72小时，适用国家范围也增加至45个国家。该政策已于2013年1月1日开始实施。

(2)通过业务创新，拓展无纸化办公功能。一是海关启动无纸化通关改革试点。2012年8月上海海关在有代表性的通关现场对AA类、A类企业的进出口货物启动了通关作业无纸化改革试点，企业无需再递交纸质单证，平均通关时间由原来的半天缩短至30秒以内。二是关检合作推进通关单无纸化改革。上海海关和上海检验检疫局积极合作，目前已将除进口废物以外的所有口岸进出口货物通关单均试行无纸化，海关仅凭通关单电子数据审核验放货物。三是外汇局上海分局成功实施货物贸易外汇管理制度改革。企业办理货物收付汇业务的手续和审核资料只需在货物贸易检测系统企业端进行网上报告，而无需多次往返外汇局逐笔核销。四是本市电子口岸建设取得阶段性成果。2012年3月上海海关启用“上海关港信息交互平台”，实现电子放行信息与实货放行的无缝链接。目前上海海运口岸97%的出口集装箱货物已实现了放行电子化。上海检验检疫局大力推行入境货物“提货单电子签章放行”试点，2012年10月，实现了上海口岸所有进境集装箱货物和空运货物的提货单无纸化电子放行。五是市口案办积极稳妥扩大“一单两报”试点。试点企业增加到24家。六是市工商局推进并联审批工作。按照“一口收件、分送相关、并联审批、限时完成”的要求,稳步推进网上并联审批系统建设。2012年内资企业新设并联审批率达80%,外资企业新设并联审批率达到100%,17个区(县)审批平台与市级审批平台实现对接,新设企业平均审批时间从14天缩短至6天。七是市出入境管理局升级外国人电子政务办证功能。2012年7月,将网上受理和自助受理的服务范围扩大到5年期居留许可。并且在上海美国商会、上海欧盟商会等十余家外国商会的网站上,设置英文界面的链接。

(3)优化办事流程,提高工作效率。①探索关检共同查验的监管模式。2012年12月10日在上海外高桥港区关检联合查验场地上,海关与检验检疫局工作人员首次进行联合查验。为下阶段开展关检“三个一”通关流程模式做好准备。②上海海关积极开展分类通关和区域通关改革。上海口岸所有进出口货物报关单及转关货物的进出口报关单均已纳入分类通关,其中近83%出口货物和80%的进口货物以低风险验放方式通关,此类货物单证审核的海关平均作业时间由改革前的15分钟缩短至7—8分钟。上海海关受理的进口与出口单证24小时内放行率分别为96%和100%。对符合海关规定条件的A类以上企业在进出口货物通关时,可向属地海关申报,在货物实际进出境地的口岸海关办理货物验放手续。截止2012年底,上海海关关的区域通关改革已率先覆盖至全国所有直属海关。③上海检验检疫局全面实施集中审单。2012年4月,所有的检务工作点实现了集中审单全覆盖,日均受理1.26万批,实现了365天24小时全时审单和智能审单,成为检验检疫系统内集中审单覆盖面最广、集中审单量最大的直属局之一。④上海市政府外事办公室简化企业因公出国审批手续。2012年上海市政府外事办公室为加快办理流程,根据实际工作需要审批,不做硬性限定。⑤上海市出入境管理局增设外国人证件受理点。2012年7月,上海市出入境管理局在嘉定公安分局新增设了外国人证件受理点,目前全市范围内共有7个外国人证件受理点，基本能覆盖外国人居住和工作的聚集区。⑥市商务委积极推进长宁区、浦东新区“贸易便利化一站式服务中心”试点。同时，鼓励其他符合条件的区县抓紧建立贸易便利化联系机制。

(4)努力为企业提供良好的金融环境。一是外管局上海分局深化国际贸易结算中心试点。2012 年 8 月国家外管总局批复同意延长国际贸易结算中心外汇管理试点期限，并新增加试点企业 30 家。目前，试点企业总数达到 50 家，实际运作 30 多家。截止 2012 年 10 月底，累计结算额达 72 亿美元，收支总量基本均衡。二是市金融办配合相关部门大力推进跨境贸易人民币结算发展。2012 年，上海市跨境人民币结算总量同比大幅增长，人民币跨境收支占全市同期国际收支比重由 2010 年的不到 2%提升至目前的 10%。三是外管局上海分局和市发改委共同制定了《关于推进上海综合保税区开展融资租赁业务的试点意见》。根据上海特点，解决了融资租赁项目外汇管理处理方案，并对企业进行了政策培训。四是市国税局认真兑现国家出口退税的新政策。2012 年国家发布一系列出口退税相关文件，市国税局及时对内对外开展了培训工作，确保有利于企业出口的各项政策和管理规定得以及时落实五是市工商局大力推进股权投资公司、小额贷款公司、融资担保公司和保利公司的设立。大力推进股权出资、股权出质、债转股、放宽出资期限等优惠试点政策，鼓励和规范小额贷款公司、股权投资企业、融资担保公司等新型准金融机构发展，研究并参与制定保理业规范发展的政策措施，缓解企业资金压力，拓宽企业融资渠道。目前，全市共登记股权投资(管理)企业 1089 户、小额贷款公司 90 户、融资担保公司 59 户、保理公司 6 户。

(5)通过课题调研，获得两个可转化成果。一是市出入境管理局开展为外籍高层次人才提供办证优惠政策的调研。为服务贸易、贸易便利化、服务外包等企业的外籍高层次人才办理 3—5 年长期居留许可提供优惠政策，在就具体措施、认定标准、认定方法、实施时间等达成共识后，研究上报公安部同意，并适时推出。二是市口岸办牵头完成通关无纸化课题研究。8 月份以来，推进课题成果转化，11 月份形成通关无纸化三年行动计划的征求意见稿。

(6)切实解决一系列贸易便利化的具体问题。一是市国税局利用税贸合作平台，为出口企业排忧解难。协调解决诸如新版发票无法开具代理进口货款部分造成营业税重复征税，外贸企业对外支付佣金征收营业税，稽查部门对企业下达稽查指标等企业反映较强烈的问题。二是市工商局为服务新兴行业和新型业态发展，解决企业行业的归属问题。针对新兴行业和新型业态在国民经济行业分类中无法确定对应门类、无法判别行业归属的问题，会同相关部门形成联动工作机制，梳理本市新兴行业和业态的门类，明确内涵、特征和边界，解决新兴行业和业态“身份认证”。三是市出入境管理局为跨国企业中方员工办理港澳商务备案登记提供便利。对跨国公司设立地区总部的企业中方员工办理往来港澳商务类签注进一步提供便利。具体有企业办理往来港澳商务备案登记证的年检时免交企业纳税证明、采用专管员模式统一为员工办理港澳商务类签注等举措。四是市商务委和上海检验检疫局推动了大虹桥基地企业享受检验检疫“集中报检，专窗服务”的便利化服务政策。大大降低了基地企业出口成本。五是市商务委以服务企业为核心，加强政策指导与培训。针对新的外汇管理制度和“无纸通关”试点工作，组织 12000 家企业培训；对新外贸企业领导人开展 20 期培训，培训 1700 人次。并召开了全市贸易便利化联络员工作会议，协调解决企业反映的各类贸易便利化问题。 （杨　晓）

出入境管理

【概况】2012年全年，上海市公安局出入境管理局共办理口岸签证183872证次，同比增长约8.8%。其中外国人口岸个人签证翻倍增长。上海市公安局出入境管理局口岸外国人F签证数量为839证次，同比增长86%。岸团签891证次(13930人次)，证次同比增长39%(人次同比增长24%)。台湾居民口岸办证170341证次，同比增长7.5%。

【过境免签证新政获批】经上海市人民政府与国家公安部专题协商，上海市公安局出入境管理局和上海边防检查总站及相关单位的共同努力，3月15日起浦东机场试行24小时过境旅客免办边检手续政策，过境免签证扩大到45个国家、时间延长至72小时政策获国务院批准从2013年1月1日起实施，口岸团体旅游签证人数从规定的5人调整为2人及以上。

【台湾居民口岸签注自助受理系统顺利启用】11月21日在浦东机场顺利完成了"台湾居民口岸签注自助受理机"启用仪式，全面实现台湾居民在上海空港办证电子化。自助机主要实现了免手工填表、免传统拍照、简化审批程序的"三个突破"，实现证件签发快速稳妥。大大缩短了台胞申请等候时间，提升了申请办证效率，并被评为"2012年度沪台交流十大新闻"

【吴淞国际邮轮码头口岸签证室启用】6月1日正式启用吴淞国际邮轮码头口岸签证室，为多家访沪邮轮上的大量外籍旅客及船员及时办理了口岸签证。

【拓展口岸签证促进属地经济职能的新思路】10月12至15日为久事赛事公司"2012年国际汽联世界耐力锦标赛上海6小时分站赛"提供相关口岸办证协助工作。

(茅　健)

2012 年口岸办理证件数据

年份	签证								其他证件		台胞办证			总办证次	总办人次
	F	L	G		C	总计	团签		中国人通行证	外国人通行证	一次通行证	签注	总计证次		
			总计	船员			证次	人次							
2011年	451	79	7547	6777	67	8144	641	11248	309		9312	149233	158545	167639	168934
2012年	839	95	8021	6935	37	8992	891	13930	227		9619	160722	170341	180452	183872
同比	86%	20%	6.30%	2.30%	-45%	10%	39%	24%	-27%		3.30%	7.70%	7.50%	7.60%	8.80%

出入境旅游

【概况】2012年上海全年共接待来沪入境旅游者800.4人次，同比下降2.1%；接待入境过夜旅游者651.2万人次，同比下降2.6%；旅游外汇收入55.82亿美元，同比下降4.3%。

国内旅游接待人数为2.51亿人次，比上年增长8.7%，其中，外省市来沪旅游者1.15亿人次，增长5.7%。国内旅游收入3224.39亿元，同比增长15.7%。旅行社外联旅游人数为61.1万人次，同比下降10.35%，接待入境旅游人数为92.9万人次，同比增长0.98%，通过出境游旅行社组织公民出境旅游共172.8万人次，比上年增长30.48%。

【积极开展海外旅游促销】2012年，上海市积极开展海外促销活动，共组织或参加海外旅游宣介活动29次，其中，参加国际性旅游博览会及国家旅游局组织促销19次，自主促销10次。借助2012年国际友好交流的大平台，包括"中俄旅游年"、"中日邦交正常化40周年"和韩国丽水世博会等，以参展、促销等方式，深度挖掘日本、韩国、美国和俄罗斯等重点客源市场。完成了《上海水文化之旅》等精品宣传品的策划制作；改版了《发现上海旅游指南》小册子等面向公众的旅游宣传片设计制作，并完成全年宣传品海内外运输工作。参加了上海市政府组织的"丽水世博会上海周"活动、结合韩国海洋节(釜山)公众促销、赴俄罗斯开展促销交流活动、结合巴黎专业展开展欧洲促销、赴波罗黎各参加ICCA年会并进行主题演讲，为2013年ICCA年会在上海举办做准备。进一步完善和优化了中、英、日、韩、法文版上海会奖旅游网的内容和表现形式。研发了上海旅游旅游外文版APP程序，用最时尚的方式宣传上海，完成了全年多语种网站改版、运营维护工作，并将相关二维码发布在网站并印制在纸质宣传品上。完成了多方海外媒体谈判，并在40余家海外媒体上发布上海形象广告和软文，全方位、立体地打造上海旅游形象。继续深化了上海、大阪、釜山“黄金大三角”合作，积极开展三都市间的相互交流和联合对区域外宣传等，继续适当保持了在日本市场的宣传力度，在大阪、长崎举办了大型公众推广活动。组织海外主要旅游机构、航空公司等驻沪负责人赴长三角地区进行产品考察并听取旅游资源介绍，积极促进区域城市群间的高端资源共享、客源互送的良性合作机制。在2012年上海市外宣工作会议上，荣获多个外宣“银鸽奖”，其中特等奖1个、一等奖2个、二等奖2个、三等奖1个。

【国际会展旅游】2012年，上海共举办国际会议780个，与2011年相比增加29个，与会总人数达到194115人，其中海外与会者达到54586人。其中：公司会议277个，占全部的35.5％；与2011年相比增加21个，同比增长8.2％；协会会议237个，占全部的30.4％；与2011年相比减少16个，同比减少6.3％；专题研讨会及论坛232个，占全部的29.7％；与2011年相比增加38个，同比增长19.6％；其他会议（包括政府会议）34个，占全部的4.4％，与2011年相比减少14个，同比减少29.2％。

上海市旅游局继续保持在“会议大使”的有效工作机制下，加强与国际性会议组织的联系和交流，扩大宣传和招徕大型国际会议落户上海，上海会展旅游市场已渐趋成熟。2012年，上海市制作了新版上海会奖策划者手册、上海会奖场地手册；接待了国际会议协会（ICCA）总裁，赴波罗黎各参加ICCA年会，为2013年在上海举办的ICCA年会做准备；成功举办了2012中国（上海）会议与旅游产业发展论坛，对推动中国会议与旅游产业的发展起到了重要作用；召开了上海会奖旅游推广工作组年会，与国际会议策划人联盟（MPI）董事会开展交流，汇总完成《2012年上海部分会议展览旅游文化节庆一览》和《2011上海奖励旅游市场调研报告》。5月分别在上海世界旅游资源博览会（WTF）、大阪关西空港旅游展上联合出展，受到了当地公众的热情关注，旅游资源博览会的现场销售额创新高，取得了很好的宣传效果；

参加欧洲会奖旅游展EIBTM并布置上海展区，组织上海专业旅行商与当地业界洽谈会奖旅游来沪事宜；在中国国际旅游交易会上组织搭建长三角（苏浙皖沪）联合展台并获“展台最佳组织奖”。

【加强与国内外旅游合作】国际上，邀请了世界旅游组织（UNWTO）等高端旅游机构来沪访问、参加旅游节开幕式，并与世界旅游组织签署合作协议；与加拿大埃德蒙顿市签署了旅游合作协议；与迪斯尼进行多次碰面、磋商，为今后的全面合作打下良好基础。全年所有工作中，“中俄旅游年”相关工作为重中之重。其中7月份赴俄罗斯的交流活动，除了参加国家旅游局的相关活动，还跟随赵雯副市长带队的政府代表团，安排了拜会俄罗斯国家旅游署署长、在莫斯科举办上海专题推广活动、拜会圣彼得堡市领导并续签上海与圣彼得堡的旅游合作备忘录等活动。11月全面配合国家旅游局完成了中国国际旅游交易会及中国“俄罗斯旅游年”闭幕式工作。同时，注重与国内城市互动。市旅游局与北京旅游委共同在4月份举办中国（上海）“会议产业周”，期间与北京市旅游委签署了《促进高端会奖旅游产业发展的战略合作备忘录》，这在国内旅游城市合作关系中尚属首创。在沪港2012—2016年合作框架协议的基础上，上海市旅游局积极部署合作工作的落实。3月—4月，两次细化相关合作内容，与港方政府部门沟通，并确定香港合作方与基本实施方案。

【邮轮旅游快速发展】2012年，上海邮轮经济呈现快速发展势头。全年共接待国际邮轮211艘次，吴淞港靠泊60艘次，其中母港48艘次；虹口国际客运中心总共接待151艘次，其中母港33艘次。游客达30余万人次。国际邮轮航线相继开放、出境旅游增长迅猛以及旅游需求高端化发展趋势推动上海邮轮旅游业的积极发展。2012年是“十二五”规划承前启后的关键时刻，抓住机遇，协同并进，加快上海发展邮轮产业，是贯彻落实《上海市旅游业发展“十二五”规划》、加快建设上海“世界著名旅游城市”、上海“四个中心”的重要工作任务。因此，上海市旅游局以促进上海邮轮旅游产业发展为目标，加大邮轮旅游的宣传推广为抓手，积极拓展公众邮轮旅游市场。

【"中国邮轮旅游发展实验区"设立】2012年9月13日，国家旅游局下发了关于在上海设立"中国邮轮旅游发展实验区"的文件。同意在上海市宝山区、虹口区分别以吴淞口和北外滩为中心，设立"中国邮轮旅游发展实验区"（以下简称"实验区"）。要求实验区在政府的统一规划下，在推进完善邮轮产业政策体系、提高母港建设和管理能力、提升邮轮产业服务品质、培育本土邮轮服务力量、扩大邮轮经济产出水平等领域探索试验，学习借鉴国内外先进经验，同邮轮旅游城市与企业积极配合，为全国邮轮旅游发展不断创造和累积经验。国家旅游局将会同相关方面，在规划编制、政策协调、人才培训、公共服务等方面加强指导，推动实验区建设成为引领全国邮轮旅游发展的先行区。这是上海市发展邮轮旅游的又一重要机遇时期。随着上海已基本实现国际邮轮组合母港建设，将进一步推动邮轮经济的发展。

【发挥上海国际邮轮组合母港优势，加快苏浙皖邮轮旅游市场联动】上海作为长三角及华东地区国际邮轮中心，是发展邮轮经济的动脉。上海以苏浙皖为腹地，通过加大邮轮旅游宣传，积极吸引并招徕长三角地区邮轮客。6月12日，华东地区第一艘赴韩国丽水世博会包船航次——歌诗达维多利亚号首发起航。此次赴韩邮轮客分别来自沪苏浙地区，由上海、杭州、苏州、南京、温州、常州、宁波、嘉兴、绍兴、金华、台州、湖州等华东16城1900名游客组成，也是第一次千人以上规模，以上海客源市场为主辐射长三角地区，有组织、有主题、有特色的邮轮旅游包船产品。通过此次活动的举办带动上海及周边邮轮旅游市场的资源共享、客源互输。

【加强"一关三检"紧密沟通机制，防范及应对邮轮旅游突发事件】上海市旅游局通过与海关、检验检疫、边检、海事（简称"一关三检"）建立起有效沟通协调机制，积极预防及应对邮轮旅游突发事件，促进邮轮旅游市场规范化、系统化发展。8月，市旅游局国际处会同邮轮工作组下的"一关三检"、市口岸办、上海港及客运中心成员单位，赴厦门国际邮轮母港、国际邮轮中心进行岸上配套服务设施的交流考察。通过此次考察活动有效加强了工作组成员间的紧密沟通与协作，同时与厦门市旅游局、厦门国际邮轮母港建立起联系，便于今后信息通畅与交流沟通。此外，与厦门一关三检口岸查验部门、客运中心等系统内单位也建立起联系，便于今后进一步开发“上海—厦门”邮轮旅游产品，推动邮轮新航线的开设，以及多港挂靠政策的实行。此次考察交流活动加强了两地产品合作，共同对台招客。

【加快上海世界著名旅游城市建设，推动邮轮旅游消费市场】上海市首次于5月10—13日在上海展览中心召开的“2012上海世界旅游资源博览会”(下简称，WTF)上，设立邮轮旅游产品特卖专区(下简称，邮轮专区)，针对邮轮旅游包船产品进行现场促销。本次邮轮专区由7家上海包船出境旅行社组成，现场销售11个邮轮航次，26种邮轮航线产品。为期3天半的WTF和邮轮专区共吸引专业观众7,250人次，普通公众35,000人。现场销售邮轮舱位25间，现场交易额300,596元，意向预订邮轮舱位46间，价值558,340元。此次邮轮专区的成功举办推动了上海邮轮旅游消费市场的快速增长，推动了国际邮轮企业的积极投入与上海市场的全局部署，推动了旅行社后续开发邮轮旅游包船系列产品，充分发挥“联动政府、服务企业”功能。通过WTF现场热卖邮轮旅游产品，增进广大市民对邮轮旅游的认知，促进邮轮产品销售。

【打造国际一流邮轮母港及配套服务建设，提升上海国际影响力】为与国际接轨，提升上海在亚洲乃至全球邮轮行业地位，2008年“亚洲邮轮大会”品牌首次引入上海，相继于2008年、2010年在上海及苏州成功举行，广受业界好评。第三届亚洲邮轮大会于9月26—28日在上海圆满落幕。为加快推动上海国际邮轮母港及配套服务建设，市旅游局出席为期两天的主旨大会。会议期间，来自世界各地的2300位邮轮及旅游业界的专家学者和顶尖邮轮公司高管通过主题讨论和自由探讨的形式，积极交流亚洲邮轮产业目前的发展景况以及未来如何充分挖掘亚太地区尤其是中国市场发展潜力的策略、规划等一系列问题。借助大会的召开，多航线挂靠的沟通洽谈，进一步为公众提供了多元化的旅游产品，创建邮轮旅游品牌，丰富市民旅游选择。

【推广上海国际邮轮卫生服务标准，打造优质邮轮旅游环境】随着上海邮轮经济呈现良好的发展态势，邮轮度假、邮轮旅游以及邮轮周边产业成为了上海旅游行业的新兴增长点。上海市各级政府和委办局一直重视邮轮产业的发展，为了保障国际邮轮卫生安全，避免群体性突发事件的发生，促进邮轮经济发展，国家质检总局和上海检验检疫局于10月23—25日在上海召开中国首届国际邮轮卫生检疫会议。上海邮轮工作组于会议期间就上海国际邮轮母港环境设施和配套服务进行了展板展示与交流，并推广了上海作为国际邮轮母港的目的地安全以及配套服务综合设施的完善。

【推出“上海邮轮旅游电子快讯”，构建行业信息交流共享平台】为了进一步推动上海国际邮轮旅游之都的品牌建设与推广，大力宣传邮轮旅游产品及服务，作为邮轮工作组宣传载体，上海邮轮工作组于年底推出“上海邮轮旅游电子快讯”（下称“电子快讯”）。电子快讯以产业发展信息与城市邮轮旅游发展为主题，针对邮轮行业推送政策信息、船讯、目的地旅游观光资讯而专门化定制的一份电子版快讯，并在此基础上制作网络版电子阅览书。电子快讯的推出旨在为政府职能部门、邮轮企业和旅游业界搭建信息沟通的桥梁，为业者提供及时的资讯与行业动态。（林章林）

文明口岸活动

【概况】 2012 年，按照上海口岸工作领导小组会议要求和上海市精神文明建设总体部署，上海同创共建文明口岸活动凸显口岸文化建设的主线，以“共建文明和谐口岸”主题组织开展了一系列活动，取得显著成效。主要体现在六个方面：一是文明口岸活动十大共建典型评选发布。现场评选出三个最具影响力共建典型，共建典型从不同方面展示出上海口岸各单位合力破解难题，不断突破瓶颈的创新成果，人民网、中央文明网等媒体均予以跟踪报道。二是口岸基层文化建设巡礼活动深入开展。先后赴外高桥、浦东机场、洋山港的七个口岸基层单位现场组织观摩，召开座谈会推广经验，并命名为基层文化建设示范点，切实推动上海口岸基层文化建设不断深化。三是口岸文化建设研讨活动取得成果。形成了一批研究质量较高、具有上海口岸文化建设特点的调研文章，完成《新时期上海口岸文化建设的实践与思考》的课题报告，编印了《上海口岸文化建设文集》，组织召开了上海口岸文化建设研讨表彰会。四是“和谐口岸、共守国门”口岸文艺展演成功举办。经口岸相关单位精心筹备，于 8 月 29 日在上海东方艺术中心举办了以“和谐口岸、共守国门”为主题的上海口岸文艺展演晚会，获第六届上海市“五一文化奖”提名奖。五是口岸巡访评议活动成效明显。巡访评议团结合口岸管理运行绩效评估试点和综合保税区软环境建设等，对外高桥港区通关作业现场等区域开展集中巡访和常态随访，取得明显成效。六是文明口岸活动工作机制得到深化。较好地坚持了文明口岸活动领导小组组长会议、领导小组办公室季度例会制度，确保了重点工作的有序推进。 （张 强）

【2012 年上海同创共建文明口岸活动领导小组会议】 3 月 9 日，上海市

文明办、市口岸办联合组织召开2012年上海口岸同创共建文明口岸活动领导小组会议。25家成员单位领导及相关部门负责人、文明口岸共建典型单位领导、“文明口岸示范窗”代表、以及相关媒体记者、企业代表等约150人参加会议。

会上，发布十大文明口岸共建典型项目，并现场评选出“创新保税货物多方位联动监管模式，加快推进东北亚跨国采购和配送中心建设”、“中转模式创新突破，航空枢纽雏鹰展翅一机场口岸合力推进东航“联程中转业务”、“保障世博通关便利，共铸邮轮服务品牌”为3个最具影响力项目。命名表彰“上海浦东国际机场海关通关业务处一科”等20个五星级“文明口岸示范窗口”和“上海浦东国际机场货运站有限公司一期国际出港单证部”等10个五星级“文明口岸示范窗口”入围窗口，授予“上海出入境检验检疫局政工处”等8个集体和个人为上海口岸同创共建文明口岸活动“优秀组织者”。

会议指出，要认真贯彻党的十七届六中全会精神，围绕服务上海国际航运中心建设，以加强口岸文化建设为主线，以广泛开展学雷锋实践活动为契机，不断深化同创共建文明口岸活动，为党的十八大和市十次党代会召开营造良好氛围。

会议强调，加强口岸文化建设，必须坚持以社会主义核心价值体系建设和“公正、包容、责任、诚信”的价值取向为导向，结合上海口岸实际，提炼出具有上海特色、时代特征、口岸特点的上海口岸精神内涵，用先进文化凝聚人、塑造人、激励人，努力创造有利口岸发展的人文环境。

会议要求，开展口岸文化建设各项活动，要赋予积极思想内涵，突出共建文明和谐口岸主题，展示上海口岸联动创新、协同服务、为国奉献的文化风貌和精神文明创建成果，要认真总结同创共建文明口岸活动经验，不断完善工作机制，更加清晰地将其纳入全市精神文明创建格局之中，要进一步理顺运作机制，切实加强组织管理，不断创新活动内容方式，努力增强文明口岸活动的吸引力、影响力和辐射力。（邵永表）

【上海口岸评选发布文明口岸活动十大共建典型】3月，上海同创共建文明口岸领导小组向社会发布文明口岸活动十大共建典型，并由政府部门代表、协会和运营企业代表、新闻媒体代表组成的30人评委团现场投票，依据项目影响力、共建参与度、工作创新性、服务有效性、典型推广性等五项指标，从中评选出三个“最具影响力”的共建典型，社会对此反响热烈。这些共建典型从不同方面展示出上海口岸各单位围绕口岸发展核心业务，合力破解难题，不断突破瓶颈的创新成果。人民网、中央文明网等媒体予以跟踪报道。

【上海口岸开展基层文化建设巡礼活动】各口岸单位高度重视一线口岸文化建设，把它作为强基层、打基础、带队伍、促发展的重要载体。2012年更加注意围绕“共建文明和谐口岸”，紧密结合一线口岸区域实际和队伍建设需求，开展活动有声有色、特点鲜明，并在推进基层文化资源共享和文化队伍共建等方面作了有益的探索。5月份文明口岸活动领导小组组织了口岸基层文化建设巡礼活动，先后赴外高桥、浦东机场、洋山港的七个口岸基层单位现场组织观摩，并召开座谈会推广他们的经验。10月份这七个基层单位被命名为上海口岸基层文化建设示范点，成为口岸基层文化建设的标杆和多年来口岸各单位着力推进基层文化建设的缩影。

【上海口岸开展文化建设研讨活动】2012年，各口岸单位坚持理论联系实际，广泛开展上海口岸文化建设研讨活动。先后组织撰写了一批具有较高理论价值和实践指导意义的研究文章，尤其是各口岸单位主要领导积极应约撰写文章。文明口岸活动领导小组办公室采取好中选优的办法组织优秀论文评选，得到广泛认同。市口岸办集各方智慧，牵头组织完成《新时期上海口岸文化建设的实践与思考》的课题报告。年底上海口岸组织召开文化建设研讨表彰会，表彰了一批上海口岸文化建设研讨活动“优秀论文奖”、口岸文艺展演活动“突出贡献奖”和口岸文化建设“优秀组织奖”获得者，并编印了《上海口岸文化建设文集》。

【上海口岸举办“和谐口岸、共守国门”文艺展演活动】展演活动以喜迎党的十八大胜利召开为背景，紧扣口岸发展中心任务，着力展示各口岸单位共守国门、服务地方经济发展的生动实践，以及联动协作、改革创新、服务奉献的崇高精神。大部分节目由多个单位共同创作、合作演出，体现了共建文明口岸的和谐主题，以及“口岸人演口岸人、口岸人讲口岸事”的群众性文化工作特色。展演活动得到各口岸单位的高度重视和积极参与。参演的八个口岸单位、600多名演职人员克服高温酷暑、本职工作繁重等困难，利用业余时间加班加点、精心排练。8月29日展演晚会在东方艺术中心成功举行，晚会获得第六届上海市“五一文化奖”提名奖。（张　强）

【上海口岸巡访评议工作】2012年上海口岸巡访评议团组织开展集中巡访2次、常态随访5次，并多次组织专题调研等工作，上海口岸巡访评议工作取得新的成效。同时还对以往未进行过巡访的口岸区域——长兴岛海洋装备基地、上海化工区、金山、松江出口加工区等地进行常态随访，努力扩展口岸巡访活动的覆盖面。集中巡访主要采取“听、问、看”的方式，即“听”口岸监管部门的情况介绍；“问”报关、报检人员的诉求反映；“看”窗口服务和运作情况，向现场的报关、报检人员发放口岸巡访《征询意见表》进行书面了解。

根据口岸巡访评议团在各口岸申报大厅向现场办理申报人员发放的《征询意见表》的反馈，对口岸通关服务综合评价为“好”和“较好”的占90%以上。具体表现：(1)创新口岸监管模式。口岸各监管部门为促外贸、稳增长，秉持服务的理念同时，想方设法为企业分忧解难，相继推出多项改革监管方式的举措，如：关检紧密合作通关单无纸化、分送集报、信箱报关、预约报关、专窗报关、领导接待日、值班科长专窗、延长报关时间等，为企业提供良好的服务，提升把关服务的能力。(2)优化通关服务环境。通关服务环境明显改善，办事大厅宽敞、整洁明亮，政务公开、工作流程上墙，电子屏幕统一叫号，还提供自助查询机、派单排队机、填单台、休息椅、饮水机、意见箱、书报栏等便民服务设施，大厅的环境安静、文明守序，营造和谐的通关服务氛围。另外，上午的申报争取上午清；当天的申报当天清，受到现场办事人员好评。有的大厅还积极参加“窗口建设标准化达标”和“5S窗口规范化建设”活动。(3)软环境建设有成效。口岸监管部门坚持将执法为民、服务企业摆在首位，坚持将业务建设和窗口业务建设相结合，推出许多人性化的便民措施，如：加急窗口、咨询窗口、阶段性工作窗口、午休值班窗口等。还开设劳动模范工作室、开展“每月之星”、年度“典型人物”评选，并在宣传栏对外公示，展示口岸监管服务窗口的良好形象。

【开展口岸管理运行绩效评估试点的集中巡访评议】2012 年，国家口岸管理办公室确定上海、辽宁、福建开展口岸管理运行绩效评估工作试点，上海口岸选取外高桥港区和浦东国际机场分别作为水运口岸、航空口岸试点区域。口岸巡访评议团于 5 月 15 日分别赴外高桥港区和浦东国际机场，根据绩效评估有关“口岸服务环境”方面的各项内容和指标认真进行巡访评议。分别在查验现场及海关、检验检疫、海事、边检申报现场大厅，通过召开座谈会，发放“征求意见表”等形式，了解该区域工作效率、通关便利、服务态度、服务环境、项目收费、网上申报等各方面情况。为外高桥港区和浦东国际机场口岸区域管理运行绩效评估提供了社会评价方面的依据。

【组织综合保税区软环境建设集中巡访评议】为配合上海综合保税区开展加强效能服务和软环境建设活动，11 月 21 日，上海口岸巡访团分三个组赴外高桥港区、外高桥保税区和综合保税区机关的服务窗口进行专题巡访。根据巡访情况，形成了专题巡访的情况报告，分别报市口岸办和综保区管委会。还应综保区综合党委的邀请，按上海口岸服务窗口建设的要求，对综保区机关三个对外服务办事窗口进行巡访，提出 10 条改进建议。（洪　雷）

【上海口岸巡访评议团召开专题研讨会】11 月 9 日，上海口岸巡访评议团召开专题研讨会。会议总结回顾近年来巡访评议工作取得的经验和成果，着重围绕进一步提升口岸巡访评议工作质量和水平，努力在服务上海“创新驱动、转型发展”，以及国际航运中心、贸易中心建设中发挥更大作用，进行深入的交流探讨，形成了广泛的共识。会议提出，口岸巡访评议工作要站在新的起点上，从适应当前客观经济形势的要求和服务企业的需要出发，紧贴口岸一线实际，不断创新工作方法，努力提高巡访评议工作的针对性和推动重点工作落实的成效。（张　强）

口岸大事记

1月

1日　上海崇明出入境边防检查站在长兴岛驻地举行成立仪式。

7日　上海海关与上海国际旅游度假区管理委员会签署合作备忘录。

20日　中共中央政治局委员、上海市委书记俞正声在《上海海关关于2012年全国海关关长会议精神及上海海关2011年主要工作情况的报告》上批示:“感谢上海海关对上海经济社会发展,特别是对外开放所做的出色工作和杰出贡献。希望你们按照海关总署的部署,进一步加强监管,改进服务,促进贸易便利化,在新的一年取得新的成绩。”

21日　国务院办公厅批复同意洋山保税港区扩区。

25日　中共上海市委副书记、市长韩正在《上海海关关于2012年全国海关关长会议精神及上海海关2011年主要工作情况的报告》上批示:“上海海关在推进上海创新驱动、转型发展中作出了积极贡献,上海市是国家的重要口岸,在推进‘四个中心’建设中,上海海关更应提高监管效能,促进进出口安全与便利,维护市场经济秩序,发挥更大作用。”

2月

1日　上海海关召开2012年工作会议,上海市委副书记、市长韩正出席并讲话。

7 日　上海海关、上海检验检疫局举行合作备忘录签约仪式。

8 日　2012 年上海口岸工作领导小组会议召开，上海市委常委、常务副市长、上海口岸工作领导小组副组长杨雄出席会议并讲话，上海市政府副秘书长、上海口岸工作领导小组秘书长周波主持会议。

14 日　国家质检总局、上海市人民政府合作备忘录联席会议在沪举行。国家质检总局副局长魏传忠、副市长姜平出席会议并讲话。

15 日　上海浦东国际展览品监管服务中心揭牌暨合作备忘录签订仪式举行。

20 日　上海海关、上海海事局举行《上海海关上海海事局合作备忘录》签署仪式。

22 日　国际海事研究委员会船舶登记分委会成立大会在沪举行。

27 日　上海检验检疫局和光明食品(集团)有限公司举行推进食品产业国际化合作框架协议签约仪式。

29 日　《上海口岸服务条例》宣传贯彻大会召开，上海市政府副秘书长、上海口岸工作领导小组秘书长周波出席并讲话。

3 月

1 日　《上海口岸服务条例》正式施行。

6 日　洋山保税港区“保税船舶登记”启动仪式举行，上海市委常委、常务副市长杨雄，市政协副主席、浦东新区区长姜樑出席并为“上海海事局船舶登记中心保税区分中心”揭牌。

9 日　2012 年上海同创共建文明口岸活动领导小组会议召开，会议评选出最具影响力文明口岸共建典型，命名表彰一批五星级“文明口岸示范窗”等。

12 日　上海海关成功开展“3.12”打击水产品走私专项行动，共立案侦破走私案件 23 起，抓获犯罪嫌疑人 44 名。

13 日　上海海关、上海边检总站举行《合作备忘录》签约仪式。

15 日　上海市口岸办、上海出入境边防检查总站、上海国际机场股份有限公司联合举行浦东国际机场试行 24 小时直接过境旅客免办边检手续政策启动仪式。

“上海口岸”官方微博平台启用并上线运行。

19 日　北外滩口岸通关服务中心迁至新址运营。

26 日　上海检验检疫局与上海市卫生局签订联防联控合作备忘录暨国境口岸传染病诊治定点医院授牌。

27 日　上海海上搜救中心与日本海上保安厅神户分部共同举行“2012 中日海上搜救联合通信演习”。

上海出入境边防检查总站虹桥边检站 27 日至 29 日圆满完成亚洲公务机航空会展(ABACE)边防检查工作。

28 日　上海国际航运服务中心落成庆典仪式在上海国际航运中心大厦举行。上海市委常委、常务副市长、上海口岸工作领导小组副组长杨雄宣布中心落成启用。

28 日　上海上电漕泾发电有限公司卸煤码头通过正式验收对外开通启用。

上海海事局官方微博“上海海事发布”正式上线并召开新闻通气会。

31 日　长三角区域大通关建设协作第四次联席会议第一次联络员会议在沪召开，安徽省正式加入长三角区域大通关协作机制。

4 月

1 日　上海空港口岸正式实行空运入境非应施检货物免签章电子放行。

5 日　中国民用航空局与上海市人民政府在沪举行《关于加快上海民航发

展的战略合作协议》签字仪式,国家民航局局长李家祥,上海市委副书记、市长韩正出席并致词。国家民航局副局长夏兴华、上海市副市长沈骏代表双方签字。

上海海事局“船载污染危害性货物 EDI 申报系统”正式全面运行。

7 日　国家质检总局孙大伟副局长赴崇明岛实地考察上海出入境检验检疫局进境动物保健中心一期工程建设。

9 日　上海市口岸办会同上海海关、上海检验检疫局经合召开“上海口岸通关单无纸化推进工作宣讲会”。

12 日　上海铁路局与中国东方航空集团公司在沪签署战略合作协议,上海市副市长沈骏出席。

17 日　上海检验检疫局与上海海事局举行合作备忘录签约仪式。

19 日　上海检验检疫局召开工作会议,上海市委常委、常务副市长杨雄出席并讲话。

23 日　上海海关与上海检验检疫局共同宣布在上海口岸实施通关单无纸化试点。

25 日　洋山保税港区启动期货保税仓单质押融资功能试点。

5 月

4 日　上海海事局与上海警备区共建协作协议签约仪式在上海警备区指挥大楼举行。

5 日　洋山深水港首次成功实现 4 艘大型集装箱轮“双套”靠离泊作业。

15 日　上海外高桥保税区海关分类通关改革全面启动,至此,上海海关所有进出口货物报关单全部纳入分类通关改革。

16 日　国家质检总局副局长蒲长城来沪出席严厉打击食品违法添加剂、滥用食品添加剂专项整治工作动员会议并视察花冠乳业、箭牌糖果有限公司。

上海海事局与上海海事大学举行长期战略合作协议签约仪式。

24 日　上海市政府召开新闻发布会，通报上海国际航运中心建设第一个专项五年规划。

25 日　上海海关查获的“常州市申莱国际贸易有限公司出口假冒 PHILIPS、TUNGSRAM、NATIONAL 商标专用权照明产品案”和“无锡市科比五金有限公司等出口假冒 SKF、FAG、TIMKEN 轴承案”被中国外商投资企业协会优质品牌保护委员会评为“2011－2012 年度知识产权保护‘两法’衔接典型案例”。

28 日　“船载危险化学品泄漏应急处置演习”在上海化工园区前沿水域举行。

31 日　上海检验检疫局与上海航天局签订合作备忘录。

6 月

6 日　中央电视台一套“焦点访谈”栏目以“假手续真逃税”为题播出上海海关查获水产品走私案纪实。

13 日　上海海关正式启动支持总部经济发展试点方案，选取巴斯夫（中国）和通用电气（中国）两家企业开展支持总部经济发展试点工作。

13 日　9 市边检总站提高服务水平工作推进会议 13 日至 14 日在沪召开。

25 日　2012 年中国海员大会 25 日至 26 日在沪召开。本次会议由交通运输部与上海市人民政府共同主办，上海海事局和虹口区人民政府协办。

26 日　上海海事局“海事测绘及电子海图导航科普教育基地”揭牌仪式在复兴岛举行。

7 月

1 日　洋山深水港主航道首次实现双向试通航。

船舶油污损害赔偿基金开始征收。

4 日　中共中央政治局委员、上海市委书记俞正声视察虹桥商务区贸易便利化“一站式”服务中心海关、检验检疫办公场所。

12 日　海关总署署长于广洲、副署长王松鹤、邹志武在上海关区考察调研。

14 日　上海市人大常委会主任刘云耕到吴淞国际邮轮港码头视察。

24 日　上海海关对海关罚没物资进行集中销毁，并首次对外公开销毁全过程。

25 日　市政府新闻办、市口岸办会同上海海关、上海检验检疫局、上海海事局、上海边检总站举行新闻发布会，发布上海口岸首部年度发展报告——《2011 年上海口岸发展报告》。

26 日　海关总署办公厅“在线直击海关罚没物资如何处理”在线访谈在沪举办。

海关总署通关作业无纸化改革新闻发布会在沪召开。

8 月

1 日　海关总署在沪召开通关作业无纸化改革启动新闻发布会，上海等 12 个海关为第一批试点单位。

启运港退税政策试点启动仪式在市政府举行，上海常务副市长杨雄，市政协副主席、浦东新区区长、上海综合保税区管委会副主任姜樑出席。

3 日　上海海关区域通关改革在全国各直属海关实现全覆盖。

4 日　上海海关顺利办结首批启运港退税货物业务，共涉及 75 票出口报关单。

7 日　交通运输部副部长徐祖远到上海海事局召开防台防汛工作视频会议。

10 日　交通运输部、上海市人民政府联合举行加快推进国际航运中心建设深化合作备忘录签字仪式，交通运输部部长李盛霖，上海市委副书记、市长韩正出席并致辞。交通运输部副部长徐祖远、党组成员何建中，上海市常务副市长杨雄、副市长沈骏等出席。

16 日　中共中央政治局委员、上海市委书记俞正声至长宁区“一站式”贸易便利化服务中心和国别商品中心视察调研。

17 日　上海市委常委、政法委书记丁薛祥到上海出入境边防检查总站视察指导工作。

19 日　上海边检总站举行“中国边检阳光国门”服务品牌发布仪式，市常务副市长杨雄，市政府副秘书长周波出席。

20 日　口岸通关移民管理与服务国际研讨会 20 日至 21 日在上海召开。此次会议主题为“创造顺畅通关环境，便利国际友好往来”，由公安部出入境管理局发起并主办，国际移民组织(IOM)、中国香港特别行政区入境事务处协办。

21 日　海关总署副署长孙毅彪在沪会见中哈合作委员会口岸和海关合作分委会代表。

23 日　海关总署署长于广洲在沪听取上海海关工作汇报。

国家质检总局副局长魏传忠赴上海检验检疫局驻上海钻石交易所办事处考察调研。

由国家质检总局主办、上海检验检疫局承办的中俄总理定期会晤委员会经贸分委会中俄动植物检验检疫与食品安全常设工作组第一次会议在沪举行，国家质检总局副局长魏传忠出席。

29 日　主题为“和谐口岸共守国门”的上海口岸文艺展演晚会在东方艺术中心举行。海关总署副署长孙毅彪，上海市常务副市长杨雄等出席观看。

海关总署副署长孙毅彪在沪主持召开全国海关关税专家评审委员会会议。

海关总署副署长孙毅彪在沪会见上海市常务副市长杨雄。

30 日 上海市副市长姜平在《海关总署关于上半年“国门之盾”行动进展情况的通报》上批示：“本市‘国门之盾’行动成效显著，请继续关心协调市政府相关部门形成工作合力，强化综合治理。”

部分海关预归类服务扩大试点启动会在沪召开。

9 月

6 日 上海市常务副市长、上海综合保税区管委会主任杨雄，上海市委常委、浦东新区区委书记徐麟，市政协副主席、浦东新区区长姜樑一行检验检疫报检大厅视察浦东机场综合保税区口岸通关服务中心。

11 日 “全国入境再利用产业检验检疫示范区”授牌仪式在沪举行。国家质检总局副局长、国家认监委主任孙大伟，上海市常务副市长杨雄出席。

国家质检总局副局长孙大伟、上海市常务副市长杨雄出席上海检验检疫局和新华社上海分社联合举办的“坚持以质取胜推动科学发展——全国质量月宣传暨上海检验检疫服务转型发展图片展”开幕式。

12 日 上海市委副书记、市长韩正至浦东国际机场 DHL 空运服务(上海)有限公司北亚枢纽视察。

15 日 “中国邮轮旅游发展实验区”揭牌仪式在吴淞邮轮港举行，中共中央政治局委员、上海市委书记俞正声上海市委副书记、市长韩正，国家旅游局局长邵琪伟出席。

19 日　上海市委副书记、市长韩正到洋山保税港区视察调研。

26 日　由交通运输部(中国海上搜救中心)和上海市人民政府主办,上海海上搜救中心和上海海事局承办的“2012 年东海民用航空器遇险联合搜救演习”在宝山北锚地水域举行。

27 日　由市旅游局、市交通港口局、虹口区政府、上港集团等联合主办的第三届亚洲邮轮大会在上海港国际客运中心召开,上海市副市长赵雯出席并为大会开幕鸣笛。

29 日　铁路上海站临时口岸通关旅客数累计突破 100 万人次。

国家质检总局副局长孙大伟视察上海检验检疫局酒类和化妆品检测中心。

10 月

1 日　上海海关取消“出口收汇核销单、进口付汇单、出口报关单退税联”打印费。

8 日　海关总署署长于广洲至浦东机场海关视察调研。

11 日　中共中央政治局委员、上海市委书记俞正声到青浦出口加工区视察调研。

17 日　上海检验检疫局与长宁区政府签署战略合作协议备忘录。

在虹桥商务区(长宁区)设立检验检疫办事机构,实施“通报通放”等政策试点。

上海海关与中国海运(集团)总公司签署合作备忘录。

上海检验检疫局与上海海事大学签订战略合作框架协议。

18 日　《上海口岸开放范围内作业区对外开通启用验收工作规程(试行)》和《上海口岸开放范围内作业区临时接靠工作办理规程(试行)》印发。

上海检验检疫局与东方国际集团签约。

20 日　国务院批复同意上海港杭州湾港区临港产业作业区扩大开放。

23 日　第十五届亚洲海事调查官会议在沪召开，11 个国家和地区的成员参加。

30 日　海关总署副署长孙毅彪在沪出席 ECFA 经合会海关合作工作组第三次会议。

11 月

2 日　上海海关缉私局立案侦查上海口岸首起货运渠道走私毒品案，查获毒品可卡因 20061.87 克。

6 日　上海出入境检验检疫局与上海良友新港储运有限公司联合举行“国家质检总局上海进境粮谷中心实验室”开验仪式。

12 日　上海站铁路口岸通过正式开放预验收。

上海口岸通关单无纸化试点范围扩大至进口环节，上海口岸进出口货物全面纳入通关单无纸化试点。

16 日　上海出入境检验检疫局与上海市经济和信息化委员会举行建立全面合作机制框架协议签约仪式。

17 日　上海海关与南京、杭州、宁波、合肥海关共同签署《长三角区域海关关于建立保税监管协作机制备忘录》。

21 日　台湾居民口岸签注自助受理机在浦东国际机场和虹桥国际机场启用。

上海市人大常委会表决通过《上海市推进国际贸易中心建设条例》。

28 日　上海航交所正式启动进口干散货指数和进口原油指数试运行，实现航运运价指数在出口、进口和国内沿海运输市场全覆盖。

上海口岸进出口工业产品“快检快放”便捷化监管措施宣布试点，首批 25 家试点企业获颁证书。上海市委常委、副市长艾宝俊出席颁证仪式。

29 日　上海与中部六省口岸大通关第七次联席会议、川渝沪口岸区域大通关第五次联席会议在沪召开。

12 月

6 日　上海市副市长姜平在《上海海关"国门之盾"行动取得了丰硕的成果》专报上批示:"上海海关持续推进'国门之盾'行动、成效显著,始终保持打私的高压态势、维护国家经济安全和贸易秩序。希望认真总结、形成制度"。

7 日　交通运输部东海航海保障中心在沪揭牌。

9 日　自 8 月日试点起,上海海关放行通关作业无纸化报关单突破 10 万票。

10 日　泛长三角地区检验检疫机构通关机制改革研讨会在沪召开,国家质检总局副局长魏传忠、上海市常务副市长杨雄出席。

外高桥港区海关与外高桥出入境检验检疫局开展关检"一次查验"合作试点。

11 日　《上海市志口岸分志口岸综述卷》编纂启动工作会议召开。

19 日　上海港首次实现对国际集装箱货物的中转运输和二次集拼。

20 日　上海海关与上海海事法院签署合作备忘录。

26 日　上海石洞口煤气制气有限公司改扩建码头 1 号泊位通过验收正式对外开通启用。

27 日　长三角区域大通关建设协作第五次联席会议在江苏省常州市召开,浙江省常务副省长龚正、江苏省副省长张卫国、安徽省副省长花建慧、上海市政府副秘书长周波出席。

上海氯碱化工股份有限公司(上海化学工业区)改扩建码头通过验收正式对外开通启用。

口岸检查检验

海　　关

【概述】 2012年上海海关深入践行海关总署"四好"[①]总体要求和上海海关十二字工作基调[②]和目标，各项工作取得新成效，开创了上海海关科学发展的新局面。在外贸形势较为严峻的情况下，全年征税入库3710.43亿元，增长5.2%，人均征税达1.05亿元，再创历史新高。业务改革继续深化、通关无纸化试点规模不断扩大。服务转型发展带动海关业务创新，认真落实中央和总署要求，制定并实施上海海关促进外贸稳定增长22条措施，出台《支持总部经济发展试点方案》等。拓展内外合作提高服务全国的能力和水平，将区域通关合作机制推广至全国所有直属海关，全年共办理区域通关业务12.2万票，货值299.6亿美元，先后与新华社上海分社、上海海事局、上海检验检疫局等7家口岸执法和媒体单位签订共建合作伙伴关系谅解备忘录。

2012年，上海海关全年监管进出口货物1.9亿吨，同比增长8.3%，其中进口1.0亿吨，增17.6%，出口0.9亿吨，减1%。由上海海关实际监管进出境货物总值为8013.1亿美元，减少1.4%，其中进口3101.5亿美元，减0.7%，出口4911.6亿美元，减1.8%。查禁走私违规案件2361起，案值88.7亿元，抓获犯罪嫌疑人160人。查获侵犯知识产权案件348起，案值人民币5288.8万元。缴获海洛因等毒品62.3千克、反宣品38.4万件。

【分类通关改革实现关区全覆盖】 2007年，上海海关在全国第一个启动分类通关改革试点。四年多来，上海海关从浦江海关海运出口报关单起步，

① 海关总署"四好"总体要求：把好国门，做好服务，防好风险，带好队伍。

② 上海海关"十二字"工作基调和目标：创新发展、服务全国、走在前列。

从出口货物到进口货物、从海运方式到空运方式、从口岸海关到区域海关稳步推进分类通关改革，率先实现了分类通关对关区进出口货物报关单的全覆盖，推动上海海关的通关作业改革进入了一个新的历史阶段，也让更多的诚信守法企业享受到便捷通关的好处。2012年5月15日，上海外高桥保税区海关分类通关改革全面启动，至此，上海海关所有进出口货物报关单全部纳入分类通关改革，在全国海关率先实现分类通关改革全覆盖。目前该项改革已经在全国范围内全面推广，成为中国海关通关作业的主要模式。

【启动通关无纸化改革试点】根据海关总署的统一部署，上海海关启动通关作业无纸化改革运行良好。8月1日，宝山钢铁股份有限公司以“通关无纸化”方式向上海海关申报了一批出口冷轧钢卷，11秒后就收到海关放行回执，标志着上海海关正式启动通关作业无纸化改革试点，向通关全程无纸化迈出坚实的一步。8月23日，首家异地企业在上海口岸参与通关作业无纸化改革试点，改革受惠面进一步拓宽。纳入改革试点的报关单通关效率明显提高，试点企业普遍反响良好。截至2012年底，共有17890家企业与该关完成通关无纸化申请与签约手续，共放行通关无纸化报关单203134票，货值129.32亿美元，其中进口62048票，出口141086票，列全国12家试点海关首位。

【上海港国际中转集拼业务启动】12月19日，两艘大型集装箱船从洋山港起锚，分别驶往波兰和斯洛文尼亚。这两艘船上各有一只集装箱在上海完成了从拆箱到重组货物的全过程。一拆一装之间，上海港首次实现了对国际集装箱货物的中转运输和二次集拼，标志着洋山保税港区国际中转集拼业务正式启动。对船公司和货主来说，上海港开展国际中转集拼业务最大的好处就是运输成本将大幅降低。从此，船公司可以在上海放心地揽货，然后将来自世界各地的货物重新拆散，按照不同的目的地和时间要求安排航线。目前，船公司只要利用上海港的现有航线，就可以满足全球客户的需求，而不必满世界开辟新航线，大大降低航线重复率。上海港从过去熟悉的装卸业务，到如今开启拼装功能，虽然只是一字之差，却在现代航运服务能力和内涵方面，迈出了扎实的一步。

【区域通关改革推广至全国所有直属海关】上海海关持续扩大区域通关改革范围，于8月将区域通关合作机制成功推广至全国所有直属海关，率先实现了全国范围的全覆盖。通过建立联络员机制、开展定期走访交流等形式，加强与签约海关间的联系沟通，共同做好监管衔接。11月15日起，将"属地申报、口岸验放"通关模式适用范围放宽至一年内无走私违规记录、资信良好的B类生产型出口企业，进一步拓宽改革辐射面，确保"属地申报、口岸验放"作业模式运作顺畅。2012年，办理区域通关进出口业务近12.18万票，货值299.61亿美元，可在上海各海空运口岸适用"属地申报、口岸验放"通关模式的外地企业已达23190家。

【积极推进海运出口货物放行信息电子化试点】上海海关积极推进"大通关"系统工程，大力支持电子口岸建设，推动上海电子口岸与长三角以及长江流域各地电子口岸的互联互通和信息数据资源共享。积极推进海运出口货物放行信息电子化试点，于3月启用"上海关港信息交互平台"，实现电子放行信息与实货放行的无缝链接。目前上海海运口岸97%的出口集装箱货物已实现电子化放行，口岸物流速度显著提升。

【推动沪苏两地开放型区域经济发展】10月，上海海关与南京海关共同制定提升沪苏两地通关便利化水平八项措施，共同推动两地开放型区域经济发展。积极推进通关作业无纸化改革，联合举办企业宣讲会，实行沪宁海关通关无纸化企业互认，引导企业共同参与两地海关的改革试点。进一步简化转关手续，取消沪宁两关之间出口转关纸质关封传递手续，并将该做法逐步推广至进口转关业务，同时取消了汽车整车出口的转关限制。"属地申报、口岸验放"范围进一步拓展。在确保有效监管的前提下，对一年内无走私违规记录、资信良好的B类生产型出口企业在沪宁海关间适用"属地申报、口岸验放"通关模式。简化跨关区特殊监管区域间货物流转手续，探索实施"分送集报"、"自主运输"等便捷通关模式，促进跨关区特殊监管区域间的货物流转。

【积极支持期货保税交割业务开展】针对期货保税交割这一特殊监管区域内金融服务与物流服务相结合的新型保税业务，上海海关主动听取企业的反馈意见，了解到企业对开展仓单质押业务有着迫切需求。为此，该关积极与上海综合保税区管委会、上海期货交易所等有关部门沟通配合，制定相关实施方案，改造相应系统设置，确保对仓单质押业务担保流程的风险防控，推动仓单质押业务于2012年4月26日在洋山保税港区顺利开展，有效拓展了期货经营企业的融资渠道，推动保税交割从物流属性向金融属性拓展，为期货保税交割规模化发展奠定良好基础。

【积极推进浦东机场综保区融资租赁业务快速发展】上海海关开通融资租赁企业海关注册便捷通道，为不同租赁类型飞机量身定制申报模式，履行“零延迟落地随查”承诺。积极拓展业务范围，支持大型航材设备租赁项目发展，对飞机发动机等精密仪器提供上门查验服务。引导产业聚集，编制《融资租赁企业入驻综保区海关业务指南》，探索航空器维修、飞行培训等其他临空产业政策扶持路径。2012年，该关共监管金融租赁飞机17架，货值合计7.21亿美元，同比分别增长1.4倍和1.9倍；区内新注册融资租赁企业41家，增长9.3倍。目前浦东机场综保区内融资租赁企业数已占企业总数的64.8%。

【支持总部经济建设促进地方经济转型发展】上海海关对总部企业进一步实施集约化管理，提升通关效率。在总部企业注册地海关（以下简称“注册地海关”）设立接单专窗，为总部企业开辟专门的派单叫号通道，提升单证审核环节的通关时效。归类集中备案，注册地海关设立专岗，在预归类服务单位的协助下，为总部企业及其所属子公司统一提前办理进出口商品的归类备案，提升现场归类验核工作效率。提供预审价服务，由其注册地海关一口对外，统筹预审价业务申请、与经办职能部门的业务联系等工作，确保预审价决定及时制发并准确应用。推进协调员制度，在注册地海关设立总部企业协调员，归口受理企业相关业务咨询和问题反映，及时处理复杂单证及通关疑难，为企业实行一站式专业化服务和个性化管理。

【深入开展税则调研工作服务经济社会发展】2012 年，上海海关受海关总署委托，牵头全国海关开展税则调研工作。在调研过程中，该关特别关注有利于促进消费和改善民生，与人民群众生活密切相关商品的进口税率问题，推动特殊配方奶粉进口税率持续下调至 5%。落实国家大力扶持节能环保等战略新兴产业的宏观政策，推动新能源产品进口税率下调。关注产业结构升级，增列我国优势出口商品子目。全年征集税则修订调整建议 185 项，被 2013 年《关税实施方案》采纳 32 项，同比分别增长 28%和 1.1 倍。其中上海海关提出的建议被采纳 11 项，列各直属海关首位。

【实现上海口岸通关单无纸化全覆盖】4 月 23 日，上海海关与上海出入境检验检疫局共同宣布在上海口岸实施通关单无纸化试点。试点范围涉及法律规定必须经商检机构检验的所有出口商品及部分企业的进口法检商品。此举将进一步简化进出口申报手续，提高上海口岸通关效率。11 月起，上海海关和上海出入境检验检疫局继续加大合作力度，将试点扩大到全部进口法检商品，在全国率先实现通关单无纸化全覆盖，进一步简化进出口申报手续，提高上海口岸通关效率。

【与上海出入境检验检疫局、上海海事局、上海出入境边防检查总站分别签订合作备忘录】为全面加强新形势下海关与口岸各查验单位的相互支持、相互协作和紧密配合，共同营造更加便捷、高效的口岸环境，推动构建“和谐口岸、共守国门”的良好格局。2012 年，上海海关分别与上海出入境检验检疫局、上海海事局、上海出入境边防检查总站经充分协商，在业务建设、队伍建设和精神文明建设等方面建立长期、紧密、稳定的合作伙伴关系，深入推进和谐口岸建设，共同促进国家和地方经济社会又好又快发展。

【反走私斗争战果丰硕，切实维护口岸外贸秩序】2012 年，在海关总署的部署下，上海海关开展了为期一年的“国门之盾”行动。上海海关将“国门之盾”行动作为统筹今年打私各项工作的总抓手，强化组织推进，加强协作配合，注重舆论宣传，取得累累战果。2012 年全年，上海海关缉私局共立案各类走私违规案件 2372 起，案值 88.7 亿元，涉税 2.6 亿元，分别较上年增长10.4%、6.5%和50%。其中案值千万以上刑事案件40起，增加1.35倍；案值千万以上行政案件33起，增加1.4倍。“国门之盾”行动的成果受到广泛关注，年内共获得部级以上领导批示10条。

【提升海关窗口服务水平】在上海关区各现场单位积极推行“首问责任制、限时办结制、服务承诺制”和部分窗口的7×24小时预约通关制度，通过关(科)长接待日、服务专窗、快速通道等多种措施加大政务公开力度，对外公开上海海关服务承诺，组织全关窗口关员开展学习，确保服务承诺知晓率。广泛宣传“12360”服务热线，通过“送法上门”、召开企业宣讲会等多种形式广泛听取、了解、分析企业及公众的建议、需求，提升窗口服务效能，打造海关服务品牌。连续第三年位列上海市窗口行业公众满意度测评40个窗口行业之首，连续第八年位列此项测评的前两位。隶属2家单位被评为全国文明单位，20家单位被评为上海市文明单位，区级以上文明单位达到91%。

（张　俭）

2012年上海海关主要业务统计表

项目		单位	2012年	2011年	同比%
进出口贸易总值	合计	亿美元	8013.1	8123.1	－1.4
	进口	亿美元	3101.5	3123.5	－0.7
	出口	亿美元	4911.6	4999.6	－1.8
进出口货运量	合计	吨	190292140	175740384	8.3
	进口	吨	102926196	87487832	17.6
	出口	吨	87365944	88252552	－1.0
税收	两税合计	万元	37104260.2	35265283.7	5.2
	关税入库	万元	8270266.0	7615335.1	8.6
	进口环节税入库	万元	28833994.2	27649948.6	4.3

相关联接 〉〉

上海海关促进外贸稳定增长22条措施

1、创新海关监管模式

(1)深入推进通关无纸化改革

在部分上海本地AA类企业改革试点基础上,进一步扩大试点企业数量,引导上海本地及在上海口岸办理进出口手续的异地高资信企业参与试点。进一步拓宽改革试点业务类型,适时扩大至空运、海关特殊监管区域及转关领域。

(2)优化海关税收征管方式

推进海关税费电子化支付和担保通关试点工作,探索和创新税收征管模式,做好预归类、预审价、原产地预确定等工作,推动税收征管管理的“前推后移”。

(3)拓展支持总部经济发展试点

对符合条件的总部企业,允许在其总部注册地海关集中报关,实施总部企业归类、审价业务的集中办理,并由总部企业主管地海关设立总部企业关务协调员,提供海关政策法规和业务咨询服务,并统一协调解决企业遇到的海关业务问题。

2、引导外贸企业守法便利

(4)调整企业分类标准

按照海关总署AA类企业评定标准调整措施,对上一年度进出口额未达到50万美元或进出口报关单票数未达到3000票的,企业报关差错率虽超过3%、5%,但记分次数总计不超过20次的AA类、A类企业,暂不下调其管理类别,保持企业原分类等级;此前已下调AA类、A类企业类别的,经申请恢复企业原分类类别。

(5)落实AA类企业“担保验放”措施

将与主管地直属海关签订《责任担保书》的本地及异地AA类企业，全部纳入“担保验放”通关模式，对上述企业进口不涉及许可证件的货物在上海口岸给予“担保验放”通关便利措施。对涉及适用关税配额证、国别关税配额证明、适用ITA税率的商品用途认定证明、协定税率原产地证、反倾销税和反补贴税等特殊税率的商品，比照涉及许可证件货物的相关政策执行。

(6)优化高资信企业便利待遇

进一步落实AA类企业、A类生产型企业适用较低查验率，AA类生产型企业报关单不纳入专业审单。海关现场单位在接单环节优先受理AA类、A类企业业务。对AA类、A类报关企业申请在异地设立分支机构的，由上海海关直接受理审批。优先为AA类、A类企业办理报关员注册手续。

3、促进加工贸易转型升级

(7)拓展海关特殊监管区域功能

推进“三区三港”联动发展，完善机场综合保税区“空运货物服务平台”建设，支持洋山保税港区拓展国际中转集拼功能，促进外高桥保税区“国际进口贸易促进创新示范区”、“国家对外文化贸易基地”建设。支持海关特殊监管区域企业开展内销货物入区维修业务。扩大保税仓库及出口监管仓库“两仓整合”试点范围，发挥政策叠加效应。

(8)提高保税物流效率

推动“两单一审”试点工作，提升海关特殊监管区域二线进出区通关效率。在特殊区域实施卡口系统联动，基本实现“一单多车”、“一车多单”、“复式卡口”等便利功能。加强跨关区合作，推进海关特殊监管区域间货物流转便利化。

(9)简化加工贸易监管手续

对B类及以上加工贸易企业全面推广实施“内销集中办理纳税手续”措施，根据企业资信和守法状况，在取得《内销批准证》且不涉及许可证件的前提下，允许企业通过提供税款风险担保金、银行保付保函或总担保等有效担保，集中办理当月内销征税手续。年底前完成“加工贸易联网监管(E账册)

辅助管理平台”的开发工作，实现以工单数据为核销依据，提高联网企业的报核和核销效率。

(10)完善集成电路设计企业海关监管模式

创新完善“研发企业将设计成果外发代工企业”链条式海关监管模式，深化和拓展试点成果，加大前期试点成效的总结和政策宣传力度，在张江高科技园区等地区扩大试点范围。

4、强化口岸外贸服务功能

(11)扩大“属地申报、口岸验放”的适用范围

在保障有效监管的前提下，11 月 15 日前将适用范围放宽至 1 年内务走私违规记录、资信良好的 B 类生产型出口企业。

(12)取消汽车出口转关限制

经启运地海关(属地海关)认可的相关出口企业，可凭商务部门颁发的有效的《出口许可证》向上海海关申请办理汽车(包括整套散件及二类底盘)出口转关。

(13)提升沪苏两地通关便利化水平

积极与南京海关开展密切合作，共同制定实施提升沪苏两地通关便利化水平的具体措施，简化两地转关手续，扩大区域通关合作范围，实行沪宁海关通关无纸化企业互认，推动海关特殊监管区域联动发展，提升执法统一性水平。

(14)深化与其他管理部门的协作配合

积极与有关部门加强配合，推进外汇核销制度改革、启运港退税试点、跨境人民币结算业务、西郊国际农产品交易中心等重大改革和建设项目。健全辐射异常货物检测和鉴定工作联系配合机制，提高相关货物处置效率。拓展通关单无纸化试点范围，年底前将所有进口法检货物纳入试点，并实现海关特殊监管区域通关单联网比对。研究制定适合上海口岸的关检“一次申报(一次录入、分别申报)，一次查验(一次开箱、依法查验)，一次放行(信息联网、关检核放)”改革合作方案，进一步简化企业报关报检手续，力争年

内启动试点。

5、积极服务政府决策和企业经营

(15)优化海关统计信息服务

加强对重点商品、重点市场和重点企业的进出口监测预警分析,为国家和地方政府决策及企业经营决策提供参考。积极开展“中国外贸出口先导指数”网络调查,及时了解、反映外贸进出口状况和企业实际困难,为研究制定有针对性的政策措施提供参考。

(16)减少进出口环节收费

从10月1日起,停止收取进出口货物纸质报关单证明联(进口付汇用、出口收汇用)和出口报关单退税联打印费、报关单条码费和海关监管手续费。

(17)加强海关服务窗口建设

认真履行“5+2天”工作制服务承诺,在口岸及海关特殊监管区域所在地海关实行“7×24”小时预约通关,做好“12360”服务热线工作,确保回复及时有效。综合利用“彭非工作室”网站等网络平台,发布热线典型问题集锦,在业务咨询、政策解释等方面开展互动式服务。

(18)建立健全海关通关应急机制

在各海关业务现场设立通关急难问题受理窗口,统一受理、答复通关急难问题,及时、有效解决企业在通关环节中遇到的紧急、疑难问题。进一步发挥上海海关门户网站作用,拓展通关急难问题受理渠道。建立通关信息实时查询机制,通过网上查询、语音查询等方式,提供货物通关状态、化验样品检验状态等实时信息。

(19)积极支持企业“走出去”

积极了解、研究企业“走出去”过程中遇到的困难和问题,探索实施“走出去”企业快速通关模式。推动中欧安全贸易航线试点计划、中美“海关—商界联合反恐计(C—TPAT)”联合验证和与主要贸易伙伴国家海关的“经认证的经营者(AEO)”互认等供应链安全与便利合作项目,帮助企业享受所在国通关优惠措施。

6、切实提升海关监管效能

(20)优化海关作业流程

进一步提升减免税备案、审批效率。加快归类化验、价格审核、原产地认定等海关作业速度,完善进出口货物担保制度。深化分类审单作业模式,对汽车、化工、电解铜等重点税源商品和企业实施专人专岗审核。优化汽车进口证明书管理流程,提升进口汽车通关效率。

(21)提高查验工作效率

对于单证资料齐全、已按时运至指定地点、能够开始实施查验操作并当场确定查验结果的货物,一般在查验开始后4个小时内完成查验操作。探索使用各类新型查验检查设备,对于适用H986、货检X光机等设备查验的货物,优先实施机检查验。

(22)健全海关物流监控体系

加快监管场所信息化联网,进一步加强关港联网信息建设,拓宽放行信息电子化适用范围,完善舱单数据、卡口信息、验放信息和通关信息的交叉核对,不断提高海关对物流信息的判断和处理能力,推动完善运输工具、舱单、监管场所、查验"四位一体"的物流监控体系。

检验检疫

【概述】2012 年,上海出入境检验检疫局积极助推区域经济发展,围绕“三大战略”,进一步增强履职能力,各项工作取得了新进展、新成效。以提高宏观质量管理水平、加强多方位战略合作、提升全社会对质量工作的关注度,使“抓质量”上新水平;以狠抓质量安全风险防范、从严监管质量安全、提高重大应急事件的科学处置能力,使“保安全”加新力度;以各项新政先行先试服务外贸、服务企业、服务“全国检验检疫改革创新区”建设,使“促发展”有新作为;以推进法治质检、和谐质检、科技质检建设,使“强质检”树新形象。全年,上海口岸共完成出入境货物检验检疫 225 万批,金额 2,142 亿美元,同比增加 7.3%。其中:完成工业品检验检疫 189 万批,检出不合格 6,119批,同比增长 30.4%;进出口食品检验 19.5 万批,检出不合格 8,006 批,同比增长 78.6%;出入境动植物及其产品检疫 23 万批,发现疫情 11.32 万种次,同比增加 26.4%;出入境人员查验 2,666 万人次,截获旅客携带禁止进境物 3.6 万批;监测体检 14 万人次,发现传染病 186 人次。

2012 年,上海检验检疫局秉持“沟通上下左右,服务系统内外”的工作理念,自觉、主动把检验检疫工作融入地方经济社会发展大局。先后与上海海关、上海海事局、上海市商务委、卫生局、上海海洋大学、浦发银行等 22 个部门和单位签订了合作备忘录,携手提升上海口岸质量安全水平,共同服务发展。

【食品安全常抓不懈,两岸合作再启新章】1 月 5 日,上海海洋大学大闸蟹苗生产繁育基地向上海检验检疫局提交蟹苗输台申请,为确保蟹苗按时输出并如期投放,该局迅速完成了与台湾检疫部门的协商、蟹苗养殖场的考核注册、蟹苗抽样、疫情检疫等工作，快速、准确、全面地实施了检验检测。仅仅 7 天的时间就完成了首批 2.4 万只蟹苗输台任务，得到国家质检总局和上海市台办的高度肯定。2012 年，上海先后有 5 批共计 33.7 万只蟹苗在检验检疫部门的保障下顺利输台。11 月，在台湾苗栗县经过近 1 年养殖的 72 只中华绒螯蟹返沪参加了“王宝和”杯第六届全国河蟹大赛，荣获“金蟹奖”。不到一年的时间，输台蟹苗实现了成功“移居”和入市供应。这是大陆首次对台湾地区进行农业科技合作与援助，成为两岸农业交流合作的典范，有力支持了国家对台工作的大局。中共中央政治局委员、上海市委书记俞正声在中华绒螯蟹蟹苗输台专题报告上作出重要批示，感谢国家质检总局和上海检验检疫局为两岸经贸合作作出的贡献。

作为中国进口菲律宾水果的主要口岸之一，上海口岸在进口菲律宾水果中多次发现有害生物。5 月 2 日，国家质检总局下发《关于加强进口菲律宾水果检验检疫有关问题的通知》，该局严格按照总局的部署对菲律宾水果截获的有害生物进行鉴定并实施最严格的逐批安全风险检测。截止 12 月底，上海口岸共检验检疫菲律宾水果 1743 批次、80280.12 吨、货值 4684.34 万美元，其中销毁 235 批次、13308.21 吨、货值 714.90 万美元，彰显上海检验检疫的执法把关能力和成效。

【全国首个“入境再利用产业检验检疫示范区”落户上海】 9 月 11 日，上海检验检疫局联合上海地区 11 家市委办局和中央驻沪单位正式在上海综合保税区、临港产业区创立建设了“全国入境再利用产业检验检疫示范区”，这标志着上海地区以再利用产业为代表的循环经济即将翻开崭新的发展篇章。示范区建设中，上海临港产业区以入境再制造为重点，上海综合保税区以入境维修检测为重点，确保上海地区再利用产业集聚化、高端化、规模化发展，吸引优质再利用企业和产品落户区内，确保上海地区再利用产业集聚化、高端化、规模化发展，不断促进上海地区循环经济发展成为今后的目标，为资源节约型社会、环境友好型社会建设添砖加瓦。

除此之外，上海检验检疫局还全面建立起上海口岸进出口工业产品质量安全风险管理工作机制，在总局开展的进口工业产品质量安全风险信息检测采集和评估试点工作中，该局全年上报进口质量安全风险信息 429 起，占全系统上报总数的 1/3 以上；严控上海口岸进出口危险化学品质量安全，构建基于“责任链”的危险化学品多部门联合监管体系；在外高桥深入推行进口汽车“零等待检验”模式，促使上海口岸进口汽车数量年增长 30％以上；积极助推全国“出口工业产品质量安全示范区”的创建工作；对进口服装企业开展面料质量预评估试点工作，助力上海区域的国际商务港建设；在外高桥保税区扶持建设医疗器械、红酒、工程机械等专业化贸易平台；在洋山保税港区建立全国有色金属等大宗商品集散平台。同时，该局还研发推广了基于物联网的集装箱货物物流监控系统，并获国家工信部、财政部 2012 年物联网发展资金项目支持，助推检验检疫工作向全过程、全范围、科学化、规范化、便利化的监管目标迈进。

【促外贸、稳增长，“上海智检”新举频出】 10 月 15 日，上海检验检疫局正式启动检务工作“通报通放”新模式试点，受到了广大进出口企业的广泛欢迎。11 月 28 日，首批 25 家上海口岸进出口工业产品“快检快放”便捷化监管措施试点企业颁证仪式在沪举行，此举是上海检验检疫部门针对当前外贸增长乏力的严峻形势推出的又一重要举措。

2012 年，上海检验检疫局主动作为，大胆创新，按照国家质检总局和上海市委市政府的要求，率先提出了 35 条支持上海地区进出口贸易平稳发展的具体措施；4 月 23 日，该局与上海海关共同启动了通关单无纸化试点工作，在全国范围内率先实现了口岸通关单无纸化工作出入境业务全覆盖，也标志着集中审单模式、提货单无纸化放行、通关单无纸化等“新三电”工程的推进实施。

【“新三电”工程推动上海口岸优化通关环境】 10 月 1 日起，按照国家质检总局的部署，免收上海市进出口企业第 4 季度检验检疫费。10 月至 12 月，该局累计免收检验检疫规费 3.1 亿元，涉及货物 205 万批、货值 872.4 亿美元，惠及企业 62275 家，为缓解进出口企业出口压力、促进外贸稳定增长发挥了积极作用。下半年，在“通报通放”、“快检快放”工作基础上，加快探索推进“即查即放”的高效查验方式研究，实现一线口岸查验科学化、快速化、数字化，形成“通报通放、快检快放、即查即放”三轮驱动口岸贸易提速的良好局面。

【助推转型升级，服务“四个中心”建设】 6 月 15 日，上海浦东启动了全国第一个总部经济共享服务中心（平台），上海检验检疫局联合海关、工商等部门同时发布服务总部经济发展 4 项 10 条创新举措，在报检资质、检验鉴定、行政审批、信用管理、便利通关、健康咨询等方面，细化落实支持浦东地区总部经济发展的措施政策，并进一步支持跨国公司在浦东设立研发中心、地区总部、营运中心和购销中心。目前，浦东新区已集聚了 192 家跨国公司地区总部，26 家内资大企业总部和区域性总部。其中，跨国公司地区总部已在浦东形成投资总额 100 亿美元，且每年保持 20%以上的增长速度。10 月 17 日，该局与长宁区人民政府签订战略合作协议，携手助力“大虹桥”服装服饰出口创新基地，推出“零等候”等贸易便利化措施，使“大虹桥”成为上海市唯一的一个国家外贸转型升级专业型示范基地。

全面推广风险管理、分类管理和诚信管理，诚信体系建设，开展质量安全风险排查整治和道德领域突出问题专项教育治理，先后出动排查人员 10914 人次，排查企业 6175 家次、案例 4672 件，针对发现问题制定整治措施 1160 条。传递信任，服务发展，力促上海认证认可工作上新水平，上海地区进出口商品检验鉴定机构共有 60 家，占全国已批检验鉴定机构数量的 22%，在检验鉴定机构监管中，进行分类管理，加大对检验鉴定机构规范性和有效性的监督，完善行业自律，让市场规范逐步由政府主导向行业自律转变。随着国际市场的高速发展，邮轮旅游业将成为国际邮轮产业的新增长点。该局紧抓这一新兴产业助推上海航运中心建设，进一步完善邮轮口岸检验检疫设施，优化口岸通关环境，支持上海邮轮经济的发展，10 月 23 日，中国首届国际邮轮卫生检疫研讨会在沪召开，为中国检验检疫机构借鉴国内外邮轮卫生领域科学的管理经验，学习国内外先进的卫生检疫技术，提供了合作与交流的顶级平台。

【科技兴检，注入创新驱动"正能量"】深入贯彻"科技强检"战略，上海检验检疫局科研工作硕果累累。近三年来，先后获得省部级科研奖项 34 项。2011 年，该局牵头完成两项课题，荣获总局"科技兴检奖"一等奖，占全国检验检疫系统一等奖总数的三分之一，其他各类奖项获奖总数，也位列全国检验检疫系统第一位。百尺竿头，更进一步，3 月 30 日，2011 年度上海市科学技术奖励大会召开，上海检验检疫局科研工作再创上海市科技奖励的历史最好成绩，获得上海市科技进步奖二等奖 3 项，获奖数量和奖励等级均取得新高。9 月 27 日，该局又获得浦东新区 3 项科技创新成就奖，5 项科技进步奖，其中一等奖 1 项，获奖数目雄踞浦东新区各单位之首，极大提升了检验检疫科技工作在上海市的知名度和社会影响力。

该局以上海产业结构调整优化为导向，统筹规划、合理布局，逐步建立起仪器精良、技术精湛、科研突出、管理规范的技术检测体系。目前共建成 47 个实验室，其中国家检测重点实验室 25 个，占全国检验检疫系统的五分之一强；实验室检测装备投入达 7.18 亿，6700 余台套，位于系统领先地位。在实验室规划建设方面，以上海产业结构调整优化为导向，根据进出口贸易的需求和口岸"快速验放"的需要，合理布局、规划前移，服务港口一线，外高桥保税区的国家酒类检测重点实验室、化妆品区域性中心实验室和外高桥码头的粮谷检测实验室相继投入使用，服务核心工作，实现发展"双赢"。

【全面推进法治质检建设】上海检验检疫局以创新为法治建设第一驱动力，全面建立法治理念、构建法治体系、优化执法方式，持续推进法治质检建设。12 月，"上海检验检疫局法治理论研究应用机制"课题以总分第一的优异成绩位列"国家质检总局十大法治创新奖"之首。

一年多来，该局创新工作理念，弘扬法治精神、传播法治文化，全面推动法治质检建设，有效提升了检验检疫依法行政的能力与水平。5 月，成立法律咨询委员会，做好重大国际争端与突发事件应对的法律研究和论证工作；6 月，在全局范围进行"依法行政示范单位"的创建；8 月，参加国家质检总局法治文化演讲比赛并荣获一等奖；9 月，办理完结该局“两法衔接”第一案。全年共完成国家质检总局和上海市地方的法律规范意见征询 18 次，完成本局业务规范性文件合法性审查 48 次；开展案卷评查和优秀案件评选活动，并配合完成行政司法协助 62 起，较上年同期增加了 47.62%；针对抽采样、不合格后续处置、人为更改查验类别等情况开展了专项督察，对货值近 11 亿美元的 2735 条入境流向货物信息进行了督验；全年共出动执法人员 435245 人次，检查企业 9937 家，涉及商品（服装、鞋靴、玩具、家具、小家电五类）37.14 万批，货值 91 亿美元，发现不合格批次 697 批，涉及货值 1572 万美元，所有不合格批次的商品均根据有关规定做了相应处理。

【区域通关合作概况】（1）积极支持口岸大通关建设。一是优化泛长三角检验检疫合作机制信息平台。自“泛长三角检验检疫合作机制信息平台”成功启用以来，实现了口岸局和产地局之间对电子转单、直通放行、企业信用等数据的信息流转，相互共享，使口岸局和产地局实现有效联动，在方便企业的同时，也大大提高了检验检疫监管有效性。二是加强检空、检海合作。2 月，上海出入境检验检疫局与上海机场集团有限公司签订战略合作协议。双方紧密围绕推进上海国际航运中心建设和航空枢纽建设的要求，以将上海机场建设成为世界一流的大型客货复合航空枢纽港为目标，积极探索和优化检验检疫工作流程和查验模式，提高检验检疫管理效能，努力保障口岸卫生安全，共同促进上海航空业发展。4 月，上海出入境检验检疫局与上海海事局签署了合作备忘录，双方共同开展了推进口岸电子申报系统建设、建立突发事件处置联动协作机制等八个方面的合作，提升了上海口岸监管水平和服务效能。三是进一步推广落实进出口货物直通放行制度。上海出入境检验检疫局联合安徽局给予合肥京东方广电科技有限公司入境货物及其包装物通关便利。2012 年，京东方公司由上海口岸实行直通放行货物共计 106 批，90 个集装箱，货值约 800 万美元。以每批货物平均节省时间 1.5 天计算，此项措施共为企业节约时间成本 159 天。（2）进一步加强区域通关改革。12 月 10 月，泛长三角地区检验检疫机构通关机制改革研讨会在沪召开，上海市常务副市长杨雄到会。湖南检验检疫局在此会上正式加入泛长三角合作机制“大家庭”，成为该机制第十个直属检验检疫局成员。作为长三角及周边地区的业务协作、服务联动、信息共享、资源互补的区域性合作平台，该机制运行10年来，在直通放行、口岸查验、风险预警、检验鉴定、后勤保障等16个方面展开合作，有力推动了泛长三角区域大通关建设，为不断优化泛长三角区域发展环境作出贡献。上海检验检疫局与江苏检验检疫局创建了全国第一个直通放行试点区“沪苏虚拟口岸”，平均每批货物缩短口岸通关时间两天；与安徽检验检疫局和江西检验检疫局共同为安徽京东方、江西铜业等大型企业提供通关便利，实施便利化监管措施，使其节省物流成本上百万元；与湖北检验检疫局合作，对武汉东风汽车等6家重点企业的进口金属材料实施目的地检验，不仅有效缩短了检验周期，降低了企业成本，而且对促进湖北对外贸易快速发展效果明显，为泛长三角区域经济的转型发展提供良好的检验检疫保障和口岸通关服务环境，积极促进本区域外向型经济的繁荣健康发展。(3)进一步加强区域通关信息化建设。利用“泛长三角检验检疫机构合作机制信息平台”实现跨区域跨机构业务联系的电子化。目前该平台已在10家直属检验检疫局中全面应用，跨区域业务协作初步实现了信息化和无纸化。以检验检疫工作联系单为例，产地局可通过信息平台直接将更改信息送达口岸局，由此为企业节约至少1天的通关时间。截至12月底，信息平台共发出工作联系单3,778批，显著提升了检验检疫机构间的通关监管联动效能。（沈　娉）

2012年上海出入境检验检疫业务统计表

单位:见表列

项目		货物检验检疫				交通工具				集装箱（标箱）		发现动植物疫情		货物通关		出入境人员查验（人次）	健康检查及预防接种(人次)			
		批次	金额（万美元）	检验检疫不合格 批次	检验检疫不合格 金额（万美元）	船舶（艘）	飞机（架）	火车（节）	汽车（辆）	合计	检出问题	种类数	种次	批次	金额（万美元）		健康检查	艾滋病监测	发现病例	预防接种
全年累计		2375701	21508740	33971	699569.04	23049	178637	3840	0	9788870	232450	887	278182	4451820	22482352	26657077	73816	65945	119720	73903
其中	出境	784877	3530194.4	214	514.51	12875	89816	1920	0	1117649	0	1	1	3372737	12834907	13336206	25150	24545	44383	79871
	入境	1590824	17978546	33757	699054.53	10174	88821	1920	0	8671221	232450	887	278181	1079083	9647445.6	13320871	48666	41400	75337	13
比上年同比±%		12.41	7.59	27.01	89.55	-0.68	1.25	12.28	0	0.31	20.64	6.48	119.2	5.77	0.35	8.62	-0.87	-0.47	-3.95	8.09
其中	出境	2.72	8.21	0.94	2.34	3.21	1.18	12.28	0	-7.26	0	0	0	5.24	-0.15	9.12	13.93	14.84	25.3	8.19
	入境	17.89	7.47	27.22	89.67	-5.2	1.32	12.28	0	1.38	20.64	6.48	119.2	7.48	1.03	8.13	-7.11	-7.76	-15.56	-82.67

相关联接 〉〉

服务总部经济发展4项10条创新举措

一是实行总部企业一门式服务新模式。对总部企业实施集中报检、集中施检；开启绿色通道，推行特事特办；全面推行“5＋2”、“7＊24”小时预约服务。

二是支持总部企业全球研发中心建设。对生物材料实行“事前备案、优化审批、强化监管”的检验检疫新模式；对企业的研发样品实施绿色通道制度；积极推进食品、化妆品企业精细化服务改革新模式。

三是支持总部企业全球采购中心建设。推动检验监管重点从产品检验向企业监管转变，在风险可控的基础上试行总部地集中检验，推行适合国际采购物流发展的检验监管新模式。

四是实行总部企业个性化服务模式。将总部企业入境维修旧机电产品纳入再利用产业检验检疫改革试点；全面引入免办CCC产品诚信企业管理机制；对进口危险品、食品化妆品探索进行分类管理，缩短检验检疫流程，降低物流成本。

海　事

【概述】2012年，上海海事局共办理国际航行船舶进出口岸查验42060艘次，同比减少2.7%；实施港口国监督检查(PSC检查)1047艘次，同比增加27.1%；滞留国际航行船舶43艘次，同比减少6.5%；国际航行船舶重点监护1219艘次，同比增加31.1%；对国际航行船舶实施救援35艘次，同比增加12.9%；对国际航行船舶实施行政处罚406件，同比增加55%；罚款金额445.4万元，同比增加50.8%；办理船载危险品审批378744件，同比增加59.7%；船载危险品开箱检查299件，同比减少5.7%；航道航标维护管理12133座次，同比增加4.1%。

【"中国洋山港"保税船舶登记制度实现新突破】2012年，上海海事局坚持主动作为，积极协调各方，推进"中国洋山港"籍船舶登记制度。3月成立"上海海事局船舶登记中心保税区分中心"，开创国内保税港区保税船舶登记先例。7月完成全国首艘"中国洋山港"保税船舶"冠海朝阳"轮的船舶登记工作。年末，对该试点项目进行全面评估，对遇到的问题进行梳理汇总并提出了建议。

【创新思路，推动集疏运体系能级提升展现新成效】上海海事局探索干线集装箱船舶"四船双套泊"作业新举措，推出洋山主航道双向通航水上监管服务新模式。加快江海直达船型研发和推广应用，推荐主流船型市场占有率达到72%。长江口深水航道超宽船舶交会试验顺利圆满。洋山港主航道双向试通航成功。2012年共完成套泊作业1328艘次，码头单位释放产能7000余万元，航运单位节约船期1500余万元。

【热情服务，支持上海口岸经济发展再作新贡献】支持国际航行船舶临时接靠审批 471 艘次，其中煤炭船 103 艘次，可以为电力企业节约 2 亿元的成本。继续实施全天候办理邮轮报检等手续，依托 AIS 系统等多种手段对大型邮轮安全航行全程监控，2012 年共保障国际邮轮安全进出港 243 艘次。出台重要物资运输绿色通道等 8 项有实质性内容的帮扶措施。

【加强协作，口岸查验单位信息共享赋予新内涵】与上海海关签订合作备忘录。与上海出入境检验检疫局签订合作备忘录。就监管数据共享、联合执法等方面开展合作，提高了口岸监管效能。依托“国际航行船舶进出口岸 EDI 申报系统”，向查验单位提供国际航行船舶 24 小时计划动态，全年共发布 24 小时计划动态 54319 艘次，提高了上海口岸的通关效能。

【全力以赴保障安全，促进安全、法治口岸建设】推进“打造责任链、编织安全网”系统工程建设，2012 年围绕辖区水上客运（含大型邮轮）重大危险源管理等五个课题开展研究，促进水上安全监管的长效机制的形成。加强水上搜救应急能力建设，成功举行了“2012 年东海民用航空器遇险联合搜救演习”。全国海事系统最大的 5000 吨级大型巡航救助船“海巡 01”正式下水。完善水域防污染应急能力建设，推进上海港船舶污染事故应急处置中心和设备储备基地工作，建设长江口五号沟大型船舶污染应急设备库，使上海的船舶污染应急处置能力达到一次性清除 800 吨溢油的水平。建立船舶污染事故应急组织协调指挥体系，污染事故处置率保持 100％。

【稳步推进，中国船舶动态监控中心建设迈出新步伐】在电子口岸办、亿通公司的通力协助下，推进了中国船舶动态监控中心落户上海的机构设置、资源配置等工作。中心承接了云中心一期工程、船舶协同监管与信息服务系统工程等五项海事信息化项目的建设工作。（赵　刚）

2012年上海海事局进出港船舶统计汇总表

船舶类别	进港船舶							出港船舶						
	艘数(艘次)	总吨(吨位)	总载重量(吨)	载客量(客位)	船员人数(人)	货物到达量(吨)	旅客到达量(人)	艘数(艘次)	总吨(吨位)	总载重量(吨)	载客量(客位)	船员人数(人)	货物发送量(吨)	旅客发送量(人)
总　数	100321	1002934547	1165975954	6500156	1523669	335887246.76	1291907	110950	1023567640	1175435700	10032087	1592461	186754782.28	960787
中国籍船舶	80313	279770167	280729863	6283516	976361	178610928.27	1114341	90778	291901567	272694109	9815258	1065871	66670250.58	785761
其中：外贸船	1088	25629868	23345746	32734	27400	11640735.05	7340	1383	27113455	25481659	33079	34638	6516449.64	7808

边防检查

【概述】 2012年,上海出入境边防检查总站不断加强和改进边检管理工作,深化理念转变、机制创新、能力建设和科技应用,圆满完成了十八大、上合组织峰会等重大安保工作任务,确保了上海口岸安全、和谐、畅通。全年,总站共检查出入境人员2600余万人次,同比增加6.1%。检查入出境交通运输工具21万余架(艘、列)次,同比增加0.6%。24小时直接过境免办边检手续24万余人次。

【举行中国边检服务品牌上海口岸推介仪式】 8月19日,上海出入境边防检查总站在浦东国际机场T2航站楼举行中国边检服务品牌上海口岸推介仪式,上海市常务副市长杨雄出席仪式并为中国边检服务品牌形象"天天"揭牌。当日晚,总站在上海人流量最密集的南京路步行街世纪广场举行包括广场演出、群众咨询等在内的"中国边检阳光国门"户外宣传推介活动,同日,总站所属各边检站在所辖区域选择人流量较大的地方设立集中宣传点,走进外国人集中的工作区、生活区和商业区,有力地宣传和展示了中国边检"阳光国门"形象,受到了社会各界的广泛好评。

【加强边检管理创新工作】 2012年11月,上海出入境边防检查总站在空港口岸全面实行入出境勤务联动模式,通过检查员持双章上岗、错峰互援、客流监控、视讯督导等举措,提高用警效能,成功经受了浦东机场单日创纪录9万人次大客流的严峻考验。全面推行海港边检勤务改革,积极构建由边检机关主导,船方、码头企业参与的"三方共管"口岸综合防控体系,建立船舶风险评估和分级分类管理机制,加强情报调研预警及与地方政府部门协作配合。各港区查获违法违规人员2100余人次,查获一起11人持用伪假登轮许可证登轮案件，并协助地方公安机关成功捣毁了制作伪假登轮证件的窝点。部局在上海召开了九市边检总站提高服务水平工作推进会议，肯定了总站勤务改革成果，并组织观摩学习了吴淞边检站港口边检管理改革经验。

【重大活动及会议安保工作】上海出入境边防检查总站成立十八大安保工作领导小组，制定了《上海出入境边防检查总站"十八大"安保工作方案》，从加强查控查堵、加强情报调研、提高应急处突能力等八个方面确定了33条强化工作措施，并召开专题工作会议进行细致部署。各单位层层签订十八大安保工作责任书，分解目标，明确职责，落实到人。十八大安保实战阶段，各边检站设立站、队两级处突机动警力，调整勤务模式，与口岸相关部门协同开展了一系列有针对性的实战演练，进一步提高了应对突发事件的组织指挥、有效干预、岗位转换和应对处置能力。在顺利完成十八大边检安保任务的同时，圆满完成了全国"两会"、上合组织峰会、"亚沙会"、2012亚洲公务航空会展等重大活动及会议的安保和出入境边检工作。

【完善边检服务举措】上海出入境边防检查总站认真落实从2012年1月1日起施行公安部12项便民措施中涉及上海边检的7项措施，研发启用了"中国公民出境游团队名单申报系统"，方便了具备出境游组团资质的1385家旅行社进行在线登录预申报。以明细表形式逐项对执勤执法、队伍管理等方面261个具体工作环节进行了安全隐患排查和整改。在吴淞罗泾、外高桥东片港区、金山化工区等辖区增设办证点，设立综合执勤队，方便服务对象就近办理证件。在浦东、虹桥机场出境验证台内安装登机牌航班信息自动读取设备，提高了验放速度。在浦东机场T2航站楼入出境大厅旅客候检区域启用旅客待检视频系统，滚动播放出入境政策和待检温馨提示，方便旅客办理边检手续。

【培养树立边检职业精神】上海出入境边防检查总站通过组织"文明使者"巡回宣讲、赴现役边检站交流人员座谈交流、成功培养树立全国边检机关年度文明使者等形式和举措，发挥先进典型示范带动作用。深入开展"三访三评"深化"大走访"活动和人民警察核心价值观教育实践活动，引领队伍树立正确价值导向。抓住上海边检成立六十周年、落实24小时直接过境免办手续政策等时间节点、工作重点，开展密集、优质宣传，扩大边检机关的社会影响，在新华社、央视、上视、《人民公安报》、《解放日报》等主流媒体以头版、专版、专栏等形式刊(播)发稿件2647条。大力加强队伍活力建设，成立了总站文工团、篮球、足球、乒乓球、羽毛球4个球队和书画、摄影、文学等3个兴趣小组，积极参与"和谐口岸、共守国门"上海口岸文艺汇演并获"突出贡献奖"。一系列举措培树了边检职业精神，大力加强了队伍活力和氛围建设。

【搭建网上警民沟通桥梁】上海出入境边防检查总站积极搭建警民沟通桥梁，形成了新浪、新民、东方网三位一体的"上海边检"微博平台，并对官方微博进行改版，设立了"边检温馨提示"、"境外旅行提醒"、"出境旅游信息"、"口岸动态速递"等栏目，通过回复留言、业务咨询、办事指引等各种方式，主动发布上海口岸出入境相关信息，及时、真诚、平等、务实地与网民开展沟通互动，主动解疑释惑，听取群众意见，处理群众诉求，接受群众评议，全年共发布微博933篇，回复网友评论340条，受到了广大网民的欢迎，总站新浪官方微博粉丝数量突破了34万。上海总站官方微博被评为2012年度华东地区政府机构微博"影响力飞跃奖"。

【深入推进执法规范化建设】上海出入境边防检查总站通过不断强化执法理念教育，改进执法方式，最大限度地实现法律效果和社会效果的有机统一。下发《总站学习宣传＜中华人民共和国出境入境管理法＞及其配套法规工作方案》，通过自学、座谈和讲座等方式积极开展《出境入境管理法》学习宣传活动。同时，不断深化执法主体、执法制度和考评机制建设，推行网上案卷实时考评，培育执法骨干力量，消除执法行为差异。年内，总站出台了《关于探索完善柔性执法机制进一步提升执法服务水平的意见》，从行政指导、行政告诫等8个方面提出探索建立和完善柔性执法工作机制，引导和推动执法方式转变，进一步提升执法水平和社会公信力。全年，总站未发生一起有效行政复议案件。

【加强区域通关合作】2012年，上海出入境边防检查总站在上海市委、市政府的关心支持下，在口岸相关单位及苏、浙、皖友邻单位的协作配合下，以提高边检服务水平为中心，坚持顺畅通关，坚持严密管控，积极主动地融入到长三角区域大通关合作工作中，较好地履行了维护国家安全稳定和服务地方经济发展的职能作用。全年着重抓好以下几方面工作：(1)认真履行职能，积极营造安全、畅通的通关环境。上海出入境边防检查总站通过创新勤务组织，坚持科技强警，加强后勤保障，强化内部管理，确保了“5+2”天工作制严格落实。在做好通关工作的同时，总站从加强查控查堵入手，全面提高口岸管控能力，成功查获多名涉恐嫌疑人员、危害国家安全人员和改换身份企图蒙混入境的不准入境人员。(2)争取政策支持，充分发挥上海口岸集聚辐射效应。3月15日起，经公安部批准，浦东国际机场口岸在全国率先试行24小时直接过境旅客免办边检手续政策。全年24小时直接过境免办边检手续达24万余人次。在此基础上，总站今年重点推动延长48小时免签时间至72小时政策，全力支持上海关于免签国家范围、实施时间等方面的意见，及时将相关建议上报公安部，经过争取，该项政策于2013年1月1日实施，将对促进上海国际枢纽港建设、带动长三角旅游商务活动起到促进作用。(3)创新边检管理，推动航运中心建设。一是认真做好货机检查工作。由专门的货机检查队提供24小时全天候服务，货机进场后安排专人第一时间登机为飞机和机组人员办理检查手续，便利货机快速通关。二是在全国率先开展港口边检管理改革。通过船舶预先申报、简化接送船手续等方式，确保绝大部分船舶到港后第一时间开工作业，提高货物通关效率，同时研发启用国际航行船舶风险评估系统，对国际航行船舶实行分类分级管理，进一步明确口岸各方自管工作职责，推动建立信誉管理制度，积极构建由边检机关主导，船方、码头企业参与共管的口岸综合防控体系。三是进一步便利相关船舶、人员办理边检手续。在上海化工区、龙吴关港、宝山罗泾地区设立综合执勤队，在外高桥东片港区设立办证点，便利相关船舶、人员就近办理边检手续。推出厂矿企业专用码头外包工程人员网上备案制度，通过“远程申请、网上审核、自助打印、现场查验”的方式，便于修造船厂等企业为苏、浙、皖等地的来沪人员快速办理上船手续，提高工作效率。四是推出便民利民举措。推行船员家属多次有效登轮证和登外轮证件“一站签发、全港通用”等制度，进一步便利相关人员登轮工作。针对修造船企业发展面临航运经济不景气的严峻考验，立足企业诉求，推出了多船并靠、随船保航、分步交船等服务举措，解决企业实际困难，为企业节约成本千万元。五是服务邮轮经济发展。不断优化邮轮检查管理模式，灵活采取“随轮办证”、“登轮办证”、“通道办理”等多种勤务模式，应对邮轮客流高峰，确保邮轮靠泊后旅客第一时间通关，为部分旅客到上海周边地区旅游争取宝贵时间。特别是针对苏、浙、皖等地旅行社组团邮轮游飞速增长的情况，推出网上预申报系统，采取“错时候检”、旅游团“整团散放”等举措，最大限度地缩短旅客通关等待时间。(4)加强协作交流，主动融入长三角通关协作工作。总站与各口岸查验单位就出入境交通运输工具和人员检查以及口岸突发事件处置等工作建立了信息通报和应急联动机制；与苏、浙、皖、沪公安厅局出入境管理部门就外籍人员遣返、非法出入境案件调查和嫌疑人员身份核实等工作建立了协作机制；与苏、浙公安边防总队就强化长三角区域间往来的国际航行船舶检查管理工作建立了网上联动机制，并多次派员赴相关单位开展伪假证件识别等专项业务交流，不断提高口岸管控能力。上海铁路边检站与浙江金华车站公安派出所签订警警合作协议，共同维护沪港直通列车的安全；吴淞、外高桥、金山、洋山、崇明边检站分别与南通、南京港、舟山、嘉兴、北仑、张家港等边检站建立协作机制，共同做好航行于长三角地区国际航行船舶的管理服务工作。

(刘江萍)

2012年上海口岸出入境主要数据表

项　目			2012年	2011年	同比
出入境人员	出入境人员总数		2683万	2528万	+6%
	入境人员		1332万	1259万	+6%
	出境人员		1351万	1269万	+6%
	出入境旅客		2437万	2287万	+7%
	出入境员工		246万	241万	+2%
	中国公民	内地居民	1205万	1027万	+17%
		港澳居民	122万	126万	−4%
		台湾同胞	193万	190万	+1%
	外籍人员		1163万	1185万	−2%
交通运输工具	总　计		20万	20万	+0.7%
	船　舶		3万	3万	−4%
	飞　机		17万	17万	+2%
	火　车		366	364	平
	机动车辆		无	无	无

水运口岸

概　述

上海水运口岸是中国最大对外开放水运口岸，包括货运和客运两部分，由"黄浦江沿岸、长江上海段、杭州湾北岸、洋山深水港区"四大开放水域组成。截至2012年底，共有对外开放码头88座、泊位288个。

上海水运口岸货运部分拥有散杂货、集装箱、汽车滚装、油品气化等各种用途码头。目前，上海水运口岸班轮航线遍及全球主要港口，平均月进出国际航行船舶达3500多艘次。仅洋山港每周国际定班轮就达35班，通达全球12大航区，与200多个国家的500多个港口建立了业务往来，基本覆盖世界所有远洋航线。2012年，上海水运口岸进出国际航行船舶42060艘次，同比减少2.7%；进出口货物吞吐量3.58亿吨，同比增长6.1%，占上海港货物吞吐量7.36亿吨的48.7%；国际集装箱吞吐量2815.9万标准箱，同比增长2.1%，占上海港集装箱总吞吐量3252.9万标准箱的86.6%。其中，洋山深水港完成1415万标准箱，同比增长8%。2012年上海口岸水水中转比例达42.7%，较上年提高1.7个百分点，其中洋山口岸水水中转比例由2011年45.9%上升到46.7%，国际中转比例达8.5%，同比增长29.3%。97%的出口集装箱实现电子化放行。当年12月成功启动中转集拼业务，首次实现对国际集装箱货物的二次集拼。

上海水运口岸客运部分拥有上海港国际客运中心码头和吴淞口国际邮轮码头。上海港国际客运中心码头位于上海市虹口区北外滩区域，占地面积约2万平方米，拥有岸线全长近1200米，水深9—13米，共有4个泊位，可同时停靠3艘7万吨级国际邮轮和1艘国际客轮。目前，上海港国际客运中心开设至日本神户、大阪的定期客班轮航线，靠泊国际邮轮主要为7万吨级以下。吴淞口国际邮轮码头位于上海市宝山区吴淞口长江岸线炮台湾水域，毗邻长江入海口，码头规划岸线总长1500米。已建成的一期工程有2个大型邮轮泊位，岸线长度774米，宽度32米，可同时靠泊1艘10万吨级邮轮和1艘20万吨级邮轮。吴淞口国际邮轮码头于2011年10月开港试运行。2012年，上海港国际客运中心码头和吴淞口国际邮轮码头出入境国际邮轮218艘次（母港邮轮164艘次，访问港邮轮54艘次）同比增长20.4%；随邮轮出入境旅客33.4万人次，同比增长72.2%。邮轮及班轮出入境旅客35.1万人次，同比增长67%。

（邹增强　洪　雷）

口岸运行

【洋山保税港区】2012年，在严峻的外贸形势下，洋山港区依然呈现出稳步增长的发展态势，国际大型船舶密集靠泊、双套泊作业的成功实施、保税区二号卡口开通启用进一步提升洋山港枢纽港发展能级，为上海港继续名列全球集装箱第一大港作出贡献。全年，共完成集装箱吞吐量1415.4万标准箱，其中进口681.3万标准箱、出口733.7万标准箱，分别较上年增长8%、10.6%和5.8%，水水中转(含国际中转和内支线中转)完成量660.8万标准箱，水水中转比例达到47%。全年靠泊国际航行船舶9206艘次。年内，保税船舶登记、期货保税仓单质押、启运港退税、国际中转集拼等多项政策和业务创新成功实践，为上海国际航运中心建设注入新的活力。

【保税船舶登记政策在洋山保税港区启动】3月6日，经交通运输部批准，"保税船舶登记"政策在洋山保税港区进行试点，洋山保税港区成为全国首家享有该项政策便利的区域。此项政策可为注册在洋山保税港区的企业所拥有的从事国际航运业务的保税船舶(即办理了出口退税或进境备案手续的船舶)办理船舶登记业务。

【超大集装箱轮密集靠泊洋山港】4月12日，世界十大船公司之一、韩进海运旗下超大集装箱轮"韩进秀镐"号在洋山深水港首航。"韩进秀镐"轮是目前全球运载能力最大、技术设备最先进的超大型集装箱船之一，总长366米、总吨14余万吨。近年来，越来越多的世界级船舶公司纷纷落户洋山港，去年中远旗下中国现役集装箱船队第一大船"中海之星"号、汉堡南美旗下"圣克鲁兹"号也选择在此举行首航。目前，洋山港每周国际航班数已达35班，通达12大航区，与约200多个国家、500多个港口建立业务往来，已基本覆盖所有的远洋航线，出入国际航行船舶首次突破万艘次，国际航运枢纽作用日益凸显、口岸集聚辐射效应显著增强。

【洋山保税港区启动期货保税仓单质押】 4 月 26 日，期货保税交割业务在洋山保税港区有进一步突破，期货保税仓单质押业务正式启动运作。这是全国保税货物首次通过质押形式实现融资功能。此次试点范围是在洋山保税港区注册的 AA 类或 A 类企业，试点商品包括铜、铝以及今后扩大试点范围后批准的商品品种。保税仓单质押由银行出具相当于质押货物进口税款的保函，通过这种融资方式，企业可以在货物尚未完税前即可获取质押融资的便利条件，大大提高了企业资金利用率。

【洋山港首次实现四艘巨轮“双套泊”】 5 月 5 日，洋山港“盛城”轮与“达飞唐克雷迪”轮在冠东 4 号泊位水域、“裕固河”轮与“乔治华盛顿”轮在盛东 2 号泊位水域安全交汇，标志着洋山港首次成功实现 4 艘大型集装箱轮“双套”靠离泊作业。所谓“套泊作业”就是为节省在港靠泊时间，出口船离开码头前，进口船提前在码头水域附近待泊。“双套泊”即是同时有 2 艘船进口待泊，2 艘船出口。此次实施作业的船舶均为重量级大型集装箱船，尤其是“达飞唐克雷迪”轮总长达 335 米。此次“双套作业”前，洋山港海事处做了大量的前期安全准备工作，综合利用时间、空间、现场、远程、自然条件、PSC 检查历史报告等资源制定详尽的靠离泊作业方案，并保证严格落实，确保作业全过程安全可控。

【洋山保税港区新开二号卡口开通启用】 7 月 18 日，洋山保税港区二号卡口正式开通启用，这是洋山保税港区优化综合投资环境的又一项重要举措。二号卡口的开通完善了洋山保税港区交通网络的整体布局，将有效提升区域货物的通行能力，降低企业生产经营和运作成本，对于洋山保税港区开发建设和经济发展有着重要的推动作用。洋山保税港区陆域部分规划有 4 个卡口，一号卡口与东海大桥先期建成并投入使用。近年来，随着洋山港货物吞吐量急剧上升，卡口的交通拥堵现象在一定程度上影响了企业的正常经营活动。新开通的二号卡口位于同顺大道与顺翔路交汇处南侧，占地面积约 72930 平方米,配置有查验监管设施,主要作为保税货物进出通道。二号卡口先期将开通集卡货车和社会车辆各 1 进 1 出 4 车道,今后将根据流量的增加,增开车辆通道,有效确保保税区内货物通关顺畅。

【启运港退税政策在洋山保税港区正式启动实施】 6 月 15 日,财政部、海关总署、国家税务总局联合发布《关于在上海试行启运港退税政策的通知》,从 2012 年 8 月 1 日起,在青岛、武汉至上海洋山保税港区之间试行启运港退税政策。根据《通知》规定,政策适用范围为从青岛前湾港和武汉阳逻港(启运港)启运报关出口,并由上海浦海航运公司、中外运湖北有限责任公司承运,从水路转关直航运输经上海(离境地)洋山保税港区(离境港)离境的集装箱货物。适用启运港退税政策的企业必须具备以下条件:属于海关管理的 B 类及以上企业、属于无涉税违法违规行为的自营出口企业。启运港退税政策在洋山保税港区的突破,将吸引更多的出口货物通过洋山港中转,进一步巩固上海集装箱中转港的枢纽地位,也有利于提高洋山保税港区航运服务能力,推动出口集拼、分拨配送等增值服务发展,为后续国际中转集拼等功能创新打下基础。

【国际中转集拼业务在洋山保税港区正式启动】 12 月 12 日,洋山保税港区首单国际中转集拼业务成功运作,标志洋山保税港区国际中转集拼业务正式启动。这批货物是先从韩国入境到外高桥港区后,经水上"穿梭巴士"转驳至洋山保税港区内的深水港物流有限公司保税仓库,拆箱后再与本地出口货物进行二次拼箱后发往波兰和斯洛文尼亚。

国际中转集拼是国际重要枢纽港口普遍开展的物流模式,它是将由不同国家运来的货物在中转港口进行二次拆拼箱后,再次出口其它国家的物流集散中转操作模式。此前,我国港口由于受航线航班、监管模式、运输政策等种种因素的限制,一直未能开展国际中转集拼业务。国际货物只能在上海港整箱出口或进口,而不能把上海作为集散点或中转站,进行二次运输分配,使得亚洲地区国际中转集拼业务基本集中在新加坡、釜山和香港等传统集装箱枢纽港。

(高　丰)

【外高桥港区】2012 年,外高桥港区全年完成货物吞吐量 14263.1 万吨,同比下降 2.3%,其中集装箱 1536.3 万标准箱,同比下降 2.2%。外高桥港口岸进出口货值 3607.9 亿美元,同比下降 3.5%。全年靠泊国际航行船舶 21969 艘次,同比下降 4.4%,进出境船舶数量连续 8 年蝉联全国国际航行船舶吞吐量最高的单列港第一位。2012 年,外港海关监管进出口集装箱 1295.83 万标箱,查验进出口货物 22.26 万批,实际征税入库 1228.19 亿,为全国各隶属海关首位。2012 年,外高桥检验检疫局共接受进出口商品申报 577,252 批,同比下降 2.05%,其中进口法检受理报检 411,759 批,同比增长 1.92%,涉及金额 3,129,237 万美元,同比下降 24.81%。

【外高桥港区海关特设"陆改水查验受理专窗"】为进一步做好陆改水查验业务,外高桥港区海关特设"陆改水查验受理专窗",服务内陆企业,促进沿海内陆沿边开放优势互补,培育带动区域发展,并落实咨询服务窗口科组长值班制度,现场为企业答疑解惑,强化服务意识,提高了工作效率。

【外高桥港区海关打响汽车物流口岸品牌】外高桥港区海关积极打造便利服务品牌,不断优化通关环境,提高工作效率,打响外港汽车物流口岸品牌,开展"创先争优加速度把关服务比业绩"主题活动,通过"企业分类+差别化作业"的管理手段,积极优化特快窗口制度,提升了对外窗口服务水平。

【外高桥港区海关技术革新助力提升业务技能】外高桥港区海关重视技术革新。首次现场使用视频化查验终端完成"I PHOTO"子系统待处理图片上传,进一步丰富布控部门与查验部门沟通联系的手段,进一步提升队伍业务技能。

【外高桥检验检疫局不合格商品检出率、媒介生物和动植物疫情截获率大幅增长】2012 年,外高桥检验检疫局在进境检验检疫中发现检验不合格商品 5,890 批,同比增加 341.20%;截获植物疫情 56,098 批次,同比增长 51.43%,占上海局总植物疫情截获量的 49.58%;检获媒介生物 10,663 批、11044 只(头),同比增长分别增长 17.43%和下降 4.32%,分别占上海局总数的 51.79%和 47.67%。在全国范围内，首次在澳大利亚进境棉花中截获谷斑皮蠹，首次从日本白菜种子中截获油菜茎基溃疡病菌。

【外高桥检验检疫局实行进口汽车检验检疫新模式】外高桥检验检疫局实行进口汽车检验检疫新模式，推出“进口汽车检验能力领先计划”，发挥口岸优势，建立按品牌分类的商品质量档案，坚持开展专项抽查，共完成进口汽车检验 324,140 辆，相比上年同期增长 16%；共发现不合格案例 22 批。通过深化多方合作，建立与进口商约谈走访机制，推进服务效能进一步提升。

【外高桥检验检疫局对新纳入法检目录的进口危险化学品实施检验】2 月，外高桥检验检疫局开始对新纳入法检目录的进口危险化学品实施检验。自开展有关工作以来，外高桥口岸进口危险化学品的不合格率逐月下降。

【外高桥口岸率先实施通关单无纸化试点】外高桥港区海关和外高桥出入境检验检疫局于 2012 年 4 月在上海口岸率先实施进口货物通关单无纸化试点。此次试点以进口机动车为切入点，涉及梅赛德斯一奔驰、宝马等 15 个知名进口机动车品牌，试点工作运行平稳，效果显著，真正实现了报检环节“零等待”。

【外高桥检验检疫局开展进口矿产品品质及重量检验工作】1 月起，外高桥检验检疫局正式接手进口矿产品重量鉴定业务，重新规划业务流程，实现业务平稳交接。全年共完成法检矿产品检验 588 批次，49.0 万吨，货值 11463.28 万美元，上报重大事项 17 批次，其中因违反国家强制标准而不合格的 6 批次，因品质或重量结果与发票合同严重不符的 11 批次。有 168 批次重量短少超过 0.5%，涉及短少金额近 376.3 万美元。

【外高桥申江路客运卡口通过验收，正式启用】3 月 5 日，由上海海关相关职能部门与外高桥海关组成的验收小组对申江路客运卡口(8 号门)进行验收，并同意启用。申江路客运卡口(8 号门)的启用方便了南区企业人员进出，进一步改善园区的交通状况，提高通行率，更加体现了保税区南区的区位优势。

【外高桥港区六期工程尾留工程竣工验收】 6月28日，市交通港口局组织对上海港外高桥港区六期工程尾留工程进行竣工验收。尾留工程主要包括多层停车场和汽车零部件中心两部分内容，其中多层停车场总建筑面积逾17万㎡，汽车零部件中心总建筑面积5.6万㎡。尾留工程通过竣工验收，标志着外高桥港区六期工程全面建成。尾留工程建成后，为外六期港区汽车码头滚装、分拨、零部件配送、一站式增值服务等提供了规模化运营的基础条件，进一步拓展了港区服务功能。（谭　波）

【杭州湾北岸区域】 2012年，上海杭州湾北岸开放水域4座码头运行平稳。其中，上海孚宝港务有限公司码头完成吞吐量（内外贸总计）365万吨，靠泊船舶920艘次；上海天原集团华胜化工有限公司码头完成吞吐量179万吨（外贸129万吨），靠泊船舶226艘次（外轮101艘次）；化工区大件码头、金山石化码头吞吐量282万吨，靠泊船舶683艘次。年内，该开放水域内有两座码头通过开放验收，进一步提升了该区域的口岸吞吐能力。分别是，上海上电漕泾发电有限公司卸煤码头（开放岸线270米，1个泊位）；上海氯碱化工股份有限公司（上海化工区）改扩建码头，岸线长498米，6个泊位。（高　丰）

【上海罗泾港区二期工程成为全国第一个获国家金质奖港口工程项目】 在北京人民大会堂举行的国家优质工程奖设立三十周年纪念大会上，上港集团罗泾港区二期工程建设项目获2010—2011年度国家优质工程质量奖金质奖章和荣誉证书。该奖项经国务院批准于1981年设立，是工程建设行业设立最早、规格最高，跨行业、跨专业的国家级荣誉奖励，分别为“国家优质工程金质奖”、“国家优质工程银质奖”。30年来，共评出国家优质工程奖1577项，其中金质奖为60项。上海罗泾港区二期工程是第一个荣获国家优质工程金质奖的港口工程项目。由国家工程建设质量奖审定委员会编写的《中国优质工程》一书，以两个彩色版面配以文字与图片，专题介绍了罗泾港区二期工程和荣获国家优质工程金质奖的情况。同时在《国家优质工程奖创建三十周年宣传纪念活动工作动态》中，以《科学管理，注重创新，助推工程创优》为题，介绍了本工程项目努力创建国优工程的基本经验和做法，并通过《国优展示》栏目，介绍了本工程建设的基本概况。

【上港集团罗泾分公司推行 BTOPS 管控系统】上港集团罗泾分公司认真贯彻落实集团“三化”建设要求，自 2012 年 7 月起有序推行件杂散货码头操作系统（BTOPS 管控系统），积极推进信息化管理，全面实施件杂货作业无纸化办公、网上查询和作业票电子化。公司实行项目负责制，与系统开发商海勃公司保持紧密联系，接受现场指导，对推进过程中发现的问题，进行认真的剖析和讨论，制定了相应的改进措施和操作规范，确保系统正常运行。

【上港十四区整体转型开发项目启动】8 月 9 日，上港集团和宝山区人民政府举行上港十四区整体转型开发协议签约暨上港集团瑞泰发展有限责任公司揭牌仪式。上海市副市长沈骏出席揭牌仪式。上港十四区整体转型开发项目是上海浦江两岸和长江开发“十二五”期间重点项目，是宝山区和上港集团开展区企合作，适应老港区经济转型与城市发展需求的结果。

位于宝山的上港十四区，所属地域东至长江、南至漠河路、西至牡丹江路、北至宝钢护厂河，位于宝山新城规划区域之内，曾是沪上知名的老港区，原为配套港口码头和工业仓储等用地，主要承担集装箱储运功能。根据 2009 年调查资料，上港十四区（集装箱宝山码头）全天集装箱产生交通吸引量为 1927 车/日，折合当量小汽车 5780PCU/日，车辆主要为运载集装箱重型车辆。在上海加快建设国际航运中心，洋山港启用的背景下，上港集团位于宝山区域内的港口设施也面临调整转型。未来，上港十四区新的城市功能定位为宝山新城生态滨江综合服务区，件杂货货运功能将被转移到张华浜、军工路港区。根据市政府批复的控详规划，上港十四区开发区域面积达到 77.62 公顷，经营性用地面积达到 28.79 公顷，建筑面积约 85 万平方米，上港集团将把该地块打造成集生态绿化、商业商务、休闲居住及邮轮综合配套服务于一体的生态滨江综合服务区。该项目对于加速宝山滨江综合发展带的建设，促进港口现代服务业的发展，带动周边地区产业经济的发展具有重要意义。

【上海港口设施保安演习在军工路码头举行】由上海市交通运输和港口管理局主办、上海港公安局和军工路分公司承办、吴淞出入境边防检查站和上海海事局吴淞海事处协办的“2012年上海港口设施保安演习暨上港集团军工路分公司港口设施保安演习”于11月23日10时在军工路码头举行，交通运输部SOLAS履约工作组、市交港局有关部门领导等观摩了演习。演习围绕保安升级、恐怖分子破坏、救治伤员与紧急疏散和围捕恐怖分子四个科目展开。演习模拟在集装箱危险品堆场巡逻的保安人员发现两名可疑人员行踪诡异，当即向公司保安主管报告，保安主管立即向市交港局汇报，交港局发出港口设施保安由一级升为二级的指令，军工路分公司按照指令，落实各项保安措施。恐怖分子在危险品堆场引爆了爆炸物，消防车、救护车立即赶到现场，消防员和医务人员迅速展开灭火和救治伤员工作，港区派出所接警后及时赶赴现场，拉好警戒线，疏散周围员工，并展开围捕恐怖分子行动，最后将欲逃窜港区的两名恐怖分子成功擒拿，演习宣告顺利结束。此次演习检验了港口设施安保计划、措施的落实情况，提升了港口各有关单位处置突发事件的整体协同作战能力，取得了预期效果。（徐　凯）

邮轮经济

【概况】2012 年以上海为母港的邮轮共有 4 艘，分别为停靠吴淞口国际邮轮码头的歌诗达邮轮“维多利亚号”和皇家加勒比“海洋航行者号”，以及停靠上海港国际客运中心的皇家加勒比“海洋神话号”和豪斯登堡邮轮公司的“海洋玫瑰号”。全年上海港出入境邮轮共计 121 艘次，同比增长 15.2%，出入境旅客共计 33.4 万人，同比增长 72.7%。其中吴淞口国际邮轮码头靠泊母港邮轮 48 艘次，访问港邮轮 12 艘次，包括 4 次“两船同靠”；国客中心码头靠泊母港 33 艘次，访问港 28 艘次。

2012 年，上海发展邮轮经济迈出新步伐，由上海国际港务集团、英国海贸(国际)传媒集团、上海海事大学三家单位共同筹建的亚洲邮轮学院在上海成立，该学院是在我国乃至亚洲范围内，第一家具有学位授予资格的邮轮管理专业人才培养基地。在由上海世界旅游博览会组委会、上海旅游会展中心和 VNU 亚洲展览集团共同举办的“WTF 世界旅游行业大奖颁奖大典”中，上海港国际客运中心获得邮轮板块奖项的“最受欢迎邮轮客运中心”大奖。国家旅游局确定北外滩上海港国际客运中心和宝山吴淞口国际邮轮码头为“中国邮轮旅游发展实验区”，开展我国邮轮旅游业创新发展先行先试，为上海力争成为国际一流邮轮母港、长三角国际邮轮组合母港和中国邮轮门户港创造了条件。第三届亚洲邮轮大会在上海港国际客运中心召开，吸引了超过 2300 位来自国内外邮轮及旅游业界的领导者和顶尖邮轮公司业界精英，对扩大上海和中国邮轮产业发展起到了积极作用。

【上海口岸查验单位采取各项措施支持上海邮轮经济发展】上海海关根据邮轮靠泊情况及时调配人力，建立青年志愿者队伍，增设临时通道，保障邮轮旅客快速通关。上海检验检疫局不断完善吴淞口国际邮轮码头检验检疫设施，确保吴淞口国际邮轮码头顺利通过了国家质检总局卫生检疫核心能力建设的考核，推动首届国际邮轮卫生检疫研讨会在沪召开。上海海事局实施全天候办理邮轮报检通关等手续，在对国际邮轮实施全程跟踪服务的同时，依托 LRIT、VTS、AIS、CCTV 等多种手段对大型邮轮安全航行实施全程监控。上海边检总站采取"随轮检查"、"登轮检查"、"通道检查"等多种勤务模式应对邮轮客流高峰，确保邮轮靠泊后旅客第一时间通关，并出台信用评估考评和邮轮登轮管理类证件审核发放等办法，使上海邮轮口岸进入常态化管理新阶段。

【亚洲邮轮学院举行成立仪式】4 月 18 日，由上海国际港务集团、英国海贸(国际)传媒集团、上海海事大学三家单位共同筹建的亚洲邮轮学院在上海港国际客运中心举行成立仪式。《2011－2012 中国邮轮发展报告》同时发布。亚洲邮轮学院是在我国乃至亚洲范围内，第一家具有学位授予资格的邮轮管理专业人才培养基地，学院将以 EMBA、MBA 课程为主，并考虑开设邮轮方向的本科专业，同时，将根据市场需要，开设短期培训班。课程涉及邮轮船舶建造、船舶交易、邮轮船公司营运管理等，旨在为中国和亚洲的邮轮产业培养和输送高质量邮轮管理人才。

【上海港国际客运中心获"最受欢迎邮轮客运中心"大奖】5 月 10 日，由上海世界旅游博览会组委会、上海旅游会展中心和 VNU 亚洲展览集团共同举办的"WTF 世界旅游行业大奖颁奖大典"在上海"东方明珠"号游轮举行。上海港国际客运中心获得邮轮板块奖项的"最受欢迎邮轮客运中心"大奖。WTF 世界旅游行业大奖秉持权威、客观、严谨、公平的原则，采用专业评审委员会意见与业内大众评审投票相结合的评选制度，颁发包括航空公司、酒店、旅游目的地、邮轮、旅行线路和"2012 欢乐健康旅游年特别奖"6 大类在内的共 29 个大奖，全面展示并推荐经过专家和大众评选出的优秀组织，为中外游客提供指导性参考意见。

【中国邮轮旅游发展实验区揭牌】9 月 15 日，2012 年上海旅游节开幕式在宝山区吴淞口国际邮轮港举行，中共中央政治局委员、上海市委书记俞正声，上海市委副书记、市长韩正以及国家旅游局局长邵琪伟等领导出席开幕式。国家旅游局局长邵琪伟和上海市委副书记、市长韩正共同为设在上海宝山吴淞口国际邮轮码头和北外滩国客中心的“中国邮轮旅游发展实验区”揭牌。“中国邮轮旅游发展实验区”的设立，是开展我国邮轮旅游业创新发展的先行先试，上海将围绕打造“世界著名旅游城市”的目标，力争成为国际一流的邮轮母港、长三角国际邮轮组合母港和中国邮轮门户港。

【第三届亚洲邮轮大会在沪召开】9月26日至28日，第三届亚洲邮轮大会在上海港国际客运中心邮轮码头召开，上海市副市长赵雯为大会启动开幕鸣笛。大会吸引了超过2300位来自邮轮及旅游业界的领导者和顶尖邮轮公司业界精英，通过主题讨论和自由探讨的形式，交流亚洲邮轮产业目前的发展以及未来如何充分挖掘亚太地区尤其是中国市场发展潜力的策略、规划等一系列问题。受邀国内外演讲嘉宾包括澳大利亚嘉年华邮轮首席执行官 Ann Sherry、皇家加勒比高级副总裁 Lisa Bauer、丽星邮轮首席运营官吴高贤、地中海邮轮首席执行官 Pierfrancesco Vago、银海邮轮有限公司高级副总裁 Steve Odell 等国际知名邮轮公司高管；以及邮轮市场、运营、造船以及码头业界各类高管约50余人。同时，大会也邀请300家本地旅行社参加旅行社培训项目，并邀请来自邮轮公司的专业讲师作为培训老师，学习如何进入这个利润丰厚的成长型市场。

【北外滩滨江绿地(国客中心段)对公众开放】7月16日，虹口区政府、上港集团、上海建工集团、中海集团联合举行北外滩滨江绿地开放仪式。北外滩滨江绿地项目规划占地面积超过16万平方米，分国客段、置阳段、汇山段等几部分，其中国客中心段东起高阳路，西至溧阳路，北临东大名路，南至黄浦江驳岸线，呈东西向贯通，沿江岸线长约880米，位于黄浦江的中心地带，西接外滩，南与陆家嘴东方明珠电视塔隔江相望。与中心城区其他公共绿地不同，北外滩滨江绿地系在利用和改造原港区生产作业码头和岸线的基础上进行建设，集防汛、绿化景观、滨江步道和休闲设施、地下空间等多种功能于一体，未来拟打造成包含邮轮码头和中高端商业设施在内的公共街区。北外滩滨江绿地开放，既是对市政府关于"黄浦江两岸开发到哪，沿江公共空间就要开放到哪"精神的落实，也体现了相关企业的社会责任。北外滩滨江绿地（国客中心段）实行公园化管理，开放时间为每天 6 时至 22 时。

（徐　凯）

港口管理

【概况】2012 年，上海港航行业坚持稳中求进的工作总基调，积极应对内外环境不确定因素的影响，深化创新驱动、转型发展，推动港航行业科学发展，圆满完成了全年目标任务。上海港货物吞吐量完成 7.36 亿吨，同比增长 1.1%；集装箱吞吐量完成 3252.9 万标准箱，同比增长 2.5%。

【行业安全稳定形势平稳可控】切实加强源头管理和基础管理，着力构建行业安全监管防范机制。建立健全发现、预警和应急机制，维护行业稳定。落实安全监管长效机制，加强“一岗双责”制度建设，抓好源头管理、监督检查和事故查处等关键环节。加强水上运输安全和港口安全监管。

【港航建设深入推进】坚持推进港航基础设施建设，有力推动上海国际航运中心建设。会同有关单位做好加快内河水运发展工作，洋山深水港区四期前期工作基本完成。赵家沟工程完成项目批复投资，大芦线一期(临港新城段)、杭申线工程累计完成投资分别为 39.69 亿元、6.89 亿元，分别占工程总投资的 96.7%、53.1%。

【港航发展持续推进】坚持强化管理服务，大力推进现代航运服务体系建设，研究完善本市国际航运经纪执业资格考试制度，做好本市第二批航运经纪试点后续工作，引进国际知名航运经纪公司奥普玛经纪公司等 3 家航运经纪公司在沪成立独立法人企业。配合市建设交通委积极推进启运港退税和水水中转工作。8 月 1 日起，武汉、青岛至洋山保税港区之间正式试行启运港退税；水水中转比例达到 42.3%。促进上海港邮轮产业发展，共接待国际邮轮靠泊 180 艘次、邮轮旅客 35.03 万人次，分别比上年同期增长 59.3%和 71.4%。着力推进洋山保税港区水水中转二次集拼业务发展，切实强化港区港政航政管理和安全监管。积极推进内河航道建设和航运业发展,水上旅游业发展势头良好。切实加强港口危险货物作业监管,协同推进港口监管信息化建设。积极推进上海港资源节约型、环境友好型港口建设,启动外高桥港区空气质量监测网建设。进一步深化水运工程建设市场监管,推进集中整治向常态管理转变。着力强化引航安全、内控管理和队伍建设,应对航运市场整体下滑和引航船舶总艘次下降的不利局面,同步生产创历史新高。

【改革发展各项任务深入推进】以行业管理促进产业发展为宗旨,加强行业法制建设,完善行业发展政策体系,促进管理体制机制改革,不断推动行业发展。积极推进"既受又理"改革试点工作,继续深化推进行政审批标准化管理,全面完成行政审批标准化示范试点项目。

【行业管理和市场监管有效强化】牢牢抓住制度创新和科技创新,理顺和创新管理机制,提高管理科技含量,提升监管效率和水平。基本完成内河搜救系统建设。积极推进节能减排,开展重点用能单位能源审计试点。

(王关云)

港口运营

【概况】2012 年是上港集团积极应对严峻经济形势的挑战,努力克服全球经济低迷的影响,全面完成了年度各项工作目标和任务。宝山地块项目全面开工,"营改增"试点工作平稳有序,成功举办环球港口领导人上海峰会,上海港年集装箱吞吐量连续三年位居世界第一,上海国际航运中心和强港建设迈上新台阶。

【生产经营取得新成绩】(1)主要生产指标顺利完成。货物吞吐量完成 5.02 亿吨,同比增长 3.7%。集装箱吞吐量完成 3252.9 万标准箱,同比增长 2.5%,其中,9 月份完成 291 万标准箱,创造了月度历史最高纪录。散杂货吞吐量完成 1.85 亿吨,同比增长 3.5%。水水中转比例达到 42.8%,国际中转比例达到 5.5%。沿海中转同比增长 5.9%,长江中转同比增长 5.4%。洋山港区集装箱吞吐量完成 1415 万标准箱,同比增长 8%,占全港集装箱吞吐量的 43.5%。洋山港区水水中转完成 661 万标准箱,水水中转比例为 46.7%,高于全港 3.9 个百分点。长江航运呈现出班轮化、大型化、联盟化的特点。长江"五定"班轮每周有 50 班,12 家支线船公司投入营运,全年承运集装箱 48.7 万标准箱,比上年增长了一倍。开通了武汉、九江、南京、扬州至洋山的直达航线。集团长江船队营运规模近 122 艘(包括民生轮船公司 41 艘),集装箱船舶运力国内排名居前。长江公司与泛亚公司等互换舱位开展班轮化运输。6 月 20 日,8000 吨级"盛达和谐"轮从武汉港至洋山港首航。汽车滚装业务量完成 128.16 万辆,同比增长 15.58%,继续保持全国港口的领先优势。国客码头邮轮靠泊达到 160 艘次,出入境旅客近 8.9 万人次。(2)主要经营指标完成较好。营业收入全年完成 287 亿元,同比增长31.8%，实现归属于母公司的净利润49.2亿元，同比增长4.2%，其中，主营业务归属于母公司的净利润增长3.7%。经济运行质量总体平稳。(3)安全生产总体平稳有序。多次召开集团安委会会议，要求依法管理、严格管理、规范管理，探索建立安全长制度，现场安全管理得到进一步加强。(4)口岸环境取得积极成效。在继续推行海关、检验检疫无纸化通关工作的同时，协调海事工作取得了积极的成效，洋山地区累计完成单套泊721次，双套泊248次，双向交汇试验34次；洋山港主航道91.2米双向试验顺利通航，长江口深水航道船舶超宽85米的交会试验取得圆满成功，上海港航道的通航效率有了明显提升。

【转型发展取得新突破】(1)宝山地块开发取得重大突破。在市政府和宝山区政府的大力支持下，集团全力推进宝山地块开发。先后完成了“双评估”和土地出让协议签订，筹建项目公司，推进规划落地，征集项目名称。9月28日，“上港滨江城”正式开工，为集团今后几年转型发展奠定了坚实的基础。(2)汇山地块开发取得重要成果。集团与虹口区政府建立区企联席会议的沟通机制，定期就相关问题进行研究和协商，对项目开发建设起到积极推动作用。汇山东块和中块开发正式启动，按照进度正在有序推进。汇山西块项目基本建成并完成了部分销售工作，为集团全面完成2012年经营指标做出了贡献。(3)竞拍取得海门路55号地块土地使用权。经过激烈的市场竞争，取得海门路55号的国有建设地块土地使用权，地块面积达40577平方米，地上地下开发面积约40万平方米。(4)结构调整、改制转型取得积极成效。按照集团优化产业、结构调整的总体要求，全面完成了宝山分公司、集箱公司的结构调整工作，人员分流平稳有序，宝山分公司已于2012年底全面歇业。港工公司改制基本完成。(5)汽车物流增长明显。大力支持汽车物流的发展，将外高桥六期新港区约35万平方米范围内的土地、库场、房屋建筑及配套设备，以及新增50米岸线，租赁给海通公司使用，同时，成立上海海通洋山汽车码头有限公司。着重发展整车物流和零部件物流项目，创新推出了CIQ、PDI、VPC等服务项目。宝马、保时捷、沃尔沃、大众等著名汽车品牌与上海港结为重要的合作伙伴，上海港已成为全国主要的汽车进出口基地，市场份额约占有全国45%以上。汽车物流成为集团成长较快的新兴业务。(6)邮轮产业积极谋划。按照"借船出海"思路，继续做好相关船公司合作的前期工作，加强了与主要船公司邮轮业务合作洽谈，积极争取提升邮轮母港的地位。充分利用国客中心现有码头的资源，举办了一系列世界著名品牌的商业活动，既获得了较好的经济收益，也有力提高了北外滩地块的影响力。(7)海外项目积极尝试。积极拓展海外项目，与多家国际项目投资方洽谈，进一步寻求国际化合作。

【重大项目实现新拓展】(1)外高桥六期尾留工程全面完成国家验收。根据交通运输部要求，外六期尾留工程于6月28日顺利通过上海市交港局组织的验收，标志着外六期工程全面竣工，顺利投入使用，并已发挥应有效用。(2)上海国际航运服务中心大楼如期投入使用。在市政府的大力支持下，上海国际航运服务中心项目经过三年建设，于3月28日顺利建成，运转正常。该项目的建成，为客户提供了便捷、高效的"一门式"服务，有效改善了上海口岸服务环境。(3)北外滩滨江绿地改造完成并对外开放。北外滩滨江绿地7月16日向社会正式开放，累计已有20多万人次参观、游览，受到市民的广泛好评，获得了良好的社会效益。(4)部分码头结构加固改造方案通过交通运输部评审。顺利完成码头结构加固设计方案并及时申报，外高桥港区、洋山港区第一批码头顺利通过交通运输部组织的评审。此举将提升码头泊位的靠泊等级，更有效地发挥码头效率。(5)外高桥港区绿化改造工程抓紧实施。改造总面积为64.72万平方米。外一期、外二期、外三期港区改造项目基本完成，外四期、外五期项目已形成方案，有望近期实施开工。(6)支航道维护和疏浚得到加强和完善。组织全国行业权威专家对上海港外高桥和罗泾港区支航道疏浚维护技术方案进行了充分论证，并形成常年维护加阶梯维护的实施方案。目前，正在向政府有关部门积极争取支航道疏浚经费的支持，建立航道疏浚维护的长效机制。黄浦江鳗鱼嘴等部分航道疏浚到－8.3米。(7)罗泾灰库改造工程稳步推进。罗泾II号灰库改造的堆场已投入使用，初步发挥效应。罗泾Ⅲ号灰库的改造正在抓紧实施。(8)基本建设、更新改造和重大设备建造进展顺利。全年共完成基本建设项目7个，投资额18.5亿元；更新改造项目822个，投资额9.67亿元。冠东公司2台起升高度49米桥吊、罗泾分公司2台门机、罗矿公司1台卸船机、煤炭分公司1台卸船机、复兴公司3600匹拖轮、深水港船务公司6800匹拖轮等重大设备和设施相继投入使用，发挥了有效的作用。

【科技创新取得新成效】(1)树立科技创新理念，坚持科技强港之路。隆重召开集团科技创新大会，制订了“十二五”科技发展规划，提出了建设国家级技术中心的具体目标，表彰了科技功臣，在全港形成了科技创新的良好氛围。(2)不遗余力推进节能减排，降低能耗指标。积极开展了新能源、新工艺、新技术的推广应用。集团年度总能耗38.5万吨标准煤，主营收入能耗为0.113吨标准煤/万元，吞吐量能耗为5.34吨标准煤/万吨，同比均有一定程度下降，完成了上海市下达的考核目标。(3)科技创新项目不断取得突破。与上海市气象局共同开发的“暴雨、雷电、台风、突风等突发气象灾害预警系统”发挥了积极作用，提高了安全保障水平。港口重型电动牵引车示范线系统关键技术、LNG集卡、一拖二集卡、锂电池RTG等项目积极推广运用。集团为主承担的科技项目《港口物流服务关键技术集成创新与应用》和盛东公司为主承担的《大型集装箱码头精益生产关键技术》科研项目分别获得2012年度上海市科学技术奖一等奖和三等奖。集团研发和实施的《轮胎式集装箱龙门起重机采用锂电池节能改造项目》获得交通运输部节能示范项目。第七届国际发明展览会，集团获得金奖4项、银奖1项、铜奖4项。

(孙　昊)

上海组合港建设

【概况】2012 年长三角地区上海、浙江、江苏经济转型取得显著成效。两省一市共完成国内生产总值 108765.89 亿元，同比增长 9.29%，高于全国经济增速 1.39 个百分点，经济总量占全国比重为 20.94%。上海实现生产总值 20101.33 亿元，按可比价格计算，比上年增长 7.5%。分产业看，第一产业增加值 127.8 亿元，增长 0.5%；第二产业增加值 7912.77 亿元，增长 3.1%；第三产业增加值 12060.76 亿元，增长 10.6%。其中，第三产业增加值占全市生产总值的比重首次达到 60%，比上年提高 2 个百分点。浙江省完成生产总值 34606.30 亿元人民币，同比增长 8%，分产业看，第一产业增加值 1669.49 亿元，增长 2.0%；第二产业增加值 17312.47 亿元，增长 3.7%；第三产业增加值 15624.44 亿元，增长 9.3%。江苏省经济在转型升级中平稳增长，全省实现生产总值 54058.2 亿元，按可比价格计算，比上年增长 10.1%。其中，第一产业增加值 3418.3 亿元，增长 4.6%；第二产业增加值 27121.9 亿元，增长 11.0%；第三产业增加值 23518.0 亿元，增长 9.6%。经济增速继续领先长三角地区。

2012 年长三角地区港口在我国经济和港口航运发展中继续保持重要的地位，上海国际航运中心对长三角地区、长江流域和全国经济贸易的综合服务能力进一步增强。长三角地区完成水路货运量 18.26 亿吨，同比增长 4.2%，占全国比重为 40.2%，较去年同期提升 0.08 个百分点。长三角港口共完成货物吞吐量 320030 万吨，同比增长 7.5%，规模以上港口货物吞吐量占全国比重与去年同期相比略有上升，为 32.80%。

上海市围绕优化现代航运疏运体系、发展现代航运服务体系、国际航运发展综合实验区建设、促进航运金融发展、促进和规范邮轮产业发展和综合协调工作六大方面全面推进53项重点工作，各项工作成效显著，海港集疏运系统和航运金融服务功能进一步完善，航运法律、人才建设等进一步加强。2012年，上海国际航运中心主体港口上海港完成货物吞吐量7.36亿吨，同比增长0.5%；海港完成6.35亿吨，同比增长2.2%；内河完成1亿吨，同比下降4.3%。上海国际航运中心南翼浙江省加快推进“三位一体”港航物流服务体系建设，加快港航发展方式转变，取得了明显成效。2012年，全省港口完成货物吞吐量13.19亿吨，同比增长7.9%，其中，宁波一舟山港完成7.44亿吨，首次超过上海港跃居世界第一。上海国际航运中心北翼江苏省各项重点工作进展顺利，随着长江南京以下12.5米深水航道建设工程逐步加快，港口的地位和作用进一步提升，长江沿岸港口增长势头不减。2012年，全省港口完成货物吞吐量19.5亿吨，同比增长7.92%。

2012年长三角地区的主要港口上海港、温州港、江阴港和常州港的增速低于5%，长江沿岸港口南京港、镇江港、苏州港、泰州港的增长势头较好。各港情况见下图：

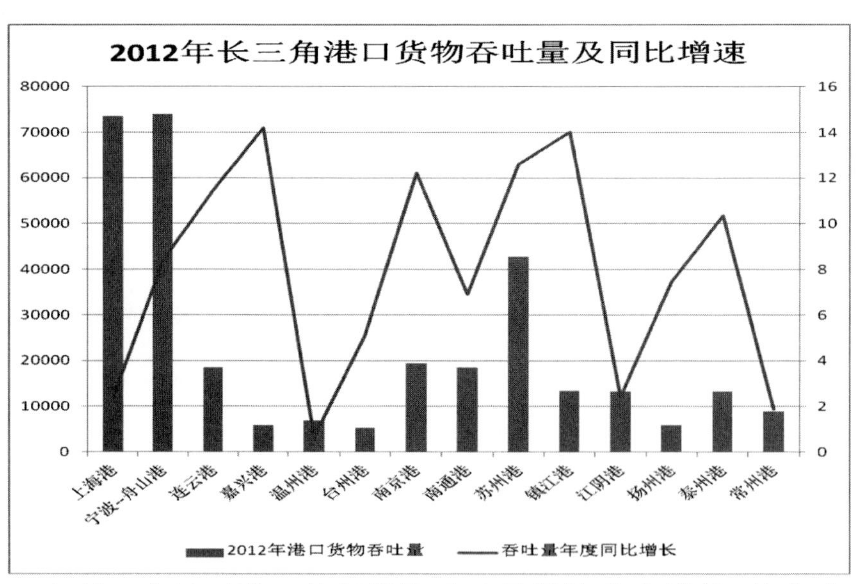

2012年长三角地区港口外贸货物吞吐量保持稳步增长，共完成103018万吨，同比增长9%，占全国比重较去年同期有所上升，达到34.12%。上海

港完成 3.54 亿吨，同比增长 5.6%；浙江省主要港口完成 3.627 亿吨，同比增长 10.36%；江苏省主要港口完成 3.134 亿吨，同比增长 11.53%。其中，有 5 个港口增幅较大，其中南京港增幅最大，达到 60%以上，南通港和嘉兴港超过 20%、镇江港和扬州港超过 15%。各港情况见下图：

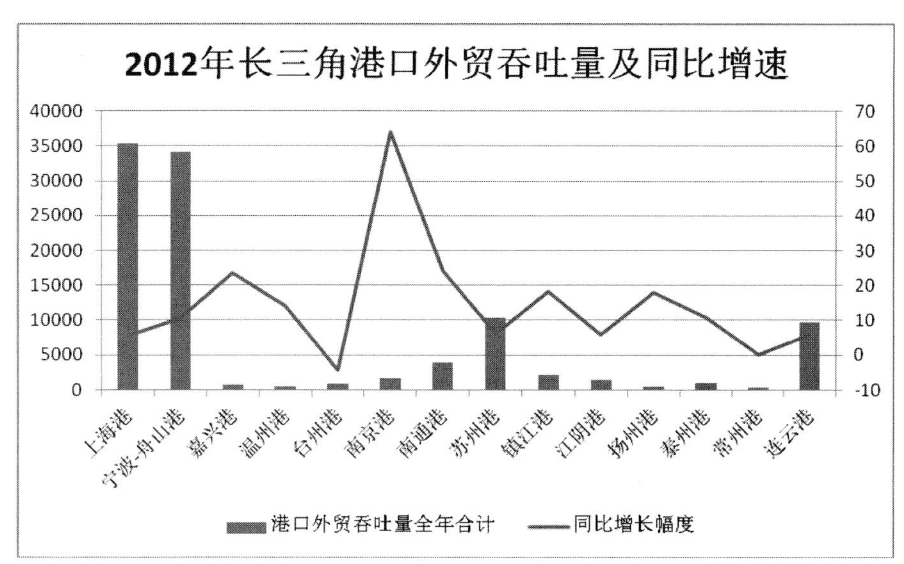

2012 年长三角地区港口完成集装箱吞吐量 6581 万标准箱，同比增长 6.83%，占全国总量比重达为 37.23%。上海港完成 3252 万标准箱，同比增长 2.5%，集装箱吞吐量继续保持世界第一。浙江省主要港口集装箱吞吐量完成 1773 万标准箱，同比增长 11.20%。江苏省港口集装箱吞吐量完成 1660.1 万标准箱，同比增长 12.84%。随着南京以下 12.5 米深水航道工程的推进，上海国际航运中心北翼服务于长三角地区和长江流域经济发展的能力将进一步增强。

2012 年，长三角地区港口集装箱吞吐量实现了平稳增长，总体上保持了良好的增长态势，增幅超过 10%的港口有 6 个。其中嘉兴港增速最快，同比增长 50%以上，南京港、苏州港的增幅在 20%以上，泰州、常州、温州和台州的增速也在 10%以上，但是南通和扬州港出现了负增长。各港情况见下图：

【贯彻重大政策，服务上海国际航运中心建设】 2012 年，上海组合港管理委员会办公室（以下简称“组合港办公室”）紧紧围绕建设上海国际航运中心国家战略全局，根据上海国际航运中心建设和港航发展的新形势，积极探索，创新思路，扎实推进工作落实，以提供区域港航公共服务入手，主动开展工作，积极在长三角区域层面推动上海国际航运中心建设及区域港口、海运协调发展有关工作。配合交通运输部有关司局和两省一市政府交通主管部门认真筹备管委会会议，密切关注国家港口政策调整动态，加强港航发展战略和政策研究，指导长三角港口制定科学的经营策略，充分利用上海组合港工作会议及长三角港口管理部门联席会议，进一步完善长三角区域港口规划、市场监管、安全环保和港航信息工作协商机制，促进长三角区域和长江干线港航联动发展，联合推进长三角地区铁水联运工作，协调集装箱航线、港口装卸、口岸查验、铁路班列之间的有关问题，积极推进长三角内河航运发展和内河集疏运体系建设，推动建设长三角和长江流域港航综合服务信息平台，组织研究长三角和长江干线船联网示范工程可行性方案，加强上海国际航运发展综合试验区发展模式和政策研究，提出国际航运中心建设新一轮发展政策建议，协调研究了太仓按照沿海港口管理问题方案，及时发布港口经济形势分析和上海国际航运中心港口景气指数，促进区域港航企业

不断融合，认真完成交通运输部领导交办的应急协调和指导任务，为加快推动上海国际航运中心建设、促进长三角区域经济一体化发挥了应有的作用。

为更好地贯彻国务院文件精神，总结上海组合港管委会第四次会议以来的工作情况，分析上海国际航运中心建设新的形势，在上海市政府和城乡建设和交通委员会的精心安排下，2012 年 9 月 26 日顺利召开了上海组合港管理委员会第五次会议。总结了上海组合港十五年来的工作，分析了形势，审议通过了上海组合港管委会《推进长三角地区港航合作的指导意见》，研究上海组合港未来发展的有关问题，为管委会及其办公室更好地推进上海国际航运中心建设奠定了良好的基础。

【发挥区域港航综合协调优势，加强重大问题研究，积极争取国家政策支持，辅助上海国际航运中心建设决策】发挥掌握国家港航发展政策、掌握全国、区域港口发展情况的基础条件和参与国家相关政策制定的综合优势，利用信息手段、组合港网站和与各港的即时信息传输机制，高度重视加强上海国际航运中心发展战略分析和政策研究。

2012 年根据工作需要主动策划，并从支持各省市港航发展决策方面积极接受政府、管理机构和企业的委托，陆续开展了一些重大政策问题研究。根据工作需要主动策划，并从支持各省市港航发展决策方面积极接受政府、管理机构和企业的委托，陆续开展了一些重大政策问题研究。完成了上海市城乡建设和交通委员会委托的《与浙江舟山群岛新区优势互补联动发展研究》和《上海港与长江北岸港口合作研究》从上海国际航运中心建设整体出发，考虑区域港口发展整体布局和历史因素，提出舟山群岛新区建设和长江北岸港口与上海相互衔接的务实建议和可操作意见。完成了中海发展股份有限公司油轮公司委托的《国内水路原油运输发展趋势及管理模式研究》提出国内原油运输市场运力平衡和运力分配的建议和措施。完成了镇江市口岸和港口管理局委托的《镇江港口物流发展战略研究》和安吉川达物流委托的《安吉内河航运发展战略研究》等研究课题，提出的建议比较切合行政管理工作实际，符合相关政府决策需要，应用效果较好。

为进一步加快上海国际航运中心内河运力发展，促进优化集疏运体系，深入研究相关融资租赁、造船贷款、推进船舶标准化、促进内河运力科学发展等方面的相关政策，研究提出了促进长三角地区与沿海主要港口之间的集疏运体系优化发展的初步建议（草案）。参与了交通运输部关于促进我国海运业发展意见的起草和上海统计局关于《航运中心建设统计手册》编辑工作。根据上海国际航运中心建设和组合港工作的需要，积极开展或参与开展国际航运综合试验区新的政策、促进上海内河集装箱运输发展战略、浙江港航“大物流”体系、国际航运文化发展战略、长江南京以下港口按海港管理问题、国际航运中心建设国际经验借鉴、促进航运金融发展政策、促进邮轮运输发展、海峡两岸航运市场监管机制、洋山港区发展战略、长三角地区港航信息一体化等研究。

【建立和完善长三角区域合作交流机制，加强区域港口发展协调，推进区域港口合作】6月4日组合港办公室在安庆市召开了上海组合港（长三角地区）港航信息工作会议，进一步完善了长三角区域港航信息化建设协调机制。会议听取了2011年港口信息工作会议以来港航信息化建设工作汇报和建设长三角港航综合信息服务平台总体设想及《公路水路交通运输信息化“十二五”发展规划》解读，讨论了《推进和完善长三角地区港航信息化建设的工作方案（草案）》，提出了下一步港航信息工作的思路，加快建立区域港口信息共享机制，构建长三角地区港航管理部门、港航企业及口岸部门的综合信息服务平台方案等。

7月16日组合港办公室在丽水市召开上海组合港（长三角地区）港口规划与业务处长会议。会议围绕宏观视野、港口与腹地经济一体化发展、港口集装箱运输与投资、长三角地区集装箱航运市场发展与机遇及为在新形势、新格局下，如何以新的理念进一步促进长三角地区港航的协同发展，迎接新的挑战进行认真探讨，研究了《推进长三角区域港航合作的指导意见（草案）》和《联合推进铁水联运发展实施方案（草案）》，讨论了《长三角区域港口规划协商方案》和《长三角区域生产业务及市场监管协商方案》，对跨行政区域经营管理的新情况，建立强有力的合作协调机制和高效运行机制，为区域港口协调发展提供了有力的服务支撑。研究促进长三角地区港口协调发展的相关问题及部署编制"长三角港口十二五规划汇编"的有关事项。

为推动各港加强合作，积极推动区域各港增强整体意识，配合和服务上海国际航运中心建设大局，先后召开了国际航运中心发展高峰论坛、2012 年航运金融服务国际会议、LNG 动力船经验交流会，支持各市召开港口经济洽谈会、海峡两岸港口经济合作、港口经济合作交流活动，支持中国交运协会、物流协会、上海市、宁波市有关港口、运输、船代、货代、物流、船东、法律、人才、航交所等中介组织、协会、机构举办区域集装箱发展、多式联运业务研讨活动，推进企业加强合作。

【积极推进长三角区域和长江流域港口航运业务发展，协调解决有关问题】加强港口集装箱内支线航线协调，推进沿江、内河集装箱运输支线的开辟，与主要港口进行航线对接，促进干支衔接，突出主体，发展两翼；支持长江港口开辟到上海国际航运中心港口的模范支线，协调化解有关问题；根据管委会领导和组合港工作需要，根据全国沿海港口布局规划，研究长江南京以下港口按海港管理的有关问题，提出方案供领导决策；协调海事机构解决内河集装箱运输船舶船员配置问题，支持内河航运集疏运体系的完善和发展。

【重视区域港口信息化建设，及时反映本地区情况，提高综合信息服务能力】研究《长三角区域港口信息化建设发展意见及行动方案》，促进各港信息化工作的相互衔接，建立港口行政管理和港口企业业务信息互通机制，实现我办与各港重要信息即时互通。组织研究建立长三角区域及长江流域港口数据交换中心问题，初步提出建立长三角及长江流域数据交换中心的设计方案及各港合作建立共享平台的方式和运营模式，努力推动用信息集成手段和交换功能促进提高区域港口行政信息共享程度和港口企业生产经营数据的现代化传输效率，为实现全国性沿海、内河、内陆公路、铁路站场与国际航运中心港口之间数据交换，全面实施起运港退税政策做好前期准备。

积极参与上海国际航运中心建设推进小组办公室的航运中心门户网站建设。我办与上海浦东新区航运服务办公室、上海海事大学和艾维通信股份有限公司共同签订“智慧港航”战略合作框架协议，推动我国港口航运业朝着数字化、一体化、智能化方向发展。进一步加强港口信息收集与分析，及时向交通运输部办公厅报送《政务信息》，反映上海国际航运中心建设取得的成果与重要动态。做好《组合港信息》及《信息汇编》的编辑和发送工作，及时反映长三角地区生产动态，传递各港发展情况，提供公共信息服务。

【研究编辑并发布每半年度及全年度《长三角地区港口经济形势分析报告》，通报区域港口发展情况，引导区域港口行业健康发展】 加强国内外经济信息的研究分析整理和预测，发挥信息收集和综合研究功能，利用数据信息网络和信息联络员队伍和即时信息互通机制，加强信息研究整理、分析预测，先后编制并发布半年和全年《长三角地区港口经济运行情况和形势分析》报告，向管委会和交通运输部、上海市、浙江省、江苏省政府及有关厅局委办领导及长三角地区港口管理机构、港口、航运企业、港航中介组织等提供比较系统、全面的区域港口经济运行情况及形势分析。研究编制并在上海组合港网站上发布季度上海国际航运中心景气指数，用信息引导企业未来的发展方向，促进各港口管理机构和企业自觉调整港口功能，引导各港健康发展。

【发挥参谋助手作用，做好区域调研和协调工作】 及时掌握区域、全国及亚太地区港口发展形势，把握本地区港口发展动态，及时将重大情况向交通运输部、上海市及浙江、江苏省领导及有关司局委办进行工作报告，积极为交通运输部开展长三角地区港口发展的行业管理和业务协调及两省一市交通主管部门加强港口发展工作发挥参谋及区域协调作用。认真完成交通运输部及有关司局和两省一市政府及有关局委办交办委托参与的协调、指导任务以及参加与港航发展、水运建设相关的重要会议等。

组织召开国际航运中心发展高峰论坛、2012 年航运金融服务国际会议。认真完成交通运输部及有关司局和两省一市政府及有关局委办交办委托参与的协调、指导任务以及参加与港航发展、水运建设相关的重要会议等。参加部关于促进我国海运业发展政策专题研究座谈会、全国交通运输工作会筹备座谈会、全国交通运输工作会议，参加交通运输部和上海市政府联合召开的合理建设上海国际航运中心建设阶段总结推进会暨上海国际航运中心建设深化合作备忘录签订仪式，参加部水运局召开的两岸集装箱班轮运价备案和市场监管会议、两岸邮轮运输市场专题会议，受部水运局领导委托参加第17届中国国际海事会展领导小组第一次会议，代部水运局出席《上海市加快国际航运中心建设"十二五"规划》新闻发布会、两岸城市建设与运营管理交流会和建设东疆自由贸易港区研讨会等；支持浙江省嘉兴市政府在上海召开浙商创业创新洽谈会，积极推动嘉兴市经济和服务业发展；出席了上海市召开启运港退税政策试点启动仪式、上海市交通港航技术委员会成立大会暨第一次会议，参加了上海国际航运中心门户网站调研工作会议、上海统计局关于召开《航运中心建设统计手册》编辑工作会议和上海市建交委交通系统2012年行业协会工作会议等会议，为加强上海国际航运中心建设，发挥区域协调和服务作出了不懈努力。

【加强区域港口服务，组织干部培训，提高干部队伍素质】从加强长三角港口规划、业务、信息、港口安全等方面的培训着手。4月22，在重庆举办了全国物流运输系统"十二五"综合交通运输体系发展暨物流信息化建设和发展新趋势研讨班。来自国家发展改革委员会综合运输研究所、中国物资储运协会和中国物流与采购联合会的专家就"十二五"规划编制、实施要点，我国物流中心运营与供应链金融和物流信息化与信息平台等方面进行了演讲。通过培训，学员对贯彻落实综合交通运输体系"十二五"规划，规划、年度计划编制的工作要点有了更深刻的认识，对为今后更好的运营物流中心、发展物流金融、建设物流信息化平台具有指导意义。先后举办了港口库区安全管理培训暨《港口危险货物重大危险源监督管理办法》学习培训班和《港口、水运企业安全生产标准化考评》培训班等有关业务培训，努力增进各港合作意识，提高区域港口行政和业务管理干部的素质和政策水平。

（徐国明）

2012 年长三角地区主要港口货物、外贸和集装箱吞吐量一览表

港口名称	货物吞吐量（万吨）	同比增长（±%）	外贸货物吞吐量（万吨）	同比增长（±%）	集装箱吞吐量（万标准箱）	同比增长（±%）
上海港	73558.98	0.5	34900	2.5	3252.94	2.5
宁波—舟山港	74401.39	7.3	34349.56	9.88	1617.47	9.88
其中:宁波港域	45302.7	4.53	24533.07	7.99	1567.14	7.99
舟山港域	29098.69	11.69	9816.49	143.4	50.33	143.4
温州港	6996.95	0.67	492.56	10.02	51.74	10.02
台州港	5358.22	5.08	939.32	11.86	15.09	11.86
嘉兴港	6003.89	14.18	734.65	45.86	75.11	45.86
湖州港	17800	21.35			4.74	295
苏州港	42800.72	12.61	10462.95	25.15	586.35	25.15
其中:张家港港区	24226.25	9.86	5037.41	−3.82	150.29	14.99
常熟港区	6312	10.7	1082	4.5	34.6	8.2
太仓港区	12262.47	19.59	4343.54	31.29	401.46	31.29
南通港	18526.4	6.9	3867.3	−6.6	50.43	−6.6
南京港	19197.0	10.8	1742.0	24.9	230.0	24.9
连云港港	18527.53	11.42	9680.34	3.47	502.01	3.47
镇江港	13460.5	14.0	2132.7	3.5	37.53	3.5
无锡(江阴)港	13248.35	2.43	1432.93	3.4	115.37	3.4
扬州港	5924.0	7.56	482.8	−0.66	41.14	−0.66
泰州港	13209.61	10.16	1042.92	13.66	13.65	13.66
常州港	8997.26	−5.5	390.65	6.3	14.26	6.3

航运交易

【概况】2012 年，在交通运输部和上海市的指导与帮助下，上海航运交易所围绕“创新驱动、转型发展”，从自身职能出发，完善航运服务体系建设，推进上海口岸功能完善，为上海市建设“两个中心”做出了贡献。作为交通运输部指定的国际集装箱运价接收中心，上海航交所严格按照《国际海运条例》和运价备案制度的规定和要求，履行运价备案受理职能。2012 年接受报备 900 余万条，并投入全新开发的网上自助备案系统。运价备案构建了航运企业公平竞争的运营环境，增强了市场透明度并树立信心，保障了运输各方当事人的合法权益。

上海航交所现已初步形成具有国际影响力的运价指数体系。在 FMC 备案的全球集装箱班轮运输协议中有一半以上与 CCFI 和 SCFI 挂钩；CCFI 被纳入中国海关主导编制的"中国外贸出口先导指数"序列；SCFI 和 CBCFI 已成为全球首个航运运价电子集中交易平台的结算标准；SPI 与原有国际船价指数相比具有更强的表征性与抗沉性等。

上海航交所还完成了“全国船舶交易信息平台”的全面优化，推广了船舶交易标准合约的使用，起到了示范性市场的引领作用。2012 年船舶交易鉴证 286 艘，船舶交易金额 18 亿多元人民币，在市场不断萎缩的背景下仍保持了良好态势。平台接受船舶成交信息报送 4297 艘、576 万载重吨，总交易金额为 120.3 亿元人民币，其中重点船舶公示 347 艘，无一例有异议。各项主要指标均比去年有所增长。

2012 年，上海航交所继续深化“上海国际航运信息中心”建设，提高信息产品的质量与数量，提供更优质的增值服务。目前已实现每日（网站）、每周

(公报、手机报)、每月(动态信息)、每半年(水运市场分析)、每年(白皮书)等全时段动态信息系列产品,被《劳氏日报》誉为"中国航运信息的源头"。张页总裁也连续第三年入选《劳氏日报》"年度百大最具影响力航运人物"以及"2012年度沪上十大金融行业领袖"、"中国航运十大最具影响力人物"等荣誉称号,并连续第三次当选上海市人大代表,受聘第五届上海仲裁委员会委员。

【举办航运形势分析会】2月28日,在航运业面临衰退的背景下,由上海航交所主办、上海航运运价交易有限公司承办的"当前航运经济形势分析会"于2月28日在上海远洋宾馆举行,共有来自航运、金融界200余人参与。

会议分析了集装箱、干散货、油轮和沿海散货四个市场,并指出,货量并没有改变上涨的趋势,但船东不顾实际需求盲目扩张运力,是造成目前航运市场低迷的关键原因。2012年的经营环境不会得到多大改观,仍将维持运价低、油价涨、保本经营相当困难的局面。因此,建议航运企业要采取集中战略、综合效应、抱团取暖以及现金为王的策略;从战术上则应发挥政策优势、改善决策机制、控制成本和用好运价衍生品等工具。本次会议除分析集装箱运输趋势、解读班轮市场发展前景外,同时普及了航运运价指数衍生品知识。

【上海航交所迁址】3月24日,上海航交所"一门式"通关服务平台完成整体搬迁,从杨树浦路88号迁至杨树浦路18号。3月25日,上海航交所信息部、技术部网站和公报公司从杨树浦路88号迁至浦东大道981号,"上海国际航运信息中心"挂牌试运行。

【启用网上自助运价备案系统】作为交通运输部指定的运价备案专门受理机构,随着运价备案制度推进的需要,上海航交所开发了自助备案系统。新系统于6月15日开始试运行,并于8月1日正式上线,原备案系统同时停止运行。

新系统通过电子手段有效减轻备案者的负担,使备案更便捷、准确和有效，同时也增强了运价比对、核查与监管的效率。为更好地帮助各备案企业熟练使用自助备案系统，上海航交所运价备案中心分别于7月18—19日（班轮企业）以及28—29日（无船承运业务经营者）举办了两期备案系统操作培训，共有超过200余家的企业参加培训

【召开船舶交易服务年会】10月21日，上海航交所在海南组织召开了船舶交易服务机构及船舶经纪服务公司年会，交通运输部水运局、航交所以及各船舶交易服务机构和船舶经纪服务公司的负责人共40余人参会。

航交所在会上推广了船舶交易示范性市场服务流程，对会员的服务内容进行探讨和交流，并听取了与会代表对航交所船舶交易会员服务工作的意见和建议。

【与厦门航交所开展合作】11月，上海航交所与厦门航交所联手开展厦门口岸航运市场规范协调和指数开发工作，合作将促进厦门港的航运服务水平提升，催生高端航运元素，增强"话语权"。

厦门航交所于2012年成立，目前提供船舶买卖租赁、港口货物交易、航运人才交流、航运交易中介服务、航运交易信息披露五大功能。目前双方涉及的合作范围已基本确定为开展厦门口岸航运市场规范协调和指数开发工作，并合作"聚焦"两岸航运等。

【发布2012年薪酬福利报告】11月5至6日，上海航交所举办"2012年航运物流业薪酬福利调研成果发布会"，该调研由上海航交所旗下的"中华航运物流人才网"发起并完成。

此次航运物流业薪酬调研的特点是：一、参与调研的企业众多、覆盖面广，涉及24家欧美企业、23家日港台资企业、24家国有企业、16家民营企业；二、公众和个性化调研相结合，既有航运物流货代业绩薪酬调研，也有人工成本、员工配置个性化调研；三、采集数据保密，得到参与企业的信任。

本年度《薪酬调研报告》公布了200多个航运物流企业常见岗位薪酬数据和应届生薪酬数据情况、企业今年调薪幅度、明年调薪幅度的预计，涉及休假、绩效等企业人力资本策略，以及离职率、人工成本。报告对航运物流

企业人力资源管理者制定薪酬策略起到了重要的参考价值。

【举办第三届上海航运交易论坛】 11月28日，上海航交所在虹口区外滩茂悦酒店举办“第三届上海航运交易论坛”，来自政府部门、航运企业、造船企业、金融机构、行业协会等500余名代表及近50家媒体参会。交通运输部、上海建交委以及虹口区领导分别致辞。

本次论坛以“迎接航运交易的专业时代”为主题，由上海航交所张页总裁做演讲并担任主持人，海丰国际首席执行官杨现祥、达飞轮船亚洲区高级副总裁 Claude Lebel、上海海事法院院长应新龙、世界海事大学副校长马硕和美国联邦海事委员会主席 Richard A. Lidinsky 分别从专业技术、专业意识、专业服务、专业法律、专业人才以及专业秩序等六个方面全面阐述了“专业航运交易”的意义。

【发布进口油轮和干散货指数】 11月28日，上海航交所发布了中国进口原油运价指数(CTFI)和中国进口干散货运价指数(CDFI)。CTFI 和 CDFI 两大指数在时效性、表征性、覆盖性、公正性和权威性等方面进行了科学、合理的设计，丰富了上海航交所的指数系列产品。

CTFI 指数包括了中国进口原油运输两条航线，分别为中东湾拉斯坦努拉—中国宁波和西非马隆格/杰诺——中国宁波，船型为市场主流船舶超大型油轮(VLCC)；在运价发布形式上，采用 WS(点)等方式。

CDFI 指数则包括3条航次期租航线，11条程租航线，覆盖中国进口铁矿石、煤炭、粮食和镍矿四大货种，海岬型船、巴拿马型船和超大灵便型船三大船型，采用程租(美元/吨)和航次期租(美元/天)相结合的运价发布形式。

【完善优化现有指数】 上海航交所不断完善优化现有指数产品。5月17日，召开“集装箱运价指数报送规范培训及2012年集装箱运输市场形势分析”的 CCFI 编委会信息报送员沙龙活动；8月15日，航交所中国出口集装箱运价指数(CCFI)编委会扩容，吸纳阳明海运、巴士悦信两家新编委会单位；8月22日，组织召开中国沿海(散货)运价指数编委会第九次全体会议，新增了东莞海昌、福建盛达、广东粤电、华远星、宁波龙盛、上海竞帆六家编委单位，并新增了秦皇岛至南京海进江航线。进一步改革完善中国沿海(散货)运价指数(CBFI)和中国沿海煤炭运价指数(CBCFI)。

【完成2012年度航运诚信评估】 11月，上海航交所完成900余家航运及辅助企业的资质信誉评估。自2003年以来已连续十年开展航运及辅助企业资质信誉评估，共对逾4200家(次)航运及辅助企业进行了全面的资质信誉评估，在业内产生了积极效应。评估结果通过自身媒体和社会媒体向全行业公开，增强了市场透明度并协助树立信心。

受交通运输部水运局委托，上海航交所还于2012年完成了船舶交易诚信服务管理制度的研究和专家评审，对旗下29家船舶交易服务机构会员单位进行监督检查和诚信评级，进一步规范了国内船舶交易市场，提升整体船舶交易服务诚信水准。

(王家斌)

安全服务保障

【港口引航概况】上海港引航站是上海港唯一的合法引航机构，代表国家行使引航主权，负责对进出上海港的外国籍船舶实行强制引航，并接受远洋、近海航运公司的申请，提供引航服务。引航工作对于保证船舶安全航行、提高港口作业效率、维护航行秩序等都具有重要作用。上海港引航站是目前国内规模最大，技术力量最为雄厚和设施最为齐全的引航站。全站现有职工705名。现职310名引航员，约占中国引航员总人数的百分之二十，是中国引航员数量最多的引航站。另有各类船舶23艘，其中“沪港引11”轮是中国最大、最先进、功能最齐全的专业引航船。拥有优质人力资源、技术装备的上海港引航站也是中国业务最为繁忙的引航机构。

2012年累计完成引航67715艘。其中，上海港船舶45892艘次；进出长江船舶23131艘次；洋山分站引领9822艘次。进出上海港船泊大型化趋势显著。全年引领船长250米以上14897艘次；长度300米以上超大型船舶达5568艘次。引航站引领的大型客轮也明显增多。全年引领长度大于160米的大型客轮238艘次，同比增长10.2%。在如此巨大的工作量之下，上海港引航站常年保持了优秀的安全率，在国内外同行中享有盛誉。上海港引航站是中国引航协会会长单位，也是中国大陆47家引航机构在国际引航协会（IMPA）中唯一的正式代表。（江炜）

【船舶检验概况】2012年，上海地区船舶检验业务主要由中国船级社所属的上海分社，上海市交通运输和港口管理局下属的上海市船舶检验处和国外船级社（美、英、挪、德、法、意、日、韩）在沪机构分别承担。各大船级社在上海的落户，大大增强了上海港的软实力。在上海造船的船东们可以“货比三家”，挑选性价比最高、最适合自己的船级社入级，无疑也让船东们感受上海港不断改善的服务质量。

中国船级社上海分社（以下简称 CCS 上海）以“服务公正性、技术权威性、业务国际性、社会公益性”的特征成为上海地区从事船舶入级检验业务的专业机构。主要任务：承担国内外船舶、海上设施及相关工业产品的入级检验、公证检验、鉴证检验和经中国政府、外国（地区）政府主管机关授权，执行法定检验等具体检验业务，以及经有关主管机构核准的其他业务。主要职责：按照国家有关法律、法规及规定和有关国际公约、规则，为船舶、海上设施及相关工业产品提供合理和安全可靠的技术规范和标准，通过检验、认证和技术服务，保障船舶、海上设施具备安全航行、安全作业的技术条件，保障人民生命财产的安全和防止水域环境污染，为交通运输、海上开发及相关的制造业和保险业服务，经中国政府授权、委托，承担中国籍船舶、海上设施及相关工业产品的技术鉴定（审图）、法定检验和发证，安全管理体系要求的船舶审核和发证，进出口船舶及相关工业产品的技术状况勘验、鉴定、检验及发证，重大水上安全事故的调查和技术鉴定等。

2012 年 CCS 上海分社完成入级营运船舶检验 1487 艘次；船舶 ISM/ISPS/SSP 审核 777 艘次；新造入级船舶检验 103 艘，1988025 总吨；新造国内船舶检验 148 艘，1147673 总吨；国内船舶营运检验 1704 艘次，NSM 审核 137 次；产品检验：10311 项次；国内船舶审图：1611 批次，完成 1649 批次。

【积极推动“中国洋山港”船舶保税登记制度实施】 上海分社顺利完成首艘登记注册船“冠海朝阳”轮的换旗转级检验和试点工作，并认真总结首艘船的经验，从实际出发，针对保税船舶的特点，完成了《“中国洋山”港保税登记船舶换旗转级检验导引》的拟定、编制工作。

【加强与上海海事局的全方位合作】 应上海海事局邀请，上海分社为我国第一次大型航空器海上遇险救助演习提供免费检验咨询和安全评估，并几次与上海海事局就五星旗双船级事宜进行磋商和会谈，形成有利于我社业务发展和把我主动权的意见报告上报部海事局，有力的保障了我社在五星旗检验法律上的唯一地位。

【持续加强 PSC 工作】上海分社拍摄了 2012 年集中大检查(消防)的宣传片,组织编写了《2012 年港口国控制集中大检查要点介绍》;召开了两次船公司安全管理会议,主要对当前的安全管理、节能减排和船员管理等热点问题进行深入的研讨,为各公司积极做好 2012 年的安全管理工作提供了帮助。

【全力保证了辖区内 112 艘 PSPC 期限船问题的顺利解决】上海分社对在建船舶的船厂进行走访,密切监控非 PSPC 船舶建造进度,并重点对存在困难的新造船的船厂和船东组织召开座谈会,加大船厂 PSPC 能力评估工作,制定了针对性的措施,有效规避了 PSPC 风险。

【在高附加值、高技术含量的新造船和海工项目上获得丰硕成果】2012 年,上海分社顺利完成 3000 米深水钻井平台(南海 981 平台)一座,7000 米蛟龙号深潜器的建造检验和海试,第六条 LNG 船顺利完工交船,S8002 多缆物探船开工,军方火箭特种运输船的开工建造和顺利下水,以及万箱船、VLCC、LPG 等高新技术船的建造检验业务,为上海分社"两个基地"建设打下坚实的基础。

【积极推进新公约、新规范履约工作】一是随着 MLC2006 劳工公约将于 2013 年 8 月份生效,上海分社分别与中远集运、上海远洋、中海集运、中海油运、中波等公司开展了劳工公约的交流,帮助公司逐步开展劳工公约的履约工作,并完成了试点公司锦江航运的劳工公约履约文件评审和分社所有审核员的劳工检查员资格培训。二是大力推广能效管理认证工作,目前中海集运的所有船舶都将加入中国船级社的船舶能效管理认证。三是协助编制船舶生物污底管理计划。上海分社牵头协助航行美国水域船公司共同编制船舶生物污底管理计划,并通过了 USCG 的认可。

【认真开展国内航行营运船舶的吨位复核工作】上海分社专题召开由船厂、船公司和设计单位参加的船舶吨位复核和丈量现场宣贯会,为客户讲解吨位复核的具体要求、现场演示丈量流程,取得了较好的效果。2012 年,上海分社已完成250余艘船舶的复核工作,并协助其他分社完成吨位复核共50余艘。

【扎实做好重点项目产品检验工作】上海分社成立了上海船厂S8002多缆物探船、江南重工6500M3液化船、中海万箱船等双船级重点项目产品审图和检验组,制定了产品审图、检验操作细则,稳步推进了做好了各项检验工作。积极跟踪中海油珠海段塞流项目,主动与宝钢公司沟通,确保了其中标的5000吨焊管由CCS检验。成立海工产品检验项目组,对中海油天津分公司垦利油田开发项目和陆丰项目所用的逾4万吨海管开展为期半年多的第三方建造检验工作。

【着力开展科研课题研究工作】上海分社承担并积极推进了"船舶焊接检验质量控制研究"和"新型船舶涂料认可检验研究"、"CSAD与CSA对标"等五个科研项目。为确保科研项目的顺利实施,上海分社专门制定了《上海分社科研工作管理暂行办法》,从组织管理、计划、实施、经费管理人员激励等方面进行了详细规定,进一步了提升分社技术服务能力和水平。

【积极支持上海国际航运中心建设工作】上海分社协助交通运输部和上海市政府顺利签署部、市加快推进上海国际航运中心建设备忘录,并在该备忘录中成功写入"在政策上鼓励和支持CCS在上海国际航运中心建设中发挥国家船检机构主力军和技术支持保障作用,推动和提升上海地区造船工业的快速发展,进一步提高区域航运业的安全品质和技术含量"。同时,上海分社积极争取亚洲船级社秘书处落户上海的相关工作。 (杨海根)

【海上救助概况】2012年交通运输部东海救助局紧紧围绕"确保一个中心,突出一个重点,推进一个建设,加强三项工作"的年度工作总体目标,全局干部职工精诚团结、甘于奉献,全力做好救助值班待命和应急救助抢险工作,圆满地完成了辖区年度应急救助抢险工作和多个专项应急保障任务。

长江口水域是我国海上南北运输和进出长江的水上交通枢纽,是长江黄金水道中通航条件最好、货流密度最大的区段,自古以来就是我国沿海航运和水上安全的重点区域。近年来,随着上海国际航运中心建设步伐的加快，上海口岸发展日新月异，因此对上海水域船舶的通航安全保障提出了更高的要求。

【围绕“救助中心”，有效保障应急抢险工作】2012年度，东海救助局共组织完成海上值班待命7091艘天，执行救助抢险任务620起，出动救助力量728次，援救各类遇险人员1001人（其中外籍人员110人），救助遇险船舶34艘，获救财产价值估算人民币29.497亿元，打捞遗体129具。其中在上海辖区共组织完成救助任务143起，救助遇险人数360人，获救财产估值14.1亿元。期间成功处置了燃料油泄漏的干货船“密斯姆”轮、机舱失火满载汽油船“元良2”轮、舵机故障的危险品船“万代5”轮、推进系统故障的“ASIA 21ST CENTURY”轮、遭遇寒潮沉没矿砂船“康瑞68”轮和货船“浙岭渔运60007”轮、远赴日本那霸海域救助机舱进水货船“明洋”轮等多起可能发生的重大海洋污染事故和险情，并顺利完成了超大型钻井平台“希望2”号、“勘探6”号、“GM4000”、“振浮7”轮等的实战训练和应急保障服务。

【重点区域重点部署，切实维护海上安全】结合上海周边水域的特征和夏季台风冬季寒潮强风袭击频繁的特点，东海救助局在上海长江口水域部署14000KW全天候大型救助船舶1艘、4410KW中型救助拖轮1艘、近海快速救助船1艘、救生专用“华英”艇2艘、救助直升机4架及1支应急抢险救助队，救助力量满员配置，在长江上海段、黄浦江、长江口水域、洋山水域及外高桥基地24小时值班待命，承担水上各类突发事件的处置，并具备在一定规模的化学事件现场及水下搜测排爆处置工作，在各类突发事件中也能承担医疗急救及抢险救灾等任务。东海救助局长江口横沙救助基地也已开始建设，而最新型的近海快速救助船及9000KW系列的大型专业救助船也会相继入编东海救助局值班待命序列并将布置在长江口水域待命。

【高度重视，确保节假日重要时段辖区海上形势稳定】2012年“春运”（1月8日至2月16日）、“两会”（3月3日—3月14日）和“国庆”（9月30日—10月7日）期间，按照交通运输部和部局对救助值班待命工作的要求，在执行海上安全保障任务的60天内，组织一线救助人员执行24小时救助值班待命任务，共完成海上救助值班待命 1208 艘天，安排船艇巡航达 60 艘/艇次，执行各类救助抢险任务 88 起，出动各类救助力量 102 次(救助船艇 40 艘次，应急救助队 37 队次，救助直升机 25 架次)，援救各类遇险人员 207 人(中国籍 200 人，外籍人员 7 名)，打捞尸体 9 具，救援遇险船舶 8 艘，获救财产价值估算 2.725 亿元。

【全力以赴，做好台风防抗工作】 2012 年西北太平洋和南海海域共有 25 个台风(2011 年为 21 个))生成，上升 19%。其中对东海救助局辖区造成影响的多达 14 个；正面袭击辖区或造成较大防抗压力的有 6 个(2011 年为 4 个)，上升 50%，分别是 5 号台风“泰利”、9 号台风“苏拉”、10 号台风“达维”、11 号台风“海葵”、14 号台风“天秤”和 15 号台风“布拉万”。2012 年台风形成时间早、生成纬度高、影响范围广、数量多、能量强、路径无规律，对东海辖区安全保障又是一次严峻的考验。为此，在防抗台期间，按照部局的统一部署和局的防抗安排，根据“宁可防而不来，不可来而无备”的防抗原则，将各项防抗工作做早、做实、做细，切实做好台风(汛)前的各项准备工作。同时，进一步完善和细化防抗台应急预案，加强应急演练，不断提高处置的应急反应能力。

【圆满完成专项应急救援保障任务】 6 月 29 日神舟九号载人飞船完成既定任务顺利返回。交通运输部救捞系统此次独立承担了“神舟九号”飞船上升段海上应急救援保障任务。救捞系统调集系统内最先进的多艘大型远洋救助船和救助直升机、共数百人共同承担“神舟九号”海上应急救援保障任务。其中，东海救助局的“东海救 112”轮、“东海救 116”轮分别赴太平洋和黄海执行应急保障任务，圆满完成海上应急救援保障任务。

【区域水上救助应急联动机制深入推进】 东海救助局就进一步提高辖区海上及沿海陆域水上人命救助应急反应能力，推进建立完善区域水上救助应急联动机制，制定出台了《东海救助局推进建立区域水上救助应急联动机制的指导意见》，进一步加强了与地方政府、相关部门和单位之间的联系、协调与合作。东海救助局与辖区内三省一市海上搜救中心开展了年度工作交流；上海基地积极搭建救助联络平台，成立上海基地老坝港渔民海上应急救援联络站；局应急反应救助队与浦东公安分局110指挥中心、浦东水上公安派出所签订三方联动联勤协作协议。在长江口区域局与中远船务（启东）海洋工程有限公司签署了海上应急保障服务战略合作备忘录，积极服务地方经济建设，完成了超大型平台"希望2号"、GM4000拖航、"勘探6号"应急服务等保障任务。东海救助局还积极参加"2012年东海（民用）航空器遇险联合搜救演习"和"2012年海峡两岸海上联合搜救演习"等10余次重要演练，赢得了社会各界的肯定。（段雪微）

【海上打捞概况】交通运输部上海打捞局是一支国家专业救捞队伍，担负着北起连云港南至闽粤交界处辖区内的海上财产救助、沉船沉物打捞清障、沉船存油、难船溢油的应急清除和全国沿海地区海域所发生的突发事件抢险救难任务。一贯秉守"公益优先"的基本原则，积极履行国际公约及国家赋予的公益性抢险打捞、财产救助和环境救助的职责，保障上海港及周边水域的航道畅通，海洋环境和船舶财产安全，努力服务好上海市的社会稳定和经济建设。

2012年度完成各类抢险救助打捞任务21起（国内海域18起，国外海域3起），其中公益性救助14起，商业性打捞清障1起，商业性救助6起。安排法定长假、"两会"等重要时段值班待命389艘天，较好地履行了抢险打捞职责。

【抢险打捞】抢险打捞是交通运输部上海打捞局的立局之本。2012年度先后出动救助船舶19艘次，抢险救助小分队8批次，救助遇险、搁浅、故障等船舶17艘，成功拯救遇险中国船员16人，外籍船员43人，获救船舶、货物估值达人民币3.29亿元。

【远洋拖航】交通运输部上海打捞局拖轮船队拥有各类拖轮、驳船14艘。2012年度远洋拖航市场持续低迷，呈现业务量减少、竞争激烈、报价下滑的局面，船队采取"保平微利"的报价策略和"全面客户体验"的服务策略，同时千方百计抓好成本管理，积极承揽东南亚的拖驳航次，努力争取国际国内油田服务的市场份额。

【海工服务】 交通运输部上海打捞局工程船队拥有各类工程船舶6艘，除了坚决完成抢险打捞任务外，2012年还参与国内外的油田服务。3000吨浮吊“威力”转战印度、马来西亚、文莱和越南油田圆满完成钻井平台导管架的拆解和安装任务后，又远涉重洋到墨西哥湾执行海工任务。另外利用先进设备和200米、300米饱和潜水核心技术等优势，先后完成了崖城二期总承包工程、文昌19－1A/B平台海底管道临时修复项目和CACT导管架检测及番禺膨胀弯更换工程。“深潜号”和“聚力”号特种工程船舶建成后，马不停蹄地投入到丽水36－1膨胀弯安装和海管挖沟工程。新增重大装备和核心技术在激烈的海工市场竞争中发挥了重大作用。

【近海油田服务】 交通运输部上海打捞局华威近海船舶运输公司拥有21艘三用拖轮，为海洋石油勘探钻井平台提供拖航、定位、起抛锚、守侯、运输、吊装、系泊提油和水下检测等各种服务，并积极拓展大深度起、抛锚、ROV管线检测服务。始终保持作业技能精湛、服务安全优质，连续15年被评为全国外商投资“双优企业”。2012年，正由于公司拥有的品牌优势和优质服务，方能在竞争日趋激烈的三用船服务市场站住脚，与中海油、康菲天津等公司续签了三用船服务合同，全年船舶平均使用率保持在96.5%以上，经营收入和效益取得了稳定增长。

【救捞装备】 2012年是交通运输部上海打捞局装备结构更新换代最集中的一年，相继建成并交付了多功能打捞支持船“聚力”号、三用拖轮“德涛”轮、深潜水工作母船“深潜号”以及水下导向攻泥器。购置了平台供应船“华泽”轮，签约了大型溢油回收船的建造合同。淘汰了老旧船舶“华龙”轮，按计划积极推进16000KW三用工作船和16000KW远洋拖轮各一艘的建造工程。积极开展新型500米深潜水工作母船的立项申报并获得了交通运输部的项目立项批复，稳定推进上海打捞局“十二五”战略规划的实施，提升“大吨位”、“大深度”快速打捞和“大面积”溢油事故处置以及突发事件的应急处置能力。

（何　明）

航空口岸

概 述

上海航空口岸是中国主要航空门户之一，是中国大陆最大的航空口岸，由浦东国际机场和虹桥国际机场组成。目前，上海两大国际机场已形成5条跑道、4座航站楼（其中3座对外开放）、1个公务机基地、5个货运区的规模。有23家国内航空公司和67家国际及地区航空公司开通了上海的定期航班。以上海为基地的航空公司有：中国东方航空股份有限公司、上海航空有限公司、春秋航空股份有限公司、上海吉祥航空股份有限公司、中国货运航空有限公司、扬子江快运航空有限公司等。截至2012年底，上海航空口岸共有国际客运航线86条，货运航线41条，覆盖50个国家、地区的122个城市。2012年，上海航空口岸共完成出入境航班177503架次，同比增长1.4%；出入境旅客2396.8万人次，同比增长7.9%；进出口货邮吞吐量261.6万吨，同比下降4.9%。

位于上海浦东长江入海口南岸滨海地带的浦东国际机场，一期工程于1999年9月建成并对外通航；二期工程于2008年3月建成并对外开通启用。目前拥有T1、T2两座航站楼、3条跑道。现有国际客运航线81条、货运航线41条，覆盖50个国家、地区的122个城市。2012年，出入境航班16,3523架次，出入境旅客2147.4万人次，进出口货邮260.3万吨（上海航空港总货邮量295万吨，连续第5年排名世界第二）。

位于上海西郊的虹桥国际机场，于1963年8月开通首条国际航线。经过多次改扩建，目前拥有T1、T2两座航站楼（其中T2航站楼为国内航班）、2条跑道、1个国际公务机基地。现有国际及地区客运航线5条，每日航班38架次，主要往返日本东京、韩国首尔以及中国台北、香港、澳门等地。2012

年，虹桥国际机场出入境航班 1,3980 架次，出入境旅客 249.4 万人次，进出口货邮 1.3 万吨。（邹增强）

口岸运行

【浦东国际机场口岸运行概况】2012年，浦东国际机场完成出入境航班163523架次，同比增长1.4%；出入境旅客2147.4万人次，同比增长7.6%；进出口货邮260.3万吨，较上年降低5%，同时浦东机场总货邮吞吐量达295万吨，连续第五年排名世界第三。

【虹桥国际机场口岸运行概况】虹桥国际机场自2011年开通香港、澳门航线以来，口岸运营数据继续增长，尤其是地区航线运营指标增长明显，2012年全年共完成出入境航班13980架次，出入境旅客249.4万人次，进出口货邮1.3万吨，分别较上年增长2%、10.4%、16.7%。[①]

【浦东国际机场实行24小时直接过境旅客免办边检手续】经相关单位积极努力，浦东国际机场24小时直接过境旅客免办边检手续获得批准，相关流程和适应性改造通过验收。3月15日起，浦东国际机场开始实行24小时直接过境旅客免办边检手续，自此，在浦东机场持有联程客票、24小时内转乘同一口岸其他国际航班，且不出口岸限定区域的过境旅客，免办边检手续。此项政策实施起截至2012年底，共办理相关手续旅客241414人次，同比增加158.5%，显著推动了浦东机场旅客国际中转业务发展。

【上海航空口岸45国公民72小时过境免签政策获批】经国务院批复同意，自2013年1月1日起，上海航空口岸将对45个国家公民实施72小时过境免签政策。上海出入境边防检查机关将在浦东、虹桥机场入境检查现场设立72小时过境免签检查区域及通道，为过境旅客提供通关服务。45个国家为：奥地利、比利时、捷克、丹麦、爱沙尼亚、芬兰、法国、德国、希腊、匈牙

① 运行数据来源：上海机场(集团)有限公司运输生产情况统计表

利、冰岛、意大利、拉脱维亚、立陶宛、卢森堡、马耳他、荷兰、波兰、葡萄牙、斯洛伐克、斯洛文尼亚、西班牙、瑞典、瑞士、俄罗斯、英国、爱尔兰、塞浦路斯、保加利亚、罗马尼亚、乌克兰、美国、加拿大、巴西、墨西哥、阿根廷、智利、澳大利亚、新西兰、韩国、日本、新加坡、文莱、阿联酋、卡塔尔。

【台湾居民口岸签注自助受理机在两场启用】11 月 21 日，台湾居民口岸签注自助受理机在浦东机场和虹桥机场分别启用，此举将大客流办证时间由原来的 60 分钟缩短至 30 分钟，平均每位台胞申请时间由原先的 3—5 分钟，缩短至 1—2 分钟，办证效率显著提升。

【浦东机场口岸通关服务中心正式启用】8 月 11 日起，浦东机场海关与机场检验检疫局单证作业现场相继入驻浦东机场口岸通关服务中心，标志着上海航空口岸“一门式”通关服务中心正式启用。该通关服务中心总建筑面积为 9.34 万平方米，设有海关快件进口业务受理大厅、普快转关、实货放行及综保区保税业务受理大厅、普货出口业务受理大厅和检验检疫普货业务受理大厅、保税业务受理大厅，共计 280 个海关服务窗口和 103 个检验检疫服务窗口。此外还设有税务征收大厅共计 10 个服务窗口，工商业务受理大厅共计 6 个服务窗口。浦东机场口岸通关服务中心的启用将原先分散在机场区域内三个点上的进出境货物、物品、快件报关报检功能整合在相对集中的统一受理点，有效减少了企业往返奔波，提高了货物通关效率。

【DHL 北亚枢纽正式启用】7 月 12 日，位于浦东机场西货运区的 DHL 北亚枢纽正式启用。该枢纽占地面积达 8.8 万平方米，最大处理能力可达到每小时 2 万个包裹及 2 万份文件，是 DHL 在亚洲最大的快件转运中心。加上于 2008 年启用的 UPS 国际转运中心和即将入驻的 FedEx，浦东机场成为全球唯一一个吸引快递业三大巨头全数入驻的空港。2012 年，三大物流集成商建立的转运中心以 10%的货运量贡献了 40%的货值，上海航空口岸货物结构得到进一步优化，浦东机场货运枢纽的规模效应日益凸显。

【圆满完成亚沙会口岸服务保障任务】6 月 16 日至 22 日，第三届亚洲沙滩运动会在山东省海阳市举办，参赛国家和地区达到 45 个，亚沙会期间上海口岸虹桥机场和浦东机场设为一般中转抵离机场。上海航空口岸各单位积极做好口岸服务保障工作，专门拟定工作方案，建立工作机制，设置专用通道、布置宣传牌，形成信息沟通渠道。赛事期间为东帝汶代表团等从上海航空口岸中转的参会运动员、教练员提供了优质、便捷的服务。

【航空口岸稳定有序运行，确保国门安全】 8月8日至9日，强台风“海葵”过境上海，航空口岸各相关单位全力做好口岸通关保障工作，启动应急预案，加强应急指挥，密切联系协调，及时调整勤务，开设专用通道，细致做好了各项应急处置工作，使创纪录的单日9万人次的出入境人员得到安全及时疏散，确保了在恶劣天气下上海航空口岸24小时通关顺畅。10月新型冠状病毒疫情在国外出现以后，上海航空口岸各单位尤其是上海机场检验检疫局积极应对，于第一时间加强入境检疫，制定防控工作方案，尤其对来自重点地区的旅客加强体温监测和医学巡查，确保国门公共卫生安全。

【浦东国际机场连续第三年位列ACI测评全球前十】 在2012年度的ACI全球机场旅客满意度测评中，浦东机场年度测评得分为4.77分，在全球199家机场中排名第7，在4000万以上人次机场组排名第四，连续三年位列前十。其中，涉及上海机场边检站的3项指标分值继续保持全球前十，上海机场边检站也因此连续三届荣获ACI测评突出贡献奖。

【航空港民航业继续位列上海窗口行业社会公众满意评价交通运输类第一名】 在2012年度上海窗口行业社会公众满意评价报告中，航空港民航得到88.89分，比84.24分的社会公众满意评价总分高出4.65分，继续排名交通运输类第一名并保持最高的“绿色”标识。与往年一样，浦东机场海关、机场检验检疫局、机场边检站继续作为航空港民航行业的主要成员单位联组参加测评，为航空港民航业连年排名高位做出重要贡献。 （蔡　捷）

民航运行管理

【概况】2012年,上海民航2个机场(虹桥国际机场、浦东国际机场)共完成旅客吞吐量7870.9万人次(含过站人数),同比增长5.6%,其中虹桥国际机场完成旅客吞吐量3382.9万人次,浦东国际机场完成旅客吞吐量4488万人次;全年两场完成货邮吞吐量336.8万吨,同比减少4.8%,其中虹桥国际机场完成货邮吞吐量42.99万吨,浦东国际机场完成货邮吞吐量293.8万吨;2012年两场共起降飞机59.7万架次,同比增长4%,其中在虹桥国际机场起降23.49万架次,在浦东国际机场起降36.2万架次。分航线看,2012年两场共完成国内航线旅客吞吐量(不含地区航线,下同)5468.6万人次,占全年旅客吞吐量的69.5%,同比增长4.59%,其中虹桥国际机场为3133.6万人次,浦东国际机场为2335万人次;完成国际航线旅客吞吐量1748.67万人次,占全年旅客吞吐量的22.2%,同比增长8.7%,其中虹桥国际机场为109.6万人次,浦东国际机场为1639.1万人次;完成地区航线旅客吞吐量653.65万人次,占全年旅客吞吐量的8.3%,同比增长5.75%,其中虹桥国际机场为139.74万人次,浦东国际机场为513.9万人次。分航线看,2012年两场共完成国内航线货邮吞吐量76.1万吨,占全年货邮吞吐量的22.6%,同比减少6.83%,其中虹桥国际机场为41.62万吨,浦东国际机场为34.43万吨;完成国际航线货邮吞吐量222.63万吨,占全年货邮吞吐量的66.1%,同比减少4.42%,其中虹桥国际机场为0.74万吨,浦东国际机场为221.89万吨;完成地区航线货邮吞吐量38.1万吨,占全年货邮吞吐量的11.3%,同比减少3.1%,其中虹桥国际机场为0.62万吨,浦东国际机场为37.49万吨。截至2012年底,有48个国家和地区的114个通航点(含香港、澳门、台湾)和国内的117个通航点与上海通航。有23家国内航空公司和67家国际及地区航空公司开通了上海的定期航班。基地设在上海的运输航空公司有6家:中国东方航空股份有限公司、上海航空有限公司、春秋航空股份有限公司、上海吉祥航空股份有限公司、中国货运航空有限公司、扬子江快运航空有限公司;小型航空器商业运输运营人有3家:东方公务航空服务有限公司,上海金鹿公务航空有限公司,星联商务航空有限公司。

2012年,中国东方、吉祥等航空陆续开通或增开大阪、巴黎、泰国普吉岛等多条国际航线,阿联酋阿提哈德航空公司、斯堪的纳维亚(北欧)航空公司、朝鲜高丽航空公司、斯里兰卡航空公司等也纷纷开通了上海直飞航线,截至2012年底,上海浦东机场有国际客运航线81条、货运航线41条,覆盖50个国家、地区的122个城市;虹桥机场有国际客运航线5条,每日航班38架次,主要往返日本东京、韩国首尔以及台北、香港、澳门等地。2012年,从上海口岸出入境的客机达14万架次,同比增长5.4%。东方航空公司新开上海往返澳大利亚凯恩斯等航线,并加大往返悉尼、新德里、吉隆坡、夏威夷、胡志明等城市的航班密度。马来西亚等境外航空也陆续增开了往返上海的多条航线。

【中国东方航空股份有限公司】2012年,中国东方航空有限公司的旅客运输量为7307.70万人次,同比增加了6.3%;货邮运输量为141.65万吨,同比减少5.8%;其中,该公司在上海地区的旅客运输量为3274.56万人次,占上海两场旅客吞吐量总和的41.6%;在上海地区的货邮运输量为88.31万吨,占上海两场货邮吞吐量总和的26.22%;截止2012年底,该公司拥有飞机416架,全年平均客座率为79.8%。[①]

【中国货运航空有限公司】2012年,中国货运航空有限公司货邮运输量为67.21万吨,同比增加10.4%;其中,该公司在上海地区的货邮运输量为

① 数据统计涵盖中国东方航空股份有限公司和上海航空有限公司。

47.64 万吨，占上海两场货邮吞吐量总和的 14.14%；截止 2012 年底，该公司拥有飞机 19 架。

【春秋航空股份有限公司】 2012 年，春秋航空股份有限公司的旅客运输量为 911 万人次，同比增长 27.4%；货邮运输量为 4.7 万吨，同比增长 21.1%；其中，该公司在上海地区的旅客运输量为 741 万人次，占上海两场旅客吞吐量总和的 9.41%；在上海地区的货邮运输量为 3.6 万吨，占上海两场货邮吞吐量总和的 1.07%；截至 2012 年底，公司拥有飞机 33 架，全年平均客座率为 94.1%。

【上海吉祥航空股份有限公司】 2012 年，上海吉祥航空股份有限公司的旅客运输量为 533.5 万人次，同比增长 23%；货邮运输量为 4.82 万吨，同比增长 16%；其中，该公司在上海地区的旅客运输量为 533.5 万人次，占上海两场旅客吞吐量总和的 6.78%；在上海地区的货邮运输量为 4.82 万吨，占上海两场货邮吞吐量总和的 1.43%；截至 2012 年底，公司拥有飞机 30 架，全年平均客座率为 84.61%。

【扬子江快运航空有限公司】 2012 年，扬子江快运航空有限公司的货邮运输量为 16.99 万吨，同比增加 9.28%；其中，该公司在上海地区的货邮运输量为 5.19 万吨，占上海两场货邮吞吐量总和的 1.54%；截止 2012 年底，该公司拥有飞机 17 架，全年平均载运率为 65%。 （熊　巍）

机场运营建设

【概况】2012年在全球经济疲弱运行和国内经济形势异常复杂的不利形势下，上海机场航班起降架次、旅客吞吐量持续增长，货邮吞吐量同比继续回落。上海机场安全运行态势持续平稳，实现了第十三个安全年，这也是自1988年民航体制改革后虹桥机场连续实现的第25个安全年。上海民航两个机场的硬件保障能力和服务保障软实力持续提升，航空枢纽建设不断推进。

【上海机场三大运输生产指标】2012年，上海机场共保障航班起降59.67万架次，同比增长3.96%，完成旅客吞吐量7870.89万人次，同比增长5.56%，完成货邮吞吐量336.80万吨，同比增长－4.84%。从全球机场协会ACI于10月中旬公布的2012年上半年全球机场客货运排名看，浦东机场客货运量分别列全球机场排名第19和第3名，飞机起降量排名全球机场第30。

【上海两场航空口岸旅客运输完成情况】2012年，上海两场航空口岸出入境旅客完成2402.32万人次，同比增长7.86%，其中，国际旅客出入境完成1748.67万人次，同比增长8.67%，地区旅客完成653.65万人次，同比增长5.75%。始终保持国内航空口岸出入境人数第一的地位。其中，浦东机场口岸出入境旅客2153.02万人次，同比增长，其中国际旅客1639.1万人次，同比增长8.64%，地区旅客513.92万人次，同比增长4.38%。虹桥机场日韩包机航线出入境旅客109.57万人次，同比增长8.64%，地区包机航线旅客139.73万人次，同比增长11.13%。

【上海航空口岸货邮发展情况】上海两场航空口岸货邮完成206.62万

吨，同比增长－3.17％，其中，国际口岸货邮完成222.63万吨，同比增长－4.43％，地区货邮完成37.99万吨，同比增长－3.36％。上海两场国际和地区货量比重为77％。浦东机场共有货运航空公司33家，其中纯货运航空公司达22家。货量中由外航承运的达50％、内航外线运量比重为25.5％、国内和地区航线运量比重为24.5％。纯货机的通航点达到82个，其中国际通航点达到68个、国内14个。

【上海机场实现了第十三个安全年】浦东、虹桥机场分别顺利实现了第13、第25个安全年，圆满完成了“春运”、“两会”和十八大代表抵离、2012年第22届中国华东进出口商品交易会（简称22届华交会）、2012上海亚洲公务机展（ABACE）等多项重要保障任务。

【浦东、虹桥机场基础设施持续完善】推进浦东机场T1航站楼改造项目，12月中旬改造工程正式实施。虹桥机场东片区规划及T1航站楼改造工程有序推进，完成了国际方案征集及专家评审、改造工程项目建议书上报等工作。

【上海航空口岸服务品质持续提升】浦东、虹桥两场强化客户导向，从旅客体验出发，推进服务持续改进，创新服务举措，浦东、虹桥机场ACI旅客满意度测评前三季度平均得分分别为4.76、4.53，排名全球第8、26位。在民航资源网两次旅客满意度调查中，两场均名列国内最佳机场前列。积极开展同创共建文明航空港活动，建立了航空港服务承诺履行情况考评机制，航空港窗口行业服务文明指数测评位于上海市交通运输行业第一，保持了“绿色”标识。

【上海航空枢纽国际航线网络进一步完善】2012年，上海两场的通航点数量达到231个，通航45个国家的108个航点，国际航线网络覆盖除南美洲和非洲以外的各大洲；通航港澳台6个城市，国内117个城市，覆盖60％以上的国内机场。共有90家航空公司开通了至上海的定期航班，其中国际和地区航空公司有67家。年内，浦东国际机场新增北欧航和中东的阿提哈德航两家外航，新增哥本哈根、阿布扎比、佐贺、仙台、凯恩斯等多个国际客运航点。东方航空等基地航空公司在上海始发的国际远程干线上持续加力,新增浦东至葡萄牙里斯本的航线、加密了上海至北美、欧洲,以及日本的航线,方便国内外旅客出行。

【上海航空枢纽国际中转业务持续提升】上海机场集团进一步加强与基地航空公司和口岸查验单位的协同配合,积极推进旅客中转业务,支持东航等基地航空公司在浦东机场建设"四进四出"的航班波,实现在浦东机场的"通程联运"。3 月 15 日起,浦东机场在全国率先试行 24 小时内直接过境的旅客免办边检手续。12 月 18 日,浦东机场的上航航班整体搬迁至 T1 运行,资源整合后航班衔接能力和服务便捷性明显增强。浦东机场国际国内中转衔接 OD 航线数已达到 2200 余条,中转衔接机会大幅提升,前十个月浦东机场中转旅客(单向)162.63 万人次,同比增长 19.61%,中转率达到 8.39%,同比上升 0.7 个百分点,单日最高中转量达到 6710 人次。

【上海航空枢纽建设战略合作进一步加强】4 月,中国民用航空局与上海市人民政府在沪签订《关于加快上海民航发展的战略合作协议》,部市合作共同推进上海民航发展,标志着"十二五"上海民航事业进入了新的发展期。上海机场集团与联检单位合作开展转运中心 24 小时通关查验、机坪空空中转监管模式和冷链发展等课题研究,积极落实 72 小时过境免签政策实施准备,配合实施 24 小时直接过境旅客免办边检手续政策。

【浦东机场货运争创第一工作全面启动】上海机场集团深入调研,完成了浦东机场货运争创世界第一行动方案编制,着力推进货运发展由口岸自然增长向口岸加枢纽复合增长转变。研究建立货运管理基本标准,组建空港物流协会,提升了浦东机场的货运市场管理水平。大力支持与推进物流集成商、基地航空公司的建设和运营。完成了机场集团与联邦快递(FedEx)建设上海国际快件和货运中心协议的签约。浦东机场成为全球首个同时吸引三大国际物流集成商入驻并建立转运中心的机场。

【2012 年亚洲公务航空会议暨展览会在虹桥机场举行】3 月 27 至 29 日,2012 年亚洲公务航空会议暨展览会在虹桥机场公务机基地举行,这是亚

洲公务航空会议及展览会首次落户上海。该航展由上海机场集团与美国国家公务航空协会主办。国家民航局副局长夏兴华、美国交通部副部长约翰·博卡瑞、上海市政府及民航华东民航局有关领导出席了开幕仪式。此次展会吸引了空客公务机公司、波音公务机公司、庞巴迪宇航公司等公务航空巨头携30款公务机机型同台亮相,约6000名观众参观了展会。“中国公务机上海联盟”也在这次展会上宣布成立,并发布了《2012中国公务机上海宣言》。

【上海机场安全服务品质持续提升】引入风险管理理念,积极推进安全管理体系建设,逐步形成了一套科学有效的“一市两场”安全管理模式,确保了上海两场连续实现安全年。以世界一流枢纽机场为标杆,引进国际机场协会(ACI)全球机场服务满意度测评体系,借助同创共建文明航空港建设平台,积极提升上海机场枢纽运营和服务水平,圆满完成了奥运保障和世博保障任务。浦东机场全球旅客满意度排名从2007年加入之初的3.70分、63位上升至2011年的4.65分、第9位,跻身全球服务十佳机场行列。2009年沪港两地机场合作,优势互补,助推了虹桥机场服务管理整体水平的快速提升,虹桥机场全球旅客满意度排名从2009年加入之初3.92分、81位上升至2011年的4.49分、27位,在最新的Skytrax测评结果中获得2012年度“中国最佳地区机场”第一名。

（徐志忠）

2012 年上海机场(集团)有限公司运输生产情况统计表(快报)

项目名称	飞机起降架次(架次)						旅客吞吐量(万人次)						货邮吞吐量(万吨)					
	本月		本年				本月		本年				本月		本年			
	实绩	同比±%	累计	同比±%	日均	航线比重%	实绩	同比±%	累计	同比±%	日均	航线比重%	实绩	同比±%	累计	同比±%	日均	航线比重%
总计	47217	0.95	596744	3.97	1630	100	606.83	3.36	7870.84	5.56	21.51	100	29.56	−2.47	337.96	−4.51	0.92	100
国内航线	32098	2.47	411728	5.30	1125	69.00	418.40	4.65	5473.74	4.68	14.96	69.54	7.20	−9.32	76.35	−6.53	0.21	22.59
国际航线	11009	−0.42	135008	2.25	369	22.62	132.10	−1.20	1742.30	8.28	4.76	22.14	18.96	−0.21	223.56	−4.03	0.61	66.15
地区航线	3545	−3.27	42495	−1.24	16	7.12	56.33	5.05	654.79	5.94	1.79	8.32	3.41	0.89	38.05	−3.21	0.10	11.26
其他飞行	565	—	7513	—	21	1.26	—	—	—	—	—	—	—	—	—	—	—	—
浦东机场	28652	1.84	361818	5.15	989	100	338.86	2.77	4485.72	8.23	12.26	100	25.56	−1.84	294.98	−4.39	0.81	100
国内航线	15049	4.53	194887	8.80	532	53.86	171.83	5.57	2338.03	9.07	6.39	52.12	3.35	−12.07	34.70	−7.24	0.09	11.76
国际航线	10513	−0.45	129063	2.37	353	35.67	123.60	−0.91	1632.73	8.22	4.46	36.40	18.88	−0.16	222.83	−4.07	0.51	75.54
地区航线	2863	−5.23	34460	−2.30	94	9.52	43.43	2.82	514.66	4.59	1.41	11.48	3.33	0.30	37.45	−3.58	0.10	12.70
其他飞行	227	—	3408	—	9	0.94	—	—	—	—	—	—	—	—	—	—	—	—
份额%	50.68		60.63	—	—	—	55.84	—	56.99	—	—	—	86.47	—	87.28	—	—	—
虹桥机场	18565	−0.40	234926	2.21	642	100	267.97	4.11	3385.12	2.23	9.25	100	4.00	−6.32	42.98	−5.35	0.12	100
国内航线	17049	0.73	216841	2.35	592	92.30	246.57	4.02	3135.71	1.64	8.57	92.63	3.85	−6.78	41.65	−5.92	0.11	96.91
国际航线	496	0.20	5945	−0.17	16	2.53	8.50	−5.24	109.57	9.19	0.30	3.24	0.07	−12.50	0.73	8.96	0.00	1.70
地区航线	682	5.90	8035	3.61	22	3.42	12.90	13.36	139.83	11.21	0.38	4.13	0.08	33.33	0.60	27.66	0.00	1.40
其他飞行	338	—	4105	—	11	1.75	—	—	—	—	—	—	—	—	—	—	—	—
份额%	39.32	—	39.37	—	—	—	44.16	—	43.01	—	—	—	13.53	—	12.72	—	—	—

陆路口岸

概　述

上海铁路口岸位于上海市中心北端上海火车站。2003 年 9 月，经国务院同意铁路上海站设立临时口岸。同年 10 月 1 日起，开行上海—香港（九龙）隔日往、返直通式旅客列车，成为连接沪港两地的重要通道。2009 年 11 月，国务院批准铁路上海站临时口岸为正式对外开放口岸。从 2010 年 7 月起，沪港直通式旅客列车增加一节车厢，满载量从原来的 412 人升至 478 人。经过对通关设施的改建和整修，目前上海铁路口岸通关候车总面积增至 478 平方米，新整修的 1 号候车室候检区面积约 1000 平方米，并且按照正式口岸设置要求，进一步优化了通关流程和旅客联检区域布局。在做好正式开放各项前期准备工作基础上，2012 年 11 月，铁路上海站口岸通过了由市口岸办牵头组织的对外开放预验收，下一步待通过国家有关部门验收后正式宣布对外开发。设在上海铁路口岸的口岸查验机构为：上海海关驻车站办事处、上海铁路检验检疫局、上海铁路边检站。

2012 年，上海铁路口岸出入境列车 366 列次，乘坐沪港列车出入境旅客达 15.1 万人次（入境人数 75,432 人次，出境人数 75,331 人次），同比增长 0.1%；查验旅客行李 58,302 件次。当年 2012 年 9 月 29 日，上海站铁路口岸迎来开行以来第 100 万名旅客。（邹增强）

口岸运行

【积极推进口岸正式开放的各项筹备工作】在上海市口岸服务办公室、各查验单位的大力支持下，上海站结合现行铁路临时口岸通关实际情况，为满足正式口岸开放要求，研究设计出入境旅客联检通关的新客运组织流程方案，并进行优化完善，加强对口岸现场设施进行适当的更新改造，方便查验单位工作，为通关旅客提供更优质的服务，认真做好以下几方面的工作：(1)成立组织机构。上海站专门成立了口岸正式开放准备工作领导小组，明确责任分工，抓好措施的落实，协调解决相关问题。(2)加强联系沟通，推动铁路口岸早日正式开放，在市口岸办的组织协调下，由铁路上海站临时口岸与各查验单位共同建立了铁路口岸定期会商机制，解决铁路口岸日常运营、改造过程中遇到的问题，协调推进上海站铁路口岸正式开放的各项准备工作。(3)优化通关环境。上海站在现有条件基础上，不断优化通关环境，调整、扩大旅客候车及查验作业区域。扩大了候车面积，增加了通关候车室面积约 150 平方米，使通关候车总面积增至 478 平方米(含旅客出入通道)；新整修的 1 号候车室作为旅客候检区(即通关前候车室)，面积达 1000 平方米。同时优化了通关流程和旅客查验区域布局。(4)完善引导标识。按照上级部门的相关规定，通过补充、更改各查验单位的各种标识，不断规范联检区域的引导，为旅客办理出入境手续提供方便。上海站陆续对三家查验单位 LED 电子显示屏及导向标识进行了改建，制作完成统一规范的标识；在每家联检区域内安装电子显示公告栏，通关候车室内安装灯箱公告，为旅客提供相关信息，方便旅客出行。(5)加强现场监控。上海站除了日常配合做好对监控设施设备的日常保养维护外，还不断完善监控系统，为查验单位的监控大屏进行更新；制作视频监控操作台；新增、更新视屏监控探头58只，使现场监控探头增加至84只。(6)改造基础设施。上海站及时对基础配套设施和查验单位办公用房进行了增设、整修和调整，配合做好各查验单位办公用房的内部设施改造和整修。目前，各查验单位现场办公区总面积达537.80平方米。调整非办公用房。按照“部市”达成的意见，分别由上海铁路局提供和上海地方政府出资租赁，解决查验单位非现场办公用房。

【铁路口岸对外开放预验收基本合格】11月12日，由上海市口岸办、上海铁路局会同上海海关、上海出入境检验检疫局、上海出入境边防检查总站共同组成预验收小组，对上海站铁路口岸开放相关的查验和监管条件等进行了预验收，上海站铁路口岸对外开放预验收基本合格，通过了预验收。11月27日，国家口岸办白石副主任一行到上海铁路口岸现场参观调研，并进行座谈。上海站根据验收小组对上海站铁路口岸对外开放查验和监管配套设施的会议纪要中的预验收小组评审意见，积极为各查验单位对现场办公用房进行功能调整，

【不断提升口岸旅客服务质量】针对沪港列车旅客的特点，上海站提出了“明星服务、品牌示范、发挥功效、展示形象”的工作口号，把服务内容向个性化、细微化、明星化推进，全力打造上海陆上门户的第一品牌。在上海站和各查验单位的共同努力下，上海铁路口岸2012年还被上海市口岸办推荐参加上海市五星级“文明口岸示范区”的评选。 (李玉红)

特殊监管区域

概　　述

海关特殊监管区域是指经国务院批准在中华人民共和国境内设立的，由海关为主实施封闭监管的特定经济功能区域，现有保税区、出口加工区、保税物流园区、保税港区、综合保税区和跨境工业园区6类模式。

自1990年全国第一个保税区——上海外高桥保税区成立以来的20余年中，上海共建成除跨境工业园区之外的5类共计10个海关特殊监管区域，分别为：1个保税港区（洋山保税港区）、1个综合保税区（浦东国际机场综合保税区）、1个保税区（外高桥保税区）、1个保税物流园区（外高桥保税物流园区）和6个出口加工区（松江、金桥、青浦、漕河泾、闵行、嘉定出口加工区），已封关运行面积近34平方公里。这些海关特殊监管区域已成为体现上海口岸城市综合服务功能的重要载体，对于全面提高对外开放水平，增强城市国际竞争力，推动上海"四个中心"建设发挥了积极作用。

2012年，上海市海关特殊监管区域按照"创新驱动、转型发展"的要求，坚持先行先试，不断推进功能拓展与转型升级，区域经济发展态势良好。全年累计完成增加值1684.2亿元；实现工业总产值3154.1亿元；完成税收总额1078.1亿元，其中海关税收及代征税633.2亿元，分别占全国海关特殊监管区域的38.3%和32.4%；实现进出口总额1702.2亿美元，占全市进出口总额的39%，其中洋山保税港区、外高桥保税区、外高桥保税物流园区、松江出口加工区各项指标分别在全国保税港区、保税区、保税物流园区、出口加工区中位居前列。

2012年，上海市海关特殊监管区域以"三港三区"（三港，即外高桥港、洋山港、浦东空港；三区，即外高桥保税区、洋山保税港区、浦东机场综合保税区)联动发展为抓手,积极推动区域建设与转型升级。洋山保税港区扩区获得国务院批复同意,扩区后的洋山保税港区规划面积14.16平方公里;首个"全国入境再利用产业检验检疫示范区"挂牌成立,高端入境再利用产业将在特殊区域集聚;积极培育融资租赁业发展,出台《关于推进上海综合保税区开展融资租赁业务的试点意见》;起运港退税政策试点和船舶保税登记业务试点正式启动;在全国率先启动保税仓单质押融资功能;洋山保税港区陆域仓库完成国际中转集拼首单试点;国际贸易结算中心试点稳步推进,试点企业数量拓展到50家、专用账户贸易额累计近100亿美元。通过功能的不断创新与监管的持续优化,本市海关特殊监管区域的经济活力与集聚效应进一步增强。

(冯　赟)

2012 年上海市海关特殊监管区域基本情况表①

区域名称	规划面积（km^2）	封关面积（km^2）	封关时间	累计批准企业数(个)	累计批准投资额(亿美元)	2012 年进出口总额(亿美元)
洋山保税港区	14.16	9.26	2005.11	612	61.9	93.2
浦东机场综合保税区	3.59	3.59	2010.4	124	2.6	18.9
外高桥保税区	10	8.5	1990.5	11533	246	944.3
外高桥保税物流园区	1.03	1.03	2004.4	42	6.5	73
松江出口加工区(A 区)	2.98	2.98	2000.11	108	25.2	414.5
松江出口加工区(B 区)	2.98	1.3	2003.11			
金桥出口加工区	2.	1.55	2002.6	32	15.9	3.7
青浦出口加工区	3	1.6	2003.11	31	8.1	7.6
漕河泾出口加工区	3	0.9	2003.11	20	6.9	122.9
闵行出口加工区	3	1.9	2003.11	26	5.9	19.2
嘉定出口加工区	3	0.99	2007.9	4	0.4	4.9
合计	49.54	33.6		12532	379.4	1702.2

① 数据来源:中国保税区、出口加工区协会

上海综合保税区

【概况】 根据上海“四个中心”建设的需要,2009 年 11 月上海综合保税区管理委员会正式成立,对外高桥保税区(含外高桥保税物流园区)、洋山保税港区、浦东机场综合保税区实施统一的地方行政管理,目前,综保区封关运作面积 21.66 平方公里。2012 年 6 月,紧邻外高桥保税区的 6.01 平方公里森兰区域正式划入综合保税区管委会管理范围,全面启动外高桥国际贸易城建设。

2012 年,上海综合保税区整体经济呈现良好态势,主要经济指标继续保持两位数增长。全年完成进出口额 1130.5 亿美元,同比增长 14.5%,占全市比重近 26%,其中进口额 867 亿美元,增长 15.1%,占全市的 37.7%。完成工商税收 429 亿元,同比增长 12%。完成商品销售额 11000 亿元,增长 13%;完成物流业务营业收入 800 亿元,增长 15%。

上海综合保税区在全国海关特殊监管区域中继续发挥领头羊作用,综合保税区的商品销售额和工商税收在全国 110 个海关特殊监管区域中的比重超过一半;洋山保税港区、外高桥保税区、外高桥保税物流园区的进出口额在全国同类区域中的比重分别达到 27%、37%、44%。

【推进实体性总部经济发展】 综保区积极推进以营运中心为载体的实体性总部经济发展,目前已累计批准营运中心达到 203 家,市政府认定地区总部 31 家,结算中心 50 家。这批企业 2012 年完成销售收入超过 5900 亿元,缴纳工商税收 210 亿元,占保税区经济总量的 50%,形成了综保区产业发展的核心竞争力。2012 年 12 月,综保区正式启动了亚太营运商计划,推动首批 20 家跨国公司统筹国内外市场,统筹贸易、物流、结算功能,从供应链管理集成的角度，进一步集聚经济要素、扩大辐射半径、提升资源调度能力，逐步发展成为实体运作的亚太地区总部。

【培育各区域特色产业】外高桥保税区现已集聚各类贸易企业 5000 多家，正在深入打造全国首个“国家进口贸易创新示范区”，重点建设与国际市场接轨的进出口贸易及服务基地，发展酒类、钟表、汽车、工程机械、机床、医疗器械、生物医药、健康产品、化妆品、文化产品十大专业贸易平台。其中文化贸易平台在 2011 年 11 月被授予全国第一个“国家对外文化贸易基地”，一年来已引进各类影视制作、出版印刷及文化贸易企业超过 120 家，实现文化产品销售额 15 亿元。截止 2012 年年底外高桥保税区手表、酒类、化妆品进口额分别占全国的 37％、33％、32％；汽车、医药品、医疗器械进口分别增长 40％、40％和 30％，占全国进口的 10％、23％、22％。洋山保税港区已累计引进企业 670 家，集聚了近 60 家通信及电子产品、汽车及零部件、高档食品、品牌服装的分拨配送中心，基本形成了面向欧美的采购配送基地、面向国内的进口贸易基地以及航运龙头集聚地。同时，依托期货保税交割功能，有色金属等大宗商品也在洋山保税港区形成集聚态势。

浦东机场综合保税区经过两年的开发建设，共引进各类企业 160 家，包括 20 余家电子产品、医疗器械、高档消费品等全球知名跨国公司空运分拨中心以及 80 余个融资租赁项目，UPS、DHL、FedEx 三大全球快件公司均入区发展，上海波音维修、日上免税行等一批重点功能性项目也在 2012 年启动运作，机场综保区正在形成空运亚太分拨中心、融资租赁、快件转运中心、高端消费品保税展销等临空功能服务产业链。

【加快重点功能改革突破】推动融资租赁多元化发展。2012 年综保区共引进 8 家境内外融资租赁母公司和 50 家 SPV 项目公司，累计融资租赁项目达到 84 个，租赁资产规模超过 25 亿美元，租赁标的物涵盖民航客机、直升机、远洋船舶以及飞机发动机等大型设备，初步形成了规模化、多元化的发展态势。以期货保税交割功能促进大宗商品产业集聚。综保区在 2012 年 4 月启动了保税仓单质押融资功能试点。期货保税交割功能拓展有效促进了综保区大宗商品产业的快速增长，2012 年综保区铜及制品进出口额 124 亿美元，增长 55%，占全国进口总量近 30%。洋山保税港区新引进大宗商品龙头企业 53 家，2012 年新增商品销售额 233 亿元，已初步形成大宗商品产业的集聚规模。启动保税船舶登记业务。2012 年 3 月，洋山保税港区率先启动了保税船舶登记业务，并于 2012 年 10 月试点运作了国内首单融资租赁船舶的保税船舶登记业务。启运港退税政策启动试点。2012 年 8 月，启运港退税政策启动试点，为洋山提升中转枢纽港地位、拓展国际中转集拼功能起到重要的促进作用。全球检测维修功能取得突破。2012 年 9 月，国家质检总局在上海挂牌"全国入境再利用产业检验检疫示范区"，在综合保税区打造全球检测维修中心。综保区积极探索试点开展非集团内部和非中国制造产品的维修业务，逐步推动全球维修检测在区内的高端化、规模化发展。启动机场综保区区港一体化试点。2012 年 11 月底，浦东机场综合保税区在国内率先启动区港一体化试点，开展保税货物和口岸货物同步运作试点。启动国际中转集拼功能试点。2012 年 12 月，在洋山保税港区完成了国际中转集拼首单试点，在全国率先实现了境外货物与国内货物的整合拼箱操作，标志着洋山保税港区国际中转集拼业务正式启动运作。

（李镜青）

【综合保税区亚太营运商计划启动】 12 月 6 日上午，上海综合保税区亚太营运商计划启动仪式在外高桥保税区举行。上海市常务副市长、综合保税区管委会主任杨雄，市委常委、浦东新区区委书记徐麟等领导出席，并与 20 家企业共同启动了上海综合保税区亚太营运商计划。亚太营运商计划是上海总部经济发展新的探索和新的起点，着重于依托国际市场、发挥中国优势、体现上海战略，对于上海加快"四个中心"建设，提升国际竞争力具有重要意义。它突出集成化，推动亚太营运功能的融合发展；促进便利化，构建"X＋1"的政策扶持体系；体现国际化，建立紧密的政企战略合作关系。

【外高桥保税区海关启动"诚信兴商计划"】 保税区海关围绕上海海关"创新发展，服务全国，走在前列"的 12 字工作基调和目标，始终坚持以诚信化促进文化贸易便利化，致力于诚信体系建设，通过启动“诚信兴商计划”，深化分类通关改革和信箱报关通关模式，依照企业信用程度和货物风险参数，对企业实行差别化管理。大力推进社会化预归类服务，显著提升基地企业分拨商品归类和价格管理水平。（谭　波）

2012 年上海综合保税区主要经济数据统计表

指标名称	单位	2012 年	同比%
经营总收入	亿元	12715	11.6
商品销售额	亿元	11000	13.1
物流业务营业收入	亿元	800	15.0
进出口额	亿美元	1130.5	14.5
其中:进口额	亿美元	867.0	15.1
出口额	亿美元	263.5	12.7
工商税收	亿元	429	12.0
港区集装箱吞吐量	万标箱	2951	2.5

上海松江出口加工区

【概况】上海松江出口加工区由 A 区和 B 区组成，总规划面积 5.96 平方公里。上海松江出口加工区 A 区于 2000 年 4 月 27 日经国务院批准设立，为全国首批出口加工区之一，规划面积 2.98 平方公里，于 2001 年初封关运作，已全部开发完毕；B 区于 2003 年 3 月 14 日经国务院批准设立，规划面积 2.98 平方公里，分二期开发，2003 年 11 月一期 1.33 平方公里封关运作。松江出口加工区的总体目标，是成为全球重要的 IT 产业生产基地和一流的现代化工业园区，实现内外销兼顾、保税物流功能完善、国内外贸易功能齐全、从研发到售后一条龙的综合性区域，为海内外投资者创造一个大展鸿图、投资兴业的家园。

据统计，2012 年全年，松江出口加工区共完成工业产值 1629 亿元；完成进出口总额 421 亿美元，其中进口 115 亿美元，出口 306 亿美元；完成利润总额 7 亿元；完成增加值 85 亿元；完成税收总额 22 亿元，其中海关及代征税 15 亿元，工商税收 7 亿元。自封关运行至 2012 年底，园区已累计实现进出口总额 3217 亿美元。

【投资环境】上海松江出口加工区地理位置优越，距上海虹桥国际机场 20 公里；距上海浦东国际机场 42 公里；周边有沪昆高速公路、沈海高速公路、申嘉湖高速公路、嘉金高速公路等高等级的公路，构成便捷的公路交通网络。上海市区外环线距松江出口加工区仅 18 公里。

作为千年文化古城的松江，历来重视发展教育，注重人才素质的培养。目前已拥有一座包括 7 所大学的现代化大学城（其中包括上海外国语大学、上海对外贸易学院、上海立信会计大学、东华大学、华东政法大学、上海工程技术大学、上海视觉艺术学院),2 所大专院校,31 所中学,7 职业学校,28 所技术学校,1 所电大。人力资源相当充沛,可以为区内企业提供不同专业、不同层次的专门人才,同时还可以为区内企业提供各种人员培训服务。

作为全国最早的出口加工区之一,上海松江出口加工区已经运作多年,基础设施配套完善,管理机构运作娴熟,各类服务措施齐全,是中外客商的投资宝地。松江出口加工区实行全封闭管理,区内海关、商检、税务、工商、银行、外贸、运输、报关等一应俱全,落户企业在区内可办理完一切进出口手续。目前区内货物进出口的通关物流时间只需 4 小时,达到先进国家水平。

【招商引资】2012 年,欧债危机余波及产业转移大潮给加工区的招商引资工作带来了很多困难。面对西部开发,由政府在税收、土地、资源、人才等方面给予大量优惠政策,加工区的政策优势弱化。全年园区共有 9 个项目落户,均为内资项目,其中保税物流企业 5 家,9 家企业注册资本 3850 万元,实收资本 2025 万元。截止 2012 年底,区内落户企业达 108 家,其中外资 83 家,内资 25 家,外商投资总额 24.48 亿美元,园区从业人员超过 10 万人,带动解决周边就业岗位约 2 万个。

【工业】2012 年,欧债危机的愈演愈烈势持续影响着加工区的整体走势,而加工区企业在内销方面的新进展也由于产线西迁而遭遇到了发展的瓶颈。经过一年的调整,目前加工区内需要转移的产线已基本完成转移过程,正开始向新产线的迁入过渡。根据广达提供的信息显示,集团已拿下数量达 10 万台的云端服务器大单。区内富士康旗下国基电子也表示已逐渐将高技术含量、高附加值的卫星基站产品作为其主要产品线。可以说,加工区各项业务已从大幅回落过渡到了稳步增长阶段。

此外,海关总署《加贸司关于开展海关特殊监管区域内企业内销产品返区维修试点工作的通知》也于年底出台,明确指出为贯彻落实党的十八大报告精神,按照《国务院关于促进海关特殊监管区域科学发展的指导意见》和《海关总署关于印发海关促进外贸稳定增长若干措施的通知》要求,支持发展服务贸易,促进外贸稳定增长,决定在海关特殊监管区域内开展企业内销产品返区维修试点。松江出口加工区内达利(上海)电脑有限公司位于全国12家试点企业之列。这一通知的出台给企业带来了切切实实的利好,扫清了企业内销业务拓展最大的障碍。

【物流】截止2012年12月,松江出口加工区内共有第三方物流企业25家,仓储面积达19.7万平方米,2012年全年完成营业收入4.6亿元;出入库金额达353亿美元。目前加工区保税物流业务除传统物流仓储业务之外,已衍生出简单装配、分拣、分拨配送等业务,并逐步尝试进口奢饰品、食品及生活用品等全新业务,发展空间巨大。

【发展趋势】上海松江出口加工区已经经历了12年的发展,电子信息技术产业链已经日趋完善。然而出口加工区初创时以制造、外资、出口为主的发展模式及相关政策在当前国际市场低靡,国内产业转移大潮的背景下显得难以适应。要使出口加工区全面发展、协调发展、可持续发展,迫切需要由现行相对单一的外销模式转变为内外销兼顾、保税物流功能完善、国内外贸易功能齐全、从研发到售后一条龙的综合性模式。

2012年底,国发(2012)第58号文《国务院关于促进海关特殊监管区域科学发展的指导意见》出台,明确提出要深入贯彻落实科学发展观,整合特殊监管区域类型,完善政策和功能强化监管和服务,促进特殊监管区域科学发展,更好地服务于改革开放和经济发展。这正是加工区转型升级的最佳契机,根据松江出口加工区发展现状,A区加工贸易企业众多,产业链成熟,宜推进物流与生产相结合的业务形式,物流以为生产型企业配套为主;B区发展空间广阔,潜力巨大,宜推动物流与贸易相结合的业务模式,实现园区业务从区内向区外的全面辐射。新的一年里,松江出口加工区将以继续鼓励发展支持电子信息等产业、继续鼓励发展保税物流仓储等业务、支持各类贸易公司开展进出口商品国内分销业务、连接国内外市场的进出口商品交易、完成从自主设计研发到售后维修的产业一条龙为发展目标,积极争取向综合保税区模式转型升级。

(袁　璐)

2012年上海松江出口加工区主要经济数据统计表

指标名称	单位	2012年	同比%
经营总收入	亿元	1580.4	－22.3
商品销售额	亿元	1575.8	－22.4
物流业务营业收入	亿元	4.6	6.6
进出口额	亿美元	421.3	－16.5
其中：进口额	亿美元	114.9	－12.2
出口额	亿美元	306.4	－18.0
工商税收	亿元	6.9	－6.1
港区集装箱吞吐量	——	——	——

上海金桥出口加工区(南区)

【概况】 上海金桥出口加工区(南区)是2002年6月经国务院八部委验收通过,正式封关运行的特殊监管区,享受国家级出口加工区的各项优惠政策。金桥南区位于上海浦东新区东南部,是浦东新区唯一的国家级出口加工区。

上海金桥出口加工区(南区)地理位置优越:距上海城市外环线3公里、内环线12公里、浦东国际机场10公里、虹桥国际机场30公里,外高桥港区19公里、洋山深水港50公里,空运、海运、陆运均极为方便。作为全国最早的出口加工区之一,金桥出口加工区(南区)已经运作多年,基础设施配套完善,管理机构运作娴熟,区内实行全封闭管理,目前金桥出口加工区(南区)保税物流为“半日游”,达到先进国家水平。

【招商引资】 截至2012年12月,上海出口加工区(南区)共引进32家企业,总投资16.4亿美元,是上海市经济和信息化委员会命名的半导体装备基地。

【工业】 在欧洲金融危机的冲击下,金桥出口加工区(南区)的工业经济出现下滑,2012年1—12月,完成工业总产值22.06亿元,比上年增长5.5%,其中区内重点企业中微半导体设备(上海)有限公司,英联川宁饮料(上海)有限公司,依托先进的科技和不断研发的新产品,成长速度惊人,在全球经济放缓的形势下,仍实现了稳定、持续的增长。

2012年金桥出口加工区(南区)进出口下滑明显,全年实现进出口额为3.68亿美元,历年累计进出口总额突破29.98亿美元,在全国56个出口加工区中位于中上游。同时为国家提供各类税收3.5亿元,带动相关配套服务业发展。

2012年上海金桥出口加工区(南区)主要经济数据统计表

指标名称	单位	2012年	同比%
工业总产值	亿元	22.06	5.5%
产品销售额	亿元	20.87	−5.9%
出口交货值	亿元	15.89	−6.6%
进出口额	万美元	36795.8	−11.3%
其中:进口	万美元	11647.7	−21.3%
出口	万美元	25148.1	−5.8%

【物流】金桥出口加工区(南区)自2009年正式开展保税物流业务后,在原先保税加工功能以外,拓展了保税物流功能,并开展研发、测试和维修等业务,使得区内企业享受到更加完善的政策配套,使金桥(南区)成为政策、效率、成本的最优化区域。截至12月底,办理即进即出业务1591批,进出口量达到2.67亿美元。

【服务企业】为提升服务落户企业工作实效和水平,金桥出口加工区(南区)管委会建立并完善工作例会制度,企业联络员制度等机制,注重加强企业与政府职能部门之间的沟通、协调。针对企业对通关环境、通关效率等方面的要求和需求,加工区与海关、检验检疫驻南区办事处合作,进行政策讲座、培训等服务企业措施。

【发展趋势】金桥出口加工区(南区)紧紧抓住拓展保税功能这个发展机会,进一步开展保税物流及研发、监测、维修功能,将出口加工区由单一的加工贸易实体经济向上下游延伸,产业链拉长、物流成本降低、附加值提高转变,推进金桥南区成为出口加工生产中心,离岸保税物流中心、离岸调拨配送中心、研发与检测中心、售后服务和维修中心。同时,我们要充分利用金桥(南区)位于浦东新区中心的区位优势,调整产业规划,提高产业能级,促进加工贸易转型升级、将原有的加工制造业形态调整转变为先进制造业,建立由单一的加工制造向二产、三产联动,现代服务业充分发展的现代产业园。

(王利芳)

上海漕河泾出口加工区

【概况】上海漕河泾出口加工区是漕河泾开发区浦江高科技园(国家级)的一个重要组成部分,地处上海市闵行区浦江镇,地理位置优越,是距离市中心最近的保税监管区域。漕河泾出口加工区紧邻徐浦大桥(外环线)和卢浦大桥,距离上海市中心———人民广场16公里,距离上海浦东国际机场38公里,距离虹桥机场21公里,距离洋山深水港约48公里,轨道交通8号线浦江镇站毗邻上海漕河泾出口加工区。

【招商引资】上海漕河泾出口加工区是国务院批准的第三批出口加工区之一,规划面积2.9平方公里,一期开发0.9平方公里。2003年11月漕河泾出口加工区成功通过国务院八部委验收,并于次年3月1日正式封关运作。作为第三批通过验收的出口加工区,通过当地政府的大力协作及企业自身的不懈努力,截至2012年年底上海漕河泾出口加工区共引进各类高科技企业23家。其中外资企业16家,主要来自港台、欧美、日本等国。园区共计吸引投资总额6.9亿美元,合同外资2.52亿美元,实际利用外资2.51亿美元。单位面积土地投资强度已达到7.6亿美元/平方公里;引进的23家企业中有17家生产型企业,主要集中在电子信息制造业、医疗器械制造业领域,目前均已投产运作,且均为年销售收入超过500万元的规模以上企业,其中有3家企业年产值逾百亿。区内三家“英氏企业”的英顺达、英业达及英华达连续多年进入上海出口企业200强名录。

【发展状况】2012年国际经济依然处于一个动荡的时期。在此期间,中国出口形势依然非常严峻。在2012年,漕河泾出口加工区进出口总额为122.9亿美元,占闵行区进口总额的50%。其中进口总额为24.4亿美元,占闵行区进口总额的31%。出口总额为98.5亿美元,占闵行区出口总额的58%。2012年,园区共创造3.3万就业岗位。2004年漕河泾出口加工区工业产值为136.11亿元。经过8年的发展,2012年全年漕河泾出口加工区工业产值已提升至624.37亿元,园区每平方公里实现工业总产值694亿元。2012年全年漕河泾出口加工区税收总额为6.7亿元,是漕河泾建区第一年税收总额的6倍。建区至今,漕河泾出口加工区累计进出口总额已达到1036.56亿美元。经济发展水平位列全国出口加工区前列。 (刘　葳)

上海青浦出口加工区

【概况】2012 年,青浦出口加工区主要经济指标保持稳步增长,各项重点工作有序推进,规模进一步扩大,功能进一步完善,效益进一步提升,经济发展继续保持平稳协调健康的良好态势。全年完成合同外资 8036 万美元,到位资金 7585 万美元;完成内资项目注册资金 5.567 亿元,实到内资 3.876 亿元。全年引进外资项目 10 个,内资实体型项目 36 个,完成注册型项目招商 203 个,希悦尔管理总部、法荷航空电子维修等一批优质外资项目和康恒、廿一客等一批内资项目落户;全年利用闲置厂房引进项目 14 个,利用闲置土地引进项目 4 个。全年完成规模以上工业产值 190.93 亿元,同比增长 17.64%,增幅位列全区第一。全年完成税收收入 8.7079 亿元,同比增长 16.3%,增幅位列全区第一。2012 年加工区规模以上企业万元产值能耗下降 10.5%,顺利完成区下达的 5%的指标。

【转型发展初显成效】(1)科技创新渐显成效。主导产业发展势头良好,特别是高新技术产业发展迅速,全年完成高新技术产业产值约 84.2 亿元,同比增长 21.44%,占规模以上工业总产值 44.7%。(2)传统产业改造升级加快推进。希悦尔[①]、龙人等企业转型为总部型企业,鼎讯、毓恬冠佳、吉富新能源等 3 家公司取得了区级研发中心的认定。(3)特色产业园区建

① 希悦尔设于上海青浦区的运营总部将在数月内启用,它将用作支持该公司的战略性业务活动,包括市场营销、生产、研发、主要辅助性业务及技术支持服务。希悦尔也会把其下属业务部门泰华施贸易(上海)有限公司的业务,以及负责为客户提供清洁卫生解决方感培训的泰华施知识中心归纳在该运营总部内。

设进展顺利。“尚之坊·时尚文化创意产业园”[①]一期已吸引诺奇、红孩儿等时尚品牌入驻，共入驻企业22家，二期项目于8月16日启动；11月29日由上海锐嘉科实业有限公司开发建设的“移动智地”—上海移动互联网产业基地一期项目开工[②]，截至年底，已有8家企业落户；10月23日，青浦出口加工区申报上海市争创国家新型工业化产业示范基地（民用航空·青浦）的请示已获上海市经济和信息化委员会批复，同意授予青浦出口加工区“上海市争创国家新型工业化产业示范基地（民用航空·青浦园区）（市级产业示范基地）”称号，并被列入上海市航空产业“十二五”规划，成为上海民用航空产业的主要基地，并引进东航维修中心、研发中心、培训中心、法荷航空电子维修、射磁探伤设备研发制造等项目。11月3日，解放日报头版刊登《“四大金刚”已落地目标瞄准千亿级青浦崛起民用航空产业基地》文章，介绍加工区民用航空产业基地建设情况。[③] （4）闲置资源再利用成效明显。全年共盘活闲置厂房51334平方米，其中日立海立项目盘活闲置厂房5000平方米，预计每年产值可达2亿元、税收1千万，利用闲置土地转型发展的“尚之坊”、“移动智地”两个特色产业园已分别产生税收3000万和2100万，影响力正

---

① 尚之坊时尚文化创意园是以时尚品牌与纺织服装服饰行业上下游产业链为主导的产业集群、品牌集群和创意集群的总部园区，园区以时尚服饰文化产业为主线，延伸发展了服饰研发、设计、打样、展示、发布、展贸、电子商务等主体平台。2011年，尚之坊时尚文化创意园获上海市政府颁发的时尚文化创意产业园认证授牌，成为上海市及青浦区重点扶持发展的产业园区之一。经过一年多发展，创意园已引进一批服装行业自主品牌企业：上海诺奇服饰、上海红孩儿公司、安利皮革公司等，同时还吸引了创意设计公司日本HKS、日本米拓、Hellokitty等入驻园区。园区内接单、营运、结算、电子商务等多功能于一体，呈现了一定的创意产业规模和产业集聚效应。

② “移动智地”秉承“开放”“创新”“融合”的指导思想，定位于以“移动互联网”为主导产业，重点发展移动终端研发和品牌运营、运营商设备开发与服务、移动互联应用开发与运营以及产业相关的半导体开发、软件与信息服务等。整个产业基地分四期开发建设，预计建成后将吸引超过100家企业入驻，带来1万多人的高新技术人才就业，带动青浦区移动互联网产业能级的全面提升。

③ 青浦出口加工区被列入上海市民用航空产业“十二五”发展规划航空维修类区域布局。近年来，青浦出口加工区重点引进普惠、东航、法航等知名企业，大力发展民用航空产业。目前，在航空维修领域，民用航空产业园的年产值已占上海三分之一，成为上海民用航空产业的重要组成部分。此次被列入上海市民用航空发展规划，更加坚定了加工区发展民用航空产业的信心和决心。加工区将紧紧围绕上海市产业规划，依托现有产业基础，发挥产业区、功能区（保税区）的政策优势，加大产业招商力度，着力打造以民用航空制造、维修为主、集其它航空服务为一体的民用航空产业园。

在扩大。(5)劣势企业淘汰初显成效。已淘汰3个项目,并成功引进新项目,盘活用地109.3亩,增加投资3.4亿元,投产后将新增产值约6.2亿元,目前,还有1家劣势企业正在搬迁中。

【企业服务质量逐步提升】(1)加强科技服务。积极开展政策宣传,推动科技创新、科技项目申报和争取科技扶持资金等,全年为企业申报科技项目31个、完成专利申报501件,对100多家落户企业进行科技、人才等各类政策宣讲,帮助企业申请到各类科技扶持资金共计3046万元,完成安诺其院士专家企业工作站挂牌运作。(2)加强企业融资服务。积极推进政策性融资信用担保工作,成功为多家企业提供政策性融资担保服务。同时,成立"民生银行—青浦出口加工区小微企业商业合作社"为小微企业提供无抵押快速贷款,已有45户企业成为会员。通过这两种服务模式,双管齐下,互为补充,2012年成功为9家优质中小企业解决资金需求2527万元,切实缓解了中小企业的融资难问题,帮助企业渡过难关。(3)加强人才服务。积极开展人才政策宣传和千人计划申报,已有1人成功申报上海市千人计划,获得100万元资金补助;认真开展落户企业人才工作调研,邀请相关部门听取企业意见和建议,完善人才政策,积极为企业引进、培养和留住各类人才。

2012年上海青浦出口加工区主要经济数据统计表

指标名称		2012年	同比
经营总收入	亿元	221.4	17.2%
销售	亿元	210.73	59.5%
物流业务营业收入	亿元		
进出口	亿美元	46.21	50.9%
其中:进口	亿美元	23.66	54.1%
出口	亿美元	22.55	47.7%
工商税收	亿元	8.71	16.4%

上海闵行出口加工区

【概况】2012 年，上海闵行出口加工区在海关、检验检疫等监管部门及相关业务部门的大力支持下，紧紧围绕“项目抓落地、企业抓产出、服务抓实效、管理抓长效”的工作方针积极开展各项工作，较好的完成了各项工作任务。

2012 年 1 月—12 月，上海闵行出口加工区实际进出口总额 19.2 亿美元，同比下降 4.62%；其中实际进口总额 5.59 亿美元，同比下降 2.78%，实际出口总额 13.61 亿美元，同比下降 5.35%。

【经济运行情况】加工区上半年总的经济运行趋势为：第一季度呈稳步上升趋势，1 月正逢春节佳期，部分企业休业，2 月随着各企业的正常运行，其进出口总值也不断回升，3 月进出口总值达 1.98 亿美元，创上半年最高。第二季度经济运行趋势呈现轻微波动。4 月与 6 月份进出口总值均有所下滑，总值分别为 1.79 亿美元与 1.65 亿美元，环比分别下降 9.59% 与 15.38%。第三季度总体呈下滑趋势。7 月进口额及进出口总值稍有回升后又继续下跌，9 月出口额及进出口总值均降至前三季度最低点，进口额有所回升。第四季度出口额及进出口总额均达到全年最低点 0.72 亿美元和 1.15亿美元，年末有所回升，进口额基本持平。

如下图实际进出口总额分解表所示：(1)电子信息产业仍占主导地位。加工区电子信息企业主要集中在创见资讯、先锋电子两大企业。截至 12 月份，两家企业合计进出境总值 10.33 亿美元，约占全区进出境总值的 53.88%。(2)新能源产业发展势头依旧。晶澳太阳能于 2010 年 4 月正式投入生产之后，其业务量也呈直线上升趋势。今年其进出口总值就达 4.68

亿美元。(3)保税物流功能日益突显。随着喆盛、近铁和新市洋的投入运营,加工区的物流收入增速迅猛。在加工区的进出口总值中占据了一席之地,由 2011 年的 4%上升为 6.83%。

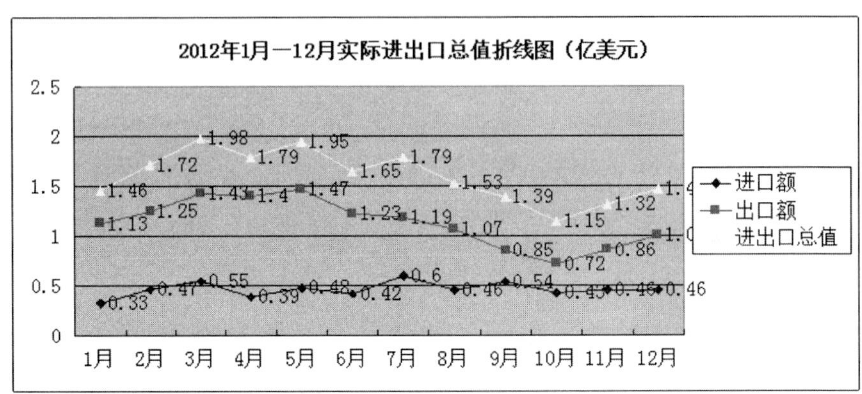

	实际进出口总额(亿美元)	比例(%)
创见资讯	5.7	29.73
先锋电子	4.63	24.15
晶澳太阳能	4.68	24.41
纳图兹家具	1.94	10.12
喆盛、近铁、新市洋	1.31	6.83
其它	0.91	4.75

【产值与税收】 截至 2012 年 12 月,上海闵行出口加工区工业产值 96.59亿元,同比下降 6.22%,其中创见资讯、先锋电子、晶澳太阳能与纳图兹家具作为加工区内的代表企业,工业产值占整个加工区的 94.28%。至 2012 年 12 月,加工区累计工商税收 0.55 亿元,同比增长 37.5%。

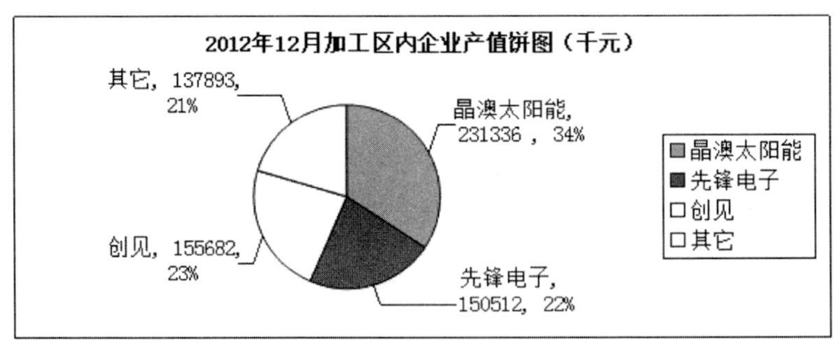

【基础设施建设情况】2012年对区内设施进行大规模的维护和保养，增设减速带、更换路牌、修补绿化和围网等。与专业单位签订维护合同，保证卡口监控设备、集装箱识别系统和地磅的正常运行。完善废旧物品回收管理制度，对入区回收的单位进行备案、审核，实行“一企一章”制度，改善区内回收单位混乱无序的状态。

【服务管理情况】2012年，上海闵行出口加工区按照服务与管理并举的理念，坚持没有服务的管理，是没有人情的管理；没有管理的服务，是没有力度的服务。根据年初所制定的工作计划，每季度对企业进行一次随访，动态跟踪企业运营情况。为了进一步加强与企业之间的了解与沟通与企业分享数据、资料、通知等，拉近管理部以及其他部门与企业之间的距离，拓宽沟通交流渠道。对企业发生的困难及时介入，研精舍的环保问题、创见的水务、电力问题等，经过与相关部门的联络沟通，协助企业解决问题。以例会形式作为载体，加强日常沟通联络，与海关、检验检疫局形成了良好的工作关系，今年共组织召开加工区例会两次，并邀请企业共同参加，很好的协调了开发区、企业、职能部门的关系。邀请奉浦派出所、安监部门对区内企业进行现场指导，排除安全隐患。 （陈　立）

上海嘉定出口加工区

【概况】 2012年全年，出口加工区累计进出区总货值为13.89亿美元，同比增长42.61%。海关共征收税款36392万元，同比增长68.88%；上海出入境检验检疫局嘉定出口加工区办事处为区内外企业提供进出口检验放行14670批次，检验收入为338万元。入驻出口加工区的六家保税物流企业，积极为周边企业提供便捷的保税物流业务，全年保税物流业务进出区货值总额达到8.86亿美元，同比增长46.30%。同时，仓储业务也不断发展，区内场地已不能满足物流仓储需求，新规划的保税仓库项目已经立项，择时开工建设。

【投资环境】 嘉定出口加工区处于江浙沪交通枢纽、长三角经济圈的中心地带。园区北邻江苏太仓，西接江苏昆山，东临长江口，离石洞口码头、张华浜、宝钢码头以及铁路华东最大枢纽南翔站都在30分钟车程以内，距虹桥国际机场25公里。周边路网发达，临近嘉金高速、郊环高速和204国道、宝钱公路、浏翔公路等主干道。上海11号轨道交通嘉定北站连接上海市区静安寺，并于2012起直达浦东洋山深水港区。交通十分方便、区位优势明显。

【发展状况】 嘉定出口加工区以汽车零部件和电子信息等产业为主导发展方向，利用出口加工区功能拓展政策，大力发展保税物流、仓储、检测、维修等现代服务产业。为配合拓展功能和招商引资的需要，新建完成了一期二万三千平方米的标准厂房，随着物流企业的入驻，为周边数百家企业提供保税物流和物流仓储等服务。

（丁佳贤）

协会工作

概　　述

2012年，上海口岸相关协会学会通过"走访、倾听、调研、座谈"等多种形式了解企业的诉求，汇总梳理成《情况反映》9份、《外贸调研》3期和专题报告7份报送市政府有关部门。其中，上海口岸联合会关于"上海港外贸进口集装箱疏运收费"问题的专报、上海进出口商会关于2013年外贸形势分析的"97家外贸企业调查问题"的《外贸调研》引起市委、市政府领导高度重视，并批复相关职能部门处理。

同时，上海口岸相关协会学会通过多个网站、定期出版15种信息月刊、季刊、杂志，其中"上海外贸网"点击率近9万人次。全年举办政策通报或政策解读会40次，业务讲座或培训247次、专题论坛3次，为外贸企业有针对性地提供政策服务。其中，4月9日上海口岸联合会会同相关协会学会举办上海口岸试行通关单无纸化推进工作宣讲会，参会企业达200家、人数达300余人；7月16日和7月19日，上海进出口商会分别举办货物贸易外汇管理制度改革通报会，参会企业达1500家，有效地扩大了监管政策改革的知晓面。

2012年，上海口岸相关协会学会积极发挥资源优势，为企业提供海关通关、外汇核销、检验检疫、出口退税等个性化服务80余起，还协助政府部门为企业提供21起公平贸易案例的法律援助。全年为符合申请融资条件的103家中小外企业出具融资担保证明，其中有72家企业获得融资支持，融资总额为41957万元。先后与来沪访问的海外机构洽谈合作事宜13次，组织企业赴海外参展或业务洽谈11次。积极为外贸企业寻找商机搭建服务平台。其中，8月，上海进出口商会为外贸企业举办的4天"上海外贸企业出口精品展销会"，共吸引企业447家，参展观众达37000多名。　（洪　雷）

上海口岸联合会

【概况】2012 年上海口岸联合会紧紧围绕建设上海国际航运中心，营造“便捷、高效、安全、法治”的口岸环境，坚持服务宗旨，努力搭建推进政府、相关协会、企业间交流和合作的平台。年内，联合会分别于 2 月 27 日、5 月 28 日召开口岸相关行业协会、学会的秘书长会议，就课题调研、信息互通共享、筹办会议等方面，进一步加强合作和交流，多反映相关协会的共性问题，积极发挥联合会整体优势，反映企业诉求，有关口岸管理问题的解决和落实。其中 5 月 28 日会议还原则通过《上海口岸联合会三年发展规划》。9 月 6 日，联合会联手上海浦东现代物流协会共同主办、上港集团和同盛集团承办第一届“洋山论坛”——聚焦洋山新一轮发展在小洋山举行，共有 170 位嘉宾参加。参与三港三区联动的上港集团、同盛集团、临港集团、外高桥保税区投资开发集团等四大集团与洋山口岸的海关、检验检疫、海事、边检四家监管单位领导作论坛主题演讲。此次论坛回顾了 10 年来洋山深水港建设取得的佳绩，更聚焦、规划洋山新一轮发展前景，同时提出的建立常态化“论坛”机制的《倡议书》得到与会代表的一致通过。

根据年内的工作安排，联合会于 10 月 17 日召开信息员、联络员会议，10 月 30 日召开理事会，报告联合会工作，商议有关事宜。其中，10 月 30 日在上海国际航运服务中心会议室召开的联合会一届三次理事会会议上，会议以举手表决方式一致同意增补 1 名副会长人选，并报请上海口岸联合会会员大会审议通过。

联合会内各协会(学会)的工作互相支持、活动相互参与，信息刊物互赠互阅，促进相关协会(学会)之间的联系，不断增强凝聚力，共同提升管理和服务水平，为上海口岸的发展服务。

【反映诉求与解决困难】年初，一些会员企业反映在试点营业税改增值税中，短期税负增加，经营较困难，联合会通过多种渠道积极向有关上级政府部门反映。当市政府出台相关补贴措施时，又借助联合会信息刊物和电话等方式及时告知，尽力为企业排忧解难。对走访中企业反映的口岸热点、难点问题，如宝山、国客中心两邮轮码头联检的流程和方法不一致，给船方和船代带来不便；进口游艇通关手续较繁、时间较长；外高桥港区机械查验集装箱等候时间长；航运市场低迷，航运公司要求优惠港口使费；集装箱堆场延长政府补贴等情况，进行梳理汇总，及时以《情况反映》书面向政府有关部门反馈，寻求解决的途径。例如，6 月联合会根据港口企业的反映，对 1994 年颁布的《上海港外贸进口集装箱疏运收费暂行管理规定》废止后，可能给上海口岸和港口运营带来的不利影响信息，形成有关外贸集装箱管理方面意见的《情况反映》（沪政收文 6331 号）上报，引起市委、市政府领导的高度重视，中共中央政治局委员、市委书记俞正声批示：请杨雄同志关注。上海市委副书记、市长韩正批示：请沈骏同志阅批有关部门予以关注。上海市副市长沈骏批示：请市交通港口局和市物价局重视研究，关注相关环节的影响。目前，市交通港口局对此事已有明确的办理意见。

【咨询交流与政策服务】《上海口岸年鉴》是由上海市口岸服务办公室主管，联合会负责具体编纂工作。2011 年版《上海口岸年鉴》在市政府相关部门、口岸查验单位、口岸运营单位、口岸相关协会等共同参与编撰下，群策群力，于 6 月底出版发行，发行数量增至 900 册。与此同时认真做好《上海口岸信息》月（季）刊物编撰等日常性工作，质量和效果都有所提高。联合会的信息工作自 2007 年起，连续多年被中国口岸协会评为集体一等奖。

为配合上海口岸 4 月 23 日起试行通关无纸化工作，4 月 9 日联合会会同相关协会、学会组织会员单位在上海国际港务集团会场举办“上海口岸通关无纸化推进工作宣讲会”，特邀请海关、检验检疫的职能部门的负责人通报情况、解读政策。上海地区 200 多家进出口企业及报检、报关、货代公司的代表300余人参加听讲，扩大监管政策改革的知晓面。此次会议的召开对上海地区“通关作业无纸化”的顺利推进起到了积极的作用。

年内，联合会围绕的两项任务，即以3月1日施行《上海口岸服务条例》的宣传信息刊物和4月23日试行上海口岸通关单无纸化为抓手，分别将2月29日上海市口岸服务办公室召开的《条例》宣传贯彻大会材料及口岸通关无纸化材料汇编专刊2期加强宣传，广泛动员相关行业和企业认真学习，同时及时收集在执行中遇到的情况，供有关部门在制定细则时完善。

【开展上海口岸巡访评议活动】2012年上海口岸巡访评议团组织开展集中巡访2次、常态随访5次，及多次专题调研等工作，同时还对以往未进行过巡访的口岸区域进行常态随访，先后赴长兴岛海洋装备基地、上海化工区、金山、松江出口加工区等地，努力扩展口岸巡访活动的覆盖面。其中，集中巡访主要采取“听、问、看”的方式，即“听”口岸监管部门的情况介绍；“问”报检、报关人员的诉求反映；“看”窗口服务和运作情况，向现场的报关、报检人员发放口岸巡访《征询意见表》进行书面了解。

2012年开展的上海口岸巡访评议活动内容包括：一是配合国家口岸管理运行绩效评估工作试点，5月15日对外高桥港区通关作业现场开展集中巡访。二是配合上海综合保税区开展加强效能服务和软环境建设活动，11月21日赴外高桥港区、外高桥保税区和综合保税区机关的服务窗口进行专题巡访。三是为扩展口岸巡访活动的覆盖面，对漕河泾出口加工区、金山化工区、松江出口加工区、长兴岛船舶装备基地等处的报检报关现场进行随访。

根据口岸巡访评议团在各口岸申报大厅向现场办理申报人员发放的《征询意见表》的反馈，对口岸通关服务综合评价为“好”和“较好”的占90%以上。

（洪　雷）

中国海关学会上海分会

【概况】中国海关学会上海分会于 1985 年 10 月 17 日正式成立，系中国海关学会的派出机构，按总会章程为四年一届。2010 年 7 月 8 日，中国海关学会上海分会召开第六次会员代表大会，选举产生第六届理事会新领导班子，共幅联海关总署驻上海特派办海关学会、上海海关学会、江苏海关学会、浙江海关学会、宁波海关学会、安徽海关学会、武汉海关学会、江西海关学会、上海海关学院学会 9 个基层海关学会。截至 2012 年 12 月，上海分会共有学会小组(含中心组)235 个，会员 5455 名，聘请特约撰稿人 48 名。

中国海关学会上海分会秉承中国海关学会“围绕中心、发挥优势、深化改革、促进发展”的学会工作方针和“理论研究、情况反映、建言献策、人才培养”的职能定位，根据总会要求，围绕海关中心工作，指导各幅联海关学会开展群众性学术理论研究，为海关改革与建设提出建设性意见及建议，主要活动为举办征文活动、学术研讨会、专题调研、论文评审会等，还针对会员的实际情况举办理论研讨培训班，以提高学会会员的理论素养、业务水平和写作能力。

2012 年上海分会按照中国海关学会(以下简称总会)的总体工作部署，在各级行政部门的大力支持下，经过各个幅联学会的共同努力，各方面工作进展得十分顺利，在理论研究、培训指导、推动成果转化等方面都有了较大的提高。

【群众性理论研究】上海分会根据总会关于开展“改进海关监管与服务”专题征文的通知要求，积极组织推动各幅联学会加以落实。5 月，上海分会在上海海关学院举办“2012 年理论骨干培训班”，邀请总会、上海海关学院等资深专家讲解总会专题征文选题及撰写要领，各幅联学会选派青年理论骨干及论文作者共 81 人参加了培训。10 月份，又在舟山海关召开总会专题征文笔会，邀请 7 位评委对参加笔会的 23 篇论文进行点评。11 月份，上海分会上报总会 40 篇论文参加总会“改进海关监管与服务”专题征文评选，共有 17 篇论文获奖，其中一等奖 4 篇，二等奖 5 篇，三等奖 8 篇，名列 5 个分会之首。同时，上海分会在幅联学会范围内组织开展了“推进区域通关改革，提升把关服务能力”专题征文活动，下发了征文通知及选题参考范围。各幅联学会非常重视，认真组织发动广大会员积极参与，并上报了 55 篇论文参加分会评选。经上海分会评选，共评出分会专题征文一等奖 5 篇，二等奖 10 篇，三等奖 15 篇并予以奖励。另外，上海分会还积极推动各幅联学会结合本关区实际工作，与相关职能部门联合开展了各具特色的课题研究和论文写作，取得了一大批理论研究成果。经上海分会对各幅联学会初评上报的 190 篇综合类论文进行评审，共评选出 65 篇优秀论文（一等奖 15 篇，二等奖 20 篇，三等奖 30 篇）并进行了奖励。2012 年度，上海分会各幅联单位选送的优秀论文共有 38 篇被《海关研究》刊登，有 44 篇《上海海关学报》刊登。

【参与专题研讨】上海分会根据总会的工作部署，积极组织、参与总会举办的专题研讨活动，取得较好的效果。6 月，总会在海关总署威海教育培训基地召开“海关在促进区域经济发展中的地位和作用”专题研讨会。上海分会组织各幅联学会共上报 30 篇论文，其中有 7 篇论文进行了书面交流，常熟海关、舟山海关和武汉海关 3 篇论文作了大会交流发言。由于各幅联学会高度重视，上海分会选报的专题研讨论文质量较高，得到了总会领导的高度评价和多次表扬。11 月初，总会又在上海海关学院召开“国际经济形势与海关现代化发展趋势”研讨会，上海分会幅联的上海海关学院学会、上海海关学会及宁波海关学会等均派员参加研讨。

【推动成果转化】上海分会根据总会的要求，积极探索学会推动理论成果转化的途径与做法，于 6 月在南通海关召开推动海关理论成果转化经验交流会。分会将收到的 10 份经验交流材料汇编成册，江苏、浙江、安徽海关学会及上海浦东海关学会中心组、南通海关学会中心组、宁波海关缉私局学会中心组、宜昌海关学会中心组、赣州海关学会小组共8家单位进行了交流发言。各基层海关学会按照总会工作方针和职能定位，在取得理论研究成果的基础上，因地制宜，积极主动，多方探索，通过各种途径向行政领导报送、推荐理论研究成果，引起行政领导的重视，为理论成果进入决策视野创造条件，最终推动理论成果转化为海关某一方面的工作实践或地方政府的决策参考。

10月，总会在成都召开推动理论研究成果转化经验交流会。上海分会幅联的江苏海关学会、上海海关学会和浙江海关学会舟山海关学会中心组3家单位进行了大会交流发言，武汉海关学会、安徽海关学会和宁波海关学会缉私局学会中心组3家单位进行了书面交流。上海分会幅联学会在推动理论研究成果转化方面的一些经验做法得到了总会的肯定。与此同时，分会也根据总会要求继续对推动理论成果转化工作进行研究，以抓好组织推动、协调为途径，积极探索理论成果转化的机制和做法，支持和推动各幅联学会在理论成果转化方面的探索和实践，以促进海关群众性理论研究与实际工作的紧密结合。

【加强自身建设】上海分会是中国海关学会的派出机构，根据总会要求指导各幅联学会开展工作，起着承上启下、组织落实、协调沟通等作用。2012年度，上海分会根据总会的工作部署，结合分会工作特点，认真研究，精心组织，积极推动，发挥作用。同时，分会秘书处加强与各幅联学会秘书处的工作联系，及时将总会、分会的工作部署和要求传达落实，并积极承担总会交办的各项工作任务。

2012年初，上海分会就召开幅联学会秘书长工作会议和常务理事会，认真学习、深刻领会总署和总会领导对学会工作的指示精神，商讨、研究、细化年度各项工作安排。年中，又召开会长扩大会议和秘书长工作会议，研究细化了上海分会各项工作安排，尤其是落实群众性理论研究工作和下半年分会重点工作。年底，上海分会召开总结表彰大会，共对29个学会先进集体、

60 位学会先进个人以及 160 篇优秀论文作者进行了表彰奖励。

年内,上海分会秘书处还针对加强分会基础工作,做好规章制度制定、学会信息、《海关研究》特约撰稿及荐稿、财务管理等日常工作。分会秘书处除召开《海关研究》特约编辑工作座谈会、研究布置相关组稿、荐稿等工作外,还积极承办分会大事记的编撰及年度优秀论文集(共三册)的汇编工作。另外,分会秘书处的经费使用、报账及台账登记等学会财务管理日常工作也得到财务管理部门的认可。 (唐湛翔)

上海进出口商会

【概况】2012 年,上海进出口商会以"创新驱动、转型发展"为主线,以服务外贸企业为中心,强化自身建设,拓展服务领域,商会工作取得新成绩,服务质量上了新水平。2012 年上海进出口商会主要做了“拓展服务领域、开展行业调研、提高服务质量、注重行业自律、购买政府服务、规范商会运作”六个方面的工作,并取得了实效。

【拓展服务领域,推进商会工作创新】(1)推进出口品牌建设有新进展。为加大上海自主出口品牌建设工作力度,在市商务委的指导和支持下,商会于 7 月启动 2010—2011 年度上海出口品牌认定工作。对 113 家企业申报的 128 个品牌进行初审,提出 121 个品牌(109 家企业)的入围名单。经商会特邀由市相关委办局专家组成的出口品牌审核小组审定,最终有 86 个品牌(74 家企业)、35 个品牌(35 家企业)分别被认定为上海市出口名牌和出口品牌。12 月 25 日,上海市出口名牌和出口品牌揭晓颁牌大会隆重召开,市商务委副主任顾军出席并讲话。《解放日报》专版刊登了 2010—2011 年度上海市出口名牌和出口品牌认定名单。解放日报等多家媒体作了新闻报道。(2)帮助外贸企业走出去有新探索。在世界贸易与投资格局进行调整,进出口贸易与走出去的结合越来越紧密的大背景下,为了帮助外贸企业加快走出去步伐,在更大的国际舞台上谋求新的发展,上海进出口商会与市经团联合作,经过深入调研,数易其稿,4 月形成了题为“走出去:拓展上海转型发展的新空间”的研究报告,报送市领导和有关管理部门。这份报告全面分析了上海实施“走出去”战略的现状和机遇,深入探讨 2011—2020 年上海加快实施“走出去”战略的目标取向和创新思路。市政府副秘书长肖贵玉评价说,这份研究报告，内容丰富，观点深刻，所提的建议对于市领导和市政府管理部门加快推进“走出去”工作很有参考价值。7 月商会又在市商务委的支持下，与市经团联和解放日报联合主办了“走出去”论坛，全国政协常委、市经团联会长蒋以任作了主旨演讲。8 位专家和企业领导从不同的视野，提出了上海企业加快走出去的思路和建议。《解放日报》、《国际商报》等重要媒体和多家网络媒体对“走出去”论坛作了深度报道。一家演讲单位写来感谢信说，“走出去”论坛办得相当出色，给我们留下了深刻印象。(3)促进内外贸融合发展有新举措。为了帮助外贸企业转型，促进内外贸融合发展，上海进出口商会在上海市商务委员会的精心指导和大力支持下，经过 2 个月紧张有序的筹备，于 8 月 10 日—13 日成功主办了“上海外贸企业出口精品展销会”。238 家外贸企业参展，4 天展会吸引 37000 多名观众，38 家采购商和商贸企业派出 131 名采购人员前来考察选购，15 家参展企业达成 45 项采购、承接设计加工或品牌专卖店加盟的合作意向，其中有些合作者来自日本和外省市。这次展会销售红火、布展新颖、服务到位、反响热烈，获得参展企业和广大市民的赞誉。许多参展企业反映，想不到人气这么高，想不到销售这么火，希望商会每年办展。众多消费者称赞出口精品展销会办得好，与其他展会相比，展品不一样，档次不一样，布展不一样，购买的商品不仅优质实惠，更买到“放心”。一家专业策划经营展览会的公司老总评价说，出口精品展销会档次高，办展淡季的人流这么多，展会相当成功。解放日报、文汇报、新民晚报、新闻晚报、广播电台、上海电视台和第一财经等上海主要媒体对本届展会作了新闻报道。东方网、中国上海网、新华网、人民网、解放牛网、新民晚报旗下网站等网络媒体也对展会进行了报道或转发报道，扩大了展会的影响力和知名度。

【深入开展行业调研，发挥商会的沟通作用】(1)及时反映企业呼声，上报有质量的调研材料。2012 年面对严峻的出口形势，商会采取调查问卷和开座谈会等形式，了解外贸第一线的真实情况，先后拟写了上海上半年度和全年外贸运行分析材料，编发了题为“出口形势严峻，企业期盼支持”的《情况反映》，上报市政府和商务部有关部门。2012 年商会重视对外贸小微企业的调研，拟写了《上海外贸 2.7 万家小微企业作用凸现》、《上海外贸小微企业的生存能力较弱》和《小微外贸企业期待政策阳光普照》等 3 期《外贸调研》上报，引起市政府办公厅和商务部驻上海特办的充分重视。商会还参与了市工商联、市商务发展研究中心关于"上海部分外贸企业发展现状及转型模式"的联合调研，完成的课题报告引起市领导的重视。12 月，商会经过调研上报了题为"2013 年出口形势不容乐观—97 家外贸企业调查问卷汇析"的《外贸调研》，上海市委常委、副市长艾宝俊作了"请商务委了解分析一下各类收费、融资问题，可否采取一些措施"的重要批示。商会开展了关于国际班轮公司收取 THC 和不合理费用的调研，通过全国政协常委提案方式提交全国政协大会，引起国家发改委等部门的重视。商会做好"进出口运输环节不合理收费调查"，收集整理部分上海企业调查表报送中国外经贸企业协会，受到好评。商会在上海市交通运输与港口管理局举办的"集装箱运输各环节相关收费情况调研"研讨会上，代表上海货主企业提出相关意见和建议。

(2)分专题开展贸易便利化调研，推动上海海关与外贸企业的沟通。2012 年以来，外贸企业面临十分严峻的贸易形势，期待内部贸易发展环境更加便利化。商会先从"海关通关便利化"专题入手，向企业广泛调研，汇总整理出商品归类和审价、海关查验与通关效率、海关申报、加工贸易等五个方面 16 个问题和 26 条建议，商会会长拜访上海海关黄胜强关长，递交了部分外贸企业对通关便利化意见和建议的书面材料，引起黄关长的高度重视。5 月 24 日，30 家外贸企业老总应邀参加海关与商会联合举办的"上海海关与外贸企业沟通会"。黄胜强关长、钟保华副关长及上海海关 11 个处室局负责人均到会。外贸企业老总第一次与海关领导"面对面"沟通，踊跃发言反映外贸企业在海关通关方面遇到的各类问题，并提出了中肯的意见和建议。黄胜强关长和汤庆福会长在沟通会上都作了回应讲话。会后，海关有关部门主动与多家外贸公司联系，对企业反映的问题认真研究共同协商，使有些问题得到妥善的解决。上海海关各处室对外贸企业反映的问题经过梳理后逐条给予回复。黄胜强关长对各处室的回复逐条进行审改,6月底向商会送来正式的书面回复。同时征求商会的意见,探讨如何形成上海海关与外贸企业直接沟通的有效渠道和机制,实现沟通和服务的长效化。商会编印的《上海外贸报》连续三期在头版头条刊登"上海海关与外贸企业沟通会"成功举办及相关后续报道,又分八期将海关对企业所提问题的答复予以全文刊载。这一由商会推动的上海海关与外贸企业的沟通模式,在广大外贸企业中引起热烈反响。与会的外贸企业对商会主动调研反映企业诉求,对沟通会的形式、黄胜强关长的讲话以及会后海关有关部门的积极态度给予充分肯定和高度评价。没有参加会议的外贸企业,看到《上海外贸报》的报道后,也对沟通会给予密切关注和期待,希望今后有机会也能参加这样的沟通会。上海市社团局在主办的刊物上刊登上海海关与外贸企业直接沟通的报道。

【贴近企业的实际需求,不断提高商会对会员的服务质量】(1)政策宣传解读服务。商会密切跟踪国家政策调整的新动向,在第一时间组织新政策宣讲解读活动。2012年先后组织举办了货物贸易外汇管理制度改革、跨境贸易人民币结算、企业出口退税会计实务操作、进出口商品海关归类、海关企业分类管理和向小微出口企业推介最新出口信用保险产品等政策通报会和沙龙活动8场,使会员企业提高了政策知晓率,扩大政策受益面。2012年8月1日起我国实施货物贸易外汇管理制度改革,商会作出快速反应,立即与上海外汇管理局合作,于7月中旬举办了全市第一、二场政策通报会,1500多家企业代表参加,会场爆满。上海市政府门户网站"中国.上海"报道了上海进出口商会举办全市首场货物贸易外汇管理制度改革政策通报会的情况。商会于3月28日举办第四期"上海外贸讲坛",特邀中国经济体制改革研究会副会长、国务院特殊津贴专家、福卡智库首席研究员王德培作题为"2012年经济热点与对外贸易"的演讲,并在演讲后对外贸企业家普遍关心的问题进行现场互动,气氛活跃,反响热烈。(2)融资保险服务。2012年商会深入开展外贸企业融资需求调研,提出加大融资担保政策力度的建议。4

月,上海市商务委员会、上海进出口商会分别与上海联合融资担保有限公司、上海市再担保有限公司签订战略合作框架协议;7月,上海进出口商会与上海银行等金融机构签署了“上海市进出口企业‘外贸通’业务合作协议”;12月,市商务委、上海进出口商会和上海联合融资担保有限公司又签署《关于进一步推动中小外贸企业融资担保业务发展战略合作框架补充协议》。这是上海市政府、行业协会与金融机构三结合,共同推进中小外贸企业融资担保业务发展的一次创新。上海多家媒体对此作了报道。协议签署后,商会充分发挥自身优势,认真核对有融资需求的中小外贸企业的基本信息,做好企业融资资格认定和推荐工作,为会员企业争取到优惠担保费率。联合融资担保公司根据商会的建议,为外贸企业量身定制了新业务产品“外贸易贷通”,给予外贸企业最高500万元的无抵押信用担保额度,缓解了中小外贸企业轻资产的融资难点。到12月底,上海进出口商会共为103家符合申请融资担保条件的外贸企业开具“中小外贸企业融资担保推荐表”。其中有72家企业获得融资支持,融资总额为41957万元。商会充分发挥出口信用保险工作站的作用,推介中信保公司推出的“小微出口企业信保易”方案,帮助会员企业以优惠的条件享受出口信保政策。迄今已有一批会员企业与中信保上海公司建立了合作关系。商会还与工商银行等金融机构合作,通过举办专场沙龙,使企业及时了解最新的金融服务产品,拓宽企业融资渠道,调整理财结构,降低了企业商务成本。(3)对外交流合作服务。2012年,商会先后接待30多批外国商协会、驻沪领馆商务处、贸易促进机构和企业负责人的来访,建立双方交流合作关系,为外贸企业创造新的贸易机会牵线搭桥。商会先后组织企业参加土耳其一中国工商业协会举办的第二届“土耳其一中国商业论坛”、新加坡中华总商会举办的“新加坡国际贸易论坛”、韩国京畿道举办中韩企业贸易洽谈会等。商会先后组织外贸企业赴马来西亚参加第九届马来西亚国际清真食品展和商务洽谈会,赴韩国参加外贸配对洽谈会,赴土耳其参加“2012土耳其—中国食品洽谈会”,赴北欧瑞典、瑞士等国拜访对口的商协会,进行市场考察。通过这些活动,有的会员企业结识了一批新客户，拓展了新业务，有的企业考察结束后合作成立了新公司。3月中旬，商会与上海技术交易所共同作为欧洲企业服务网华东中心（EEN－EC）合作方，签订合作协议；11月，EEN华东中心正式揭牌。商会将利用欧盟企业网的资源为企业拓展欧盟市场服务。受意中基金会邀请，商会与上海技术交易所等联合举办“意大利—上海企业”配对洽谈会。（4）培训和人力资源服务。2012年，商会举办外贸新企业领导人培训班25期，举办外贸会计、外贸业务、外汇业务操作、外贸涉税实务、进出口通关实务和退税上机操作等各类培训班27期（其中为企业上门办班2期），全年共举办培训班52期，约3千人参加培训。商会针对货物贸易外汇管理改革政策出台后外贸企业的实际需求，及时开办4期外汇业务操作班，企业报名十分踊跃。2012年商会组织1037名考生参加了全国国际商务单证员资质认证培训和考试。（5）外贸信息服务。商会主办的“上海外贸报”密切关注外贸形势和外贸政策，及时刊发管理部门的政策信息，报道商会的重要活动，不断丰富版面内容。“上海外贸报”的专业性和实用性，深受外贸企业好评。商会主办的“上海外贸网”，全年更新信息近千条，点击率近9万次。商会每月在“上海外贸网”上发布“船期信息”，供企业浏览。商会先后编发《陈德铭部长谈当前外贸工作》、《钟山副部长谈全年外贸工作任务》等《外贸内参》，传递富有价值的信息和观点，提供会员企业高层领导决策参考。（6）公平贸易和法律服务。2012年，商会协助市商务委推行集体应诉机制，协办了11起两反一保应诉协调会，涉案21起。商会作为全市行业协会公平贸易工作站，先后协办了公平贸易行业工作站工作会议和研讨会、区县公平贸易（法制）联络员会议等会议；先后组织会员企业参加第八届中国产业国际竞争力论坛、国际贸易摩擦形势及应对培训会。全年编发《公平贸易参考》4期。商会做好上海经贸仲裁中心的推广工作，为经贸企业提供经贸纠纷非诉讼解决的途径。商会为企业提供法律咨询和行业协调服务，协调解决相关外贸企业涉及的垫付运费纠纷，解答供应商合同纠纷、破产账款追索、离职员工商业秘密保护、企业海外知识产权保护等法律问题，并提供纠纷解决的建议。商会还应会员企业的要求，为相关会员企业出具所需的商会证明。(7)提供个性化服务。商会全年为会员企业提供海关通关、外汇核销、检验检疫、出口退税等方面的咨询服务近2千次；帮助企业解决各类“疑难杂症”，提供个性化服务80多起。

【注重行业自律，促进行业规范发展】(1)推进企业社会责任工作。为推动外贸企业顺应时代潮流，增强履行社会责任的意识和能力，商会在两年前合作举办“企业社会责任论坛”的基础上，启动外贸企业社会责任培训的工作。根据中国和瑞典两国领导人关于共同推进企业社会责任合作协议，商会主动与瑞典驻上海总领事馆、瑞典贸易委员会联系，共同制定培训方案。商会又邀请上海市商务委员会、上海市经济团体联合会、上海外国语大学担任主办单位。6家单位于2012年4月成功联办了“上海一瑞典：企业社会责任培训”。这次培训通过中瑞专家和企业家讲课、中瑞企业案例分析和问答互动等形式，帮助企业认识履行社会责任的重要意义，了解企业社会责任的内涵和基本内容，增强推进企业社会责任的能力。参加培训的90多位学员获得6家主办单位负责人署名的培训证书。上海市商务委员会副主任顾嘉禾作了总结讲话，他充分肯定这次培训班办得很成功，很有特色：一是中外合作，方式新颖；二是六方主办，优势互补；三是学员广泛，代表性强；四是内容丰富，注重实效。参加培训的企业也纷纷表示，商会策划组织的这次培训，规格高，形式新，信息多，收获大。瑞典驻沪总领事对中瑞合作办班的效果表示相当满意。培训班结束后，商会又将全部培训内容编辑刻制成光盘，分发给所有会员企业作为企业社会责任培训教材。(2)编写进出口合同示范文本。2012年，商会着手调研起草货物贸易进出口合同示范文本。通过走访和座谈等方式，充分汲取政府法律管理部门、外贸企业和涉外律师事务所的意见，拟订了货物贸易进出口合同示范文本初稿。商会4次拜访工商管理局合同处听取意见，对货物贸易进出口合同示范文本中的关键条款反复推敲修改，并按照规定完成全部程序和手续。货物贸易进出口合同示范文本于12月20日完成工商合同备案，取得工商合同备案号(沪工商合示备[2012]2 号、3 号)。这是上海首份由商会制定又在工商行政部门备案的涉外合同,为外贸企业对外谈判与签订进出口合同,提供了示范文本,努力避免或减少法律纠纷。

【顺应政府职能转变,承接政府转移或委托的项目】2012 年商会在有利于服务外贸企业的前提下,努力完成政府转移或委托的多项任务。受上海市高级国际商务师评审委员会的委托,商会认真做好宣传动员、人员培训,材料初审、论文答辩等事务工作,继年初有 36 名 2011 年申报对象通过评审后,2012 年又有 33 名申报对象通过评审。受市商务委的委托,上海进出口商会完成了"2011 年度外贸公共服务平台专项资金"验收评审工作。商会承接的自动进口许可证窗口工作,全年为企业免费办证 30332 份,日均接待企业 50 余家。商会还承担做好第 22 届华交会和第 111、112 届广交会的知识产权保护工作以及广交会上海交易团部分参展企业的管理协调工作。

【注重规范运作,加强商会建设】(1)经过认真筹划和准备,上海进出口商会第一届理事会第三次全体会长会议和第一届理事会第五次会议先后于 2 月 9 日和 3 月 6 日成功召开。会议审议通过了上海进出口商会 2011 年工作总结和 2012 年工作要点,经投票选举通过了增补的理事和常务理事,严格实行商会重大事项决策过程的规范运作。(2)商会继续完善"一级管理、两级服务"的治理架构。商会摄影之友俱乐部于 6 月成立。这是商会搭建的一个新的服务平台,是外贸企业家学习、交友、合作的平台。俱乐部先后举办两次摄影讲座,受到参与者的欢迎。(3)商会组织全体员工分批参加外贸知识培训,开展全体员工年度读书计划的活动,着力加强学习型商会的建设。第三季度,商会先后安排两场知识讲座,商会会长结合自身的体会主讲如何做好工作,写好文章。(4)按照市商务委直属单位党工委的部署,商会党支部在第四季度认真组织党的十八大精神的学习研讨,开展 2012 年民主评议党员活动。2012 年,上海进出口商会被上海市民政局、上海市人力资源和社会保障局、上海市社会团体管理局评为上海市先进社会组织。

(杨云丽)

上海市国际货运代理行业协会

【概况】上海市国际货运代理行业协会成立于1992年7月，协会以“指导、服务、保护、协调”为宗旨。现有会员520家，定期出版《信息交流》(半月刊)，创建协会www.siffa.org网站。

2012年是协会成立二十周年，也是协会换届改选之年。协会以总结二十年历程和做好协会换届改选工作为契机，在总结二十年历程中，增强服务意识，扩展服务领域。在实施组织协会换届改选工作中，增强会员单位的民主和参与意识，提升协会的凝聚力和号召力。

【总结二十年历程，做好换届改选工作】自1992年7月成立自今，协会走过来二十个年头，为能全面回顾二十年光辉历程，全面总结二十年工作，于2012年下半年起，着手编印《创新服务转型发展》上海市国际货运代理行业协会二十周年巡礼纪念册，并以“协会概况”、“引领示范”、“企业风采”、“文化展示”和“大事记”五个篇章组成。通过这五个篇章，即展示辉煌历程，又展望行业美好前景，既有企业创新管理和转型发展的典型实例，又有企业文化建设的丰硕成果。充分展现行业企业创新服务转型发展的真实历程，激励企业勇于创新，不断进取的精神，坚定团结奋进、再创辉煌的信心。

2012年又是协会换届改选之年。为保证协会换届工作的顺利进行，协会秘书处根据会员大会的决议，在年初制定工作计划后，遂一完成协会理事会四年工作报告；聘请第三方会计事务所对协会财务状况进行审计；开展新一届理事、常务理事的民主推荐；协商新一届会长副会长人选，并于10月23日召开第五届理事会第六次会议，汇报筹备进展情况，审议通过工作报告、财务报告、理事、常务理事推荐名单，同意新一届会长、副会长侯选人。在第五届理事会第六次会议的基础上，协会主动与市商务委、市社团管理局汇报筹备情况听取意见。并按相关规定上报本协会换届改选的相关表格与材料。在征得各管理部门同意的基础上，于12月20日在上海青松城举行本协会第六届一次会员大会暨一次理事会，选举产生新一届理事90名，常务理事30名，副会长9名，中外运华东有限公司总经理王林当选为新一届会长，顺利完成了换届改选工作。

【积极反映行业意见，努力维护企业利益】2012年是国家营业税改征增值税试点实施之年。为能全面了解"营改增"对企业的实际状况及企业反应，协会多次走访会员企业听取意见。在汇总各类企业反映的基础上，利用市政府召开的营改增工作情况交流会，先后就全局性问题，如增值税发票开票限额过低，支付海外代理费如何抵扣等一系列问题，及时表达行业诉求，并得到了政府有关部门的高度重视。

近年来，中小货代企业融资难始终是企业发展的瓶颈。为能改变现状，协会利用各种机会呼吁解决中小货代企业贷款难的问题，积极推动银行转变抵押贷款的融资模式。在银行成功推出货代保理业务后，协会继续与多家银行保持联系，掌握企业融资情况，介绍货代企业营运模式，为多家企业获得信贷支持创造条件。积极参加上海口岸巡访评议活动。在及时参加口岸巡防评议团组织的集中巡访和常态随访的基础上，还充分发挥行业协会与会员企业联系广泛的特点，收集货代企业在口岸通关中遇到的各种困难和诉求，主动与查验监管部门进行沟通，为进一步优化口岸通关环境，提升上海口岸通关水平建言献策。

【开展行业培训，提高从业人员素质】努力做好培训工作是协会服务会员和行业的重要职责。2012年协会围绕企业经营和提升内部管理的要求，先后举办"营业税改征增值税以及未来国际物流发展趋势"、"美国海关ACE申报平台新政通报会"、"最高人民法院《关于审理海上货运代理纠纷案中若干问题的规定》解读"、"无船承运业务与提单使用"、"通关环节单证差错的信息化解决之道"等9次培训讲座，共有850多人次接受培训，为货代企业综合服务水平的提高和企业风险防范能力的提升创造条件。同时,协会继续与各社会培训机构合作,开展国际货运代理从业人员资格证书和国际航空货运销售代理上岗证的培训,不断满足会员企业拓展业务的实际需要。

【加强对外交流,促进行业发展】协会积极组织会员企业报名参加由国家商务部和北京市人民政府联合主办的"中国北京服务贸易交易会"以及在厦门召开的由中国国际货运代理协会与 WCAF 联合主办的"中外货代物流企业洽谈会",努力为会员企业搭建对外交流的平台。7 月,应河南省商务厅的邀请,协会组织部分会员企业赴郑州市考察交流,在考察期间,参加了"2012 中国郑州国际航空物流对接会",考察了郑州航空港区、郑州新郑综合保税区、河南保税物流中心等,让上海企业实地了解扩张中西部业务的可能性,为会员企业加强与中西部企业合作创造条件。

【倡导企业诚信,推进行业诚信体系建设】继续开展一年一度的货代企业信用等级评估活动。2012 又有 17 家会员单位被评定为货代行业信用等级 A 级(含 A 级)以上诚信企业,并按《管理办法》将评定的 A 级以上企业分别在《中国航务周刊》及协会网站上公示,积极发挥诚信企业的示范作用。积极配合上海市商务委开展上海国际物流(货代)行业重点企业的评审工作。在协助市商务委完善评审标准和管理办法的基础上,按照市商务委的委托,在行业内广泛宣传开展上海国际物流(货代)行业重点企业认定评审工作的意义,随后认真仔细地做好企业申报材料的初审工作,并对照标准提出推荐名单报市商务委。2012 年 18 家会员单位荣获"上海国际物流(货代)行业重点企业"称呼。随后根据市商务委的布置,组织历年上海国际物流(货代)行业重点企业进行上海市服务贸易发展专项资金申报工作,2012 年又有 18 家企业获得市财政补贴。2012 年下半年协会在市商务委的组织指导下,开展了 2012 年度全国先进物流企业的评选推荐工作,15 家会员单位荣获全国先进物流企业称号。

(林惠政)

上海市外商投资企业协会

【概况】上海市外商投资企业协会(简称市外企协会)成立于1988年,是经上海市政府批准成立的由外商投资企业、台港澳投资企业和其他有关组织联合组成的非营利性的社会团体法人。上海市外商投资企业协会自成立以来,努力为会员和投资者服务,维护其合法权益,增进会员企业之间、外资会员企业和政府机构之间的沟通交流,反映企业诉求,解读政府政策,为改进企业商务环境提供服务,促进发展。截止2012年底,市外企协会的直属会员数已达2500家左右,加上18个区县外企协会会员数近万家,工作面已经覆盖了全市运营的外资企业数的三分之一。2012年市外企协会主要在引导企业创新驱动、转型发展;帮助企业求生存、求发展;开展形式多样的会员服务活动;夯实基础,提高工作效率等四方面工作取得实效。

【坚持围绕大局,引导企业创新驱动、转型发展】(1)组织企业参加政府重要会议。市外企协会推荐了外企外籍高管列席市政协十一届五次会议开闭幕式,参加"上海新春招待会",组织了80多家会员企业高管参加"上海商务情况通报会",通过直接参与政府活动,搭建沟通平台,帮助外资企业了解上海发展的最新信息,增强外资企业在上海的投资信心,为外企在上海投资决策提供依据。(2)组织表彰推优。市外企协会和市商务委联合召开了"外商投资'双优企业'、'双百强企业'表彰交流会",千余家先进外资企业获奖;联合举办了"外资研发中心论坛",7家企业代表围绕"智能互通开放创新"主题作演讲。两个会议的召开,既表彰了外资企业对上海经济发展的贡献,又分享了外资企业在上海"创新驱动、转型发展"的成功经验,也反映了上海利用外资的综合优势和整体效益。市外企协会还推荐的7位外籍人士荣获

“上海市白玉兰纪念奖”，占全部获奖者的12.07%，获奖人士出席了市领导颁奖仪式，褒奖了这些企业高层管理者的突出贡献。(3)举办经济形势报告会。针对会员普遍关心的国内外经济形势发展，市外企协会请市投促中心驻欧美日的首席代表介绍希腊债务危机、美国经济形势、日本震后经济形势等；与市社会工作党委等联合举办“宏观形势与企业发展报告会”，帮助会员了解全国两会精神和中国周边战略态势；还组织外资企业高管参加“上海虹桥贸易峰会暨国际企业家咨询会”，聆听国务院发展研究中心专家、国家发改委司领导对经济形势发展趋势剖析。(4)提高信息宣传的能量。去年《上海外资》杂志首次由市外企协会与市商务委主管外资的两个处共同主办，从政府部门及时吸收并传播外资政策和动态，增强了权威性。邀请了海关、外管、工商、经信委等有关人员担任信息联络员，聘请了11位资深专家作为特约撰稿人，扩大了组稿来源，加强了政府、学者与企业的信息传递和交流。2012年共采纳政府、专家写稿10篇，企业稿34篇。市外企协会还在信息产品上开出区县专栏，宣传区县外资的新规划、新亮点共60余篇，把政府的声音、企业的声音和社会的声音有机结合在协会办的7个信息产品里，发送单位5000多家，整体保持了上海外资方面信息通畅。

【坚持紧贴实际，帮助企业求生存、求发展】(1)重心下沉，走访企业。去年以来协会领导接待和访问100多人次，深入企业调查研究二十多次，及时了解企业的经营情况、重点投资、新开工项目进展等。如走访了伊顿、道康宁、索广电子、庄臣等企业，组织参观了霍尼韦尔体验中心，参加巴斯夫新材料开工仪式，出席朗盛“绿色机动化日”研讨活动等等，到第一线了解企业发展的情况，听取企业声音。(2)开展调查研究，反映企业诉求。针对企业关注的当前热点难点问题，进行了多项专题调研。配合商务部、上海市委市府、中国外资协会等部门组织座谈调研，如根据国际投资和国内经济形势变化，对引进外资的趋势、问题和建议作了2期反映，上报商务委和中国外资协会，并登载在市经团联的简报上；根据上海营改增试点的推进情况，航运专业委员会召开会议听取企业反映，协会对44家外资企业展开问卷调查，综合分析，撰写了“关于完善上海营改增试点的若干建议”等2期专报给商务委，商务委专报转发送市政府有关部门；根据出口形势困难，市外企协会在“开春第一展”华交会上走访了六十多家企业，现场发放调查问卷60多份，召开了十多家外资出口生产型企业的座谈会，就出口环节和产品内销等双重困扰，撰写2期报告反映；针对钓鱼岛事件对中日关系的影响，协会及时收集反映，撰写了“关于钓鱼岛事件对在沪日资企业的影响”的专报报商务部和市领导等。去年市外企协会共撰写了《情况反映》6期，专题报告2项，都得到政府部门的重视。协会还主动邀请企业，参与法规修订和立法调研，积极建言献策，如对《中外合资经营企业法》、《外资企业法》、《上海市推进国际贸易中心建设条例》(草案)的讨论中反映了企业的呼声，提出意见和建议，并整理汇总后反馈有关部门。协会还积极派员参加口岸巡访评议，及时反映出口企业关于通关便利的建议和呼声。(3)举办政策培训，提高专业能力。2012年市外企协会共举办了双月信息交流早餐会6场，邀请了发改委、海关、出入境检验检疫等政府部门及时解读最新政策，现场交流回答企业关切的问题，参加280多人次。人力资源部举办专题培训班11个，管理讲座4次，工作研讨会6次，管理论坛和交流参观活动5次，共有2500多人次参加了讲座和培训。市外企协会还与市委组织部等举办“外企总部经济高管专题研修班”，与上海国家会计学院联合举办外企财务人员专题培训班等，帮助企业管理人员拓宽视野，提高业务水平。协会根据区县、开发区的需要送教上门，为嘉定、化工区举办活动，让更多的外资得到政策培训。(4)组织企业开展经贸活动，帮助企业发展。协会组织企业分别参展第111届广交会、第112届广交会、第22届华交会，参展规模达440家(次)、展位1,056个，共有20多个国别和地区的三资企业参加广交会参展代表3100多人。去年恰逢两年一度的品牌展位重新评定，市外企协会积极推荐优秀的外企参加商务部评审，最终争取到90个品牌展位，占上海交易团的20%。此外，为推动国内消费，组织了31家企业参展“外贸企业出口精品展销会”，8家企业参展“国际尚品家居及室内装饰展览会”，并组织100多人次参观

"国际礼品家用品展览会"等。市外企协会还协助商务委推荐外贸企业参加2010—2011年度"上海市出口名牌"认定工作,有20多家外企品牌被评为上海出口名牌和出口品牌,占全市近五分之一。市外企协会组织相关企业与本市重点发展区域交流,加强区域合作招商引资,也为企业提供了及时、准确的商机,如组织100多家企业参加"上海虹桥贸易峰会暨国际企业家咨询会",组织100多家外企参加安徽马鞍山、广东东莞虎门港、湖南长沙市等地的来沪投资推介活动等。有的企业需增产扩张,遇到上海土地供应困难时,市外企协会组织30多家企业到上海周边地区考察,帮助他们有序转移。(5)做好政府委托,协调企业投诉。协会受商务委委托,继续做好联合年检和编写白皮书等工作。年检负责网上审核通过6320家,现场复核6,225家。为了确保年检质量,市外企协会在年检前邀请政府部门对企业培训,参加人员近1000位。协会参与市商务委《上海市外商投资白皮书》、《外商投资企业运营报告》等书籍编写工作,协助商务委办了外资企业运营初期有关管理实务知识培训班,受到各区县的好评。市外企协会还办理企业原材料自动进口许可证8832份,出具企业非法人代表的外籍董事长、副董事长身份确认证明共74份,出具在沪居留申请确认证明3007份,受理企业因私赴美面签25人次,办理APEC商务旅行卡申报14人次。投诉中心办公室受理企业投诉7件,经过耐心协调处理,已全部结案。

【坚持服务会员,开展多样形式活动】市外企协会有7个专业委员会和4个专业人士俱乐部,这些都是凝聚会员对协会向心力的重要平台。市外企协会组织了各种专题会,案例分析会,研讨会,联谊会,广泛吸引各类岗位人员参加,收到欢迎。如财务总监俱乐与睿达中国合作举办了"高新技术企业税收筹划与监管实务"研讨会等,法务总监俱乐部参与立法调研,HR经理俱乐部与市委组织部、市人社局、市社工党委、市经管干部学院联合举办了"外企总部经济高管专题研修班"等多个班,有98人参加培训,公关(媒体)经理俱乐部组织企业社会责任中国报告研讨会,近百家企业参与。各专业委员会活动精彩纷呈。如汽车分会举办第七届外国专家夫人学中国画展和外籍专家乒乓球友谊赛，商业工作委员会举行2012年新春和中秋联谊活动并调整产生了新班子，组织会员外出考察，航运专业委员会组织参观中海集团的作业轮，房地产工作委员会举办外资房地产信息专题交流会等等。市外企协会密切了与区县协会、投诉中心的联系，市区两级协会保持了良好的互动，在政策公开、投诉受理、信息分享、办班资源等方面保持了良好的沟通与合作。市外企协会去年共开展了5次联谊活动，有1700多人次参加，除每年举办"会长、顾问新春聚会"、"'安利杯'业余高尔夫球邀请赛"外，还首次举办了"上海外资之夜"专场音乐会、"中秋·国庆联谊会"、组织外籍高管及家属赴浙江乌镇参观等，丰富会员生活。

【坚持夯实基础，提高工作效率】2012年召开了六届二次常务理事会，通过了工作报告和充实理事会的议案。各部门按照理事会提出的"三个更加注重"工作要求，注重服务的针对性和有效性，注重运作的多样性和灵活性，注重资源的配置和互动，对协会基础性建设进行了调整梳理。一是梳理会员信息。针对寄信退信较多，造成浪费的现象，清理更新了发送名单和贴头。充分运用无纸化电子信息传递，利用网站报名，电子邮箱发送活动通知，每月通过邮箱传递信息8000人次，全年网上报名4,500余人，提高了信息传送的准确率，同时节能环保，减少开支。为保障各部门活动运转便利，网站后台从4条增加为6条，初步满足了多个项目的同时报名。二是合理分工催缴会费。充分发挥各部门积极性，通力合作催缴会费。在安排上由联络部牵头，联络部和办公室既有分工又加强协作，各部门在联系会员，开展活动时也积极配合收缴，经过一年实践，取得较好效果。（刘　生）

上海港口行业协会

【概况】上海港口行业协会现有会员单位350家。2012年协会积极反映会员单位诉求、深化诚信企业建设、加强行业调研，取得一定实效。2012年协会经过三个多月筹备，严格遵循协会章程民主程序，在11月20日七届一次会员大会暨理事会上，选举产生了由106名理事组成的第七届理事会和以上港集团总裁诸葛宇杰为会长的新的领导班子及秘书长、副秘书长的工作班子。

【加强行业热点问题调研，积极诉求】2012年协会一是反映"营改增"试点中企业税负不减反增的问题。年内分别配合交通运输部水运局、财务司召开了座谈会，并将上海港航企业税负不减反增的数据及时报送给市有关部门，引起重视；二是继续诉求上海港国际航行船舶供应市场的开放问题。召开上海口岸监管部门联席会议；三是联合上海市宝山区滨江开发建设管理委员会积极争取宝山区邮轮产业保税综合试验区先行先试政策。

【深化诚信企业创建活动，规范行为】3月，协会对创建活动作了动员部署和表彰交流，并通过各专委会作深入动员，扩大创建面。2012年，上海港口行业协会获得上海市各星级诚信创建企业达110家，创建率为31.4%，为市行业协会前列。

【承担政府委托研究课题，建言献策】年初，协会承担了上海市交通港口管理局"危险化学品港区监管范围划定"的专项调研工作，历时五个月，对上海港128家危险品码头进行了实地勘察，提出了监管范围的划分意见。年底又完成了上海市航务管理处委托的《研究建立上海市内河危险货物港口企业质量信誉考核体系》项目的研究。 （许家义）

上海出入境检验检疫协会

【概况】2012 年，上海出入境检验检疫协会以科学发展观为指导，围绕质检总局“抓质量、保安全、促发展、强质检”12 字工作方针，以上海检验检疫局中心工作为重点，深入开展质量安全和道德领域风险排查整治工作，促进会员单位诚信建设，全面推进协会工作持续发展。

【风险排查】2012 年，协会认真学习国家质检总局《关于开展质量安全风险排查整治活动的通知》（国质检办〔2012〕248 号）和《关于印发〈督察发现的检验检疫业务工作风险点〉的通知》（质检审函〔2012〕29 号）》文件精神，结合协会工作实际，明确了指导思想，专门成立质量安全风险排查整治活动工作小组，制定了协会质量安全风险排查整治工作计划和阶段性目标，向全体职工传达本次活动要求，做好动员工作，落实责任人，保证协会工作按计划稳步推进。在排查工作中，协会将“排查工作风险和队伍风险”列为工作重点，对协会工作进行全面排查，在排查中，协会发现管理体系和办公场所安全存在问题，根据上海局“边排查、边整治、边提高”的要求，对存在问题进行原因分析，分别采取了 2 项整改措施。在排查工作中，协会注重收集质量安全信息。6 月，协会收到会员单位反映某企业涉嫌伪造检验鉴定证书，协会及时向案件发生地检验检疫局进行情况通报，对相关企业开展检查。

【质量月活动】9 月“质量月”，协会组织会员单位学习《质量发展纲要（2011—2020 年）》，在网站上开辟专栏，确定宣传主题，收集相关资料，从编制背景、起草过程、基本内容、指导思想、重点工作、质量监管等 10 个方面对《质量发展纲要》进行重点介绍，要求全体会员单位自觉遵守法律法规，树立起产品质量第一责任人的意识，提高企业进出口产品质量安全水平。协会宣传工作起到了良好的效果。据统计，协会关于《质量发展纲要》宣传专栏的点击量迅速上升，短时间内超过了3800多次。

【能力建设】在队伍建设方面，通过学习党的十七届六中全会、中央经济工作会议精神、全国质检系统廉政工作会议等一系列文件，开展干部职工思想教育、廉政建设和上海市文明单位的创建工作。协会通过组织干部职工参观各种类型展览，鼓励职工参加瑜伽、乒乓球、合唱团等活动，进一步提升协会文化建设工作。在业务能力建设方面，协会抓好日常监督和考核，全年2次开展内部工作质量检查和满意度调查，对发现问题及时制定整改措施，做好检验检疫服务和参谋工作。

2012年，协会坚持“公开、民主、法制”的办会原则，虚心听取会员单位意见，自觉接受地方监管部门的监督。10月，协会邀请会员单位、地方协会、国外驻沪领馆商务处，从执法、廉政、工作效率、促进经济发展、提供服务等5个方面对协会工作进行综合评价，汇总结果均为优秀，满意率为97%。

【质量诚信建设】2012年，协会将诚信建设列入今年核心工作之一，通过表彰、培训等方式引导企业积极开展诚信建设工作。1月，组织15家企业参加国家质检总局在北京人民大会堂召开的“全国检验检疫信用AA级企业暨行业质量诚信企业经验交流会”。

3月，协会召开了上海地区“全国检验检疫诚信企业”表彰大会，上海检验检疫局代表出席了会议，7家“检验检疫信用管理AA级企业”和55家获得“中国质量诚信企业”企业代表近130人出席了本次会议。2012年协会组织50多家会员单位参加了上海市诚信企业建设培训班，在培训班上，系统地介绍了活动的目的、意义、以及对企业今后发展的作用等，使企业对诚信创建的实质有了全面的认识。

6月起，协会在进出口企业中进行了广泛的宣传和发动，扎实开展进出口企业诚信创建工作，按时完成了企业宣传发动和申报工作、初审、评审、网上公示、批准上报等阶段性工作，在40家自愿申报企业中，选拔了37家企业申报全国进出口质量诚信企业。协会工作质量得到了中国出入境检验检疫协会的肯定，在全国进出口质量诚信企业资格评审工作会上，协会推荐的37家企业均被评为全国进出口质量诚信企业。此外，协会还积极推动协会会员单位参加上海市诚信企业的创建工作，本年度协会34家会员单位被授予"上海市诚信企业"称号。

【行业规范】2012年，协会继续抓好进出口检验鉴定从业人员行业自律，在协会积极宣传下，2012年12家检验鉴定机构成为检验鉴定从业人员道德公约新成员，公约宣传面和覆盖面继续扩大。全年，协会秘书处累计发出通报3批，涉及3人，通过不断净化从业人员队伍，为上海以及长三角以及其他地区出口产品提供公平第三方市场环境，协会对检验鉴定从业人员管理，在中国出入境检验检疫协会进出口商品检验鉴定分会成立大会上，得到了质检总局检验司的肯定。

【为检验检疫局服务工作】2012年度，协会认真做好上海检验检疫局有关职能部门委托的各项事务性工作，全年，共完成自理报检单位注册登记、报检员注册登记、报检员年审、进境动植物审批受理、进出境特殊物品审批，合计41478批，比2012年增加16%。2012年协会完成上海地区进口食品收货人备案2727家，国外食品出口商代理商备案6150批次。2012年，协会先后完成了2次全国进出口商品检验鉴定人员资格考试、1次报检员考试的考务工作，共设考点21个，报考人次13090人次，考务准备工作充分，考场秩序良好，在报检员考试过程中首次发现通过信息通讯手段作弊1人，有关工作均按考务手册制定的预案实施处置，上海考区工作得到了总局巡考员的赞扬。10月，协会承办第七期"质检系统纺织检验检测人员岗位技能师资力量培训班"，为40多名来自质检系统地方两局纺织检验检测实验室技术骨干和管理人员提供国内外纺织品功能性检测方法培训。协会根据上海局信息中心的要求，组织开展了"检企互动"平台问卷调查，向有关企业发放问卷调查表，了解企业对检验检疫政策、检验检疫流程等需求，根据调查结果，编写客户需求分析，为上海局开发服务企业信息平台提供第一手信息。

【政策法规宣传】2012 年，协会在做好检验检疫机构委托的日常工作之外，围绕检验检疫局中心工作，开展宣传检验检疫最新政策和法规活动。主要包括：(1)9 月，协会利用网站，在第一时间内向会员单位进行了情况通报，宣传上海局采取的“稳外贸、促发展”的措施。(2)为宣传《商检法》实施十周年，协会协助召开“上海口岸进出口危险化学品检验监管政策宣贯暨情况通报会”，国家质检总局主管部门领导、上海局领导出席会议，近 200 家上海地区化工企业以及协会会员单位参加宣贯会。(3)协会组织会员单位参观上海检验检疫局“坚持以质取胜推动科学发展——全国质量月宣传暨检验检疫服务外贸、服务民生大型图片巡展”。

【会员单位服务工作】2012 年，协会针对国际贸易增长趋缓，国外对我国出口商品技术贸易壁垒增加的形势，发挥协会在信息、商务交流等方面功能，为会员单位开展各类服务工作，主要包括：(1)协会充分发挥协会会刊、网站等信息传递工作，通过协会网站发布最新检验检疫信息，为会员单位提供短信服务 14500 多条，及时传递检验检疫最新政策。2012 年度，协会秘书处争取上海局风险管理处支持，通过协作方式，新增《国外检验检疫快讯》，为会员单位提供约 15 万字信息，为会员单位提供更新、更为详细的国外检验检疫政策和技术贸易壁垒信息，提升了协会为会员单位的服务水平。(2)通过组织交流、座谈会等形式，为会员单位提供与检验检疫和其他政府部门面对面交流的机会。通过活动，政府有关部门解答会员单位的疑问，起到配合和宣传检验检疫工作，加强会员单位与检验检疫机构、协会会员单位之间的交流的目的。(3)协会充分发挥商务交流平台工作，为会员单位寻找各类商务交流机会。2012 年与土耳其一中国工商业协会、上海世贸商城签订了战略合作协议，先后开展与西班牙、土耳其、丹麦、韩国、日本、泰国、波兰、爱尔兰、中国台湾、阿根廷、英国等国家和地区行业组织、企业交流活动；先后组织会员单位赴西班牙、加拿大、阿根廷、泰国、土耳其进行商务考察，协助两家企业参加北京国际机场进口食品商场招标；为会员单位新产品引进风险评估。(4)协会积极为会员单位提供培训服务,包括为会员单位组织开展全国进出口商品检验鉴定人员资格考试培训;分3次开展国家《营养标签》和《食品标签》系统培训;组织会员单位参加中美食品(乳品)安全法律,法规及技术标准培训班,帮助会员单位及时了解最新标准,取得良好培训效果。

(陆颖佳)

上海船东协会

【概况】2012年上海船东协会坚持“贴近市场、贴近行业、贴近会员”的工作方针，切实履行“服务船东、规范行为、发展产业”的基本职能，坚持以科学发展观为指导，紧紧围绕推进上海国际航运中心建设新政落到实处，致力于改善航运市场服务环境，及时反映航运企业应对航运业罕见低迷局面的合理诉求，切实维护船东利益，积极配合政府开展市场维稳，承担政府委托的相关课题研究及地方志书编纂等工作重点开展了大量务实有效的工作，得到了相关政府职能部门，会员单位及社会相关业界的肯定与认可。

【搭建服务大平台】2012年，上海船东协会先后与上海交通大学海洋航运研究所、上海国际航运仲裁院、上海国际航运物流人才服务中心等联合举办了“航运高端人才培养解决方案沙龙暨国际货物买卖与海运保险专家报告会”、“航运物流企业高级经营管理者研修班”、“国际海员再就业培训工程”等活动，对促进上海国际航运中心高端复合型人才队伍建设，提高航运企业的核心竞争力具有积极作用。同时积极支持、参与上海口岸同创共建“文明口岸”、上海口岸巡访等活动，为改善上海口岸服务环境尽心尽责。

【反映船东服务诉求】2012年，协会为探求适应当前航运市场特点的对策措施，不断提升航运企业的竞争能力，分别举办了“航运市场形势研讨暨运营交流会”、“船管暨箱管工作交流会”及“航运市场形势与企业经营管理交流会”等专题会议，围绕不同的中心议题，交流应对航运市场困境的对策和措施，并就控制成本、细分市场、精细化管理、服务创新等方面展开了深入的研讨。其中，3月协会就交通运输部2011年第4号令(以下简称4号令)执行情况开展专题调研，通过梳理中海发展股份有限公司油轮公司、上海太平洋化工集团口岸船务有限公司等会员航运企业在执行4号令后明显增加成本的实际情况，形成专题调研材料报送交通运输部相关部门。上级部门接报告后十分重视，在组织调研组深入广东等地调研的基础上，向国家发改委专题汇报并在取得国家发改委同意后，就4号令实施细则作了相应调整，致使4号令在执行中更加贴近市场形势，更加贴近相关航运企业的实际承受力。

2012年协会还就营改增后航运企业普遍增加税赋开展调研并向政府作专题反映和呼吁为航运企业减轻税赋。针对集装箱多式联运环节中存在的一些不稳定因素，积极参与政府关于集装箱多式联运相关企业以规范收费、守法经营、诚信自律为重点的维护社会稳定，维护市场稳定的专项活动。同时先后召开或协同召开"集装箱管理合同意见征询会"、"集装箱堆场行业示范合同文本专题会"、"集装箱放箱押金专题会"、"集装箱班轮公司负责人座谈会"，为政府维稳的各项措施落到实处起到了积极的推动作用。

【提供专业咨询服务】2012年，上海船东协会承担政府决策课题研究，参与国内有关法规的修订或评估，并在航运政策研究、企业发展战略、人力资源管理、法律服务环境、海事仲裁业务、港航合作交流等方面，为港航界及相关领域提供咨询服务，在为上海国际航运中心建设献智出力的实践中进一步提升了协会在港航界与相关领域的影响力和知名度。在积极开展国际国内港航市场及相关领域的信息咨询服务的活动中，先后为政府、会员及相关行业免费提供信息与项目咨询服务30余次，为服务会员、服务行业、服务政府、服务社会，推动上海现代航运服务业的发展发挥了积极的作用。而且充分发挥信息服务平台的作用，通过对外合作，着力提升协会会刊《上海航运》的办刊质量，增强可读性和参考性，努力为会员单位及相关行业提供丰富、及时、实用的市场信息服务。

【行业诚信自律建设】2月15日协会与上海市"企业诚信创建"活动组委会办公室联合举办"企业诚信创建工作会议暨联络员培训班"，中远集运、中外运集运、中海集运、上海长航、锦江航运、中海船管等28家会员单位的分管领导和企业诚信创建工作联络员共 33 人出席会议。与会者认真听取了市“企业诚信创建”活动组委会办公室领导的企业诚信创建活动辅导报告,并顺利通过了组委会办公室安排的考试。上海船东协会有关领导对前阶段会员单位参与企业诚信创建活动的基本情况做了总结,并就继续深入开展企业诚信创建活动提出具体要求。通过举办培训班、走访宣传、定向联系等方式,大力宣传开展此项活动的重要意义及具体的操作步骤,使“企业诚信创建”活动进一步在航运企业中广泛开展,并取得了较显著的成果。截止 2012 年 12 月底,在协会会员单位中已有 35 家企业迈入上海市“企业诚信创建”或星级“企业诚信创建”行列。

【协同建立三方协调机制】6 月下旬,上海船东协会协同上海海上劳动关系三方协调机制筹委会举办了“上海海上劳动关系三方协调机制成立揭牌仪式”。三方协调机制包括上海海事局、上海市交通港航工会、中国船东协会上海分会,分别代表政府、工会和企业。

【志书编纂】受市交港局委托,上海船东协会自 2010 年 7 月起承担《上海市志·交通运输分志·海洋运输卷》编纂工作已三年余,按照《交通运输分志》编委会的时间进度要求,认真推进《海洋运输卷》编纂工作。截至 2012 年年底,《海洋运输卷》已搜集了 300 余万字的原始资料,并在此基础上初步完成了“企业·团体”、“运输船舶”、“沿海船舶”、“远洋船舶”、“航运服务”、“运输管理”、“专记”等篇的资料长编编写,共约 250 余万字,从而为下一阶段进入初稿编写打下扎实基础。

(施聪裕)

上海市报关协会

【概况】上海市报关协会成立于1999年,2012年10月25日举行会员代表大会,成立了以闻学祥为会长的第四届理事会。新一届协会致力于当好维护会员利益的“娘家人”和改进海关监管与服务的“中间人”的角色,和努力贯彻“诚信守法、崇尚专业、自律规范、务实创新”的行业精神,为报关行业的健康、可持续发展创造有利的社会环境。

【实现换届】中国报关协会会长刘文杰、市政协副主席,浦东新区区长姜樑、上海海关关长黄胜强、社团局,口岸相关部门领导、兄弟报关协会代表及会员单位代表共300余人出席换届大会。金玉根会长代表三届理事会报告工作,客观公正总结三届工作;报告协会《章程》修改情况;通报财务收支情况;完成法人代表变更等工作。

【双优评比】“双优评比”系中国报关协会在全国范围开展的每两年1次的“全国优秀报关企业”和“全国优秀报关员”争先创优活动。经过企业自荐、海关和协会共同审核、公示、汇总上报、中国报关协会审核公布等严密程序。基于发动广泛、深入和健全的组织工作,最终上海地区30家报关企业获“全国优秀报关企业”和45名报关员获“全国优秀报关员”荣誉称号。同时,市报关协会还结合上海关区申报工作和行业实际开展“争先创优”活动,评出72家规范申报“五星级企业”和64家“优秀报关单位”。

【代理报关委托书无纸化】《代理报关委托书》无纸化工作系在中国报关协会主导下开展的一项工作,截至12月底,市报关协会共接受上海地区166家报关企业网上电子《委托书委托报关协议系统》备案登记,其中近100家报关企业购买了电子委托报关协议9万份,收到充值预付款4万余元。

该项改革与上海海关正在实施的通关作业无纸化改革具有相辅相成，协同推进的成效。随着改革的不断深入发展，《代理报关委托书》将全部实现无纸化。

【服务会员企业】年内，报关协会行业部共接到来人、来电咨询的约在2000人次以上。其中，帮助会员企业解决通关疑难问题近30起，为进出口企业推荐资质报关服务企业30余家次；协助调解企业纠纷5起。在协会通力协助下，大多疑难杂症均得到妥善化解。与此同时，我们还对非会员单位和社会各界开展无偿服务，这为我们发展会员、凸显协会市场属性积累了经验，产生了社会效应，一些非会员企业通过接受协会无偿服务，了解了协会，有些企业当即表示有意成为我们的会员单位。在服务企业过程中，我们还特别注重礼貌待人，耐心倾听诉求，谢绝请吃和其他钱物馈赠。

【业务培训】年内，市报关协会共举办各类业务培训班70期，培训学员5825人次。其中报关员岗位考核辅导培训（网络培训）54期，参训学员2827人次；组织规范申报业务培训班5期，参训学员589人；组织预归类人员业务提高培训班1期，参训学员120人次；举办无纸化通关、规范申报业务讲座1期，参训学员172人次；组织非贸报关员业务提高班1期，培训学员52人次；组织承运海关监管货物车辆驾驶员培训班8期，参培学员2065人次。另外，组织报关员岗位考核（记分考试）108场，应试9161人次；协助中国报关协会在上海地区开展进出口商品预归类人员资质培训考试1期，参培学员282人次。我们在积极开展业务培训的同时，还对计算机考核系统和网络培训系统进行了升级优化。

【信息报道】年内，共采编动态信息147期；工作简报12期；编辑发行《上海报关》6期；网站点击率50万次。协会的信息报道贯穿市报关协会和中国报关协会的中心工作，海关的业务改革，采编了大量反映会员单位规范经营、规范申报、融入海关业务改革和开展文化创建等内容。与此同时，为增强刊物的思想性，我们在每期的首页刊登评论员文章，对行业热点、难点问题传递会员心声、表达协会观点，从而有效增强了刊物的生命力和可读性。期间,我们还身体力行,积极撰写纪念中国报关协会成立10周年纪念文章11篇,其中金玉根会长撰写的“增强使命感和责任感,为协会的新一轮创新发展积极贡献”一文获一等奖,顾百川副会长撰稿的“中报协创先争优活动为地方协会拓展工作空间注入活力”一文获优秀奖。

【文化创建】加强指导,推动报关企业文化创建活动。市报关协会派员深入会员企业进行现场指导,解读文化建设与企业可持续发展的内在关系,传授文化建设成功企业经验,帮助会员单位总结归纳好的做法等,为报关行业持续开展文化创建活动打下了基础。同时,市报关协会还组织会员单位开展摄影、书画、篆刻比赛活动,对优胜单位和个人进行了表彰。(吴启华)

上海海关学会

【概况】上海海关学会(英文名称:Shanghai Customs Institute)是由上海海关发起成立的,研究海关理论与实践问题的具有法人资格的学术性群众团体。其正式成立于2000年3月4日,以马克思列宁主义、毛泽东思想、邓小平理论、"三个代表"重要思想和科学发展观为指导,坚持党的基本路线,坚持科学发展观,贯彻百家争鸣的方针和理论联系实际的学风,推动和促进海关学术理论研究与交流,全面加强学会自身能力建设,为海关现代化建设服务。

上海海关学会的登记管理机关是上海市社会团体管理局,业务主管单位为上海海关,接受中国海关学会、中国海关学会上海分会的指导,完成交办的相关工作。

上海海关学会的最高组织形式为会员代表大会制度,每5年为一届。2010年6月18日,上海海关学会举行了第三次会员代表大会换届选举,产生了第三届理事会、常务理事会、会长、副会长、秘书长。学会现有工作人员6名,基层学会中心组6个、学会小组40个,会员1415人。2012年度被评为"中国海关学会上海分会2012年度优秀基层学会"。

【理论研究】学会的主要工作就是开展群众性理论研究。一是组织开展征文活动。总会的专题征文是"改进海关监管和服务";上海分会的专题征文是"推进区域通关改革,提升把关服务能力";学会自行确定了"海关无纸化通关研究"征文课题。此外,还与海关总署政法司联合开展的"行政强制法"、与海关总署督审司联合开展的"督审文化"、与海关总署关税司联合开展的"海关税收政策研究"等专题征文活动。学会积极筹划准备,认真组织落实好相关工作：一是及时下发征文通知，广泛动员；二是做好面上组织发动工作，适时召开联络员会议。三是召集政研骨干研究征文破题，明确写作思路。全年共收论文568篇，推荐参评337篇，实际进入评选211篇，占论文总数的40％。共评出一等奖10篇、二等奖20篇、三等奖60篇、“论文成果转化提名奖”3篇。向上海分会推荐各类论文66篇，共有3篇获特别奖、8篇获一等奖、7篇获二等奖、9篇获三等奖。此外，学会选送的优秀论文被《海关研究》刊登4篇、《上海海关学报》刊登14篇。

【成果转化】学会不断推动理论成果在海关实践中的应用，促进理论研究成果的转化。一方面，继续采取专业评审论文的办法，由上海海关各个职能处室组织本线条内政研或业务骨干进行专业评审，使职能处室直接接触论文。另一方面，在实行“成果转化提名奖”的基础上，年内还研究制定“成果转化奖”实施办法。此外，还开辟了《反映与建言》专刊，编发优秀论文中针对性、操作性强的观点和内容，供上海海关领导及相关职能部门参阅，并推荐给中国海关学会编发的“重要论点摘编”，由中国海关学会层面推荐报送到署内相关部门，以促进成果转化。

【专题研讨】6月，学会联合天津、重庆、深圳海关学会共同举办了第二届“综合配套改革与海关创新发展”研讨会，学会共征集相关论文14篇，并有5名论文作者代表在会上作主题发言。11月，学会又与黄埔海关学会联合开展“海关分类通关改革”理论研讨会，共征集论文12篇，会议交流发言6篇。

【近代史研究】3月成立了海关史研究室，充分利用上海海关史料丰富、保存完好的优势，逐步开展近代海关史研究，为行政提供借鉴和服务。7月联合关团委，组织上海海关青年志愿翻译者承担翻译任务。

【平台建设】为海关系统开展群众性理论研究提供平台、创造条件。一是办好学会会刊。主动向特约编辑、政研骨干约请稿件，并根据需要出版专辑，定期召开编辑部工作会议。二是完善相关载体。进一步完善了学会网站，定期更新学会动态。三是加强信息建设。准确、及时的完成信息上报工作。

（杨　洁）

上海市物流协会

【概况】 2012 年上海市物流协会主要完成的工作有：(1)积极推动“营改增”税收政策的贯彻实施，发挥了协会的桥梁纽带作用；(2)努力完成政府推动行业发展的重要任务，体现了协会的牵头和协调作用；(3)致力于为企业办实事、诉实情，增强了协会的凝聚力、向心力；(4)坚持促进企业素质能级的提高和行业进步，扩大了协会知名度、影响力。

【积极推动“营改增”税收政策的贯彻实施】 “营改增”是上海 2012 年物流行业的一件大事。协会积极配合国家发改委、商务部、中国物流与采购联合会、市发改委、经信委、商务委、财政局等政府部门，推动税改政策的贯彻实施。一是开展税收政策实施情况的调查研究，听取企业对税改的反映，把企业的落实情况和呼声要求及时上报政府部门，共调研十余次，计二百余人次。调研企业 54 户(次)，征集企业书面材料 24 份上报政府，引起了政府相关部门的重视。二是组织“营改增”政策辅导和培训。协会二次举办会员企业税改政策辅导，请市财政局专家作现场讲解并回答企业的问题，共有 240 余人次参加，受到了企业的欢迎。三是积极建言献策。协会在“营改增”推进过程中，撰写了 4 份报告，向政府提出了阶段性、专题性调研意见，还在应邀参加的政府、研究机构等召开的税改座谈会、讨论会上，提出完善政策的建议，发挥了参谋咨询作用。四是跨省宣传税改政策。“营改增”试点在全国范围内扩大后，协会应邀赴浙江省嘉兴市，在嘉兴市“营改增”动员大会上作“关于上海‘营改增’实施成效和行业协会在税改中作用发挥”的报告，为宣传、推动“营改增”的政策作出了努力。

【服务政府】 协会通过牵头组织和积极协调，完成政府物流主管部门委托的，推动行业发展的任务：(1)推荐评选上海市2012年全国先进物流企业。2012年全国先进物流企业推荐评选开展后，5月中旬至6月底在市商务委的领导下，协会与交通运输行业协会、国际货代行业协会、仓储行业协会组成评选办公室，并牵头承担评选方案的起草、评选会议的召集、企业材料的上报、审核、汇总，提出推荐评选意见等工作，共有38家物流企业被评为2012年全国先进物流企业。(2)首次主办上海“5.6”物流活动。2012年5月6日，首次由协会联合交通运输行业协会、国际货代行业协会、仓储行业协会和物流企业家协会共同主办，上海新跃物流企业管理公司承办的上海“5.6”物流活动在浦东国家干部学院召开，到会物流企业代表有1500余人。会议内容丰富，气氛热烈，集中展示了行业和企业的发展新成果、新形象。同日，协会还组织40余家上海物流企业参加在浙江省义乌市召开的长三角地区现代物流联动发展大会，实现了省市互动。(3)推动城市配送物流的贯彻实施。2012年8月，市商务委等部委发布了《关于推进城市配送物流的意见》，协会积极配合政府推动《意见》的贯彻实施。开展城配物流专项调研，走访了本市城市配送物流骨干企业27家，对城配物流设施项目建设情况、运作模式、管理及团队、企业对城配物流的要求建议进行了调研，并将调研结果和协会的建议书面上报市商务委。组织城配物流运作研讨会，11月30日，协会组织15家物流企业就城配物流的运作实务进行研讨交流，使企业对城配物流的项目申报和推进城配物流专项技术应用与操作等更加明确。推动城配物流的标准化工作，协会联合医药配送骨干物流企业和高校专家、教授，完成了上海医药逆向物流标准的起草，已报送有关部门。促进城配物流项目资金的有效对接，协会将国家和市政府关于城配物流扶持资金情况向企业进行宣传，把符合条件的在建、拟建项目向政府积极举荐，推动企业单个或联合共建城配物流设施，使一批有利于城配物流的项目得到申报，资金得到合理配置。

【服务会员企业】服务会员企业是协会工作的出发点和落脚点。协会在企业服务中诉实情、办实事、重实效、讲实绩：一是表达诉求。安吉汽车和西上海汽车是国内汽车物流的龙头企业,向协会反映因商品车(轿车)货运车国家标准严重滞后而在配送中被乱罚、重罚,企业不堪重负。协会开展了专项调查,于12月完成了商品车(轿车)配送中被巨额罚款的调查报告,列举了企业受罚数额、表现形式,分析了企业违规的深层次原因,提出了尽快修订出台国家标准和既要保证运输安全又要兼顾企业配送盈亏平衡点的具体建议,向政府有关部门进行了呈报。二是危机干预。2012年,协会接到会员企业多起有关服务质量和运输中问题被投诉、被曝光的求助报告,在企业公共危机面前,协会发挥自身优势,积极与媒体、与客户和有关方面协调,坚持实事求是和公平合理,帮助会员单位妥善解决了十余起纠纷,维护了企业利益,保障了客户权益,为社会的稳定作出了贡献。三是牵线搭桥。协会充分利用联系面广、信息汇聚多的特长,帮助企业进行业务对接、资源互补、异地投资,共有十余家会员企业实现了库房、场地、设备租赁、业务合作联动、购地扩建物流园区等愿景。其中企业到安徽芜湖、江苏海安进行投资购地建物流园区的就达300余亩,项目合作总额逾亿元。四是交流沟通。协会通过组织年初的迎新春长三角和上海市物流行业协会、物流企业联欢会,8月份的赴浙江平湖物流企业工作交流和考察活动,9月份的中秋国庆物流企业茶话会,促进企业、协会、政府间沟通顺畅、交流充分。五是人才培训。为了缓解会员企业高资人才短缺矛盾,协会于3月和11月举办了第二期和第三期高级物流师培训班,共有129名学员参加,其中第二期培训班79名学员经国家有关部门统一考试,已取得了高级物流师证书,第三期培训班的50名学员也在年内参加了考试。

【行业自身建设】协会承载着推动企业全面发展和行业进步的重任。为此,协会通过4条途径长抓不懈,取得了新的成果。一是推动上海地区国家标准A级物流企业的评估和复核,为市场树立样本,为行业树立标杆。2012年在协会评估办的努力下,有21家物流企业通过了A级物流企业的评估,有26家A级物流企业通过了复核评审。二是推动物流企业诚信建设。年内,上海国家标准信用企业总数达到27家;长三角区域“守行规、讲诚信”示范企业新增 5 家，总数达到 10 家。上海星级文明企业新增 19 家。三是推动物流服务名牌的创建。年内有 20 家物流企业通过了上海市名牌评审委员会的评审，成为市服务名牌。四是推动物流企业亮相国际展会，展示物流新技术。2012 年 10 月，协会与汉诺威国际展览局合作，在 2012 亚洲运输与物流技展览会上，首次设立了第三方物流展区，组织 11 家物流企业参展，并安排了两场物流技术发布会。展会期间，中物联领导和众多参观者到第三方物流展区参观，通过展会的交流和展示，对扩大上海物流企业的知名度，迎来更多商机起到了促进作用。（朱泽榕）

上海油轮游船游艇行业协会

【概况】 邮轮、游船和游艇业(以下简称“三游”),作为上海国际航运中心建设的重要组成,她对拉动上海服务业经济的牵引作用也可谓是极其重要的。“十二五”期间,如何围绕政府相关规划稳步推进,这又是对上海邮轮游船游艇业行业协会提出了一个很现实、很直观、也很严峻的命题。发展上海“三游”这是经过改革开放30年,社会变革、国家富强和人民富裕,就历史地落到我们这个岁月,国务院在下发(国发[2009])19号文《关于推进上海加快发展现代服务业和先进制造业,建设国际金融中心和国际航运中心的意见》,这为我们明晰了加快“三游”业的发展和建设上海国际航运中心发展的战略目标、工作任务的关系。

2012年上海共接待国际邮轮靠泊180/艘次,接待邮轮游客达35.03万/人次,同比去年分别增长59.3%和71.4%;其中,母港航班为81艘次,访问港航班为40艘次;同比2011年均有较大的增幅。上海邮轮母港已初具规模,在各级政府和相关部门支持下,已基本形成“两主一备”邮轮港布局态势,国客中心吴淞邮轮港码头和“海通”码头,正以各自定位,在合作联盟,功能互补,错位发展的共识下,打造建设上海邮轮国际母港,未来上海邮轮经济一定充满着希望。2012年上海游船业在政府管理部门支持下,在游船企业的合力下,搭建了一个行业市场运行平台,该平台统一管理、统一调度、统一票价和统一结算的黄浦江游船运营平台,一整年的实施运作,市场秩序得到根本的改观,往日码头售票附近的黄牛猖獗不再显现,企业间私底下的竞争压价也不见了踪影,而各游船企业在市场竞争中更注重服务提高,打造个性化服务,以衍生产品内涵,来拉动游客二次消费。上海长江轮船公司旗下的“船长 8 号”，首次在游船行业内被评“四星级游船”，成为行业内 30 余艘游船唯一获此殊荣的游船。2012 年上海各游船企业接待黄浦江游览的中外游客为 331.47 万/人次。

游艇除了是一种高尚水上旅游作用外，更重要的是作为城市经济发展的标志，这一象征意义也被越来越多广泛的国际社会接受。而上海发展游艇业，更是在建设国际化旅游城市的进程中，具有非常重要的现实意义。2012 年在政府相关部门的支持下，上海游艇业有了长足的发展。年内仅在上海海事局登记注册的游艇，净增了 17 艘，为历史之最。作为行业的社团组织，协会也积极参与，鼓励产业发展，随着沪上私家游艇不断增多，在政府的支持下，未来上海人的闲暇旅游方式会向国际化城市再迈进了一步。

【游艇巡游活动】在市有关方面的支持下，9 月 29 日下午由上海邮轮游船游艇业行业协会和上海市交通港航工会联合主办的“2012 迎中秋，庆国庆黄浦江游艇巡游活动”，在黄浦江畔举行，该活动仪式由上海邮轮游船游艇业行业协会施德容会长主持、上海市交通运输和港口管理局副局长张林致词，上海市浦江办、上海邮轮游船游艇业行业协会和上海市交通港航等有关领导出席，该活动旨在加快推动上海游艇业的发展，为推进上海国际化旅游城市的建设，让游艇、劳模唱响黄浦江。活动邀请了上海交通港航系统 40 余位全国和上海市的劳模先进人物代表作为嘉宾，分别登上 14 艘千万元级的豪华游艇、帆船，参与了本次活动。

【行业组建工会】在上海市交通运输和港口管理局党政领导的关心下，在上海市交通港航工会的具体帮助下，经过充分筹备，依托上海邮轮游船游艇业行业协会的基础上，2012 年 1 月召开了上海市交通港航工会水上旅游客运行业分会第一届委员会第一次全体会议，正式成立了上海市交通港航工会水上旅游客运行业分会。行业工会的成立，旨在应对新形势下发展和谐劳动关系和切实维护职工的劳动权益和民主权利的客观要求，以及推进行业工会组织建设，加快行业工会组织的覆盖面。（翟耀华）

政策法规选编

国内水路运输管理条例

（中华人民共和国国务院令第 625 号）

第一章　总　　则

第一条　为了规范国内水路运输经营行为，维护国内水路运输市场秩序，保障国内水路运输安全，促进国内水路运输业健康发展，制定本条例。

第二条　经营国内水路运输以及水路运输辅助业务，应当遵守本条例。

本条例所称国内水路运输（以下简称水路运输），是指始发港、挂靠港和目的港均在中华人民共和国管辖的通航水域内的经营性旅客运输和货物运输。

本条例所称水路运输辅助业务，是指直接为水路运输提供服务的船舶管理、船舶代理、水路旅客运输代理和水路货物运输代理等经营活动。

第三条　国家鼓励和保护水路运输市场的公平竞争，禁止垄断和不正当竞争行为。

国家运用经济、技术政策等措施，支持和鼓励水路运输经营者实行规模化、集约化经营，促进水路运输行业结构调整；支持和鼓励水路运输经营者采用先进适用的水路运输设备和技术，保障运输安全，促进节约能源，减少污染物排放。

国家保护水路运输经营者、旅客和货主的合法权益。

第四条　国务院交通运输主管部门主管全国水路运输管理工作。

县级以上地方人民政府交通运输主管部门主管本行政区域的水路运输管理工作。县级以上地方人民政府负责水路运输管理的部门或者机构（以下统称负责水路运输管理的部门）承担本条例规定的水路运输管理工作。

第五条　经营水路运输及其辅助业务，应当遵守法律、法规，诚实守信。

国务院交通运输主管部门和负责水路运输管理的部门应当依法对水路运输市场实施监督管理，对水路运输及其辅助业务的违法经营活动实施处罚，并建立经营者诚信管理制度，及时向社会公告监督检查情况。

第二章　水路运输经营者

第六条　申请经营水路运输业务，除本条例第七条规定的情形外，申请人应当符合下列条件：

（一）具备企业法人条件；

（二）有符合本条例第十三条规定的船舶，并且自有船舶运力符合国务院交通运输主管部门的规定；

（三）有明确的经营范围，其中申请经营水路旅客班轮运输业务的，还应当有可行的航线营运计划；

（四）有与其申请的经营范围和船舶运力相适应的海务、机务管理人员；

（五）与其直接订立劳动合同的高级船员占全部船员的比例符合国务院交通运输主管部门的规定；

（六）有健全的安全管理制度；

（七）法律、行政法规规定的其他条件。

第七条　个人可以申请经营内河普通货物运输业务。

申请经营内河普通货物运输业务的个人，应当有符合本条例第十三条规定且船舶吨位不超过国务院交通运输主管部门规定的自有船舶，并应当符合本条例第六条第六项、第七项规定的条件。

第八条　经营水路运输业务，应当按照国务院交通运输主管部门的规定，经国务院交通运输主管部门或者设区的市级以上地方人民政府负责水路运输管理的部门批准。

申请经营水路运输业务，应当向前款规定的负责审批的部门提交申请书和证明申请人符合本条例第六条或者第七条规定条件的相关材料。

负责审批的部门应当自受理申请之日起30个工作日内审查完毕，作出准予许可或者不予许可的决定。予以许可的，发给水路运输业务经营许可证件，并为申请人投入运营的船舶配发船舶营运证件；不予许可的，应当书面通知申请人并说明理由。

取得水路运输业务经营许可的，持水路运输业务经营许可证件依法向工商行政管理机关办理登记后，方可从事水路运输经营活动。

第九条 各级交通运输主管部门应当做好水路运输市场统计和调查分析工作，定期向社会公布水路运输市场运力供需状况。

第十条 为保障水路运输安全，维护水路运输市场的公平竞争秩序，国务院交通运输主管部门可以根据水路运输市场监测情况，决定在特定的旅客班轮运输和散装液体危险货物运输航线、水域暂停新增运力许可。

采取前款规定的运力调控措施，应当符合公开、公平、公正的原则，在开始实施的60日前向社会公告，说明采取措施的理由以及采取措施的范围、期限等事项。

第十一条 外国的企业、其他经济组织和个人不得经营水路运输业务，也不得以租用中国籍船舶或者舱位等方式变相经营水路运输业务。

香港特别行政区、澳门特别行政区和台湾地区的企业、其他经济组织以及个人参照适用前款规定，国务院另有规定的除外。

第十二条 依照本条例取得许可的水路运输经营者终止经营的，应当自终止经营之日起15个工作日内向原许可机关办理注销许可手续，交回水路运输业务经营许可证件。

第十三条 水路运输经营者投入运营的船舶应当符合下列条件：

（一）与经营者的经营范围相适应；

（二）取得有效的船舶登记证书和检验证书；

（三）符合国务院交通运输主管部门关于船型技术标准和船龄的要求；

（四）法律、行政法规规定的其他条件。

第十四条 水路运输经营者新增船舶投入运营的，应当凭水路运输业务经营许可证件、船舶登记证书和检验证书向国务院交通运输主管部门或者设区的市级以上地方人民政府负责水路运输管理的部门领取船舶营运证件。

从事水路运输经营的船舶应当随船携带船舶营运证件。

海事管理机构办理船舶进出港签证，应当检查船舶的营运证件。对不能提供有效的船舶营运证件的，不得为其办理签证，并应当同时通知港口所在地人民政府负责水路运输管理的部门。港口所在地人民政府负责水路运输管理的部门收到上述通知后，应当在24小时内作出处理并将处理情况书面通知有关海事管理机构。

第十五条 国家根据保障运输安全、保护水环境、节约能源、提高航道和通航设施利用效率的需求，制定并实施新的船型技术标准时，对正在使用的不符合新标准但符合原有标准且未达到规定报废船龄的船舶，可以采取资金补贴等措施，引导、鼓励水路运输经营者进行更新、改造；需要强制提前报废的，应当对船舶所有人给予补偿。具体办法由国务院交通运输主管部门会同国务院财政部门制定。

第十六条 水路运输经营者不得使用外国籍船舶经营水路运输业务。但是，在国内没有能够满足所申请运输要求的中国籍船舶，并且船舶停靠的港口或者水域为对外开放的港口或者水域的情况下，经国务院交通运输主管部门许可，水路运输经营者可以在国务院交通运输主管部门规定的期限或者航次内，临时使用外国籍船舶运输。

在香港特别行政区、澳门特别行政区、台湾地区进行船籍登记的船舶，参照适用本条例关于外国籍船舶的规定，国务院另有规定的除外。

第三章 水路运输经营活动

第十七条 水路运输经营者应当在依法取得许可的经营范围内从事水路运输经营。

第十八条 水路运输经营者应当使用符合本条例规定条件、配备合格船员的船舶，并保证船舶处于适航状态。

水路运输经营者应当按照船舶核定载客定额或者载重量载运旅客、货物，不得超载或者使用货船载运旅客。

第十九条 水路运输经营者应当依照法律、行政法规和国务院交通运输主管部门关于水路旅客、货物运输的规定、质量标准以及合同的约定，为旅客、货主提供安全、便捷、优质的服务，保证旅客、货物运输安全。

水路旅客运输业务经营者应当为其客运船舶投保承运人责任保险或者取得相应的财务担保。

第二十条 水路运输经营者运输危险货物，应当遵守法律、行政法规以及国务院交通运输主管部门关于危险货物运输的规定，使用依法取得危险货物适装证书的船舶，按照规定的安全技术规范进行配载和运输，保证运输安全。

第二十一条 旅客班轮运输业务经营者应当自取得班轮航线经营许可之日起 60 日内开航，并在开航 15 日前公布所使用的船舶、班期、班次、运价等信息。

旅客班轮运输应当按照公布的班期、班次运行；变更班期、班次、运价的，应当在 15 日前向社会公布；停止经营部分或者全部班轮航线的，应当在 30 日前向社会公布并报原许可机关备案。

第二十二条 货物班轮运输业务经营者应当在班轮航线开航的 7 日前，公布所使用的船舶以及班期、班次和运价。

货物班轮运输应当按照公布的班期、班次运行；变更班期、班次、运价或者停止经营部分或者全部班轮航线的，应当在 7 日前向社会公布。

第二十三条 水路运输经营者应当依照法律、行政法规和国家有关规定，优先运送处置突发事件所需的物资、设备、工具、应急救援人员和受到突发事件危害的人员，重点保障紧急、重要的军事运输。

出现关系国计民生的紧急运输需求时，国务院交通运输主管部门按照国务院的部署，可以要求水路运输经营者优先运输需要紧急运输的物资。水路运输经营者应当按照要求及时运输。

第二十四条 水路运输经营者应当按照统计法律、行政法规的规定报送统计信息。

第四章 水路运输辅助业务

第二十五条 运输船舶的所有人、经营人可以委托船舶管理业务经营者为其提供船舶海务、机务管理等服务。

第二十六条 申请经营船舶管理业务，申请人应当符合下列条件：

（一）具备企业法人条件；

（二）有健全的安全管理制度；

（三）有与其申请管理的船舶运力相适应的海务、机务管理人员；

（四）法律、行政法规规定的其他条件。

第二十七条 经营船舶管理业务，应当经设区的市级以上地方人民政府负责水路运输管理的部门批准。

申请经营船舶管理业务，应当向前款规定的部门提交申请书和证明申请人符合本条例第二十六条规定条件的相关材料。

受理申请的部门应当自受理申请之日起30个工作日内审查完毕，作出准予许可或者不予许可的决定。予以许可的，发给船舶管理业务经营许可证件，并向国务院交通运输主管部门备案；不予许可的，应当书面通知申请人并说明理由。

取得船舶管理业务经营许可的，持船舶管理业务经营许可证件依法向工商行政管理机关办理登记后，方可经营船舶管理业务。

第二十八条 船舶管理业务经营者接受委托提供船舶管理服务，应当与委托人订立书面合同，并将合同报所在地海事管理机构备案。

船舶管理业务经营者应当按照国家有关规定和合同约定履行有关船舶

安全和防止污染的管理义务。

第二十九条 水路运输经营者可以委托船舶代理、水路旅客运输代理、水路货物运输代理业务的经营者，代办船舶进出港手续等港口业务，代为签订运输合同，代办旅客、货物承揽业务以及其他水路运输代理业务。

第三十条 船舶代理、水路旅客运输代理业务的经营者应当自企业设立登记之日起15个工作日内，向所在地设区的市级人民政府负责水路运输管理的部门备案。

第三十一条 船舶代理、水路旅客运输代理、水路货物运输代理业务的经营者接受委托提供代理服务，应当与委托人订立书面合同，按照国家有关规定和合同约定办理代理业务，不得强行代理，不得为未依法取得水路运输业务经营许可或者超越许可范围的经营者办理代理业务。

第三十二条 本条例第十二条、第十七条的规定适用于船舶管理业务经营者。本条例第十一条、第二十四条的规定适用于船舶管理、船舶代理、水路旅客运输代理和水路货物运输代理业务经营活动。

国务院交通运输主管部门应当依照本条例的规定制定水路运输辅助业务的具体管理办法。

第五章　法律责任

第三十三条 未经许可擅自经营或者超越许可范围经营水路运输业务或者国内船舶管理业务的，由负责水路运输管理的部门责令停止经营，没收违法所得，并处违法所得1倍以上5倍以下的罚款；没有违法所得或者违法所得不足3万元的，处3万元以上15万元以下的罚款。

第三十四条 水路运输经营者使用未取得船舶营运证件的船舶从事水路运输的，由负责水路运输管理的部门责令该船停止经营，没收违法所得，并处违法所得1倍以上5倍以下的罚款；没有违法所得或者违法所得不足2万元的，处2万元以上10万元以下的罚款。

从事水路运输经营的船舶未随船携带船舶营运证件的，责令改正，可以处1000元以下的罚款。

第三十五条 水路运输经营者未经国务院交通运输主管部门许可或者超越许可范围使用外国籍船舶经营水路运输业务，或者外国的企业、其他经济组织和个人经营或者以租用中国籍船舶或者舱位等方式变相经营水路运输业务的，由负责水路运输管理的部门责令停止经营，没收违法所得，并处违法所得1倍以上5倍以下的罚款；没有违法所得或者违法所得不足20万元的，处20万元以上100万元以下的罚款。

第三十六条 以欺骗或者贿赂等不正当手段取得本条例规定的行政许可的，由原许可机关撤销许可，处2万元以上20万元以下的罚款；有违法所得的，没收违法所得；国务院交通运输主管部门或者负责水路运输管理的部门自撤销许可之日起3年内不受理其对该项许可的申请。

第三十七条 出租、出借、倒卖本条例规定的行政许可证件或者以其他方式非法转让本条例规定的行政许可的，由负责水路运输管理的部门责令改正，没收违法所得，并处违法所得1倍以上5倍以下的罚款；没有违法所得或者违法所得不足3万元的，处3万元以上15万元以下的罚款；情节严重的，由原许可机关吊销相应的许可证件。

伪造、变造、涂改本条例规定的行政许可证件的，由负责水路运输管理的部门没收伪造、变造、涂改的许可证件，处3万元以上15万元以下的罚款；有违法所得的，没收违法所得。

第三十八条 水路运输经营者有下列情形之一的，由海事管理机构依法予以处罚：

（一）未按照规定配备船员或者未使船舶处于适航状态；

（二）超越船舶核定载客定额或者核定载重量载运旅客或者货物；

（三）使用货船载运旅客；

（四）使用未取得危险货物适装证书的船舶运输危险货物。

第三十九条 水路旅客运输业务经营者未为其经营的客运船舶投保承

运人责任保险或者取得相应的财务担保的，由负责水路运输管理的部门责令限期改正，处 2 万元以上 10 万元以下的罚款；逾期不改正的，由原许可机关吊销该客运船舶的船舶营运许可证件。

第四十条 班轮运输业务经营者未提前向社会公布所使用的船舶、班期、班次和运价或者其变更信息的，由负责水路运输管理的部门责令改正，处 2000 元以上 2 万元以下的罚款。

第四十一条 旅客班轮运输业务经营者自取得班轮航线经营许可之日起 60 日内未开航的，由负责水路运输管理的部门责令改正；拒不改正的，由原许可机关撤销该项经营许可。

第四十二条 水路运输、船舶管理业务经营者取得许可后，不再具备本条例规定的许可条件的，由负责水路运输管理的部门责令限期整改；在规定期限内整改仍不合格的，由原许可机关撤销其经营许可。

第四十三条 负责水路运输管理的国家工作人员在水路运输管理活动中滥用职权、玩忽职守、徇私舞弊，不依法履行职责的，依法给予处分。

第四十四条 违反本条例规定，构成违反治安管理行为的，依法给予治安管理处罚；构成犯罪的，依法追究刑事责任。

第六章　附　　则

第四十五条 载客 12 人以下的客运船舶以及乡、镇客运渡船运输的管理办法，由省、自治区、直辖市人民政府另行制定。

第四十六条 本条例自 2013 年 1 月 1 日起施行。1987 年 5 月 12 日国务院发布的《中华人民共和国水路运输管理条例》同时废止。

国务院关于加强进口促进对外贸易平衡发展的指导意见

（国发〔2012〕15 号）

进一步加强进口，促进对外贸易平衡发展，对于统筹利用国内外两个市场、两种资源，缓解资源环境瓶颈压力，加快科技进步和创新，改善居民消费水平，减少贸易摩擦，都具有重要的战略意义。这是实现科学发展、转变经济发展方式的必然要求，是当前和今后一个时期对外贸易的基本任务。现提出如下意见：

一、指导思想、基本原则和主要任务

（一）指导思想。以邓小平理论和“三个代表”重要思想为指导，深入贯彻落实科学发展观，以科学发展为主题，以加快转变经济发展方式为主线，在保持出口稳定增长的同时，更加重视进口，适当扩大进口规模，促进对外贸易基本平衡，实现对外贸易可持续发展。

（二）基本原则。坚持进口与出口协调发展，促进对外贸易基本平衡，保持进出口稳定增长。坚持进口与国内产业协调发展，促进产业升级，维护产业安全。坚持进口与扩大内需相结合，推动内外贸一体化，促进扩大消费。坚持进口与“走出去”相结合，拓宽进口渠道，保障稳定供应。坚持市场机制与政策引导相结合，充分发挥市场主体作用，完善促进公平竞争的制度和政策。

（三）主要任务。进一步优化进口商品结构，稳定和引导大宗商品进口，积极扩大先进技术设备、关键零部件和能源原材料的进口，适度扩大消费品进口。进一步优化进口国别和地区结构，在符合多边贸易规则的条件下，鼓励自最不发达国家进口，扩大自发展中国家进口，拓展自发达国家进口。进一步优化进口贸易结构，鼓励开展直接贸易，增强稳定进口的能力，支持具备条件的国内企业“走出去”。

二、加大财税政策支持力度

（四）调整部分商品进口关税。根据国内经济社会发展需要，以暂定税率的方式，降低部分能源原材料的进口关税，适当降低部分与人民群众生活密切相关的生活用品进口关税，适时调整部分先进技术设备、关键零部件进口关税，重点降低初级能源原材料及战略性新兴产业所需的国内不能生产或性能不能满足需要的关键零部件的进口关税。继续落实对自最不发达国家部分商品进口零关税待遇，加快降税进程，进一步扩大零关税商品范围；结合自由贸易区降税安排，引导企业扩大从自由贸易区成员方的进口。

（五）增加进口促进资金规模。在现有外经贸发展专项资金的基础上，增加安排进口促进支持资金。为国家鼓励类产品的进口提供贴息支持，适时调整贴息产品支持范围。支持各类商务平台拓展进口功能，鼓励开展各类进口促进等公共服务。继续加大对自发展中国家进口支持力度。

三、加强和改善金融服务

（六）提供多元化融资便利。对符合国家产业政策和信贷条件的进口合理信贷需求，积极提供信贷支持。鼓励商业银行开展进口信贷业务，支持先进技术设备、关键零部件和能源原材料的进口。鼓励政策性银行在业务范围内支持高新技术产品和资源类商品进口。进一步拓宽进口企业融资渠道，鼓励和支持符合条件的企业通过发行股票、企业债券、短期融资券、中期票据等扩大直接融资。研究完善战略资源国家储备体系，支持和鼓励企业建立商业储备。

（七）完善进口信用保险体系和贸易结算制度。鼓励商业保险公司根据企业需要，研究开展进口信用保险业务，推出有利于扩大进口的保险产品和服务，降低企业进口风险。加强和改善跨境贸易人民币结算工作，便利、规范银行和企业开展进口贸易人民币结算业务。进一步推进货物贸易外汇管理制度改革，为企业贸易外汇收支提供更加便利的服务，研究海关特殊监管区域外汇便利化措施。

四、完善管理措施

（八）进一步优化进口环节管理。清理进口环节的不合理限制与措施，降低进口环节交易成本。调减自动进口许可商品管理目录，积极推动开展网上申领。加快自动进口许可电子数据与海关的联网核查进程，提高联网核查效率，实现科学监管、有效监管。

（九）完善海关特殊监管区域和保税监管场所进口管理。鼓励企业在海关特殊监管区域和保税物流中心设立采购中心、分拨中心和配送中心，促进保税物流健康发展；支持企业通过海关特殊监管区域和保税监管场所扩大相关商品进口。进一步规范海关特殊监管区域流通秩序，营造公平的竞争环境。

（十）推动进口与国内流通衔接。鼓励支持国内流通企业参与国际贸易，支持具备条件的企业整合进口和国内流通业务，减少中间环节。鼓励国内商业企业经营代理国外品牌消费品，发展自营销售平台，打破垄断，实现充分竞争。参照国际通行做法，完善相关法律法规，支持离境免税业务发展。适当增加药品等特定商品进口口岸，扩大相关产品进口。对检验检疫合格的进口商品，进入国内市场流通后，国内其他单位不再检验、检测。

（十一）推动加工贸易转型升级。保持加工贸易政策总体稳定，控制高能耗、高污染、低附加值加工贸易发展，引导加工贸易向产业链高端延伸、向中西部转移和向海关特殊监管区域集中。建立内销交易平台，引导有条件的企业培育自主品牌和内销渠道。在严格执行相关进出口税收政策和有效控制环境污染的前提下，研究推进海关特殊监管区域内企业开展内销货物返区维修业务。

（十二）完善产业损害和进口商品质量安全预警机制。监测分析国际经济发展变化及进口异常情况对国内产业的影响，针对重点商品进口数量和价格走势，定期发布产业损害预警报告，发布产业竞争力动态，开展产业竞争力调查、产业安全应对与效果评估工作，促进公平竞争。进一步完善进口商品质量安全风险预警与快速反应监管体系。

五、提高贸易便利化水平

（十三）进一步提高通关效率。改进海关、质检、外汇等方面的监管和服务。口岸及海关特殊监管区域所在地的海关和出入境检验检疫机构实行工作日24小时预约通关和报检。给予高资信企业通关便利。不断完善进口商品归类、审价等管理办法。落实国家对企业收费优惠政策，严格执行收费项目公示制度，清理进口环节不合理收费，进一步规范收费行为。充实口岸监管力量。

（十四）加强边境贸易基础设施建设。进一步改善边境口岸基础设施、查验监管设施和边境经济合作区基础设施条件，构建集物资运输、仓储、加工为一体的现代物流体系，提高口岸吞吐能力。改善边民互市点配套设施，便利边民互市，全面落实促进边境地区经济贸易发展相关政策，扩大与周边国家和地区的经贸往来。

（十五）加强电子政务信息平台建设。继续推进“大通关”建设，加快电子口岸建设。大力推动贸易单证标准化和电子化进程，促进各部门间贸易单证信息的互联互通和监管信息共享，在统一模式下实现进出口货物“一次录入，分别申报”。完善进口商品技术法规与合格评定信息咨询服务平台。发挥地方人民政府的主导作用，支持各地建立信息服务平台。

六、加强组织领导

（十六）完善进口公共服务。推动建立进口促进专门网站等公共服务平台，加强信息发布、政策介绍、信息查询、贸易障碍投诉、知识产权保护等公共服务。培育国家进口贸易促进创新示范区，充分发挥进口贸易集聚区对扩大进口的示范和带动作用。定期举办进口论坛，交流市场信息，加强进口政策宣传。支持与我国贸易逆差较大的国家和地区来华举办商品展览会、洽谈会等推介活动。

（十七）发挥行业中介组织作用。鼓励支持贸易促进机构、进出口商会、行业协会等中介组织根据需要开展进口咨询和培训服务。发挥中介组织作用，加强同大宗商品出口国相关组织和企业的对话与沟通。加强与国际证券期货机构的联系合作，提高大宗商品国际市场话语权和定价权。加强对重点进口企业和行业的指导，及时发布相关信息，加大进口促进力度。

（十八）强化组织实施。各地区、有关部门要进一步统一思想，调整“奖出限进”、“宽出严进”的工作思路和政策体系，坚持进口和出口并重，坚持关税政策与贸易政策的紧密协调，按照本意见要求和各自职能分工，抓紧制定具体措施，认真落实财税、金融、管理等方面的支持政策。进一步健全工作机制，加强在政策协调、信息通报等方面的互动合作，形成合力，积极扩大进口，促进对外贸易平衡发展，为推动我国经济社会又好又快发展作出新贡献。

财政部　海关总署　国家税务总局《关于在上海试行启运港退税政策的通知》

（财税[2012]14 号）

为了贯彻落实国务院关于在上海实施启运港退税政策的有关精神，经研究，决定在青岛、武汉至上海洋山保税港区之间试行启运港退税政策。现将有关事项通知如下：

一、政策适用范围

对从青岛、武汉（以下合称启运地）启运报关出口，并由上海浦海航运公司、中外运湖北有限责任公司承运，从水路转关直航运输经上海（以下称离境地）洋山保税港区（以下称离境港）离境的集装箱货物，试行启运港退税政策。

适用启运港退税政策的出口货物的启运地口岸为青岛前湾港或武汉阳逻港（以下称启运港），出口口岸为洋山保税港区，运输方式为水路运输。

适用启运港退税政策的运输工具名称限为：永裕 016、永裕 018、新滨城、向莲。

适用启运港退税政策的企业须满足以下条件：

1. 属于海关管理的 B 类及以上企业，具体由海关负责审核；

2. 属于无涉税违法违规行为的自营出口企业，具体由主管出口企业出口退税的税务机关在办理出口退税手续时负责审核。

二、主要流程

1. 出口企业须提前向主管出口退税的税务机关进行启运港退税备案。

2. 启运地海关依出口企业申请，对其从启运港启运的符合条件的货物办理放行手续后签发出口货物报关单（出口退税专用）（以下称退税证明联）。

3. 出口企业凭启运地海关出具的退税证明联及相关材料到主管退税的税务机关办理退税手续。

4. 在退税证明联所列全部货物进入离境港后，离境地海关办理转关核销手续，启运地海关办理结关核销手续。

5. 海关将已启运并签发退税证明联的报关单数据（加标识）实时发送给国家税务总局，每月将正常结关核销的报关单数据（加标识）和未实际到达离境港货物的报关单数据（加标识）发送给国家税务总局。报关单数据内容应在现有数据项目基础上，增加“运输工具名称”数据项目。国家税务总局将已退税的报关单数据反馈海关。

6. 主管出口企业出口退税的税务机关，根据国家税务总局清分的退税证明联及结关核销报关单数据，为出口企业办理退税及调整已退税额。

对已办理出口退税手续的货物，自启运日起 2 个月内未办理结关核销手续的，视为未实际出口货物，应追缴已退税款，不再享受启运港退税政策。

7. 货物若未运抵离境港不再实际出口，海关应撤销出口货物报关单，收回已签发的退税证明联并向税务机关提供相应的电子数据。对已办理出口退税手续的货物，企业应按照现行规定向海关提供税务机关出具的货物已补税或未退税证明。

三、启运港退税具体管理办法，由海关总署和国家税务总局研究制定。

四、各地海关和国税部门应加强沟通，建立联系配合机制，互通企业守法诚信信息和货物异常出运情况。财政、海关和国税部门要密切跟踪启运港退税政策运行情况，对工作中出现的问题及时上报财政部（税政司）、海关总署（监管司）和国家税务总局（货物和劳务税司）。

五、本通知自 2012 年 8 月 1 日起执行。

交通运输部　国家发改委

2012 年第 6 号

《港口岸线使用审批管理办法》已经交通运输部 2011 年第 12 次部务会议通过，现予公布，自 2012 年 7 月 1 日起施行。

交通运输部部长　李盛霖

国家发展和改革委员会主任　张　平

二〇一二年五月二十二日

港口岸线使用审批管理办法

（交通运输部 国家发改委令 2012 年第 6 号）

第一条　为了规范港口岸线使用审批管理，保障港口岸线资源的合理开发与利用，保护当事人的合法权益，根据《中华人民共和国港口法》和有关法律、法规，制定本办法。

第二条　在港口总体规划区内建设码头等港口设施使用港口岸线，应当按照本办法开展岸线使用审批。

第三条　港口岸线的开发利用应当符合港口规划，坚持深水深用、节约高效、合理利用、有序开发的原则。

第四条 交通运输部主管全国的港口岸线工作，会同国家发展改革委具体实施对港口深水岸线的使用审批工作。

县级以上地方人民政府港口行政管理部门按照本办法和省级人民政府规定的职责，具体实施港口岸线使用审批的相关工作。

第五条 本办法所称港口岸线，含维持港口设施正常运营所需的相关水域和陆域。

港口岸线分为港口深水岸线和非深水岸线。港口深水岸线和非深水岸线划分标准及范围由交通运输部另行制定并公布。

第六条 需要使用港口岸线的建设项目，应当在报送项目申请报告或者可行性研究报告前，向港口所在地港口行政管理部门提出港口岸线使用申请，申请材料包括：

（一）港口岸线使用申请表；

（二）申请人情况及相关证明材料；

（三）建设项目工程可行性研究报告或者项目申请报告；

（四）海事、航道部门关于建设项目的意见；

（五）法律、法规规定的其他材料。

前款规定的港口岸线使用申请表样式，由交通运输部统一规定。

第七条 港口所在地港口行政管理部门收到申请材料后，对申请材料符合法定形式的，应当当场受理；对申请材料不齐全或者不符合法定形式的，应当当场或者在五个工作日内一次告知申请人需要补正的全部内容。

第八条 使用港口深水岸线的，港口所在地港口行政管理部门收到申请后，应当对申请使用的岸线进行现场核查，核实申请材料，转报至省级港口行政管理部门。

省级港口行政管理部门收到港口岸线使用申请材料后，应当组织专家评审，并征求省级发展改革部门意见后，提出初审意见，连同申请材料报交通运输部。

交通运输部收到申请材料和初审意见后，进行审查，会同国家发展改革委作出批准或者不予批准的决定。

第九条 申请使用港口深水岸线的，港口所在地港口行政管理部门和省级人民政府港口行政管理部门应当在收到港口岸线使用申请材料后二十个工作日内完成现场核查、初审和转报工作。

交通运输部应当在收到港口岸线使用申请材料后二十个工作日内完成审查，并会同国家发展改革委作出审批决定。二十个工作日内不能办结的，经负责人批准，可以延长十个工作日。

岸线使用专家评审所需时间不计算在期限内。

第十条 港口岸线使用申请审查、专家评审的主要内容包括：

（一）建设项目是否符合产业政策和港口规划；

（二）建设项目的必要性分析；

（三）工程可行性研究报告或者项目申请报告提出的岸线使用方案是否符合国家技术标准和规范；

（四）岸线使用方案的合理性分析；

（五）岸线使用方案是否满足航道、通航安全的相关要求；

（六）法律、法规和国家规定的其他要求。

第十一条 由国务院或者国家发展改革委审批、核准的港口建设项目，向国家发展改革委报送可行性研究报告或者项目申请报告时，应当同时抄报交通运输部。交通运输部对港口建设项目提出行业意见时，一并提出岸线使用意见。

由国务院或者国家发展改革委审批、核准的其它建设项目，在港口总体规划区内建设港口设施，使用港口深水岸线的，国家发展改革委在审批、核准之前，征求交通运输部关于建设项目使用港口岸线的意见。

本条第一款、第二款所指建设项目，不再另行办理使用港口岸线的审批手续。

第十二条 港口岸线使用审批机关审查决定批准港口岸线使用申请

的，应当出具港口岸线使用批准文件。

审批机关决定不予批准使用港口岸线的，应当书面告知申请人，并且说明理由。

第十三条 使用港口岸线的港口设施项目未取得港口岸线使用批准文件或者交通运输部关于使用港口岸线的意见，不予批准港口设施项目初步设计和施工许可。

第十四条 被批准使用港口深水岸线的建设项目，应当在建设项目取得审批、核准文件后的十个工作日内，持港口岸线使用批准文件和建设项目审批、核准文件向交通运输部领取港口岸线使用证。

港口岸线使用证应当包括以下内容：

(一)岸线使用人；

(二)项目主要建设内容；

(三)岸线的范围和用途；

(四)有效期限；

(五)其它事项与要求。

本条所指港口岸线使用证由交通运输部统一制定。

第十五条 港口行政管理部门应当及时在相关政府网站发布港口岸线使用批准情况的信息。

第十六条 批准使用港口岸线的建设项目，应当在取得岸线批准文件之日起两年内开工建设。逾期未开工建设，批准文件失效，已经领取港口岸线使用证的应当予以注销。

批准文件失效后，如继续建设该项目需要使用港口岸线，应当重新办理港口岸线使用审批手续。

第十七条 港口岸线使用证的有效期不超过五十年。超过期限继续使用的，港口岸线使用人应当在期限届满三个月前向原批准机关提出申请。

第十八条 批准使用港口岸线或者取得港口岸线使用证后，如因企业更名或者控股权转移导致岸线实际使用人发生改变，或者改变批准的岸线用途，应当按照本办法规定的程序报原批准机关审批。

第十九条　有下列情形之一的，港口行政管理部门应当依法办理港口岸线使用证的注销手续：

（一）有效期届满未延期的；

（二）项目法人依法终止，不再使用港口岸线的；

（三）因港口规划调整，建设项目所使用的岸线不再作为港口岸线的。

第二十条　港口岸线使用审批机关及其工作人员滥用职权、玩忽职守、徇私舞弊的，由有关行政主管部门予以行政处分；构成犯罪的，由司法机关依法追究刑事责任。

第二十一条　港口岸线使用申请人隐瞒有关情况或者提供虚假材料申请岸线使用许可的，不予受理或者不予许可。港口岸线申请人以欺骗、贿赂等不正当手段取得港口岸线使用许可的，应当予以撤销。

第二十二条　未按本办法规定取得使用港口岸线的批准，擅自使用岸线的，由县级以上地方人民政府或者港口行政管理部门依照《港口法》第四十五条的规定予以处罚。

第二十三条　本办法自 2012 年 7 月 1 日起施行。

关于在全国海关试点开展通关作业无纸化改革工作

（海关总署2012年第38号）

为进一步改进海关监管和服务，海关总署决定在全面推开分类通关改革的基础上，在全国海关试点开展通关作业无纸化改革工作。现将有关事项公告如下：

一、通关作业无纸化改革试点范围：

（一）北京海关：空运进口货物；

（二）天津海关：海运进口货物；

（三）上海海关：海运进出口货物；

（四）南京海关：海关特殊监管区域进出口货物；

（五）杭州和宁波海关之间的转关进出口货物；

（六）福州海关：对台贸易进出口货物；

（七）青岛海关：海运出口货物；

（八）广州海关：空运出口货物；

（九）深圳海关：陆运口岸出口货物；

（十）拱北海关：陆运口岸进口货物；

（十一）黄埔海关：陆运转关进出口货物。

二、通关作业无纸化是指海关以企业分类管理和风险分析为基础，按照风险等级对进出口货物实施分类，运用信息化技术改变海关验核进出口企业递交纸质报关单及随附单证办理通关手续的做法，直接对企业通过中国电子口岸录入申报的报关单及随附单证的电子数据进行无纸审核、验放处理的通关作业方式。

三、试点企业范围：海关管理类别为AA类、A类的进出口企业和报关企业。

四、试点企业经报关所在地直属海关审核同意，在与报关所在地直属海关、第三方认证机构（中国电子口岸数据中心）签订电子数据应用协议后，可在该海关范围内适用“通关作业无纸化”通关方式。

经海关审核准予适用“通关作业无纸化”通关方式的进出口企业需要委托报关企业代理报关的，应当委托经海关审核准予适用“通关作业无纸化”通关方式的报关企业。

五、经海关批准的试点企业可以自行选择有纸作业方式或“通关作业无纸化”作业方式。选择“通关作业无纸化”的企业在货物申报时，应在电子口岸录入端选择“通关无纸化”方式。

六、经海关批准的试点企业选择“通关作业无纸化”方式申报的，应在货物申报时向海关同时发送报关单和随附单证电子数据。

若经营单位为AA类企业但不符合单证暂存条件的或者A类企业经海关审核同意的，可在海关放行之日起10日内向海关发送随附单证电子数据。

若经营单位为AA类企业且符合单证暂存条件的，不需发送随附单证电子数据，企业应根据海关规定自行保管相关单证。

七、各有关单位需要查阅、复制海关存档的报关单及随附单证电子数据档案时，按照现行档案出证相关规定办理。

八、涉及许可证件（不包括“入（出）境货物通关单”）的进出口货物暂不适用“通关作业无纸化”作业方式。

九、涉及税费但未选择电子支付的进出口货物暂不适用“通关作业无纸化”作业方式。

十、采用“通关作业无纸化”作业方式的报关单如需修改/撤销的，企业可通过中国电子口岸“报关申报”系统“报关单修/撤单功能”提交申请。

本公告自2012年8月1日起试行。

关于扩大“属地申报、口岸验放”通关模式适用范围

（海关总署公告 2012 年第 53 号）

为促进对外贸易稳定增长，推动区域协调发展，为企业通关提供便利，海关总署决定将“属地申报、口岸验放”通关模式的适用范围扩大至部分 B 类生产型出口企业。现就有关事项公告如下：

一、一年内无走私违规记录（以海关企业分类管理评定记录为准）、资信良好的 B 类生产型出口企业，可按照海关总署公告 2006 年第 43 号规定，向所在地直属海关提出申请，适用“属地申报、口岸验放”出口通关模式。

二、本公告所称 B 类生产型企业，系指根据《中华人民共和国海关企业分类管理办法》（海关总署令第 197 号）有关规定，适用 B 类管理且经海关审核企业类型为生产型的企业。

三、本公告内容自发布之日起实施。

进口食品境外生产企业注册管理规定

（质检总局令第 145 号）

第一章　总　　则

第一条　为加强进口食品境外食品生产企业的监督管理，根据《中华人民共和国食品安全法》及其实施条例、《中华人民共和国进出口商品检验法》及其实施条例等法律、行政法规的规定，制定本规定。

第二条　向中国输出食品的境外生产、加工、储存企业（以下统称进口食品境外生产企业）的注册及其监督管理适用本规定。

第三条　国家质量监督检验检疫总局（以下简称国家质检总局）统一管理进口食品境外生产企业注册工作。

国家认证认可监督管理委员会（以下简称国家认监委）组织实施进口食品境外生产企业的注册及其监督管理工作。

第四条　《进口食品境外生产企业注册实施目录》（以下简称《目录》）由国家认监委负责制定、调整，国家质检总局公布。

《目录》内不同产品类别的注册评审程序和技术要求，由国家认监委另行制定、发布。

第五条　《目录》内食品的境外生产企业，应当获得注册后，其产品方可进口。

第二章　注册条件与程序

第六条　进口食品境外生产企业注册条件：

（一）企业所在国家（地区）的与注册相关的兽医服务体系、植物保护体系、公共卫生管理体系等经评估合格；

（二）向我国出口的食品所用动植物原料应当来自非疫区；向我国出口的食品可能存在动植物疫病传播风险的，企业所在国家（地区）主管当局应当提供风险消除或者可控的证明文件和相关科学材料。

（三）企业应当经所在国家（地区）相关主管当局批准并在其有效监管下，其卫生条件应当符合中国法律法规和标准规范的有关规定。

第七条　进口食品境外生产企业申请注册，应通过其所在国家（地区）主管当局或其他规定的方式向国家认监委推荐，并提交符合本办法第六条规定条件的证明性文件以及下列材料，提交的有关材料应当为中文或者英文文本：

（一）所在国（地区）相关的动植物疫情、兽医卫生、公共卫生、植物保护、农药兽药残留、食品生产企业注册管理和卫生要求等方面的法律法规，所在国（地区）主管当局机构设置和人员情况及法律法规执行等方面的书面资料；

（二）申请注册的境外食品生产企业名单；

（三）所在国家（地区）主管当局对其推荐企业的检疫、卫生控制实际情况的评估答卷；

（四）所在国家（地区）主管当局对其推荐的企业符合中国法律、法规要求的声明；

（五）企业注册申请书，必要时提供厂区、车间、冷库的平面图，工艺流程图等。

第八条　国家认监委应当组织相关专家或指定机构对境外食品生产企

业所在国家(地区)主管当局或其他规定方式提交的资料进行审查,并根据工作需要,组成评审组进行实地评审,评审组成员应当 2 人以上。

从事评审的人员,应当经国家认监委考核合格。

第九条 评审组应当按照《目录》中不同产品类别的评审程序和要求完成评审工作,并向国家认监委提交评审报告。

国家认监委应当按照工作程序对评审报告进行审查,做出是否注册的决定。符合注册要求的,予以注册,并书面通告境外食品生产企业所在国家(地区)的主管当局;不予注册的,应当书面通告境外食品生产企业所在国家(地区)的主管当局,并说明理由。

国家认监委应当定期统一公布获得注册的境外食品生产企业名单,并报国家质检总局。

第十条 注册有效期为 4 年。

境外食品生产企业需要延续注册的,应当在注册有效期届满前一年,通过其所在国家(地区)主管当局或其他规定的方式向国家认监委提出延续注册申请。

逾期未提出延续注册申请的,国家认监委注销对其注册,并予以公告。

第十一条 已获得注册的境外食品生产企业的注册事项发生变更时,应当通过其所在国家(地区)主管当局或其他规定的方式及时通报国家认监委,国家认监委根据具体变更情况做出相应处理,并报国家质检总局。

第十二条 已获得注册的境外食品生产企业应当在其向我国境内出口的食品外包装上如实标注注册编号。

禁止冒用或者转让注册编号。

第三章 注册管理

第十三条 国家认监委依法对《目录》内食品的境外生产企业进行监督管理,必要时组织相关专家或指定机构进行复查。

第十四条 经复查发现已获得注册的境外食品生产企业不能持续符合注册要求的，国家认监委应当暂停其注册资格并报国家质检总局暂停进口相关产品，同时向其所在国家（地区）主管当局通报，并予以公告。

境外食品生产企业所在国家（地区）主管当局应当监督需要整改的企业在规定期限内完成整改，并向国家认监委提交书面整改报告和符合中国法律法规要求的书面声明。经国家认监委审查合格后，方可继续向我国出口食品。

第十五条 已获得注册的境外食品生产企业有下列情形之一的，国家认监委应当撤销其注册并报国家质检总局，同时向其所在国家（地区）主管当局通报，予以公告：

（一）因境外食品生产企业的原因造成相关进口食品发生重大食品安全事故的；

（二）其产品进境检验检疫中发现不合格情况，情节严重的；

（三）经查发现食品安全卫生管理存在重大问题，不能保证其产品安全卫生的；

（四）整改后仍不符合注册要求的；

（五）提供虚假材料或者隐瞒有关情况的；

（六）出租、出借、转让、倒卖、涂改注册编号的。

第十六条 列入《目录》内的进口食品入境时，出入境检验检疫机构应当查验其是否由获得注册的企业生产，注册编号是否真实、准确，经查发现不符合法定要求的，依照《中华人民共和国进出口商品检验法》等相关法律、行政法规予以处理。

第十七条 进口国家实行注册管理而未获得注册的境外食品生产企业生产的食品的，依据《中华人民共和国进出口商品检验法实施条例》第五十二条，由出入境检验检疫机构责令其停止进口，没收违法所得，并处商品货值金额10%以上、50%以下的罚款。

第四章　附则

第十八条　国际组织或者向我国境内出口食品的国家（地区）主管当局发布疫情通告，或者产品在进境检验检疫中发现疫情、公共卫生失控等严重问题的，国家质检总局公告暂停进口该国家（地区）相关食品期间，国家认监委不予接受该国家（地区）主管当局推荐其相关食品生产企业注册。

第十九条　境外食品生产企业所在国家（地区）主管当局应当协助国家认监委委派的评审组完成实地评审和复查工作。

第二十条　香港特别行政区、澳门特别行政区和台湾地区向中国大陆出口《目录》内食品的生产、加工、储存企业的注册管理，参照本规定执行。

第二十一条　本规定中所在国家（地区）主管当局包括境外食品生产企业所在国家（地区）负责相关食品安全卫生的官方部门、官方授权机构及行业组织等。

第二十二条　本规定由国家质量监督检验检疫总局负责解释。

第二十三条　本规定自 2012 年 5 月 1 日起施行。原国家质量监督检验检疫总局 2002 年 3 月 14 日公布的《进口食品国外生产企业注册管理规定》同时废止。

出入境人员携带物检疫管理办法

（质检总局令第 146 号）

第一章　总　　则

第一条　为了防止人类传染病及其医学媒介生物、动物传染病、寄生虫病和植物危险性病、虫、杂草以及其他有害生物经国境传入、传出，保护人体健康和农、林、牧、渔业以及环境安全，依据《中华人民共和国进出境动植物检疫法》及其实施条例、《中华人民共和国国境卫生检疫法》及其实施细则、《农业转基因生物安全管理条例》、《中华人民共和国濒危野生动植物进出口管理条例》等法律法规的规定，制定本办法。

第二条　本办法所称出入境人员，是指出入境的旅客（包括享有外交、领事特权与豁免权的外交代表）和交通工具的员工以及其他人员。

本办法所称携带物，是指出入境人员随身携带以及随所搭乘的车、船、飞机等交通工具托运的物品和分离运输的物品。

第三条　国家质量监督检验检疫总局（以下简称“国家质检总局”）主管全国出入境人员携带物检疫和监督管理工作。

国家质检总局设在各地的出入境检验检疫机构（以下简称“检验检疫机构”）负责所辖地区出入境人员携带物检疫和监督管理工作。

第四条　出入境人员携带下列物品，应当申报并接受检验检疫机构检疫：

（一）入境动植物、动植物产品和其他检疫物；

（二）出入境生物物种资源、濒危野生动植物及其产品；

（三）出境的国家重点保护的野生动植物及其产品；

（四）出入境的微生物、人体组织、生物制品、血液及血液制品等特殊物品（以下简称“特殊物品”）；

（五）出入境的尸体、骸骨等；

（六）来自疫区、被传染病污染或者可能传播传染病的出入境的行李和物品；

（七）国家质检总局规定的其他应当向检验检疫机构申报并接受检疫的携带物。

第五条 出入境人员禁止携带下列物品进境：

（一）动植物病原体（包括菌种、毒种等）、害虫及其他有害生物；

（二）动植物疫情流行的国家或者地区的有关动植物、动植物产品和其他检疫物；

（三）动物尸体；

（四）土壤；

（五）《中华人民共和国禁止携带、邮寄进境的动植物及其产品名录》所列各物；

（六）国家规定禁止进境的废旧物品、放射性物质以及其他禁止进境物。

第六条 经检验检疫机构检疫，发现携带物存在重大检疫风险的，检验检疫机构应当启动风险预警及快速反应机制。

第二章 检疫审批

第七条 携带动植物、动植物产品入境需要办理检疫审批手续的，应当事先向国家质检总局申请办理动植物检疫审批手续。

第八条 携带植物种子、种苗及其他繁殖材料入境，因特殊情况无法事先办理检疫审批的，应当按照有关规定申请补办。

第九条 因科学研究等特殊需要，携带本办法第五条第一项至第四项规定的物品入境的，应当事先向国家质检总局申请办理动植物检疫特许审批手续。

第十条 《中华人民共和国禁止携带、邮寄进境的动植物及其产品名录》所列各物，经国家有关行政主管部门审批许可，并具有输出国家或者地区官方机构出具的检疫证书的，可以携带入境。

第十一条 携带特殊物品出入境，应当事先向直属检验检疫局办理卫生检疫审批手续。

第三章 申报与现场检疫

第十二条 携带本办法第四条所列各物入境的，入境人员应当按照有关规定申报，接受检验检疫机构检疫。

第十三条 检验检疫机构可以在交通工具、人员出入境通道、行李提取或者托运处等现场，对出入境人员携带物进行现场检查，现场检查可以使用X光机、检疫犬以及其他方式进行。

对出入境人员可能携带本办法规定应当申报的携带物而未申报的，检验检疫机构可以进行查询并抽检其物品，必要时可以开箱（包）检查。

第十四条 出入境人员应当接受检查，并配合检验检疫人员工作。

享有外交、领事特权与豁免权的外国机构和人员公用或者自用的动植物、动植物产品和其他检疫物入境，应当接受检验检疫机构检疫；检验检疫机构查验，须有外交代表或者其授权人员在场。

第十五条 对申报以及现场检查发现的本办法第四条所列各物，检验检疫机构应当进行现场检疫。

第十六条 携带植物种子、种苗及其他繁殖材料入境的，携带人应当向检验检疫机构提供《引进种子、苗木检疫审批单》或者《引进林木种子、苗木和其它繁殖材料检疫审批单》。

携带除本条第一款之外的其他应当办理检疫审批的动植物、动植物产品和其他检疫物以及应当办理动植物检疫特许审批的禁止进境物入境的，携带人应当向检验检疫机构提供国家质检总局签发的《中华人民共和国进境动植物检疫许可证》(以下简称“检疫许可证”)和其他相关单证。

检验检疫机构按照《引进种子、苗木检疫审批单》、《引进林木种子、苗木和其他繁殖材料检疫审批单》、检疫许可证和其他相关单证的要求以及有关规定对本条第一、二款规定的动植物和动植物产品及其他检疫物实施现场检疫。

第十七条 携带入境的活动物仅限犬或者猫(以下称“宠物”),并且每人每次限带 1 只。

携带宠物入境的,携带人应当向检验检疫机构提供输出国家或者地区官方动物检疫机构出具的有效检疫证书和疫苗接种证书。宠物应当具有芯片或者其他有效身份证明。

第十八条 携带农业转基因生物入境的,携带人应当向检验检疫机构提供《农业转基因生物安全证书》和输出国家或者地区官方机构出具的检疫证书。列入农业转基因生物标识目录的进境转基因生物,应当按照规定进行标识,携带人还应当提供国务院农业行政主管部门出具的农业转基因生物标识审查认可批准文件。

第十九条 携带特殊物品出入境的,携带人应当向检验检疫机构提供《入/出境特殊物品审批单》并接受卫生检疫。

携带供移植用器官、骨髓干细胞出入境,因特殊原因未办理卫生检疫审批手续的,出境、入境时检验检疫机构可以先予放行,货主或者其代理人应当在放行后 10 个工作日内申请补办卫生检疫审批手续。

携带自用且仅限于预防或者治疗疾病用的血液制品或者生物制品出入境的,不需办理卫生检疫审批手续,但需出示医院的有关证明;允许携带量以处方或者说明书确定的一个疗程为限。

第二十条 携带尸体、骸骨等出入境的,携带人应当按照有关规定向检验检疫机构提供死者的死亡证明以及其他相关单证。

检验检疫机构依法对出入境尸体、骸骨等实施卫生检疫。

第二十一条 携带濒危野生动植物及其产品进出境或者携带国家重点保护的野生动植物及其产品出境的，应当在《中华人民共和国濒危野生动植物进出口管理条例》规定的指定口岸进出境，携带人应当向检验检疫机构提供进出口证明书。

第二十二条 检验检疫机构对携带人提供的检疫许可证以及其他相关单证进行核查，核查合格的，应当在现场实施检疫。现场检疫合格且无需作进一步实验室检疫、隔离检疫或者其他检疫处理的，可以当场放行。

携带物与提交的检疫许可证或者其他相关单证不符的，作限期退回或者销毁处理。

第二十三条 携带物有下列情形之一的，检验检疫机构依法予以截留：

（一）需要做实验室检疫、隔离检疫的；

（二）需要作检疫处理的；

（三）需要作限期退回或者销毁处理的；

（四）应当提供检疫许可证以及其他相关单证，不能提供的；

（五）需要移交其他相关部门的。

检验检疫机构应当对依法截留的携带物出具截留凭证，截留期限不超过7天。

第二十四条 携带动植物、动植物产品和其他检疫物出境，依法需要申报的，携带人应当按照规定申报并提供有关证明。

输入国家或者地区、携带人对出境动植物、动植物产品和其他检疫物有检疫要求的，由携带人提出申请，检验检疫机构依法实施检疫并出具有关单证。

第二十五条 检验检疫机构对入境中转人员携带物实行检疫监督管理。

航空公司对运载的入境中转人员携带物应当单独打板或者分舱运载，并在入境中转人员携带物外包装上加施明显标志。检验检疫机构必要时可以在国内段实施随航监督。

第四章　检疫处理

第二十六条　截留的携带物应当在检验检疫机构指定的场所封存或者隔离。

第二十七条　携带物需要做实验室检疫、隔离检疫的，经检验检疫机构截留检疫合格的，携带人应当持截留凭证在规定期限内领取，逾期不领取的，作自动放弃处理；截留检疫不合格又无有效处理方法的，作限期退回或者销毁处理。

逾期不领取或者出入境人员书面声明自动放弃的携带物，由检验检疫机构按照有关规定处理。

第二十八条　入境宠物应当隔离检疫 30 天（截留期限计入在内）。

来自狂犬病发生国家或者地区的宠物，应当在检验检疫机构指定的隔离场隔离检疫 30 天。

来自非狂犬病发生国家或者地区的宠物，应当在检验检疫机构指定隔离场隔离 7 天，其余 23 天在检验检疫机构指定的其他场所隔离。

携带宠物属于工作犬，如导盲犬、搜救犬等，携带人提供相应专业训练证明的，可以免予隔离检疫。

检验检疫机构对隔离检疫的宠物实行监督检查。

第二十九条　携带宠物入境，携带人不能向检验检疫机构提供输出国家或者地区官方动物检疫机构出具的检疫证书和疫苗接种证书或者超过限额的，由检验检疫机构作限期退回或者销毁处理。

对仅不能提供疫苗接种证书的工作犬，经携带人申请，检验检疫机构可以对工作犬接种狂犬病疫苗。

作限期退回处理的，携带人应当在规定的期限内持检验检疫机构签发的截留凭证，领取并携带宠物出境；逾期不领取的，作自动放弃处理。

第三十条　因不能提供检疫许可证以及其他相关单证被截留的携带

物，携带人应当在截留期限内补交单证，检验检疫机构对单证核查合格，无需作进一步实验室检疫、隔离检疫或者其他检疫处理的，予以放行；未能补交有效单证的，作限期退回或者销毁处理。

携带农业转基因生物入境，不能提供农业转基因生物安全证书和相关批准文件的，或者携带物与证书、批准文件不符的，作限期退回或者销毁处理。进口农业转基因生物未按照规定标识的，重新标识后方可入境。

第三十一条　携带物有下列情况之一的，按照有关规定实施除害处理或者卫生处理：

（一）入境动植物、动植物产品和其他检疫物发现有规定病虫害的；

（二）出入境的尸体、骸骨不符合卫生要求的；

（三）出入境的行李和物品来自传染病疫区、被传染病污染或者可能传播传染病的；

（四）其他应当实施除害处理或者卫生处理的。

第三十二条　携带物有下列情况之一的，检验检疫机构按照有关规定予以限期退回或者销毁处理，法律法规另有规定的除外：

（一）有本办法第二十二条、第二十七条、第二十九条和第三十条所列情形的；

（二）法律法规及国家其他规定禁止入境的；

（三）其他应当予以限期退回或者作销毁处理的。

第五章　法律责任

第三十三条　携带动植物、动植物产品和其他检疫物入境有下列行为之一的，由检验检疫机构处以5000元以下罚款：

（一）应当向检验检疫机构申报而未申报的；

（二）申报的动植物、动植物产品和其他检疫物与实际不符的；

（三）未依法办理检疫审批手续的；

（四）未按照检疫审批的规定执行的。

有前款第二项所列行为，已取得检疫单证的，予以吊销。

第三十四条 有下列违法行为之一的，由检验检疫机构处以警告或者100元以上5000元以下罚款：

（一）拒绝接受检疫，拒不接受卫生处理的；

（二）伪造、变造卫生检疫单证的；

（三）瞒报携带禁止进口的微生物、人体组织、生物制品、血液及其制品或者其他可能引起传染病传播的动物和物品的；

（四）未经检验检疫机构许可，擅自装卸行李的；

（五）承运人对运载的入境中转人员携带物未单独打板或者分舱运载的。

第三十五条 未经检验检疫机构实施卫生处理，擅自移运尸体、骸骨的，由检验检疫机构处以1000元以上1万元以下罚款。

第三十六条 有下列行为之一的，由检验检疫机构处以3000元以上3万元以下罚款：

（一）未经检验检疫机构许可擅自将进境、过境动植物、动植物产品和其他检疫物卸离运输工具或者运递的；

（二）未经检验检疫机构许可，擅自调离或者处理在检验检疫机构指定的隔离场所中截留隔离的携带物的；

（三）擅自开拆、损毁动植物检疫封识或者标志的。

第三十七条 伪造、变造动植物检疫单证、印章、标志、封识的，应当依法移送公安机关；尚不构成犯罪或者犯罪情节显著轻微依法不需要判处刑罚的，由检验检疫机构处以2万元以上5万元以下罚款。

第三十八条 携带废旧物品，未向检验检疫机构申报，未经检验检疫机构实施卫生处理并签发有关单证而擅自入境、出境的，由检验检疫机构处以5000元以上3万元以下罚款。

第三十九条 买卖动植物检疫单证、印章、标志、封识或者买卖伪造、变造的动植物检疫单证、印章、标志、封识的，有违法所得的，由检验检疫机构处以违法所得3倍以下罚款，最高不超过3万元；无违法所得的，由检验检疫机构处以1万元以下罚款。

买卖卫生检疫单证或者买卖伪造、变造的卫生检疫单证的，有违法所得的，由检验检疫机构处以违法所得3倍以下罚款，最高不超过5000元；无违法所得的，由检验检疫机构处以100元以上5000元以下罚款。

第四十条 有下列行为之一的，由检验检疫机构处以1000元以下罚款：

（一）盗窃动植物检疫单证、印章、标志、封识或者使用伪造、变造的动植物检疫单证、印章、标志、封识的；

（二）盗窃卫生检疫单证或者使用伪造、变造的卫生检疫单证的；

（三）使用伪造、变造的国外官方机构出具的检疫证书的。

第四十一条 出入境人员拒绝、阻碍检验检疫机构及其工作人员依法执行职务的，依法移送有关部门处理。

第四十二条 检验检疫机构工作人员应当秉公执法、忠于职守，不得滥用职权、玩忽职守、徇私舞弊；违法失职的，依法追究责任。

第六章 附 则

第四十三条 本法所称分离运输的物品是指出入境人员在其入境后或者出境前6个月内（含6个月），以托运方式运进或者运出的本人行李物品。

第四十四条 需要收取费用的，检验检疫机构按照有关规定执行。

第四十五条 违反本办法规定，构成犯罪的，依法追究刑事责任。

第四十六条 本办法由国家质检总局负责解释。

第四十七条 本办法自2012年11月1日起施行。国家质检总局2003年11月6日发布的《出入境人员携带物检疫管理办法》（国家质检总局令第56号）同时废止。

质量监督检验检疫统计管理办法

（质检总局令第147号）

第一条 为规范质量监督检验检疫统计活动，保证统计质量，充分发挥统计在质量监督检验检疫工作中的重要作用，根据统计法律法规等有关规定，制定本办法。

第二条 国家质量监督检验检疫总局与其设在各地的出入境检验检疫机构以及地方各级质量技术监督部门（以下统称“各级质检部门”）依法组织实施的质量监督检验检疫统计，适用本办法。

本办法所称质量监督检验检疫统计，是指根据国家统计法律法规，结合质量监督检验检疫工作实际，制定统计项目、编制统计计划和方案、制定统计制度，开展统计调查、统计分析，提供统计资料和信息咨询等活动。

第三条 质量监督检验检疫统计在国家集中的统计系统范围内实行统一管理、分级负责的原则。

国家质量监督检验检疫总局在职责范围内统一管理全国的质量监督检验检疫统计工作。

地方各级质检部门在本行政区域内负责各自职责范围内的质量监督检验检疫统计工作。

第四条 国家质量监督检验检疫总局设立的统计机构归口负责组织管理、综合协调质量监督检验检疫统计工作。

地方各级质检部门应当设立统计机构或者设置统计人员，并指定统计负责人，具体负责本部门职责范围内的统计工作。

第五条 质量监督检验检检疫统计应当依法接受本级政府统计主管部门的指导以及社会的监督。

任何单位和个人有权检举质量监督检验检疫统计中的违法行为。

第六条 各级质检部门的统计机构和统计人员对在质量监督检验检疫统计活动中知悉的国家秘密、商业秘密和个人隐私应当严格保密。

第七条 各级质检部门的统计机构和统计人员依法独立行使统计职权。

各级质检部门的统计机构和统计人员应当如实搜集、整理统计资料，不得伪造、篡改统计资料，不得以任何方式要求任何单位和个人提供不真实的统计资料。

各级质检部门的负责人不得自行修改统计机构和统计人员依法搜集整理的统计资料，不得以任何方式要求统计机构和统计人员伪造、篡改统计资料。

第八条 各级质检部门应当为统计提供必要经费等条件保障，加强统计信息化建设。国家质量监督检验检疫总局应当加强对统计信息化建设的指导和规范。

第九条 各级质检部门应当加强质量监督检验检疫统计科学研究，健全统计指标体系，完善统计制度，改进统计方法，保证统计质量。

第十条 各级质检部门及其他组织机构和个人按照统计制度等相关规定被列入质量监督检验检疫统计对象的，必须依法真实、准确、完整、及时地提供统计所需的资料。

第十一条 质量监督检验检疫统计项目应当科学、实用。

质量监督检验检疫统计项目是指统计法及其实施细则规定的国家质量监督检验检疫总局的专业性质量监督检验检疫统计调查项目和地方各级质量技术监督部门的地方性质量技术监督统计调查项目。

涉及各级质检部门人事、机构、财务、科技等发展状况的事务统计和出入境检验检疫、质量技术监督业务开展情况的业务统计可以列入本办法规定的统计项目。

国家质量监督检验检疫总局的专业性质量监督检验检疫统计项目和地方各级质量技术监督部门的地方性质量技术监督统计项目应当互相衔接，避免矛盾、重复。

第十二条 国家质量监督检验检疫总局的专业性质量监督检验检疫统计项目由国家质量监督检验检疫总局制定;地方各级质量技术监督部门的地方性质量技术监督统计项目由地方各级质量技术监督部门制定。

制定质量监督检验检疫统计项目,前款规定的制定部门应当进行必要性、可行性、科学性、实用性、协调一致性等审查。

第十三条 国家质量监督检验检疫总局制定的专业性质量监督检验检疫统计项目的统计调查对象属于质检部门管辖系统的,应当报国务院统计主管部门备案;统计调查对象超出质检部门管辖系统的,应当报国务院统计主管部门审批。

地方各级质量技术监督部门制定的地方性质量技术监督统计调查项目应当报本级政府统计主管部门审批,并报上级质量技术监督部门备案。

第十四条 各级质检部门制定质量监督检验检疫统计项目,应当同时制定该项目的统计调查制度并依照本办法第十三条的规定一并报经审批或者备案。统计调查制度变更的,应当报原审批或备案机关重新审批或备案。

第十五条 制定统计调查制度,应当按照统计项目编制统计调查计划和统计调查方案。

第十六条 统计调查制度应当对调查目的、调查内容、调查方法、调查对象、调查组织方式、调查表式、统计资料的报送和公布等作出规定。

统计调查计划应当列明项目名称、调查机关、调查目的、调查范围、调查对象、调查方式、调查时间、调查的主要内容等。

统计调查方案应当包含供统计调查对象填报用的统计调查表和说明书、供整理上报用的统计综合表和说明书、统计调查需要的人员和经费及其来源。统计调查方案所规定的指标涵义、调查范围、计算方法、分类目录、调查表式、统计编码等,未经批准该统计调查方案的部门同意,任何单位或者个人不得修改。

统计调查表应当按规定在右上角标明表号、制表机关、批准或者备案机关、批准或者备案文号、有效期限等。

第十七条 质量监督检验检疫统计调查应按照统计调查制度组织实施。

第十八条 开展统计调查，搜集、整理统计资料，应当以周期性普查为基础，以经常性抽样调查为主体，综合运用全面调查、重点调查等方法，充分利用行政记录等资料，并充分利用统计标准化、信息化技术。

需要通过实施产品抽样检验获取统计资料的，按有关规定执行。

第十九条 各级质检部门对统计调查取得的质量监督检验检疫统计资料，应当运用科学方法，采用定量与定性相结合的方式进行统计分析。

第二十条 各级质检部门应当建立健全质量监督检验检疫统计资料的报送、保存、归档、使用等管理制度，保证统计资料的真实性、准确性、完整性、及时性。

第二十一条 质量监督检验检疫统计资料的公布以及统计信息咨询应当严格按照统计法律法规和有关规定执行。

第二十二条 各级质检部门应当对质量监督检验检疫统计工作推行责任制。国家质量监督检验检疫总局定期对质量监督检验检疫统计工作进行考核和奖惩。

第二十三条 各级质检部门应当定期或不定期地对质量监督检验检疫统计活动进行监督检查，对质量监督检验检疫统计活动中的违法行为，在职责范围内给予处分或处罚；应当移送本级政府统计主管部门管理的，依法移送处理；构成犯罪的，依法移送有关部门追究刑事责任。

第二十四条 各级质检部门可以按照有关法律法规规定委托有关机构，具体承担统计调查和统计分析相关的具体技术工作。

第二十五条 国家质量监督检验检疫总局对出入境检验检疫、质量技术监督业务统计有特殊规定的，从其规定。

第二十六条 本办法由国家质量监督检验检疫总局负责解释。

第二十七条 本办法自 2012 年 10 月 1 日起施行。

质量监督检验检疫行政许可实施办法

（质检总局令第149号）

第一章　总　则

第一条　为了规范质量监督检验检疫行政许可行为，强化对行政许可的监督管理，保护公民、法人和其他组织的合法权益，根据《中华人民共和国行政许可法》等法律、行政法规规定，制定本办法。

第二条　国家质量监督检验检疫总局、各级出入境检验检疫局和质量技术监督局（以下统称各级质检部门）实施行政许可以及对行政许可的监督管理，适用本办法。

第三条　各级质检部门应当在法律、法规、规章规定的职权范围内，依照法定条件和程序实施行政许可。

国家质量监督检验检疫总局制定的规范性文件，可以在法定的行政许可事项范围内，对实施行政许可的程序作出具体规定，但不得增设违反上位法的其他条件。规范性文件应当以公告的形式向社会公布，未经公布的，不得作为实施行政许可的依据。

第四条　各级质检部门实施行政许可，应当以适当方式公开实施行政许可事项的名称、依据、实施主体、条件、程序、期限、收费依据（收费项目及标准）以及需要提交的全部材料的目录等内容。

符合法定条件、标准的，申请人有依法取得行政许可的平等权利。

第五条　各级质检部门实施行政许可，应当遵循高效、便民原则，统一受理行政许可申请，统一送达行政许可决定。

第六条　各级质检部门应当建立健全实施行政许可的工作管理制度和

监督制度，明确各项行政许可的实施程序以及岗位责任，加强对本级以及下级质检部门实施行政许可的监督检查。

第七条 各级质检部门应当健全和完善岗位培训制度，对实施行政许可的工作人员组织进行法律法规及业务知识培训，并定期进行知识更新培训。

实施行政许可的工作人员经过培训后方可从事行政许可工作。

第二章 实施机关

第八条 各级质检部门在法定职权范围内，负责行政许可的实施工作。

第九条 按照法律、行政法规规定以及国务院行政审批制度改革工作要求，国家质量监督检验检疫总局可以根据实际工作需要下放管理层级，将负责实施的行政许可事项交由下级质检部门实施。

决定下放管理层级的行政许可事项，应当以公告形式向社会公布。

第十条 上级质检部门在其法定职权范围内，可以根据实际工作需要，将其负责实施的行政许可事项委托下级质检部门实施。

委托机关对受委托机关实施行政许可的后果承担法律责任。

受委托机关应当在委托的权限范围内，以委托机关名义依法实施行政许可；不得再委托其他组织或者个人实施行政许可。

第十一条 委托实施行政许可的，委托机关可以将行政许可的受理、审查（核查）、决定等权限全部或者部分委托给受委托机关。

委托实施行政许可，委托机关和受委托机关应当签订委托书，委托书应当包含以下主要内容：

（一）委托机关名称；

（二）受委托机关名称；

（三）委托实施行政许可的事项名称以及委托权限范围；

（四）委托机关与受委托机关的权利和义务；

(五)委托实施行政许可的期限。

需要延续委托期限的,委托机关应当在行政许可委托书有效期届满十五日前与受委托机关重新签订委托书。

第十二条 委托机关应当将受委托机关和受委托实施行政许可的事项名称、委托权限范围、委托期限等内容向社会公告。受委托机关应当按照本办法第四条规定对委托实施行政许可的有关内容予以公开。

委托机关变更、中止或者终止行政许可委托的,应当及时向社会公告。

第十三条 各级质检部门实施行政许可,依法需要对设备、设施、产品、物品等进行检验、检测、检疫或者鉴定、专家评审的,除依法应当由行政机关实施的外,可以委托符合法定条件的专业技术组织实施。

接受委托的专业技术组织及其工作人员对所实施的检验、检测、检疫结论承担法律责任。

第三章 实施程序

第一节 申请与受理

第十四条 公民、法人或者其他组织申请行政许可需要采用申请书格式文本的,质检部门应当向申请人提供格式文本。申请书格式文本不得包含与申请行政许可事项没有直接关系的内容。

第十五条 申请人可以委托代理人提出行政许可申请。但是,依法应当由申请人本人提出行政许可申请的除外。

委托代理人提出行政许可申请的,应当提交委托书原件以及委托双方身份证明复印件。

第十六条 申请人要求质检部门对公示内容予以说明、解释的,质检部门应当说明、解释,提供准确、可靠信息。

第十七条 申请人到质检部门办公场所提出行政许可申请,应当提交申请书以及质检部门公示的需要提交的全部材料。

申请人通过信函、电报、电传、传真、电子数据交换和电子邮件的方式提出行政许可申请，应当提交质检部门公示的符合法定形式的申请材料。

申请人应当对其提交的申请材料实质内容的真实性负责。

第十八条 申请人到质检部门办公场所提出申请的，申请人提交申请材料的时间为提出申请的时间。

申请人通过信函、电报、电传、传真、电子数据交换和电子邮件的方式提出申请的，质检部门的收讫时间为提出申请的时间。依法需要核对申请材料原件的，质检部门收到申请材料原件的时间为提出申请的时间。

第十九条 质检部门对申请人提出的行政许可申请，应当根据下列情况分别作出处理：

（一）申请事项依法不需要取得行政许可的，应当即时告知申请人不受理；

（二）申请事项依法不属于本行政机关职权范围的，应当即时作出不予受理的决定，并告知申请人向有关行政机关申请；

（三）申请材料存在可以当场更正的错误的，应当允许申请人当场更正；

（四）申请材料不齐全或者不符合法定形式的，应当当场或者自收到申请材料之日起五日内一次性告知申请人需要补正的全部内容。逾期不告知的，自收到申请材料之日起即为受理；

（五）申请事项属于本行政机关职权范围，申请材料齐全、符合法定形式，或者申请人按照本行政机关的要求提交全部补正申请材料的，应当受理行政许可申请。

第二十条 质检部门受理或者不予受理行政许可申请，或者告知申请人补正申请材料的，应当出具加盖本行政机关行政许可专用印章并注明日期的书面凭证，依法送达申请人。委托实施行政许可的，受委托机关出具的书面凭证，应当加盖委托机关行政许可专用印章。

申请人通过信函、电报、电传、传真、电子数据交换和电子邮件的方式提出行政许可申请，质检部门应当按照前款规定，以适当方式告知申请人行政许可申请的处理情况。

第二十一条 各级质检部门应当建立和完善行政许可电子管理系统，推行电子政务，方便申请人采取数据电文等方式提出行政许可申请。

第二节 审查与决定

第二十二条 质检部门对申请人提交的申请材料应当及时进行审查。

申请人提交的申请材料齐全、符合法定形式，能够当场作出行政许可决定的，应当当场作出行政许可决定。依法需要对申请材料的实质内容进行核实的，应当指派两名以上核查人员进行现场核查。核查人员应当严格按照有关核查要求开展核查工作，不得索取或者收受申请人的财物，不得谋取其他利益。

申请人通过信函、电报、电传、传真、电子数据交换和电子邮件的方式提出申请的，核查人员在现场核查时，应当核对申请材料原件并注明核对情况。申请人不能提交申请材料原件或者核实发现申请材料与原件不符的，质检部门应当作出不予行政许可的决定。

第二十三条 负责检验、检测、检疫或者鉴定、专家评审活动的专业技术组织及其工作人员应当按照法律、法规、规章以及标准、技术规范的规定开展工作。

法律、法规、规章以及标准、技术规范对检验、检测、检疫或者鉴定、专家评审时限有规定的，应当符合其规定；没有规定的，应当在合理时限内完成。

第二十四条 法律、法规、规章规定实施行政许可应当听证的事项，或者质检部门认为需要听证的其他涉及公共利益的重大行政许可事项，质检部门应当向社会公告，并举行听证。行政许可直接涉及申请人与他人之间重大利益关系的，质检部门在作出行政许可决定前，应当告知申请人、利害关系人享有要求听证的权利。

听证程序及期限按照《中华人民共和国行政许可法》第四十七条、第四十八条的规定执行。

第二十五条 申请人的申请符合法定条件、标准的，质检部门应当依法作出准予行政许可的书面决定。

质检部门依法作出不予行政许可的书面决定的，应当说明理由，并告知申请人享有依法申请行政复议或者提起行政诉讼的权利。

质检部门作出准予或者不予行政许可决定的，应当出具加盖本行政机关印章并注明日期的书面凭证，依法送达申请人。委托实施行政许可的，受委托机关出具的书面凭证，应当加盖委托机关印章。

第二十六条 质检部门作出的准予行政许可决定，除涉及国家秘密、商业秘密或者个人隐私的外，应当予以公开，供公众免费查阅。

第三节 期限与送达

第二十七条 除可以当场作出行政许可决定的外，质检部门作出行政许可决定的期限应当符合《中华人民共和国行政许可法》第四十二条、第四十三条规定。

受委托机关应当在委托机关规定的办理时限内完成委托事项。

第二十八条 各级质检部门作出行政许可决定，依法需要听证、检验、检测、检疫或者鉴定、专家评审的，所需时间不计算在本节规定的期限内。

质检部门应当将所需时间书面告知申请人。

第二十九条 各级质检部门依法作出准予行政许可的决定，需要颁发行政许可证件或者加贴标签、加盖检验、检测、检疫印章的，应当自作出决定之日起十日内向申请人颁发、送达行政许可证件或者加贴标签、加盖检验、检测、检疫印章。

第三十条 各级质检部门当场制作的行政许可文书、证件，应当即时直接送达申请人。

质检部门可以通过信函、电报、电传、传真或者电子邮件等方式，通知申请人领取行政许可文书、证件，也可以直接送达或者邮寄送达。

质检部门可以根据实际情况委托其他质检部门代为送达。

质检部门不能直接送达、邮寄送达或者委托送达的，可以通过本机关门户网站或者其他适当方式公告送达。

第三十一条 直接送达或者委托送达的，以申请人或者其代理人的签收日期为送达日期。

邮寄送达的，以邮寄回执上载明的收件日期为送达日期。

公告送达的，自公告发出之日起，经过六十日即视为送达。

第三十二条 申请人应当积极配合质检部门送达行政许可文书、证件，提供有效的联系方式。

因申请人的原因造成行政许可文书、证件不能按期送达的，由申请人承担相应的法律后果。

第四节 变更与延续

第三十三条 有应当变更行政许可的法定情形的，被许可人应当依法提出变更申请。

变更申请符合法定条件、标准的，质检部门应当依法办理变更手续。

第三十四条 被许可人申请延续行政许可有效期的，应当在该行政许可有效期届满三十日前向准予行政许可的质检部门提出。法律、法规、规章对提出申请期限另有规定的，依照其规定。

第三十五条 被许可人未按规定期限提出延续申请的，可以认定为不符合行政许可延续的法定条件，质检部门不予受理该申请。

被许可人需要继续从事相应行政许可事项活动的，应当重新提出行政许可申请。原行政许可有效期届满，重新申请的行政许可决定作出前，不得从事相应行政许可事项活动。

第三十六条 各级质检部门对其负责实施的行政许可事项，应当以适当方式公开行政许可变更、延续的申请期限以及办理程序、未按期申请的法律后果等内容。

第三十七条 委托实施行政许可的，受委托机关按照委托权限以及本节规定，依法办理行政许可的变更、延续工作。

第三十八条 因行政许可证件遗失或者损毁，被许可人申请补办的，应当按照要求在公开发行的报刊上刊登行政许可证件补办声明。声明中应当明确补办原因、六十日异议期限、异议受理电话等内容。

准予行政许可的质检部门补办行政许可证件，应当按照原行政许可证件的内容（含发证时间）办理，不得变更或者延续。

第五节 终止与退出

第三十九条 质检部门受理行政许可申请后，作出行政许可决定前，有下列情形之一的，应当终止办理行政许可：

（一）申请事项依法不需要取得行政许可的；

（二）申请事项依法不属于本行政机关职权范围的；

（三）申请人未在规定期限内补正有关申请材料的；

（四）申请人撤回行政许可申请的；

（五）赋予公民、法人或者其他组织特定资格的行政许可，该公民死亡或者丧失行为能力，法人或者其他组织依法终止的；

（六）依法需要缴纳费用，申请人未在规定期限内予以缴纳的；

（七）其他依法应当终止办理行政许可的。

质检部门终止办理行政许可的，应当出具加盖本行政机关行政许可专用印章并注明日期的书面凭证，依法送达申请人。委托实施行政许可的，受委托机关出具的书面凭证，应当加盖委托机关行政许可专用印章。

申请人撤回行政许可申请，自收到质检部门终止办理行政许可书面凭证之日起六个月内，不得再次提出该行政许可申请。

第四十条 行政许可终止办理，申请人已经缴纳费用的，质检部门应当将费用退还申请人。但是，收费项目涉及的许可环节已经完成的除外。

第四十一条 依法应当吊销被许可人取得的行政许可证件，由准予行政许可的质检部门按照《中华人民共和国行政处罚法》及总局规章等办案程序规定，作出吊销行政许可证件的行政处罚决定。

准予行政许可的质检部门可以自行或者指定下级质检部门按照《中华人民共和国行政处罚法》及总局规章等办案程序规定，依法履行调查取证、权利告知、组织听证等程序性义务以及送达和执行行政处罚决定。

各级质检部门在监督管理工作中，发现被许可人存在应当吊销行政许可证件的违法情形的，应当及时将吊销行政许可的事实、理由、依据以及有关证据材料逐级上报或者通报准予行政许可的质检部门。

第四十二条 依法应当撤销被许可人取得的行政许可，由准予行政许可的质检部门作出撤销行政许可的决定。

作出撤销行政许可决定前，准予行政许可的质检部门可以自行或者指定下级质检部门依法履行告知义务，说明撤销行政许可的事实、理由和依据，听取被许可人的陈述、申辩或者组织听证，并依法送达和执行撤销行政许可的决定。

各级质检部门在监督管理工作中，发现被许可人存在应当撤销行政许可的情形的，应当及时将撤销行政许可的事实、理由、依据以及有关证据材料逐级上报或者通报准予行政许可的质检部门。

第四十三条 因行政许可所依据的法律、法规、规章修改或者废止，或者准予行政许可所依据的客观情况发生重大变化等原因，确需变更或者撤回被许可人取得的行政许可，由准予行政许可的质检部门作出变更或者撤回行政许可的决定。由此给被许可人造成财产损失的，准予行政许可的质检部门应当依法给予补偿。

变更或者撤回行政许可的决定，应当载明变更或者撤回行政许可的事实、理由和依据。变更或者撤回行政许可决定的送达和执行，准予行政许可的质检部门可以自行或者指定下级质检部门办理。

第四十四条 有下列情形之一的，准予行政许可的质检部门应当依法办理有关行政许可的注销手续，并予以公告：

（一）行政许可依法被撤销、撤回，或者行政许可证件依法被吊销的；

（二）行政许可有效期届满未延续的；

（三）赋予公民特定资格的行政许可，该公民死亡或者丧失行为能力的；

（四）法人或者其他组织依法终止的；

（五）被许可人申请注销行政许可的；

（六）因不可抗力导致行政许可事项无法实施的；

（七）其他依法应当注销行政许可的。

各级质检部门对前款规定的事项，应当定期进行核查汇总，并逐级上报准予行政许可的质检部门，由其依法办理注销手续。

第四章　监督管理

第一节　行政许可评价

第四十五条　省级以上质检部门应当根据工作需要，对本机关以及下级质检部门实施行政许可的情况及存在的必要性进行评价。

第四十六条　质检部门可以自行对行政许可进行评价，也可以委托相关评估机构或者组织进行评价。

评价可以采取听证会、论证会、座谈会等形式听取公民、法人或者其他组织以及专家学者的意见、建议。

第四十七条　行政许可评价的内容应当包括：

（一）实施行政许可的总体状况；

（二）实施行政许可的社会效益和社会成本；

（三）实施行政许可是否达到预期的管理目标；

（四）行政许可在实施过程中遇到的问题和原因；

（五）行政许可继续实施的必要性和合理性；

（六）其他需要进行评价的内容。

第四十八条　国家质量监督检验检疫总局完成评价后，应当对评价的行政许可事项提出取消、保留、合并或者下放管理层级等意见和建议，并形成评价报告，报送行政许可的设定机关。

省级质检部门完成评价后，应当将评价报告以及意见和建议报送国家质量监督检验检疫总局；对地方性法规设定的行政许可事项，评价报告以及意见和建议应当报送行政许可的设定机关，并抄报国家质量监督检验检疫总局。

第二节　内部监督

第四十九条　上级质检部门应当通过定期或者不定期的行政执法责任制考核检查、行政许可案卷评查、行政许可专项检查、投诉案件处理等形式，加强对下级质检部门实施行政许可的监督检查，及时发现和纠正行政许可实施中的违法或者不当行为。

第五十条　委托实施行政许可的，委托机关应当通过定期或者不定期核查等方式，加强对受委托机关实施行政许可的监督检查，及时发现和纠正行政许可实施中的违法或者不当行为。

第五十一条　质检部门应当建立健全监督制度，加强对专业技术组织及其工作人员的监督，及时发现和纠正检验、检测、检疫或者鉴定、专家评审活动中的违法或者不当行为。

第三节　对被许可人的监督

第五十二条　各级质检部门应当建立健全行政许可后续监督检查制度，加强对本行政区域内被许可人的后续监督，检查被许可人是否持续保持获得行政许可时的条件和要求。

第五十三条　各级质检部门对本行政区域内的被许可人，应当建立监督检查档案。

质检部门依法进行监督检查时，应当将检查情况和处理结果予以记录，由监督检查人员签字后归档。

第五十四条　各级质检部门依据监督检查职权或者通过举报、投诉、上级部门交办等途径，发现本行政区域内被许可人的违法行为线索，应当及时进行核实、处理。核实情况以及处理结果按照本办法第五十三条规定归档。

各级质检部门按照行政处罚管辖原则，对被许可人的违法行为依法实施行政处罚的，应当将被许可人的违法事实、处理结果逐级上报或者通报准予行政许可的质检部门。

第五十五条 各级质检部门实施监督检查时，可以依法查阅或者要求被许可人报送有关材料，对被许可人生产经营的产品依法进行抽样检查、检验、检测，并对其生产经营场所依法进行实地检查。

有关法律、法规、规章对监督检查的方式、手段和措施等有明确规定的，依照其规定执行。

被许可人应当配合行政执法人员的监督检查，如实提供其从事相应行政许可事项活动的有关情况和材料。

第五十六条 各级质检部门实施监督检查时，不得妨碍被许可人正常的生产经营活动，不得索取或者收受被许可人的财物，不得谋取其他利益。

第五章 法律责任

第五十七条 违反本办法规定，有下列情形之一的，由上级质检部门责令限期改正，并通报批评：

（一）未按本办法第四条规定将行政许可的有关内容予以公开的；

（二）未按照本办法第五条规定统一受理行政许可申请、统一送达行政许可决定的；

（三）委托实施行政许可，未将行政许可委托书主要内容或者变更、中止或者终止情况向社会公告、公开的；

（四）未将行政许可变更、延续的申请期限或者办理程序、未按期申请的法律后果等内容予以公开的；

（五）未按照本办法规定履行后续监督检查职责或者建立行政许可监督检查档案的。

第五十八条 违反本办法规定，有下列情形之一的，由本机关或者上级质检部门责令改正，通报批评，并对直接负责的主管人员和其他直接责任人员依法追究相应的法律责任：

（一）没有法定依据或者不按照法定项目和标准收取行政许可费用的；

（二）终止办理行政许可，未按本办法规定退还行政许可费用的；

（三）吊销、撤销、撤回、注销行政许可，未按规定程序实施，造成严重后果的；

（四）办理行政许可、实施后续监督检查过程中，妨碍他人正常的生产经营活动造成严重影响或者索取、收受他人的财物，谋取其他利益的；

（五）未依法履行行政许可后续监督检查职责或者对发现的违法行为未依法进行上报和通报，造成严重后果的。

第五十九条　违反本办法第十条规定，受委托机关超越委托权限范围或者再委托其他组织和个人实施行政许可，实施行政许可违法或者不当的，由委托机关责令改正，予以通报，并对直接负责的主管人员和其他直接责任人员依法给予行政处分。

第六十条　违反本办法二十三条规定，承担检验、检测、检疫或者鉴定、专家评审任务的专业技术组织及其工作人员未按照法律、法规、规章以及标准、技术规范的规定开展工作的，由质检部门责令改正；情节严重的，处以三万元以下罚款，直至取消其从事与行政许可相关的检验、检测、检疫资格。法律、法规、规章另有规定的，依照其规定。

专业技术组织及其工作人员违法实施检验、检测、检疫或者鉴定、专家评审，给当事人合法权益造成损害的，依法承担赔偿责任。

第六十一条　被许可人不能持续保持应当具备的条件和要求继续从事行政许可事项活动，或者不配合、拒绝质检部门依法进行监督检查的，责令改正；拒不改正或者逾期未改正的，处以三万元以下罚款，直至撤销其行政许可。法律、法规、规章另有规定的，依照其规定。

第六章　附　　则

第六十二条　各级质检部门实施行政许可，应当使用统一规范的行政许可文书。实施行政许可过程中形成的材料，应当按照国家档案管理的有关规定立卷归档。

第六十三条　除公告期限外，本办法规定的质检部门实施行政许可的期限以工作日计算，不含法定节假日。

第六十四条　国家认证认可监督管理委员会以及质量监督检验检疫系统内法律法规授权的组织在法定职权范围内实施行政许可，依照本办法执行。

第六十五条　本办法自2013年1月1日起实施。《质量监督检验检疫行政许可委托实施办法》（国家质检总局令第64号）同时废止。

国家质量监督检验检疫总局在本办法施行前公布的有关行政许可的规章与本办法规定的行政许可实施程序不一致的，以本办法为准。

出口食品原料种植场备案管理规定

（质检总局2012年第56号公告）

第一章　总　　则

第一条　为加强出口食品原料质量安全管理，根据《中华人民共和国食品安全法》及其实施条例、《国务院关于加强食品等产品安全监督管理的特别规定》和《进出口食品安全管理办法》等有关规定，制定本规定。

第二条　本规定适用于国家质量监督检验检疫总局（以下简称国家质检总局）规定实施备案管理的原料品种目录中原料种植场的备案和监督管理。

第三条　国家质检总局主管全国出口食品原料种植场备案管理工作。

国家质检总局设在各地的出入境检验检疫机构（以下简称检验检疫机构）负责所辖区域出口食品原料种植场的备案和监督检查工作。

第四条　国家质检总局鼓励各级检验检疫机构在与地方政府有关部门建立合作机制框架下，共同做好出口食品原料种植场的备案工作。

第二章　备案申请

第五条　出口食品生产加工企业、种植场、农民专业合作经济组织或者行业协会等具有独立法人资格的组织均可以作为申请人向种植场所在地的检验检疫机构提出备案申请。

第六条　备案种植场应当具备以下条件：

（一）有合法经营种植用地的证明文件；

（二）土地相对固定连片，周围具有天然或者人工的隔离带（网），符合当地检验检疫机构根据实际情况确定的土地面积要求；

（三）大气、土壤和灌溉用水符合国家有关标准的要求，种植场及周边无影响种植原料质量安全的污染源；

（四）有专门部门或者专人负责农药等农业投入品的管理，有适宜的农业投入品存放场所，农业投入品符合中国或者进口国家（地区）有关法规要求；

（五）有完善的质量安全管理制度，应当包括组织机构、农业投入品使用管理制度、疫情疫病监测制度、有毒有害物质控制制度、生产和追溯记录制度等；

（六）配置与生产规模相适应、具有植物保护基本知识的专职或者兼职植保员；

（七）法律法规规定的其他条件。

第七条　申请人应当在种植生产季开始前3个月向种植场所在地的检验检疫机构提交书面备案申请，并提供以下材料，一式二份：

（一）出口食品原料种植场备案申请表（附表1）；

（二）申请人工商营业执照或者其他独立法人资格证明的复印件；

（三）申请人合法使用土地的有效证明文件以及种植场平面图；

（四）种植场的土壤和灌溉用水的检测报告；

（五）要求种植场建立的各项质量安全管理制度，包括组织机构、农业投入品管理制度、疫情疫病监测制度、有毒有害物质控制制度、生产和追溯记录制度等；

（六）种植场负责人或者经营者、植保员身份证复印件，植保员有关资格证明或者相应学历证书复印件；

（七）种植场常用农业化学品清单；

（八）法律法规规定的其他材料。

上述资料均需种植场申请人加盖本单位公章。

第三章　受理与审核

第八条　申请人提交材料齐全的，种植场所在地检验检疫机构应当受理备案申请。

申请人提交材料不齐全的，种植场所在地检验检疫机构应当当场或者在接到申请后5个工作日内一次性书面告知申请人补正，以申请人补正材料之日为受理日期。

第九条　种植场所在地检验检疫机构受理申请后，应当根据本规定第六条和第七条的规定进行文件审核，必要时可以实施现场审核。审核须填写《出口食品原料种植场备案审核记录表》(附表2)。

第十条　审核符合条件的，给予备案编号，编号规则为"省(自治区、直辖市)行政区划代码(6位)＋产品代码(拼音首位字母)＋5位流水号"。不符合条件的，不予备案，由种植场所在地的检验检疫机构书面通知申请人，并告知不予备案原因。

第十一条　审核工作应当自受理之日起20个工作日内完成。

第四章 监督管理

第十二条　种植场所在地检验检疫机构负责对备案种植场实施监督检查。

第十三条　种植场所在地检验检疫机构对备案种植场每年至少实施一次监督检查。监督检查包括以下内容：

(一)种植场及周围环境、土壤和灌溉用水等状况；

(二)农业投入品管理和使用情况；

(三)种植场病虫害防治情况；

(四)种植品种、面积以及采收、销售情况；

(五)种植场的资质、植保员资质变更情况；

(六)质量安全管理制度运行情况；

（七）种植场生产记录，包括出具原料供货证明文件等情况；

（八）法律、法规规定的其他内容。

检验检疫机构对备案种植场进行监督检查，应当记录监督检查的情况和处理结果，填写《出口食品原料种植场监督检查记录表》（附表3），并告知申请人。监督检查记录经监督检查人员和种植场签字后归档。

第十四条 种植场负责人、植保员等发生变化的，种植场申请人应当自变更之日起30天内向种植场所在地检验检疫机构申请办理种植场备案变更手续。

种植场申请人更名、种植场位置或者面积发生重大变化、种植场及周边种植环境有较大改变，以及其他较大变更情况，种植场申请人应当自变更之日起30天内重新申请种植场备案。

第十五条 备案种植场有下列情形之一的，检验检疫机构应当书面通知种植场申请人限期整改：

（一）周围种植环境有污染风险的；

（二）存放我国和进口国家（地区）禁用农药以及不按规定使用农药的；

（三）产品中有毒有害物质检测结果不合格的；

（四）产品中检出的有毒有害物质与申明使用的农药、化肥等农业投入品明显不符的；

（五）种植场负责人、植保员发生变化后30天内未申请变更的；

（六）实际原料供货量超出种植场生产能力的；

（七）种植场各项记录不完整，相关制度未有效落实的；

（八）法律、法规规定其他需要改正的。

第十六条 备案种植场有下列情形之一的，检验检疫机构可以取消其备案编号：

（一）转让、借用、篡改种植场备案编号的；

（二）对重大疫情及质量安全问题隐瞒或谎报的；

（三）拒绝接受检验检疫机构监督检查的；

（四）使用中国或进口国家（地区）禁用农药的；

（五）产品中有毒有害物质超标一年内达到2次的；

（七）用其他种植场原料冒充本种植场原料的；

（八）种植场备案主体更名、种植场位置或者面积发生重大变化、种植场及周边种植环境有较大改变，以及其他较大变更情况，种植场备案主体未按规定重新申请备案的；

（九）2年内未种植或提供出口食品原料的；

（十）法律法规规定的其他情形。

第五章 上报和公布

第十七条 各直属检验检疫机构（以下简称直属局）应当对本辖区内新增、取消和变更备案种植场信息进行汇总，填写《出口食品原料种植场备案情况统计表》（附表4）于每季度最后1个月28日前上报国家质检总局。种植场和对应生产加工企业不在同一直属局管辖的，种植场所在地的直属局还应当每季度将备案信息通报生产加工企业所在地的直属局，生产加工企业所在地直属局应当及时将产品中检出的有毒有害物质超标信息反馈给基地所在地直属局。

第十八条 国家质检总局在其网站上统一公布备案种植场名单。

第六章 附 则

第十九条 出口食品原料种植场有违法行为的，检验检疫机构依照有关法律法规的规定处理。

第二十条 国家质检总局此前发布的出口食品原料种植基地备案的相关规定与本规定不符的，以本规定为准。供港澳蔬菜种植基地备案管理按照国家质检总局的有关规定执行。

第二十一条 本规定由国家质检总局负责解释。

第二十二条 本规定自发布之日起施行。

（附表略）

进出口工业产品风险预警及快速反应管理规定

（质检总局2012年第200号公告）

第一章　总　　则

第一条　为保护人类健康和安全，维护国家安全和社会公共利益，维护进出口贸易有关各方的合法权益，加强进出口工业产品质量安全风险管理，根据《中华人民共和国进出口商品检验法》及其实施条例、《国务院关于加强食品等产品安全监督管理的特别规定》、《出入境检验检疫风险预警及快速反应管理规定》（总局令第1号）的规定制定本规定。

第二条　本规定适用于对进出口工业产品风险信息的处置，包括：风险信息收集；风险信息识别；风险信息研判；风险预警及快速反应措施发布、实施及解除；风险消减措施的评估和监督管理等工作。

第三条　本规定所称风险，是指进出口工业产品对人身财产安全、动植物生命和健康、环境保护、卫生以及对进出口贸易有关各方合法权益造成危害的可能和程度。

本规定所称风险信息，是指与进出口工业产品检验监管职责相关的，涉及生命健康和财产安全、危害社会安全、可能形成系统性、区域性危害，对进出口贸易、相关产业可能产生影响，或者对安全、卫生、环境、反欺诈等方面形成危害，需要及时进行识别、研判、处置的进出口产品质量安全方面的信息。

本规定所称风险信息研判，是指对进出口工业产品的质量安全风险信息，按照科学的风险评估方法，根据产品危害可能发生的概率、范围、产生及产生后果的危害程度等风险要素进行预测评估。

本规定所称预警，是指为使国家、社会公众和使用者免受进出口工业产品可能存在的质量安全风险或者潜在危害而采取的一种预防性安全保障措施。

第四条 国家质量监督检验检疫总局(以下简称国家质检总局)统一管理全国进出口工业产品风险预警及快速反应工作。

第五条 国家质检总局设立进出口工业产品风险预警及快速反应工作办公室(以下简称预警办公室)负责管理全国风险预警及快速反应的日常工作。

第六条 国家质检总局指定技术机构负责全国有关进出口工业产品风险信息的统计分析、研判分级以及提出风险消减和预防措施对策建议等进出口工业产品风险评估技术性工作(以下称进出口工业产品风险评估技术机构)。

第七条 国家质检总局设立进出口工业产品风险信息国家监测点，负责在特定时段、特定区域内的特定商品质量安全风险信息进行监测、分析以及提出相应风险消减和预防措施对策建议等工作。

第八条 国家质检总局建立进出口工业产品质量安全风险信息收集网络，建立进出口工业产品质量安全风险信息信息化平台，组织对风险信息进行收集、识别、报送、研判、通报和发布。

第九条 直属检验检疫局负责依据法定程序发布辖区内进出口工业产品风险预警及快速反应措施，管理辖区内质量安全风险信息的收集、识别、报送、研判工作和管理辖区内风险预警和快速反应工作。

国家质检总局设在各地的出入境检验检疫机构(以下简称检验检疫机构)负责辖区内进出口工业产品质量安全风险信息收集、识别、报送和组织实施辖区内风险预警及快速反应工作。

第二章　质量安全风险信息的收集

第十条　进出口工业产品质量安全风险信息的来源可包括但不局限以下方面:进出口检验监管不合格信息、境外通报召回信息、出口退运信息、各级政府部门通报信息、境外政府部门通报信息、医院伤害报告信息、消防事故信息、技术法规标准信息、媒体舆情信息、企业报告的信息、消费者投诉信息以及其它信息。

第十一条　任何组织和个人都有权利向国家质检总局或者直属检验检疫局或者检验检疫机构举报有关进出口工业产品质量安全风险信息。

第十二条　生产经营者在生产经营使用过程中发现进出口工业产品存在风险时,应当及时以书面形式向当地检验检疫机构报告相关风险信息和风险控制措施,或者直接向直属检验检疫局或者国家质检总局报告。情况紧急的应当以更便捷的方式立即报告。

第十三条　直属检验检疫局对收集的风险信息进行调查核实、初步分析、筛选整理后,按照规定上报预警办公室。情况紧急的应当以更便捷的方式立即上报。

第三章　质量安全风险信息的研判

第十四条　预警办公室和直属检验检疫局根据具体工作需要,可以指定进出口工业产品风险评估技术机构或者组织专项工作组对收到的进出口工业产品风险信息进行研判。

第十五条　进出口工业产品风险评估技术机构或者专项工作组应当按照预警办公室或者直属检验检疫局要求成立相应的专家委员会(小组),运用国际通行的规则在规定时间内完成风险信息调查、核实、实验室验证和评估工作,得出风险研判结果并形成书面报告。书面报告应当包括:风险研判的方法、风险类别、等级、危害、范围、残余风险、风险措施建议等内容。特殊情况不能在规定时间内完成的，需要提前向授权机构说明情况。

第十六条 预警办公室或者直属检验检疫局应当对风险研判结果进行确认，必要时可以组织专家会议确认。确认后的风险研判结果应当作为风险预警发布和质量安全风险处置的依据。

第十七条 进出口工业产品风险评估技术机构或者专项工作组应当对收到的风险信息予以保密，未经授权不得发布相关信息。

第四章 质量安全风险处置

第十八条 按照应急优先原则，国家质检总局或者直属检验检疫局对经过研判质量安全风险明确的，依据法定程序实施风险预警或者快速反应措施。必要时，两者可同时进行。

第十九条 国家质检总局或者直属检验检疫局应当根据进出口工业产品风险评估技术机构或者专项工作组风险研判结果，依据法定程序决定实施相应的风险预警措施。

第二十条 风险预警措施包括：

（一）向相关检验检疫机构发布风险警示通报。在产品风险属性发生变化时，检验检疫机构应当及时对产品风险进行重新评估；

（二）向生产经营企业、相关机构发布风险警示通告，提醒或者通知其及时采取措施，消减风险；提醒消费者和使用者注意进出口工业产品的风险和危害；

（三）发布风险警示公告，宣布对进出口工业产品的风险和危害的强制性措施，提醒消费者和使用者警惕涉及进出口工业产品的风险和危害。

第二十一条 国家质检总局或者直属检验检疫局根据需要，可以选择风险预警其中一项或者几项方式的组合。当风险属性发生变化时，应当根据风险研判结果及时调整风险预警措施。

第二十二条 为了有效阻止、控制和消除质量安全风险，国家质检总局或者直属检验检疫局依据法定程序可采取的快速反应措施包括：

（一）依法有条件地限制产品进出口，查封、扣押、停止销售和使用、退运、监督销毁不符合法定要求的进出口工业产品；

（二）通报有关部门和机构；

（三）依法对违反法律和行政法规的生产经营企业进行处置，查封违法使用的原料、辅料、添加剂以及用于违法生产的工具、设备，查封出口工业产品生产经营或储存场所；

（四）组织调查特定时间段中同类产品或者相关行业或者关联区域内的产品质量安全状况；

（五）对有关生产经营者采取更加严格的检验监管措施。

（六）责令召回已经销售的风险产品。

第二十三条 进出口工业产品质量安全风险的责任者，应当履行消除或降低风险的义务。

（一）当获知其生产经营的产品存在质量安全风险时，应当在规定时间内向国家质检总局或者直属检验检疫局提交风险分析和消减报告，并且应当立即实施风险消减措施。提交的报告应当包括：产品缺陷分析、涉及产品的数量和流向、消减风险的措施、计划及预期效果评价等。

（二）应当以有效的方式向涉及的消费者、使用者以及其它有关各方通报真实情况以及为消减风险采取的措施。

（三）应当向国家质检总局或者直属检验检疫局报告产品缺陷消减措施的实施和进展情况。

（四）需要申请解除风险预警及快速反应措施时，应当向国家质检总局或者直属检验检疫局提交产品缺陷消除评价报告。

第二十四条 风险预警及快速反应措施的解除方式有：

（一）有规定实施期的，期满后自动解除；

（二）未规定实施期的，国家质检总局或者直属检验检疫局确认风险消除或者降低后解除。

第五章　监督管理

第十五条　国家质检总局或者直属检验检疫局可以指定进出口工业产品风险评估技术机构就进出口质量安全风险责任者采取措施的可行性、有效性和充分性进行评估，对其提交的风险消减评价报告的真实性、符合性进行确认。

第二十六条　国家质检总局或者直属检验检疫局对风险预警及快速反应措施等风险处置措施的实施和进展情况进行监督管理，开展检查和监督并通报结果。

第二十七条　国家质检总局对进出口工业产品质量安全风险管理工作开展定期总结分析，并实施绩效管理。

第二十八条　国家质检总局根据需要对进出口工业产品风险评估技术机构、人员开展培训、考核。

第六章　附　则

第二十九条　国家质检总局、预警办公室、直属检验检疫局、检验检疫机构和进出口工业产品风险评估技术机构的工作人员，在调查、研判、确认及实施风险预警和快速反应措施等过程中应当遵循公平、公正的原则。

第三十条　进出口工业产品质量安全风险预警及快速反应管理工作应当遵守国家及国家质检总局的保密规定。需要对外发布的信息应按照国家质检总局相关规定予以公布，任何个人、机构未经授权和批准，不得擅自发布。

第三十一条　预警办公室和直属检验检疫局对收到的进出口工业产品风险信息进行分类、归档、统计，并做好风险信息的档案管理工作。

进出口工业产品风险信息档案保存期限为三年。涉及重大案件、典型案例等事项的档案，做长期或永久保存。

第三十二条 国家质检总局和直属检验检疫局根据本规定制定相应的工作规范。

第三十三条 本规定由国家质检总局负责解释。

第三十四条 本规定自2013年1月15日起施行。

国家质检总局关于实施《进出口化妆品检验检疫监督管理办法》有关事项的公告

（2012 年第 110 号公告）

为有效执行《进出口化妆品检验检疫监督管理办法》（以下简称“《办法》”）的各项规定，保障进出口化妆品质量安全，现就有关事项公告如下：

一、检验检疫机构按照《办法》的有关规定，对进口化妆品收货人实施备案管理。进口化妆品收货人应当向检验检疫机构提出备案申请，其提供的备案申请材料信息完备、属实的，检验检疫机构准予备案。

二、首次进口化妆品是指无既往进口记录的化妆品，既往进口记录等证明材料应由进口商提供，凡不能提供既往进口记录证明材料的应视为首次进口化妆品。对于首次进口国家没有实施卫生许可或者备案的化妆品，报检时应提供由生产企业或权威机构出具的安全性评估资料，包括产品安全性承诺、化妆品中安全性风险物质危害识别表等；对于首次进口的离境免税化妆品，报检时应提供由生产企业或权威机构出具的安全性评估资料，包括产品安全性承诺、在国外允许生产或销售的相关证明材料等。

三、首次出口的化妆品报检时应当提供卫生许可证、生产许可证等材料。对于目前国家尚未实施卫生许可制度或生产许可制度的化妆品，报检时可不提供相关卫生许可证或生产许可证。首次出口的特殊用途化妆品，如不能提供卫生许可批件的，可提供由生产企业或权威机构出具的产品是否存在安全性风险物质的有关安全性评估资料，包括符合进口国家（地区）相关法律法规和标准、正常使用不会对人体造成危害的安全性承诺。

四、进口研发试用化妆品的收货人或代理人应当按照国家质检总局相关规定报检，同时提供收货人备案号、样品研发试用方案、处置管理措施、非销售的承诺书。对于首次进口的，还应提供符合国家相关规定或要求、正常使用不会对人体健康产生危害的声明，产品名称、数/重量、规格、产地、生产批号、生产日期或保质期等有关信息，以及国家质检总局要求的其他材料。试用企业应在试用结束后10个工作日内提供研发试用情况总结报告和剩余样品处置情况报告，并如实记录样品试用情况，相关记录保存期限不得少于2年。

国家质检总局关于发布《进口食品进出口商备案管理规定》及《食品进口记录和销售记录管理规定》的公告

（2012 年第 55 号公告）

为进一步加强进口食品安全监管，根据《中华人民共和国食品安全法》及其实施条例、《国务院关于加强食品等产品安全监督管理的特别规定》和《进出口食品安全管理办法》等法律、行政法规、规章的规定，国家质检总局制定了《进口食品进出口商备案管理规定》和《食品进口记录和销售记录管理规定》，现予以批准发布，自 2012 年 10 月 1 日起施行。

附件 1：

《进口食品进出口商备案管理规定》

第一章　总　　则

第一条　为掌握进口食品进出口商信息及进口食品来源和流向，保障进口食品可追溯性，有效处理进口食品安全事件，保障进口食品安全，根据《中华人民共和国食品安全法》、《国务院关于加强食品等产品安全监督管理的特别规定》和《进出口食品安全管理办法》等法律、行政法规、规章的规定，制定本规定。

第二条　本规定适用于向中国大陆境内（不包括香港、澳门）出口食品的境外出口商或者代理商，以及境内进口食品的收货人（以下统称进出口商)的备案管理。

本规定附表所列经营食品种类之外的产品，如食品添加剂、食品相关产品、部分粮食品种、部分油籽类、水果、食用活动物等依照有关规定执行。

第三条 国家质检总局主管进口食品进出口商备案的监督管理工作，建立进口食品进出口商备案管理系统(以下简称备案管理系统)，负责公布和调整进口食品进出口商备案名单。

国家质检总局设在各地的出入境检验检疫机构(以下简称检验检疫机构)负责进口食品收货人备案申请的受理、备案资料信息审核，以及在食品进口时对进出口商备案信息的核查等工作。

第二章 出口商或者代理商备案

第四条 向中国出口食品的出口商或者代理商，应当向国家质检总局申请备案，并对所提供备案信息的真实性负责。

第五条 出口商或者代理商应当通过备案管理系统填写并提交备案申请表(附件1)，提供出口商或者代理商名称、所在国家或者地区、地址、联系人姓名、电话、经营食品种类、填表人姓名、电话等信息，并承诺所提供信息真实有效。出口商或者代理商应当保证在发生紧急情况时可以通过备案信息与相关人员取得联系。

出口商或者代理商提交备案信息后，获得备案管理系统生成的备案编号和查询编号，凭备案编号和查询编号查询备案进程或者修改备案信息。

第六条 出口商或者代理商地址、电话等发生变化时，应当及时通过备案管理系统进行修改。备案管理系统保存出口商或者代理商的所提交的信息以及信息修改情况。出口商或者代理商名称发生变化时，应当重新申请备案。

第七条 国家质检总局对完整提供备案信息的出口商或者代理商予以备案。备案管理系统生成备案出口商或者代理商名单，并在国家质检总局网站公布。公布名单的信息包括：备案出口商或者代理商名称及所在国家或者地区。

第三章　进口食品收货人备案

第八条　进口食品收货人(以下简称收货人)，应当向其工商注册登记地检验检疫机构申请备案，并对所提供备案信息的真实性负责。

第九条　收货人应当于食品进口前向所在地检验检疫机构申请备案。申请备案须提供以下材料：

(一)填制准确完备的收货人备案申请表；

(二)工商营业执照、组织机构代码证书、法定代表人身份证明、对外贸易经营者备案登记表等的复印件并交验正本；

(三)企业质量安全管理制度；

(四)与食品安全相关的组织机构设置、部门职能和岗位职责；

(五)拟经营的食品种类、存放地点；

(六)2 年内曾从事食品进口、加工和销售的，应当提供相关说明(食品品种、数量)；

(七)自理报检的，应当提供自理报检单位备案登记证明书复印件并交验正本。

检验检疫机构核实企业提供的信息后，准予备案。

第十条　收货人在提供上述纸质文件材料的同时，应当通过备案管理系统填写并提交备案申请表(附件 2)，提供收货人名称、地址、联系人姓名、电话、经营食品种类、填表人姓名、电话以及承诺书等信息。收货人应当保证在发生紧急情况时可以通过备案信息与相关人员取得联系。

收货人提交备案信息后，获得备案管理系统生成的申请号和查询编号，凭申请号和查询编号查询备案进程或者修改备案信息。

第十一条　收货人名称、地址、电话等发生变化时，应当及时通过备案管理系统提出修改申请，由检验检疫机构审核同意后，予以修改。备案管理系统保存收货人所提交的信息以及信息修改情况。

第十二条 备案申请资料齐全的，检验检疫机构应当受理并在5个工作日内完成备案工作。

第十三条 检验检疫机构对收货人的备案资料及电子信息核实后，发放备案编号。备案管理系统生成备案收货人名单，并在国家质检总局网站公布。公布名单的信息包括：备案收货人名称、所在地直属出入境检验检疫局名称等。

第四章 监督管理

第十四条 检验检疫部门对已获得备案的进口食品进出口商备案信息实施监督抽查。

各地检验检疫机构通过对进口食品所载信息核查出口商或者代理商的备案信息，通过查验有关证明材料或者现场核查收货人所提供的备案信息。

对备案信息不符合要求的，应当要求其更正、完善备案信息。不按要求及时更正、完善信息的，应当将有关信息录入进出口食品生产经营企业不良信誉记录。

第十五条 进口食品的收货人或者其代理人在对进口食品进行报检时，应当在报检单中注明进口食品进出口商名称及备案编号。检验检疫机构应当核对备案编号和进口食品进出口商名称等信息与备案信息的一致性，对未备案或者与备案信息不一致的，告知其完成备案或者更正相关信息。

第十六条

（一）出口商或者代理商在申请备案时提供虚假备案资料和信息的，不予备案；已备案的，取消备案编号。

出口商或者代理商向中国出口的食品存在疫情或者质量安全问题的，

纳入信誉记录管理，并加强其进口食品检验检疫；对于其他违规行为，按照相关法律法规规定处理。

（二）收货人在申请备案时提供虚假备案资料和信息的，不予备案；已备案的，取消备案编号。

收货人转让、借用、篡改备案编号的，纳入信誉记录管理，并加强其进口食品检验检疫。

第五章 附 则

第十七条 本规定自 2012 年 10 月 1 日起施行。

附件 1

出口商或者代理商备案申请表

Application Form of Food Exporter/Agent

□初次申请备案 Initial Filing	
第 1 项——企业信息 Section 1－Applicant's Information	
＊企业名称(中英文)Name (in Chinese AND English)	
＊企业地址(中英文)Address(in Chinese AND English)	
＊企业类型 Company Type:□出口商 Exporter □代理商 Agent	
＊国家(地区)Country/Region:	＊邮政编码 Postal Code
＊联系人姓名 Contact Name:	
＊联系人电话/传真(请注明国家/地区代码及区域码)或者手机 Contact Telephone/Fax (Include Area/Country/Region Code) or Cell Phone:	
＊联系人电子邮件信箱 Contact E－mail:	
＊第 2 项——经营食品种类(多选项)Section 2－Food Category of Operation	
□肉类 meat □蛋及制品类 egg and egg products □水产及制品类 aquatic products and preserved aquatic products □中药材类 traditional Chinese medicinal materials of animal and plant origin □粮谷及制品类 grains and grain products □油脂及油料类 oil and oil seeds □饮料类 soft drinks and drinking water □糖类 sugar □蔬菜及制品类 vegetable and vegetable products □植物性调料类 processed flavorings of plant origin □干坚果类 dried fruits and nuts □其他植物源性食品类 other plant origin food □罐头类 canned foods □乳制品类 dairy products □蜂产品类 bee products □酒类 alcoholic beverage □糕点饼干类 pastry biscuits and crackers □蜜饯类 candied (preserved) fruits □卷烟类 cigarette □茶叶类 tea □调味品类 processed flavorings □其他加工食品类 other processed foods □特殊食品类 foods for special dietary uses □其他,请描述 others, please describe	

第 3 项——中国贸易伙伴信息 Section 3－Information of the Chinese Trade Partner to be contracted with：
企业名称(中文)Name (in Chinese)：
企业地址(中文)Address (in Chinese)：
联系人 Contact person：
电话/传真 Telephone/Fax：
电子邮件信箱 E－mail：
第 4 项——承诺书 Section. 4－letter of commitment
兹承诺：上述资料信息准确、真实。I hereby commits：The information we submit is authentic and accurate.
＊填表人姓名(印刷体)Contractor name (in printing version)：
＊填表人电话/传真或者手机 Contractor's office Telephone/Fax or cell phone：
＊填表人电子邮件信箱 Contractor's E－mail Address：
＊填表日期 Date of submitting this form：
第 5 项——填表说明 Note
1、标"＊"的项目必须填写。The above items with mark ＊ must be effectively filled in.

附件 2

收货人备案申请表

第 1 项——备案申请项目
□初次备案
第 2 项——企业资料
* 企业名称：
* 企业地址：省(市、自治区) 市
* 联系人姓名：
* 联系人电话：传真：手机：
* 企业组织机构代码：
* 企业组织机构代码证书到期日：
* 工商营业执照到期日：
* 工商营业执照范围：
* 进出口企业代码(进口肉类企业填写)：
* 企业工商注册号：
* 企业工商注册地址：
* 企业办公地址：
* 企业法人：
* 第 3 项——经营食品种类(多选项)
□肉类 meat □蛋及制品类 egg and egg products □水产及制品类 aquatic products and preserved aquatic products □中药材类 traditional Chinese medicinal materials of animal and plant origin □粮谷及制品类 grains and grain products □油脂及油料类 oil and oil seeds □饮料类 soft drinks and drinking water □糖类 sugar □蔬菜及制品类 vegetable and vegetable products □植物性调料类 processed flavorings of plant origin □干坚果类 dried fruits and nuts □其他植物源性食品类 other plant origin food □罐头类 canned foods □乳制品类 dairy products □蜂产品类 bee products □酒类 alcoholic beverage

□糕点饼干类 pastry biscuits and crackers □蜜饯类 candied (preserved) fruits □卷烟类 cigarette □茶叶类 tea □调味品类 processed flavorings □其他加工食品类 other processed foods □特殊食品类 foods for special dietary uses □其他,请描述 others, please describe
第 4 项——企业承诺书
兹承诺上述信息准确、真实。
* 填表人姓名(印刷体):
* 填表人电话/传真或者手机:
* 填表人电子邮件信箱:
* 填表日期:
第 5 项——填表说明
1、标"*"的项目必须填写。

附件2:

食品进口记录和销售记录管理规定

第一条 为掌握进口食品来源和流向,确保进口食品可追溯性,加强食品进口记录和销售记录的监督管理,依据《中华人民共和国食品安全法》及其实施条例、《国务院关于加强食品等产品安全监督管理的特别规定》、《进出口食品安全管理办法》等法律、行政法规、规章的要求,制定本规定。

第二条 本规定适用于出入境检验检疫机构对食品进口记录和销售记录的监督管理。

《进口食品进出口商备案管理规定》附件1所列经营食品种类之外的产品,如食品添加剂、食品相关产品、部分粮食品种、部分油籽类、水果、食用活动物等依照有关规定执行。

第三条 食品进口记录是指记载食品及其相关进口信息的纸质或者电子文件。

进口食品销售记录是指记载进口食品收货人(以下简称"收货人")将进口食品提供给食品经营者或者消费者的纸质或者电子文件。

第四条 收货人应当建立完善的食品进口记录和销售记录制度并严格执行。

第五条 进口食品结关地出入境检验检疫机构负责进口食品的进口记录和销售记录的监督管理工作。

第六条 收货人应当建立专门的食品进口记录,并指派专人负责。

第七条 收货人建立的食品进口记录应当包括以下内容:

进口食品的名称、品牌、规格、数重量、货值、生产批号、生产日期、保质期、原产地、输出国家或者地区、生产企业名称及在华注册号、出口商或者代理商备案编号、名称及联系方式、贸易合同号、进口口岸、目的地、根据需要出具的国(境)外官方或者官方授权机构出具的相关证书编号、报检单号、入境时间、存放地点、联系人及电话等内容。记录格式见附件1。

第八条 收货人应当保存如下进口记录档案材料:贸易合同、提单、根据需要出具的国(境)外官方相关证书、报检单的复印件、出入境检验检疫机构出具的《入境货物检验检疫证明》、《卫生证书》等文件副本。

第九条 收货人应当建立专门的进口食品销售记录(食品进口后直接用于零售的除外),指派专人负责。

第十条 进口食品销售记录应当包括销售流向记录、销售对象投诉及召回记录等内容。

销售流向记录应当包括进口食品名称、规格、数重量、生产日期、生产批号、销售日期、购货人(使用人)名称及联系方式、出库单号、发票流水编号、食品召回后处理方式等信息。记录格式见附件2。

销售对象投诉及召回记录应当包括涉及的进口食品名称、规格、数重量、生产日期、生产批号,召回或者销售对象投诉原因,自查分析、应急处理方式,后续改进措施等信息。记录格式见附件3。

第十一条 收货人应当保存如下销售记录档案材料:购销合同、销售发票留底联、出库单等文件原件或者复印件,自用食品的收货人还应当保存加工使用记录等资料。

第十二条 收货人应当妥善保存食品进口和销售记录,防止污染、破损和遗失。食品进口和销售记录保存时间不得少于2年。

第十三条 进口食品结关地出入境检验检疫机构应当对收货人的食品进口和销售记录进行检查。

第十四条 本规定所称收货人指中国大陆境内(不包括香港、澳门)与外方签订贸易合同的实际收货人。

第十五条 本规定自2012年10月1日起实行。

(记录表格附件略)

国家质检关于出口工业产品退运追溯调查工作有关问题的公告

（2012 年第 82 号公告）

为进一步提高出口工业产品的质量安全水平，维护我国产品声誉，促进对外贸易健康发展，根据《中华人民共和国进出口商品检验法》及其实施条例有关规定，出入境检验检疫机构对商品出口退运原因进行追溯调查。自 2012 年 6 月 10 日起对有关要求进行调整。现公告如下：

一、本公告所称出口工业产品退运追溯调查指出入境检验检疫机构对由中华人民共和国境内工业产品生产企业生产出口并被境外官方或相关贸易人退回的产品开展信息收集、原因调查、风险研判、信息处置。

出口食品、化妆品和动植物产品退运追溯调查管理规定另行制定。

二、对进境报检/申报时贸易方式为“退运货物”或“进料成品退换”的，申请人应提供进口货物报关单或海关备案清单，同时提供原出口货物报关单或海关备案清单及其他相关材料，并如实填报《出口退运货物情况登记表》（以下简称：《登记表》，见附件）。口岸出入境检验检疫机构在审核《登记表》及所需单证是否完整后予以办理通关放行手续。

对确属需实施出口退运追溯调查的，出入境检验检疫机构将根据实际情况分别实施现场调查、书面调查和备案调查。

附件：

出口退运货物情况登记表

出口退运货物情况登记表

拟流向调查检验检疫机构：

受理登记检验检疫机构：受理人：

日　　期：　　年　　月　　日

（以上信息由受理登记的检验检疫机构统一填写）

进口报检号			报检(申报)单位				
货物名称			H.S.编码				
退货国别(地区)			到港日期				
退货货值(美元)			退货数/重量				
退货收货人			联系人/联系电话				
退货收货人	□本市 □外省市		所在区(本市填写)				
出口退货商品出口时的信息							
出口是否法检	□是 □ 否		出口口岸		出口日期		
出口报检号(法检)			出口属地检验检疫机构(法检)				
出口生产企业			出口生产企业 组织机构代码				
出口生产企业类别	□一类□二类 □三类□四类		生产企业所在地		省　市 区/县		
产品大类(请在相关栏目中打“√”)	□机电	□轻工	□纺织品	□化矿	□金属材料	□木制品	□其他

出口货物退货原因类别(请在相关栏目中打“√”,并具体说明原因)

质量原因			贸易原因			运输原因		
	□	1.健康、安全、卫生、环保不符合要求		□	1.保修期内正常维修		□	1.运输中受损
	□	2.不符合标准、合同等		□	2.贸易、货款纠纷		□	2.运输中受潮、变质
	□	3.数重量、规格不符合要求		□	3.客户需求更改		□	3.输往国家或地区错误
	□	4.包装不符合要求		□	4.无理由协议造成退货			
	□	5.遭遇贸易技术壁垒		□	5.贸易性壁垒			
				□	6.已使用产品退货			
				□	7.累积、库存产品退货			
□	7	其他情况：						
具体原因：								

备注：1、递交本表时请提供出口退运货物出口时的报关单复印件及相关单证，出口法检商品请提供出口时的通关单复印件。

2、出口退运货物涉及多家生产企业的请分单填报登记。

兹声明以上申报信息无讹并承担法律责任

经营单位(公章) 报检/申报单位(公章)

报 检 员(签字/章)：申/报检日期：　　年　　月　　日

交通运输部关于修改《船舶载运危险货物安全监督管理规定》的决定

（中华人民共和国交通运输部令2012年第4号）

交通运输部决定将《船舶载运危险货物安全监督管理规定》（交通部令2003年第10号）第九条第二款修改为“对报告进入船舶交通管理（VTS）中心控制水域的载运危险货物的船舶，海事管理机构应当进行标注和跟踪，发现违规航行、停泊、作业的，或者认为可能影响其他船舶安全的，海事管理机构应当及时发出警告，必要时依法采取相应的措施。”

第三十三条第一款修改为：“海事管理机构依法对载运危险货物的船舶实施监督检查，对违法的船舶、船员依法采取相应的措施。”

本决定自公布之日施行。

《船舶载运危险货物安全监督管理规定》根据本决定作相应修正，重新公布。

《中华人民共和国船舶载运危险货物安全监督管理规定》

（2003年11月30日交通部发布　根据2012年3月14日交通运输部《关于修改〈船舶载运危险货物安全监督管理规定〉的决定》修正）

第一章　总　　则

第一条　为加强船舶载运危险货物监督管理，保障水上人命、财产安全，防止船舶污染环境，依据《中华人民共和国海上交通安全法》、《中华人民共和国海洋环境保护法》、《中华人民共和国港口法》、《中华人民共和国内河交通安全管理条例》、《中华人民共和国危险化学品安全管理条例》和有关国际公约的规定，制定本规定。

第二条 本规定适用于船舶在中华人民共和国管辖水域载运危险货物的活动。

第三条 交通部主管全国船舶载运危险货物的安全管理工作。中华人民共和国海事局负责船舶载运危险货物的安全监督管理工作。

交通部直属和地方人民政府交通主管部门所属的各级海事管理机构依照有关法律、法规和本规定，具体负责本辖区船舶载运危险货物的安全监督管理工作。

第四条 船舶载运危险货物，必须符合国家安全生产、水上交通安全、防治船舶污染的规定，保证船舶人员和财产的安全，防止对环境、资源以及其他船舶和设施造成损害。

第五条 禁止利用内河以及其他封闭水域等航运渠道运输剧毒化学品以及交通部规定禁止运输的其他危险化学品。

禁止在普通货物中夹带危险货物，不得将危险货物匿报或者报为普通货物。

禁止未取得危险货物适装证书的船舶以及超过交通部规定船龄的船舶载运危险货物。

第二章 通航安全和防污染管理

第六条 载运危险货物的船舶在中国管辖水域航行、停泊、作业，应当遵守交通部公布的以及海事管理机构在其职权范围内依法公布的水上交通安全和防治船舶污染的规定。

对在中国管辖水域航行、停泊、作业的载运危险货物的船舶，海事管理机构应当进行监督。

第七条 载运危险货物的船舶应当选择符合安全要求的通航环境航行、停泊、作业，并顾及在附近航行、停泊、作业的其他船舶以及港口和近岸设施的安全，防止污染环境。海事管理机构规定危险货物船舶专用航道、航路的，载运危险货物的船舶应当遵守规定航行。

载运危险货物的船舶通过狭窄或者拥挤的航道、航路，或者在气候、风浪比较恶劣的条件下航行、停泊、作业，应当加强了望，谨慎操作，采取相应的安全、防污措施。必要时，还应当落实辅助船舶待命防护等应急预防措施，或者向海事管理机构请求导航或者护航。

载运爆炸品、放射性物品、有机过氧化物、闪点28℃以下易燃液体和液化气的船，不得与其他驳船混合编队拖带。

对操作能力受限制的载运危险货物的船舶，海事管理机构应当疏导交通，必要时可实行相应的交通管制。

第八条 载运危险货物的船舶在航行、停泊、作业时应当按规定显示信号。

其他船舶与载运危险货物的船舶相遇，应当注意按照航行和避碰规则的规定，尽早采取相应的行动。

第九条 在船舶交通管理(VTS)中心控制的水域，船舶应当按照规定向交通管理(VTS)中心报告，并接受该中心海事执法人员的指令。

对报告进入船舶交通管理(VTS)中心控制水域的载运危险货物的船舶，海事管理机构应当进行标注和跟踪，发现违规航行、停泊、作业的，或者认为可能影响其他船舶安全的，海事管理机构应当及时发出警告，必要时依法采取相应的措施。

船舶交通管理(VTS)中心应当为向其报告的载运危险货物的船舶提供相应的水上交通安全信息服务。

第十条 在实行船舶定线制的水域，载运危险货物的船舶应当遵守船舶定线制规定，并使用规定的通航分道航行。

在实行船位报告制的水域，载运危险货物的船舶应当按照海事管理机构的规定，加入船位报告系统。

第十一条 载运危险货物的船舶从事水上过驳作业，应当符合国家水上交通安全和防止船舶污染环境的管理规定和技术规范，选择缓流、避风、水深、底质等条件较好的水域，尽量远离人口密集区、船舶通航密集区、航道、重要的民用目标或者设施、军用水域，制定安全和防治污染的措施和应急计划并保证有效实施。

第十二条 载运危险货物的船舶在港口水域内从事危险货物过驳作业，应当根据交通部有关规定向港口行政管理部门提出申请。港口行政管理部门在审批时，应当就船舶过驳作业的水域征得海事管理机构的同意。

载运散装液体危险性货物的船舶在港口水域外从事海上危险货物过驳作业，应当由船舶或者其所有人、经营人或者管理人依法向海事管理机构申请批准。

船舶从事水上危险货物过驳作业的水域，由海事管理机构发布航行警告或者航行通告予以公布。

第十三条 申请从事港口水域外海上危险货物单航次过驳作业的，申请人应当提前 24 小时向海事管理机构提出申请；申请在港口水域外特定海域从事多航次危险货物过驳作业的，申请人应当提前 7 日向海事管理机构提出书面申请。

船舶提交上述申请，应当申明船舶的名称、国籍、吨位，船舶所有人或者其经营人或者管理人、船员名单，危险货物的名称、编号、数量，过驳的时间、地点等，并附表明其业已符合本规定第十一条规定的相应材料。

海事管理机构收到齐备、合格的申请材料后，对单航次作业的船舶，应当在 24 小时内做出批准或者不批准的决定；对在特定水域多航次作业的船舶，应当在 7 日内做出批准或者不批准的决定。海事管理机构经审核，对申请材料显示船舶及其设备、船员、作业活动及安全和环保措施、作业水域等符合国家水上交通安全和防治船舶污染环境的管理规定和技术规范的，应当予以批准并及时通知申请人。对未予批准的，应当说明理由。

第十四条 载运危险货物的船舶排放压载水、洗舱水，排放其他残余物或者残余物与水的混合物，应当按照国家有关规定进行排放。

禁止船舶在海事管理机构依法设定并公告的禁止排放水域内，向水体排放任何禁排物品。

第十五条 载运危险货物的船舶发生水上险情、交通事故、非法排放事件，应当按照规定向海事管理机构报告，并及时启动应急计划和采取应急措施，防止损害、危害的扩大。

海事管理机构接到报告后，应当启动相应的应急救助计划，支援当事船舶尽量控制并消除损害、危害的态势和影响。

第三章 船舶管理

第十六条 从事危险货物运输的船舶所有人或者其经营人或者管理人，应当根据国家水上交通安全和防治船舶污染环境的管理规定，建立和实施船舶安全营运和防污染管理体系。

第十七条 载运危险货物的船舶，其船体、构造、设备、性能和布置等方面应当符合国家船舶检验的法律、行政法规、规章和技术规范的规定，国际航行船舶还应当符合有关国际公约的规定，具备相应的适航、适装条件，经中华人民共和国海事局认可的船舶检验机构检验合格，取得相应的检验证书和文书，并保持良好状态。

载运危险货物的船用集装箱、船用刚性中型散装容器和船用可移动罐柜，应当经中华人民共和国海事局认可的船舶检验机构检验合格后，方可在船上使用。

第十八条 曾装运过危险货物的未清洁的船用载货空容器，应当作为盛装有危险货物的容器处理，但经采取足够措施消除了危险性的除外。

第十九条 载运危险货物的船舶应当制定保证水上人命、财产安全和防治船舶污染环境的措施，编制应对水上交通事故、危险货物泄漏事故的应急预案以及船舶溢油应急计划，配备相应的应急救护、消防和人员防护等设备及器材，并保证落实和有效实施。

第二十条 载运危险货物的船舶应当按照国家有关船舶安全、防污染的强制保险规定，参加相应的保险，并取得规定的保险文书或者财务担保证明。

载运危险货物的国际航行船舶，按照有关国际公约的规定，凭相应的保险文书或者财务担保证明，由海事管理机构出具表明其业已办理符合国际公约规定的船舶保险的证明文件。

第二十一条 船舶载运危险货物，应当符合有关危险货物积载、隔离和运输的安全技术规范，并只能承运船舶检验机构签发的适装证书中所载明的货种。

国际航行船舶应当按照《国际海运危险货物规定》，国内航行船舶应当按照《水路危险货物运输规定》，对承载的危险货物进行正确分类和积载，保障危险货物在船上装载期间的安全。

对不符合国际、国内有关危险货物包装和安全积载规定的，船舶应当拒绝受载、承运。

第二十二条 船舶进行洗(清)舱、驱气或者置换，应当选择安全水域，远离通航密集区、船舶定线制区、禁航区、航道、渡口、客轮码头、危险货物码头、军用码头、船闸、大型桥梁、水下通道以及重要的沿岸保护目标，并在作业之前报海事管理机构核准，核准程序和手续按本规定第十三条关于单航次海上危险货物过驳作业的规定执行。

船舶从事本条第一款所述作业活动期间，不得检修和使用雷达、无线电发报机、卫星船站；不得进行明火、拷铲及其他易产生火花的作业；不得使用供应船、车进行加油、加水作业。

第四章 申报管理

第二十三条 船舶载运危险货物进、出港口，或者在港口过境停留，应当在进、出港口之前提前24小时，直接或者通过代理人向海事管理机构办理申报手续，经海事管理机构批准后，方可进、出港口。国际航行船舶，还应当按照国务院颁布的《国际航行船舶进出中华人民共和国口岸检查办法》第六条规定的时间提前预报告。

定船舶、定航线、定货种的船舶可以办理定期申报手续。定期申报期限不超过一个月。

船舶载运尚未在《危险货物品名表》(国家标准GB12268)或者国际海事组织制定的《国际海运危险货物规则》内列明但具有危险物质性质的货物，应当按照载运危险货物的管理规定办理进、出港口申报。海事管理机构接到报告后，应当及时将上述信息通报港口所在地的港口行政管理部门。

办理申报手续可以采用电子数据处理(EDP)或者电子数据交换(EDI)的方式。

第二十四条 载运危险货物的船舶办理进、出港口申报手续，申报内容应至少包括：船名、预计进出港口的时间以及所载危险货物的正确名称、编号、类别、数量、特性、包装、装载位置等，并提供船舶持有安全适航、适装、适运、防污染证书或者文书的情况。

对于装有危险货物的集装箱，船舶需提供集装箱装箱检查员签名确认的《集装箱装箱证明书》。

对于易燃、易爆、易腐蚀、剧毒、放射性、感染性、污染危害性等危险品，船舶应当在申报时附具相应的危险货物安全技术说明书、安全作业注意事项、人员防护、应急急救和泄漏处置措施等资料。

第二十五条 海事管理机构收到船舶载运危险货物进、出港口的申报后，应当在24小时内做出批准或者不批准船舶进、出港口的决定。

对于申报资料明确显示船舶处于安全适航、适装状态以及所载危险货物属于安全状态的，海事管理机构应当批准船舶进、出港口。对有下列情形之一的，海事管理机构应当禁止船舶进、出港口：

(一)船舶未按规定办理申报手续；

（二）申报显示船舶未持有有效的安全适航、适装证书和防污染证书，或者货物未达到安全适运要求或者单证不全；

（三）按规定尚需国家有关主管部门或者进出口国家的主管机关同意后方能载运进、出口的货物，在未办理完有关手续之前；

（四）船舶所载危险货物系国家法律、行政法规禁止通过水路运输的；

（五）本港尚不具备相应的安全航行、停泊、作业条件或者相应的应急、防污染、保安等措施的；

（六）交通部规定不允许船舶进出港口的其他情形。

第二十六条 船舶载运需经国家其他有关主管部门批准的危险货物，或者载运需经两国或者多国有关主管部门批准的危险货物，应在装货前取得相应的批准文书并向海事管理机构备案。

第二十七条 船舶从境外载运有害废料进口，国内收货单位应事先向预定抵达港的海事管理机构提交书面报告并附送出口国政府准许其迁移以及我国政府有关部门批准其进口的书面材料，提供承运的单位、船名、船舶国籍和呼号以及航行计划和预计抵达时间等情况。

船舶出口有害废弃物，托运人应提交我国政府有关部门批准其出口，以及最终目的地国家政府准许其进口的书面材料。

第二十八条 核动力船舶、载运放射性危险货物的船舶以及5万总吨以上的油轮、散装化学品船、散装液化气船从境外驶向我国领海的，不论其是否挂靠中国港口，均应当在驶入中国领海之前，向中国船位报告中心通报：船名、危险货物的名称、装载数量、预计驶入的时间和概位、挂靠中国的第一个港口或者声明过境。挂靠中国港口的，还应当按照本规定第二十三条的规定申报。

第五章 人员管理

第二十九条 载运危险货物船舶的船员，应当持有海事管理机构颁发的适任证书和相应的培训合格证，熟悉所在船舶载运危险货物安全知识和操作规程。

第三十条 载运危险货物船舶的船员应当事先了解所运危险货物的危险性和危害性及安全预防措施，掌握安全载运的相关知识。发生事故时，应遵循应急预案，采取相应的行动。

第三十一条 从事原油洗舱作业的指挥人员，应当按照规定参加原油洗舱的特殊培训，具备船舶安全与防污染知识和专业操作技能，经海事管理机构考试、评估，取得合格证书后，方可上岗作业。

第三十二条 按照本规定办理船舶申报手续的人员，应当熟悉船舶载运危险货物的申报程序和相关要求。

第六章 法律责任

第三十三条 海事管理机构依法对载运危险货物的船舶实施监督检查，对违法的船舶、船员依法采取相应的措施。

海事管理机构发现载运危险货物的船舶存在安全或者污染隐患的，应当责令立即消除或者限期消除隐患；有关单位和个人不立即消除或者逾期不消除的，海事管理机构可以采取责令其临时停航、停止作业，禁止进港、离港，责令驶往指定水域，强制卸载，滞留船舶等强制性措施。

对有下列情形之一的，海事管理机构应当责令当事船舶立即纠正或者限期改正：

(一)经核实申报内容与实际情况不符的；

(二)擅自在非指定泊位或者水域装卸危险货物的；

(三)船舶或者其设备不符合安全、防污染要求的；

(四)危险货物的积载和隔离不符合规定的；

(五)船舶的安全、防污染措施和应急计划不符合规定的；

(六)船员不符合载运危险货物的船舶的适任资格的。

本规定第二十八条所述船舶违反国家水上交通安全和防治船舶污染环境的法律、行政法规以及《联合国海洋法公约》有关规定的，海事管理机构有权禁止其进入中国领海、内水、港口，或者责令其离开或者驶向指定地点。

第三十四条 载运危险货物的船舶违反本规定以及国家水上交通安全、防治船舶污染环境的规定，应当予以行政处罚的，由海事管理机构按照有关法律、行政法规和交通部公布的有关海事行政处罚的规定给予相应的处罚。

涉嫌构成犯罪的，由海事管理机构依法移送国家司法机关。

第三十五条 海事管理机构的工作人员有滥用职权、徇私舞弊、玩忽职守等严重失职行为的，由其所在单位或者上级机关给予行政处分；情节严重构成犯罪的，由司法机关依法追究刑事责任。

第七章 附 则

第三十六条 本规定所称“危险货物”，系指具有爆炸、易燃、毒害、腐蚀、放射性、污染危害性等特性，在船舶载运过程中，容易造成人身伤害、财产损失或者环境污染而需要特别防护的物品。

第三十七条 本规定自2004年1月1日生效。1981年交通部颁布的《船舶装载危险货物监督管理规定》(〔81〕交港监字2060号)同时废止。

交通运输部
关于修改《长江干线船舶港务费征收办法》的决定

（中华人民共和国交通运输部令2012年第5号）

交通运输部决定将《长江干线船舶港务费征收办法》（交通部、国家计委、财政部交财发〔1997〕93号文发布）第十二条第二款修改为："对偷缴、抗缴船舶港务费的，征稽机构有权追缴费款、不予办理船舶出港手续，并可依据《中华人民共和国内河交通安全管理条例》，视情节轻重，给予处罚。"

本决定自公布之日施行。

《长江干线船舶港务费征收办法》根据本决定作相应修改，重新公布。

《长江干线船舶港务费征收办法》

（1997年2月12日交通部、国家计委、财政部交财发〔1997〕93号文发布根据2012年5月3日交通运输部《关于修改〈长江干线船舶港务费征收办法〉的决定》修正）

第一条 为加强长江干线船舶港务费（以下简称船舶港务费）征收工作，维护水上交通安全管理，根据《中华人民共和国内河交通安全管理条例》的有关规定，制定本办法。

第二条 凡进出长江干线港口从事国内航线运输和经营性作业的船舶

均应按本办法缴纳船舶港务费。

第三条 交通部长江港航监督局及其设置的船舶港务费征稽机构(以下简称征稽机构)具体负责其管辖范围内船舶港务费的征收、征稽工作。

第四条 船舶港务费作为预算外资金,按照《国务院关于加强预算外资金管理的决定》(国发〔1996〕29号)的规定,实行收支两条线管理,严禁任何单位和个人截留、坐支、挪用。

第五条 船舶每进港或出港一次,分别征收进口或出口船舶港务费每净吨(马力)0.55元。

第六条 船舶港务费以船舶净吨(无净吨按总吨,无总吨按载重吨,无载重吨按500吨计)或马力为计费单位,不满1吨或1马力,按1吨或1马力计。

非机动船舶以船舶净吨计费;机动船以船舶净吨或马力,两者择大计费;拖驳船队以驳船净吨计费。

第七条 在中途港口停靠的客轮、客货轮,以船舶净吨的1/30,按规定费率计征;在中途港口停靠的货轮(含驳船船队),以中途装卸的货物吨数或加减集装箱(含空箱)的箱数(40英尺标准箱按20吨计,20英尺标准箱按10吨计),按规定费率计征。

从事经营性水上、水下施工、作业的工程船,每进港或出港一次,分别按规定费率计征。泥驳船和耙吸船每三十天(不足三十天按三十天计)计为进、出港各一次,按规定费率计征。

挖沙船、汽车、火车轮渡每3天(不足3天按3天计)计为进、出港各一次,按规定费率计征。

第八条 下列船舶免征船舶港务费:

(一)执行国防、公安、消防、海关、水上监督、防洪、抢险任务和测量、水文、检疫、医疗、环保、科学勘察、体育活动、长江干线航道整治、维护的船舶以及无进出港口行为的港口作业船舶;

(二)避难、遇难和施救船舶;

（三）换拖不换驳的驳船（重新办理托运者除外）；

（四）城（镇）区内营运的对江客轮渡。

前款规定免征船舶港务费的船舶，如改变用途从事港区间经营业务，也应按规定交纳船舶港务费。

第九条 船舶应在进、出港口时，按规定标准一次付清船舶港务费。

征稽机构可与船舶所有人或经营人商定缴费方式，也可实行定额包干计征，并签定缴费协议。

征稽机构可委托有关单位代征船舶港务费，并签定代征协议。

第十条 征收部门执收时，必须按国家规定使用财政部统一制发的行政事业性收费专用票据。具体办法由财政部商交通部另行制定。

第十一条 船方必须接受征稽机构的稽查，主动提供、报告与缴纳船舶港务费有关的船名、数量、吨位（功率）、起讫港、中途停靠港及中途装卸货物的吨数或加减集装箱等凭据、资料。

第十二条 对违反本办法逾期不缴纳船舶港务费的，征稽机构除追缴费款外，并应从结算的次日起，按日核收应缴船舶港务费5‰的滞纳金。

对偷缴、抗缴船舶港务费的，征稽机构有权追缴费款、不予办理船舶出港手续，并可依据《中华人民共和国内河交通安全管理条例》，视情节轻重，给予处罚。

第十三条 缴费人对征稽机构作出的行政处罚决定如有异议，可依法申请复议，或直接向人民法院提起诉讼。缴费人在法定的期限内既不申请复议又不履行行政处罚决定的，征稽机构可依《中华人民共和国交通安全管理违章处罚规定》强制执行或者申请人民法院强制执行。

第十四条 对围攻、污辱以及殴打执行公务的征稽人员的当事人和主要责任人，违反治安管理规定的，由公安部门依法处理；触犯刑律的，追究其刑事责任。

第十五条 征稽人员在执行公务时，应主动出示交通部长江港航监督局制作的“长江港航监督局船舶港务费征稽证”，做到文明执法，礼貌待人。

第十六条 本办法所称“长江干线港口”是指重庆、涪陵、万县、巴东、宜昌、枝城、荆沙、监利、城陵矶、洪湖、武汉、黄石、武穴、九江、安庆、池州、铜陵、芜湖、马鞍山、南京、镇江、高港、江阴、张家港、南通港和所辖站、点及企、事业单位的自建、使用、租用的码头、泊位及用于过驳的生产锚地。

第十七条 进出长江港口航行国际航线的船舶和长江国际旅客旅游船的船舶港务费的征收按《交通部港口费收规则(外贸部分)》执行。其中,长江国际旅客旅游船的船舶港务费的征收每进出港口各港只计收一次。

第十八条 本办法由交通部、国家计划委员会、财政部负责解释。交通部长江港航监督局可根据本办法制定实施细则报交通部备案。

第十九条 本办法自 1997 年 3 月 1 日起实施,交通部发布的有关长江干线港口船舶港务费的规章、规范性文件与本办法不一致的,均以本办法为准。

交通运输部关于加强国际海上旅客运输市场准入管理的公告

（交通运输部公告2012年第12号）

为规范国际海上旅客运输活动，保障我国国际海上旅客运输安全，根据《中华人民共和国国际海运条例》（以下简称《国际海运条例》）的有关规定，自本公告发布之日起，进一步加强国际海上旅客运输市场准入管理。现就有关事项公告如下：

一、市场准入有关要求

（一）国际船舶运输经营者经营进出中国港口的国际海上旅客运输业务，应当依法取得交通运输主管部门的相应许可。开展国际旅客班轮运输经营的，应当依据《国际海运条例》规定，取得国际班轮运输经营资格。以外国籍船舶在华开展多点挂靠业务的，应当依据交通运输部《关于外国籍邮轮在华特许开展多点挂靠业务的公告》（2009年第44号）要求获得特别批准。

（二）注册在中国境内的国际船舶运输经营者，应当取得中国海事部门或其认可组织签发的、与经营船舶类型相适应的符合证明（Document of Compliance），其运营船舶应当取得中国海事部门或其认可组织签发的安全管理证书（Safety Management Certificate）。

（三）不予核准船龄超过30年的客船进出中国港口。船龄自船舶建造完工之日起算。外国籍邮轮在华开展多点挂靠等不定期或单航次国际海上旅客运输业务的，前述船龄限制由交通运输部综合考虑船舶技术状况予以核定。

（四）船舶应当具备与航区相适应的法定检验证书和船级证书。其中，船舶安全管理证书（SafetyManagement Certificate）、客船安全证书（Passenger Ship Safety Certificate)、国际船舶保安证书(International Ship Security Certificate)和船级证书(Certificate of Class)应由国际船级社协会(IACS)成员船级社签发。拟开展国际旅客班轮运输经营的,上述证书自国际船舶运输经营者提交相应许可申请文件起,有效期不得少于1年。

(五)为确保国际船舶运输经营者具有相关从业经验和风险承担能力,以租用船舶开展经营的(光租除外),该经营者应当至少拥有一艘国际航行船舶。

(六)悬挂被列入港口国监管东京备忘录黑名单国家国旗的客船,不予核准进出中国港口。

二、监督检查

各级交通运输主管部门和港口航运管理机构要加强对本地区国际海上旅客运输市场监督检查,加大现场检查力度,对违反《国际海运条例》规定从事国际海上旅客运输的国际船舶运输经营者,应责令其限期改正,并向交通运输部报告。海事部门要加强对到港国际海上旅客运输船舶的安全监管。

各有关港口经营人不得为未经批准开展进出我国港口海上旅客运输业务的船舶和国际船舶运输经营者提供船舶上下旅客服务。

交通运输部
关于融资租赁船舶运力认定政策的公告

（交通运输部公告2012年第40号）

为扶持中小航运企业发展，帮助企业盘活船舶资产，缓解资金压力，应对航运市场形势，我部决定，对符合本公告规定的融资租赁船舶，在国际、国内水路运输经营资质管理中，经核准可认定为航运企业的自有运力。现将有关事项公告如下：

一、本公告所指融资租赁船舶是指航运企业将已取得国际、国内水路运输经营资格的船舶出售后以融资租赁的方式回租，或经核准以融资租赁方式新增运力的船舶。

二、融资租赁出租人应依法取得国家有关部门批准的融资租赁经营资格。

三、航运企业申请将融资租赁船舶作为自有运力，已付租金应不低于融资租赁应付款项的51%，并经融资租赁双方共同书面确认。

四、航运企业将已取得国际、国内水路运输经营资格的船舶出售给融资租赁企业，应在交通运输部公布的船舶交易服务机构办理船舶交易手续。

五、航运企业办理自有运力认定手续时，应提交下列有效证明材料：

1.融资租赁船舶的《船舶所有权登记证书》、《船舶国籍证书》以及《船舶检验证书》或《船舶入级证书》。

2.融资租赁合同及出租人的融资租赁资格证明文件。

3.租赁双方对承租人已付租金占融资租赁应付款项比例的书面确认文件。

4.对于出售后以融资租赁的方式回租的船舶，还应提供《船舶营业运输证》或《国际海上运输船舶备案证明书》及船舶交易机构出具的交易证明文件。

六、对于从事国际水路运输的航运企业和船舶，由省级交通运输主管部门将初步审查意见和全部申请材料报至我部，由我部作出融资船舶为企业自有运力的认定决定；对于从事国内水路运输的航运企业和船舶，由设区的市级交通运输主管部门审核后，符合本公告条件的，直接向申请人出具融资租赁船舶为企业自有运力的书面确认文件。

七、为积极稳妥推进融资租赁船舶作为自有运力的政策，自本公告发布之日起，先以上海市为试点，对在上海市注册的航运企业试行一年。今后视试点地区的实施效果，不断完善并扩大试点范围，逐步在全国推行。

交通运输部关于修改《船舶载运危险货物安全监督管理规定》的决定

（交通运输部令 2012 年第 4 号）

交通运输部决定将《船舶载运危险货物安全监督管理规定》（交通部令 2003 年第 10 号）第九条第二款修改为"对报告进入船舶交通管理（VTS）中心控制水域的载运危险货物的船舶，海事管理机构应当进行标注和跟踪，发现违规航行、停泊、作业的，或者认为可能影响其他船舶安全的，海事管理机构应当及时发出警告，必要时依法采取相应的措施。"

第三十三条第一款修改为："海事管理机构依法对载运危险货物的船舶实施监督检查，对违法的船舶、船员依法采取相应的措施。"

本决定自公布之日施行。

《船舶载运危险货物安全监督管理规定》根据本决定作相应修正，重新公布。

中华人民共和国船舶载运危险货物安全监督管理规定

第一章 总 则

第一条 为加强船舶载运危险货物监督管理，保障水上人命、财产安全，防止船舶污染环境，依据《中华人民共和国海上交通安全法》、《中华人民共和国海洋环境保护法》、《中华人民共和国港口法》、《中华人民共和国内河交通安全管理条例》、《中华人民共和国危险化学品安全管理条例》和有关国际公约的规定，制定本规定。

第二条 本规定适用于船舶在中华人民共和国管辖水域载运危险货物的活动。

第三条 交通部主管全国船舶载运危险货物的安全管理工作。中华人民共和国海事局负责船舶载运危险货物的安全监督管理工作。

交通部直属和地方人民政府交通主管部门所属的各级海事管理机构依照有关法律、法规和本规定，具体负责本辖区船舶载运危险货物的安全监督管理工作。

第四条 船舶载运危险货物，必须符合国家安全生产、水上交通安全、防治船舶污染的规定，保证船舶人员和财产的安全，防止对环境、资源以及其他船舶和设施造成损害。

第五条 禁止利用内河以及其他封闭水域等航运渠道运输剧毒化学品以及交通部规定禁止运输的其他危险化学品。

禁止在普通货物中夹带危险货物，不得将危险货物匿报或者报为普通货物。

禁止未取得危险货物适装证书的船舶以及超过交通部规定船龄的船舶载运危险货物。

第二章 通航安全和防污染管理

第六条 载运危险货物的船舶在中国管辖水域航行、停泊、作业，应当遵守交通部公布的以及海事管理机构在其职权范围内依法公布的水上交通安全和防治船舶污染的规定。

对在中国管辖水域航行、停泊、作业的载运危险货物的船舶，海事管理机构应当进行监督。

第七条 载运危险货物的船舶应当选择符合安全要求的通航环境航行、停泊、作业，并顾及在附近航行、停泊、作业的其他船舶以及港口和近岸设施的安全，防止污染环境。海事管理机构规定危险货物船舶专用航道、航路的，载运危险货物的船舶应当遵守规定航行。

载运危险货物的船舶通过狭窄或者拥挤的航道、航路，或者在气候、风浪比较恶劣的条件下航行、停泊、作业，应当加强了望，谨慎操作，采取相应的安全、防污措施。必要时，还应当落实辅助船舶待命防护等应急预防措施，或者向海事管理机构请求导航或者护航。

载运爆炸品、放射性物品、有机过氧化物、闪点 28℃以下易燃液体和液化气的船，不得与其他驳船混合编队拖带。

对操作能力受限制的载运危险货物的船舶，海事管理机构应当疏导交通，必要时可实行相应的交通管制。

第八条 载运危险货物的船舶在航行、停泊、作业时应当按规定显示信号。

其他船舶与载运危险货物的船舶相遇，应当注意按照航行和避碰规则的规定，尽早采取相应的行动。

第九条 在船舶交通管理(VTS)中心控制的水域，船舶应当按照规定向交通管理(VTS)中心报告，并接受该中心海事执法人员的指令。

对报告进入船舶交通管理(VTS)中心控制水域的载运危险货物的船舶，海事管理机构应当进行标注和跟踪，发现违规航行、停泊、作业的，或者认为可能影响其他船舶安全的，海事管理机构应当及时发出警告，必要时依法采取相应的措施。

船舶交通管理(VTS)中心应当为向其报告的载运危险货物的船舶提供相应的水上交通安全信息服务。

第十条 在实行船舶定线制的水域，载运危险货物的船舶应当遵守船舶定线制规定，并使用规定的通航分道航行。

在实行船位报告制的水域，载运危险货物的船舶应当按照海事管理机构的规定,加入船位报告系统。

第十一条 载运危险货物的船舶从事水上过驳作业,应当符合国家水上交通安全和防止船舶污染环境的管理规定和技术规范,选择缓流、避风、水深、底质等条件较好的水域,尽量远离人口密集区、船舶通航密集区、航道、重要的民用目标或者设施、军用水域,制定安全和防治污染的措施和应急计划并保证有效实施。

第十二条 载运危险货物的船舶在港口水域内从事危险货物过驳作业,应当根据交通部有关规定向港口行政管理部门提出申请。港口行政管理部门在审批时,应当就船舶过驳作业的水域征得海事管理机构的同意。

载运散装液体危险性货物的船舶在港口水域外从事海上危险货物过驳作业,应当由船舶或者其所有人、经营人或者管理人依法向海事管理机构申请批准。

船舶从事水上危险货物过驳作业的水域,由海事管理机构发布航行警告或者航行通告予以公布。

第十三条 申请从事港口水域外海上危险货物单航次过驳作业的,申请人应当提前 24 小时向海事管理机构提出申请;申请在港口水域外特定海域从事多航次危险货物过驳作业的,申请人应当提前 7 日向海事管理机构提出书面申请。

船舶提交上述申请,应当申明船舶的名称、国籍、吨位,船舶所有人或者其经营人或者管理人、船员名单,危险货物的名称、编号、数量,过驳的时间、地点等,并附表明其业已符合本规定第十一条规定的相应材料。

海事管理机构收到齐备、合格的申请材料后,对单航次作业的船舶,应当在 24 小时内做出批准或者不批准的决定;对在特定水域多航次作业的船舶,应当在 7 日内做出批准或者不批准的决定。海事管理机构经审核,对申请材料显示船舶及其设备、船员、作业活动及安全和环保措施、作业水域等符合国家水上交通安全和防治船舶污染环境的管理规定和技术规范的,应当予以批准并及时通知申请人。对未予批准的，应当说明理由。

第十四条 载运危险货物的船舶排放压载水、洗舱水，排放其他残余物或者残余物与水的混合物，应当按照国家有关规定进行排放。

禁止船舶在海事管理机构依法设定并公告的禁止排放水域内，向水体排放任何禁排物品。

第十五条 载运危险货物的船舶发生水上险情、交通事故、非法排放事件，应当按照规定向海事管理机构报告，并及时启动应急计划和采取应急措施，防止损害、危害的扩大。

海事管理机构接到报告后，应当启动相应的应急救助计划，支援当事船舶尽量控制并消除损害、危害的态势和影响。

第三章 船舶管理

第十六条 从事危险货物运输的船舶所有人或者其经营人或者管理人，应当根据国家水上交通安全和防治船舶污染环境的管理规定，建立和实施船舶安全营运和防污染管理体系。

第十七条 载运危险货物的船舶，其船体、构造、设备、性能和布置等方面应当符合国家船舶检验的法律、行政法规、规章和技术规范的规定，国际航行船舶还应当符合有关国际公约的规定，具备相应的适航、适装条件，经中华人民共和国海事局认可的船舶检验机构检验合格，取得相应的检验证书和文书，并保持良好状态。

载运危险货物的船用集装箱、船用刚性中型散装容器和船用可移动罐柜，应当经中华人民共和国海事局认可的船舶检验机构检验合格后，方可在船上使用。

第十八条 曾装运过危险货物的未清洁的船用载货空容器，应当作为盛装有危险货物的容器处理，但经采取足够措施消除了危险性的除外。

第十九条 载运危险货物的船舶应当制定保证水上人命、财产安全和防治船舶污染环境的措施，编制应对水上交通事故、危险货物泄漏事故的应急预案以及船舶溢油应急计划，配备相应的应急救护、消防和人员防护等设备及器材，并保证落实和有效实施。

第二十条 载运危险货物的船舶应当按照国家有关船舶安全、防污染的强制保险规定，参加相应的保险，并取得规定的保险文书或者财务担保证明。

载运危险货物的国际航行船舶，按照有关国际公约的规定，凭相应的保险文书或者财务担保证明，由海事管理机构出具表明其业已办理符合国际公约规定的船舶保险的证明文件。

第二十一条 船舶载运危险货物，应当符合有关危险货物积载、隔离和运输的安全技术规范，并只能承运船舶检验机构签发的适装证书中所载明的货种。

国际航行船舶应当按照《国际海运危险货物规定》，国内航行船舶应当按照《水路危险货物运输规定》，对承载的危险货物进行正确分类和积载，保障危险货物在船上装载期间的安全。

对不符合国际、国内有关危险货物包装和安全积载规定的，船舶应当拒绝受载、承运。

第二十二条 船舶进行洗(清)舱、驱气或者置换，应当选择安全水域，远离通航密集区、船舶定线制区、禁航区、航道、渡口、客轮码头、危险货物码头、军用码头、船闸、大型桥梁、水下通道以及重要的沿岸保护目标，并在作业之前报海事管理机构核准，核准程序和手续按本规定第十三条关于单航次海上危险货物过驳作业的规定执行。

船舶从事本条第一款所述作业活动期间，不得检修和使用雷达、无线电发报机、卫星船站；不得进行明火、拷铲及其他易产生火花的作业；不得使用供应船、车进行加油、加水作业。

第四章　申报管理

第二十三条　船舶载运危险货物进、出港口，或者在港口过境停留，应当在进、出港口之前提前24小时，直接或者通过代理人向海事管理机构办理申报手续，经海事管理机构批准后，方可进、出港口。国际航行船舶，还应当按照国务院颁布的《国际航行船舶进出中华人民共和国口岸检查办法》第六条规定的时间提前预报告。

定船舶、定航线、定货种的船舶可以办理定期申报手续。定期申报期限不超过一个月。

船舶载运尚未在《危险货物品名表》(国家标准GB12268)或者国际海事组织制定的《国际海运危险货物规则》内列明但具有危险物质性质的货物，应当按照载运危险货物的管理规定办理进、出港口申报。海事管理机构接到报告后，应当及时将上述信息通报港口所在地的港口行政管理部门。

办理申报手续可以采用电子数据处理(EDP)或者电子数据交换(EDI)的方式。

第二十四条　载运危险货物的船舶办理进、出港口申报手续，申报内容应至少包括：船名、预计进出港口的时间以及所载危险货物的正确名称、编号、类别、数量、特性、包装、装载位置等，并提供船舶持有安全适航、适装、适运、防污染证书或者文书的情况。

对于装有危险货物的集装箱，船舶需提供集装箱装箱检查员签名确认的《集装箱装箱证明书》。

对于易燃、易爆、易腐蚀、剧毒、放射性、感染性、污染危害性等危险品，船舶应当在申报时附具相应的危险货物安全技术说明书、安全作业注意事项、人员防护、应急急救和泄漏处置措施等资料。

第二十五条　海事管理机构收到船舶载运危险货物进、出港口的申报后，应当在24小时内做出批准或者不批准船舶进、出港口的决定。

对于申报资料明确显示船舶处于安全适航、适装状态以及所载危险货物属于安全状态的，海事管理机构应当批准船舶进、出港口。对有下列情形之一的，海事管理机构应当禁止船舶进、出港口：

（一）船舶未按规定办理申报手续；

（二）申报显示船舶未持有有效的安全适航、适装证书和防污染证书，或者货物未达到安全适运要求或者单证不全；

（三）按规定尚需国家有关主管部门或者进出口国家的主管机关同意后方能载运进、出口的货物，在未办理完有关手续之前；

（四）船舶所载危险货物系国家法律、行政法规禁止通过水路运输的；

（五）本港尚不具备相应的安全航行、停泊、作业条件或者相应的应急、防污染、保安等措施的；

（六）交通部规定不允许船舶进出港口的其他情形。

第二十六条　船舶载运需经国家其他有关主管部门批准的危险货物，或者载运需经两国或者多国有关主管部门批准的危险货物，应在装货前取得相应的批准文书并向海事管理机构备案。

第二十七条　船舶从境外载运有害废料进口，国内收货单位应事先向预定抵达港的海事管理机构提交书面报告并附送出口国政府准许其迁移以及我国政府有关部门批准其进口的书面材料，提供承运的单位、船名、船舶国籍和呼号以及航行计划和预计抵达时间等情况。

船舶出口有害废弃物，托运人应提交我国政府有关部门批准其出口，以及最终目的地国家政府准许其进口的书面材料。

第二十八条　核动力船舶、载运放射性危险货物的船舶以及5万总吨以上的油轮、散装化学品船、散装液化气船从境外驶向我国领海的，不论其是否挂靠中国港口，均应当在驶入中国领海之前，向中国船位报告中心通报：船名、危险货物的名称、装载数量、预计驶入的时间和概位、挂靠中国的第一个港口或者声明过境。挂靠中国港口的，还应当按照本规定第二十三条的规定申报。

第五章　人员管理

第二十九条　载运危险货物船舶的船员，应当持有海事管理机构颁发的适任证书和相应的培训合格证，熟悉所在船舶载运危险货物安全知识和操作规程。

第三十条　载运危险货物船舶的船员应当事先了解所运危险货物的危险性和危害性及安全预防措施，掌握安全载运的相关知识。发生事故时，应遵循应急预案，采取相应的行动。

第三十一条　从事原油洗舱作业的指挥人员，应当按照规定参加原油洗舱的特殊培训，具备船舶安全与防污染知识和专业操作技能，经海事管理机构考试、评估，取得合格证书后，方可上岗作业。

第三十二条　按照本规定办理船舶申报手续的人员，应当熟悉船舶载运危险货物的申报程序和相关要求。

第六章　法律责任

第三十三条　海事管理机构依法对载运危险货物的船舶实施监督检查，对违法的船舶、船员依法采取相应的措施。

海事管理机构发现载运危险货物的船舶存在安全或者污染隐患的，应当责令立即消除或者限期消除隐患；有关单位和个人不立即消除或者逾期不消除的，海事管理机构可以采取责令其临时停航、停止作业，禁止进港、离港，责令驶往指定水域，强制卸载，滞留船舶等强制性措施。

对有下列情形之一的，海事管理机构应当责令当事船舶立即纠正或者限期改正：

（一）经核实申报内容与实际情况不符的；

（二）擅自在非指定泊位或者水域装卸危险货物的；

（三）船舶或者其设备不符合安全、防污染要求的；

（四）危险货物的积载和隔离不符合规定的；

（五）船舶的安全、防污染措施和应急计划不符合规定的；

（六）船员不符合载运危险货物的船舶的适任资格的。

本规定第二十八条所述船舶违反国家水上交通安全和防治船舶污染环境的法律、行政法规以及《联合国海洋法公约》有关规定的，海事管理机构有权禁止其进入中国领海、内水、港口，或者责令其离开或者驶向指定地点。

第三十四条 载运危险货物的船舶违反本规定以及国家水上交通安全、防治船舶污染环境的规定，应当予以行政处罚的，由海事管理机构按照有关法律、行政法规和交通部公布的有关海事行政处罚的规定给予相应的处罚。

涉嫌构成犯罪的，由海事管理机构依法移送国家司法机关。

第三十五条 海事管理机构的工作人员有滥用职权、徇私舞弊、玩忽职守等严重失职行为的，由其所在单位或者上级机关给予行政处分；情节严重构成犯罪的，由司法机关依法追究刑事责任。

第七章　附　　则

第三十六条 本规定所称“危险货物”，系指具有爆炸、易燃、毒害、腐蚀、放射性、污染危害性等特性，在船舶载运过程中，容易造成人身伤害、财产损失或者环境污染而需要特别防护的物品。

第三十七条 本规定自2004年1月1日生效。1981年交通部颁布的《船舶装载危险货物监督管理规定》(〔81〕交港监字2060号)同时废止。

关于台湾海峡两岸间集装箱班轮运价备案实施的公告

（交通运输部公告2012第65号）

为维护台湾海峡两岸间集装箱班轮运输市场秩序，维护公平竞争，保护各方运输当事人的合法权益，促进两岸海上直航健康有序发展，依据《台湾海峡两岸间航运管理办法》、《海峡两岸海运协议》等规定和《关于海峡两岸海上直航发展政策措施的公告》（交通运输部公告2012年第41号），建立并实施两岸集装箱班轮运价备案制度。现将有关事项公告如下：

一、基本原则

两岸集装箱班轮运价属于市场调节价，由集装箱班轮经营者自主制定。班轮经营者应遵循依法经营、诚实守信的原则，提高运输服务质量和效率，降低经营成本，根据运输经营成本和航运市场供求状况，以正常、合理的运价提供运输服务。

运价包括海运费和附加费（含码头操作费）。班轮经营者不得在会计账簿之外暗中给予托运人回扣承揽货物。

二、备案范围和义务人

两岸集装箱班轮航线均纳入运价备案。

现阶段，取得两岸直航集装箱班轮运输经营资格的经营者为运价备案义务人。

三、备案内容

运价备案义务人应报备大陆直航港口出口的集装箱货物（含承运第三方的中转货）海运运价。运价包括公布运价和协议运价。备案的运价应正常、合理，按照上海航运交易所报经交通运输部备案同意的格式报备。

备案的公布运价自受理之日起满30日生效。实际执行的运价与公布运价不一致的,按照协议运价的方式报备,协议运价生效时间为受理备案之时起满168个小时(7天)。

本公告生效后首次备案的运价自受理之日起生效。

四、受理机构

交通运输部指定上海航运交易所为运价备案受理机构。上海航运交易所应根据本办法制定运价备案操作指南,并提供相应的技术服务。由上海航运交易所和厦门航运交易所共同编制并发布两岸集装箱运价指数,总体反映运价水平的变化。

上海航运交易所及其工作人员应当保守涉及商业秘密的运价备案信息。

五、监督检查

有关省、自治区、直辖市交通运输主管部门应加强对本地区两岸海运市场监管,加大现场检查力度,对违反本公告的企业,应责令其限期改正,并向交通运输部报告。

六、生效日期

本公告自2013年3月1日起生效。

关于发布《启运港退(免)税管理办法》的公告

(国家税务总局2012年第44号)

根据《财政部 海关总署 国家税务总局关于在上海试行启运港退税政策的通知》(财税[2012]14号),结合现行出口货物劳务增值税和消费税管理办法以及其他有关规定,特制定《启运港退(免)税管理办法》。现予发布。

《启运港退(免)税管理办法》

第一章 退(免)税备案

第一条 出口企业适用启运港退(免)税政策须要满足以下条件:

(一)已办理出口退(免)税资格认定自营出口货物的增值税一般纳税人;

(二)海关实行B类及以上管理的出口企业(以海关提供的带"启运港标识"的出口货物报关单电子信息为准);

(三)税务机关在出口退税审核关注信息中关注企业级别未列为一至三级的出口企业。

第二条 出口企业启运港退(免)税备案采取由出口退税审核系统自动确认的备案方式。税务机关在读入海关提供的带"启运港标识"的出口货物报关单电子信息时,出口退税审核系统自动在相关出口企业的"企业代码"库中置上"启运港退税"标志。

第二章　退(免)税申报

第三条　出口企业凭启运地海关签发的出口货物报关单(出口退税专用)(以下称退税证明联)按现行出口货物劳务退(免)税规定向税务机关申报办理出口退(免)税。

第四条　出口企业申报启运港退(免)税时,应在申报报表中的明细表"退(免)税业务类型"栏内填写"QY"标识。外贸企业应使用单独关联号申报适用启运港退税政策的出口货物退税。

第五条　适用启运港退(免)税政策的出口货物其退税率执行时间以启运地海关签发的退税证明联上注明的"出口日期"为准。

第六条　出口企业其他申报出口退(免)税要求按现行规定执行。

第三章　退(免)税审核

第七条　各地税务机关应按照现行电子传输系统出口退税子系统的管理规定,及时下载并读入税务总局下发的海关加注"启运港标识"的报关单数据:

(一)启运地海关签发退税证明联的报关单数据(以下称启运数据)。

(二)正常办理结关核销的报关单数据(以下称正常结关数据)。

(三)未实际到达离境港货物的报关单数据(以下称未到达数据)。

(四)货物未运抵离境港不再出口,海关收回已签发的退税证明联的报关单数据(以下称撤销报关单数据)。

第八条　各地税务机关对适用启运港退税政策的出口货物,应使用"启运数据"审核办理退(免)税。

第九条　出口退税审核关注信息中关注企业级别列为一至三级的出口企业,各地税务机关必须使用正常结关数据审核办理退(免)税,不得使用启运数据审核办理退(免)税。

第十条 各地税务机关应加强启运港退(免)税的复核工作,及时在出口退税审核系统中根据海关提供的加注"启运港标识"的报关单数据,生成复核数据。对自动复核比对异常的数据应按如下原则进行人工处理:

(一)对启运数据中的出口数量及单位、总价等项目与正常结关数据不一致的,以正常结关数据为准调整已退(免)税额。

(二)对复核数据中涉及撤销报关单数据和未到达数据的,根据现行规定追缴已(免)退税款或进行调整处理。

(三)对复核数据中涉及自启运日起2个月内未办理结关核销手续、未收到正常结关数据的报关单数据(以下称逾期未结关数据),根据现行规定追缴已退(免)税款或进行调整处理,不再享受启运港退税政策。

对按上述规定已处理完毕的逾期未结关数据,海关又结关核销、收到正常结关数据的,出口企业可凭启运地海关签发的退税证明联重新申报退税,主管出口退税的税务机关依据正常结关数据按现行规定予以审核办理。

第十一条 各地税务机关应及时将复核结果反馈出口企业,并督促出口企业依照反馈信息补缴已(免)退税款或在次月增值税纳税申报期调整申报数据。出口企业未按时补缴已退(免)税款或调整申报数据的,各地税务机关应及时予以追缴。

第四章 其 他

第十二条 货物未运抵离境港不再实际出口的,出口企业应按照现行规定向税务机关申请出具《出口货物退运已补税(未退税)证明》,出口企业未申报退(免)税的,不得再申报退(免)税;已申报办理退(免)税的,应补缴已退(免)税款。税务机关在审核出具证明时,应审核比对海关提供的未到达数据和撤销报关单数据。

第十三条 实行增值税免税政策的出口货物,主管税务机关应按正常结关数据审核免税。

第十四条 各级税务机关应准确及时办理启运港退税，加强启运港退税有关业务的日常复核和预警评估工作。

第十五条 本办法自2012年8月1日起施行。

上海市人民政府
《关于上海市加快国际航运中心建设“十二五”规划》

（沪府发〔2012〕48 号）

为加快“十二五”时期上海国际航运中心建设，根据《中华人民共和国国民经济和社会发展第十二个五年规划纲要》、《国务院关于推进上海加快发展现代服务业和先进制造业建设国际金融中心和国际航运中心的意见》（国发〔2009〕19 号，以下称“国务院 19 号文”）和《上海市国民经济和社会发展第十二个五年规划纲要》，编制本规划。

一、“十一五”发展回顾

（一）上海国际航运中心建设回顾

“十一五”期间，上海航运基础设施建设发展迅速，港口吞吐能力大幅提升，集疏运体系不断完善，公路建设进展顺利，航空枢纽建设取得重大突破，航运服务业发展得到进一步重视和加强。国务院 19 号文进一步明确了上海国际航运中心发展的战略目标和任务，上海国际航运中心建设由注重基础设施建设转入提升基础设施能力与发展服务软环境并举的阶段。

1. 国际航运主业快速发展

上海港年货物吞吐量从“十五”期末的 4.45 亿吨增长到 2010 年的 6.5 亿吨，其中集装箱吞吐量从 1808 万标准箱增长到 2907 万标准箱。自 2005 年以来连续 5 年货物吞吐量排名世界第一，2010 年上海港集装箱吞吐量排名世界第一。

国际著名航运企业云集上海，全球排名前 20 的班轮公司均有分支机构入驻上海。在上海注册的国际航行船舶（包括国际航线船舶和特案免税登记船舶）从“十五”期末的 223 艘、总吨位 493 万吨，增长到 2010 年的 356

艘、总吨位 869 万吨。据不完全统计，2010 年国际货物运输代理企业 5926 家，船舶代理企业 139 家，船舶管理企业 97 家，无船承运人（上海地区中国企业法人）948 家，船供企业 204 家，船员服务机构 57 家，船员培训机构 7 家，注册海员 69377 人。

2. 集疏运体系建设取得重大进展

“十一五”期间，集疏运体系不断优化，公路、港口、内河航道、铁路、航空等硬件设施建设进展顺利，规模化、集约化、快捷高效的多种运输方式一体化发展格局基本形成。港口集装箱水水中转比重由 2004 年的 25.4％上升到 2010 年的 38.0％，公路运输比重相应地由 2005 年的 40.3％下降到 2010 年的 37.5％。

一是港航设施建设成绩显著。东海大桥建成后，洋山深水港区一期、二期、三期，外高桥四期、五期、六期工程相继投入使用。上海港码头年设计货物吞吐能力从 2005 年的 3.04 亿吨增加到 2010 年的 4.6 亿吨；集装箱专用码头泊位数和集装箱年设计吞吐能力由 2005 年的 29 个和 920 万标准箱增加到 2010 年的 41 个和 2062 万标准箱。长江口深水航道整治三期工程顺利完成，主航道水深达到 12.5 米；长三角内河高等级航道整治工程全面启动，苏申外港线、大芦线（一期）、赵家沟航道经整治后均达到三级航道标准，初步形成连通江浙的高等级内河航道网络；上海港国际客运中心建成并投入使用，吴淞口国际邮轮码头一期泊位建设基本完成。

二是公路建设进展顺利。上海公路总里程由“十五”期末的 8110 公里增加到 2010 年的 11974 公里；高速公路里程由 560 公里增加到 775 公里。随着长江隧桥、申嘉湖高速、杭浦高速等相继建成，沪宁高速、沪杭高速完成拓宽工程，上海形成了“两环、九射、一纵、一横、两联”的高速公路网格局。“十一五”期间，上海与江浙联系的省道新增加 6 条，高速公路增加到 8 条、48 车道，其它公路通道达到 23 条、74 车道，港口集疏运通道路网结构进一步优化。

三是铁路建设全面提速。截至 2010 年底，上海境内铁路营业里程 414

公里，建成“2 主 3 辅”共 5 个铁路客运站。“十一五”期间，建成沪宁城际铁路、沪杭客运专线，有效释放了沪宁铁路、沪杭铁路的货运能力；建成服务于洋山港的芦潮港铁路中心站，完成南浦货站至闵行货场搬迁调整。京沪高速铁路于“十二五”初期竣工。上海地区铁路运输能力明显提高，布局进一步优化，为形成沿海铁路货运大通道、发展海铁联运奠定了基础。

四是航空枢纽建设步伐加快。截至 2010 年底，上海浦东、虹桥国际机场已形成 5 条跑道、4 座航站楼的规模，可保障高峰日 2400 架次起降。两机场旅客吞吐量和货邮吞吐量由“十五”期末的 4134 万人次和 221 万吨增长到 2010 年的 7188 万人次和 371 万吨。已有 81 家国内外航空公司开通上海定期航班，国内外通航城市达到 219 个；浦东国际机场连续三年货邮吞吐量位居全球机场第三，基本确立国际航空货运枢纽地位；2010 年浦东国际机场旅客吞吐量位列国际机场协会（ACI）全球排名第 20 名，首次进入前 30 名排行榜。

3. 现代航运服务体系建设全方位开展

“十一五”后期，上海全面贯彻落实国务院关于加快建设上海国际航运中心的战略部署，全方位展开现代航运服务体系建设，航运要素进一步集聚，航运服务功能加快提升，航运市场环境得到进一步完善和规范，航运服务体系框架逐步形成。

一是航运服务产业初步集聚。“十一五”期末，在沪从事国际海上运输及辅助行业的外商驻沪代表机构达到 250 家左右，有 1000 余家不同资本类型的国际海上运输和辅助服务企业在上海开展经营活动。全球九大船级社均在上海开设了代表处，开展船舶检验服务。上海国际航运研究中心、上海海事仲裁院、上海国际航运仲裁院、中国国际集装箱班轮运价备案中心、上海国际航运信息中心等机构相继成立。开展了航运经纪业准入制度试点，国内第一批专业航运经纪公司率先在上海成立。上海航运交易所积极落实交通运输部印发《船舶交易管理规定》，2010 年“中国船舶交易信息平台”公示成交船舶 91 艘次，接受 1057 艘次船舶的成交信息报送。非双边海运协议关系国际航运企业在境内设立独资公司取得政策性突破，全球第二大班轮公司地中海航运公司在沪设立独资公司。

二是口岸服务水平进一步提升。“十一五”期间，上海口岸深化推进“大通关”工程，完善“5＋2”通关工作制，优化“一门式”服务，加快建设电子口岸平台。启动“统一平台、区域联动、选择申报、多点放行”改革试点，探索实施了“便捷通关”、“无纸通关”、“快速通关”、“分类通关”等通关模式，推进“属地申报、口岸验放”、“属地检验、口岸放行”、“直通放行”等区域通关改革，提高了口岸通关效率。改进空港中转联程流程，提高国际中转旅客通关效率。

三是航运服务集聚区布局不断优化。科学调整洋山保税港区、外高桥保税区、浦东机场综合保税区管理机构，成立了“上海综合保税区管理委员会”，“三港三区”联动工作实质性启动，统筹效果显著。虹口区落实专项资金扶持航运企业和航运服务业的发展，北外滩已经成为国内航运产业资讯发达、航运服务相关产业门类齐全的航运企业聚集区之一。浦东新区充分利用港口资源禀赋、先行先试政策优势以及金融、贸易等现代服务业发展基础，发展形成了陆家嘴高端航运服务区、外高桥航运物流发展区、洋山临港综合服务发展区、临空航运服务发展区四大重点区域。

四是口岸安全和环境保障体系不断完善。“十一五”期间，上海港水上安全形势总体保持稳定，水上交通事故件数等安全指标值比“十五”期间有所下降。推进实施了水上安全和防止船舶污染的源头管理，实现了水上安全预防预控管理；实施了长江上海段和长江口定线制，完善了吴淞、洋山船舶交通管理系统（VTS），实施了水上网格化巡航管理模式，完善了口岸水上助航体系，优化了口岸水域通航环境；建成水上自动识别系统（AIS）信号网络，提高了船舶进出港助航能力；发布了《上海海上搜救和船舶污染事故应急处置专项预案》，船舶污染应急处置能力达到一次性清除800吨溢油的水平，推进外高桥五号沟水上综合应急反应基地建设，建立了船舶污染事故应急组织协调指挥体系。

4. 国际航运发展综合试验区作用得到发挥

积极落实国发19号文要求，探索建立国际航运发展综合试验区。“十一五”期间，上海已经为注册在洋山保税港区的国际航运企业从事国际航运业务，以及物流、仓储等企业累计免征营业税超过22亿元人民币；中资国际航运船舶特案免税登记政策有效延长；进口汽车保税展示平台在洋山保税港区正式启用。

5．航运金融业务迅速拓展

“十一五”后期，国内金融机构加大了对航运金融业务的投入力度，多家银行成立了航运金融专营部门，中国人民财产保险股份有限公司、中国太平洋财产保险股份有限公司均在上海筹建航运保险运营中心；船舶险和货运险等航运相关保险业务发展迅猛，2010年，上海产险市场中船舶险首次超越企财险，船舶险与货运险总和在上海产险市场的占比已经超过22%；融资租赁业务取得突破，成功吸引单机项目公司落户浦东机场综保区、单船项目公司落户洋山保税区开展业务。上海航运交易所编制的新版上海出口集装箱运价指数正式颁布，据此指数开发的金融衍生品在国际市场实现了多批次交易。

6．邮轮产业发展趋势良好

“十一五”期间，邮轮产业发展环境日渐改善，市场经营主体纷纷进驻，世界三大邮轮公司均在上海设立分支机构，并开设多条以上海为母港的区域邮轮旅游航线。邮轮通关便利措施进一步落实，邮轮母港船舶进出安全保障得到加强，提高了邮轮旅客通关服务能力和效率，境外邮轮挂靠上海日益频繁。2010年，上海港邮轮靠泊108艘次，其中母港邮轮60艘次，访问港邮轮48艘次；进出境旅客266865人次，其中母港邮轮170240人次，访问港邮轮96625人次。上海国际客运中心、吴淞国际邮轮码头两大邮轮港口、邮轮公司与相关机构开展的合作业务，已发展至咨询、旅行社、教育培训、旅游电子商务、票务代理、劳务服务、技术研发等领域。2010年10月，上海始发经厦门至台湾高雄的邮轮航线开辟，实现境外邮轮国内多点挂靠。

7．港航装备制造业保持领先地位

“十一五”期间，以集装箱码头装备制造为主的上海港口装备产业继续保持世界领先地位，占据全球集装箱码头大型设备约70%市场份额。船舶制造业能够制造各种类型的现代船舶和海上工程项目，在国际航运界影响日益增强，2010年上海建造交付船舶110艘，合计吨位1210万吨。

8. 区域合作不断加强

“十一五”期间，国务院制定了《长江三角洲地区区域规划》，建立了推进上海“两个中心”建设部际协调机制，长三角港口管理部门联席会议制度作用进一步发挥。市政府与交通运输部签署了《交通运输部、上海市人民政府加快推进国际航运中心建设合作备忘录》，取得了国家主管部门对上海国际航运中心建设的全面支持。建立了长三角、上海与中部六省市以及川渝沪等区域“大通关”合作工作机制，促进跨区域口岸物流联动发展。落实航运业交流与合作的双边协议，增强了地区间港航业深度合作。上海国际港务集团不断扩大对外合作，继续实施“走出去”战略，与沿江多个港口建立合作关系，成立长江港口物流有限公司。

(二)存在的主要问题

“十一五”期间的发展，上海国际航运中心建设总体上仍以基础设施建设为主，航运服务体系建设相对滞后，航运集疏运结构还需进一步优化，航运安全保障、航运发展政策、法律、科技、人才建设等有待进一步加强，围绕上海国际航运中心建设这一国家战略目标的各项任务有待深化落实。

1. 集疏运体系结构有待进一步优化

集装箱集疏运体系总体结构还存在进一步优化的空间，铁路设施运能不足、与港口缺乏紧密衔接，海铁联运等多式联运发展缓慢。洋山港支线码头泊位尚待建设，内河水运优势有待进一步发挥。

上海空域资源紧张与航空需求增长之间的矛盾日益突出，两场地面配套交通保障能力有待进一步提升，基地航空公司的国际竞争实力、航空枢纽的管理服务水平有待进一步提升。

2. 航运服务体系建设相对滞后

航运服务业尚处于培育发展阶段。航运相关法律、鉴证、评估、代理、咨询、经纪、船舶管理等服务机构规模较小、专业化和国际化程度不高。

口岸通关环境有待进一步提升。上海口岸“分类通关”、“属地申报、口岸验放”以及“直通放行”等通关改革覆盖面有待进一步拓展，与长三角、长江流域等地的口岸资源和跨区域物流通关信息网络需要进一步整合。

航运发展环境有待进一步优化。船舶融资、船员个人所得税、航运企业所得税等相关税收政策，国际航运企业、航运辅助服务业外资准入条件，国际航线船舶船员国籍标准、航运仲裁法律适用、开放船舶供应市场等，有待进一步探索研究与国际航运通行惯例的接轨。

航运复合型人才结构、总量和整体素质需要优化和提高。特别是熟悉航运金融、航运咨询、海商海事、国际公约、航运交易、邮轮管理、空中交通等领域的复合型人才严重缺乏，现有航运教育和培训机构难以满足航运发展对复合型高端航运人才的需求。

应急处置能力有待提升。上海港水上突发事件应急预案有待进一步健全，应急力量建设和协调机制尚需加强，特别是水上油污染事故和水上化学品事故应急处置力量建设尚处于起步阶段。

3. 航运金融服务水平有待提升

大量中资船舶在境外注册，航运融资业务多在境外发生，影响了境内航运金融业务规模的拓展。国内航运保险市场环境有待进一步完善，法律服务、航运交易鉴证、评估咨询等中介服务机构尚不能满足航运金融专业化外包服务的需要，其专业化水平有待进一步提高。

4. 邮轮产业发展滞后社会需求

邮轮产业相关专业法规、政策体系、行业协调与管理机制尚待完善，邮轮船队经营及航线开发等关键政策尚待研究突破，邮轮技术研发与装备制造水平有待实现突破。

二、“十二五”发展形势和要求

“十二五”时期是上海加快转变经济发展方式和产业结构调整的重要时

期,"四个中心"建设进入攻坚克难的关键发展阶段,上海国际航运中心建设既面临新的发展机遇,也面临严峻挑战。

(一)发展的机遇

1. 国内经济的快速发展,将为上海国际航运中心建设提供有力支持

"十二五"期间,预期内需市场将不断扩大、国际资本将持续流入、劳动力综合优势仍将保持,我国国民经济将继续稳步增长。制造业由沿海地区逐步向中西部地区转移,国际航运要素加快向沿海和内陆新兴经济发展地区辐射的趋势将延续,上海国际航运中心建设的国际影响力将伴随着国民经济的持续增长得到有效提升。

2. 长三角地区、长江流域经济发展的区域一体化格局,将成为上海国际航运中心建设的强大推动力

随着沿海产业向中西部地区转移,上海作为长江流域外贸进出口集散地,将发挥越来越重要的作用。2010 年 5 月,国务院正式批准实施《长江三角洲地区区域规划》,明确提升上海核心地位,充分发挥服务全国、联系亚太、面向世界的作用。同时,长江黄金水道战略的实施,也将有力推动上海国际航运中心建设,有助于提升上海国际航运中心的区域服务能力,使上海在服务区域发展的过程中促进自身发展。

3. 上海加快转变经济发展方式和产业结构调整,将加速促进国际航运中心建设

2006 年,胡锦涛总书记在上海提出加快转变经济发展方式的要求,2009 年,国务院第 19 号文颁布后,市政府进一步明确重点发展金融、航运、贸易等服务产业,着力建设"四个中心"。"十二五"期间,上海将聚焦服务经济,全面提升城市综合服务功能和国际竞争力。国家和上海继续加大对现代服务业的政策倾斜力度,将使现代航运服务体系建设得到有效推动;国际金融中心建设的加速推进,有助于加快形成以航运金融、航运保险等为主体的高端航运服务高地;国际贸易中心建设迅速起步,有助于夯实上海港航产业的发展基础,推进洋山保税港区等航运功能区的建设和创新发展。

4. 亚洲新兴市场崛起，将为国际航运中心建设提速

随着世界经济逐步摆脱金融危机影响，国际贸易将再趋活跃，国际产业转移将在更广范围、更大规模和更深层次上进行。除了继续承接发达国家制造业转移和服务业外包，我国将更加重视发展金融、保险、信息、技术、会计、法律服务、旅游等现代服务业，促进产业结构不断调整升级。这将为上海国际航运中心建设加快实现人才、货物、企业、船舶、资金、交易等航运要素的集聚创造良机。

（二）面临的挑战

1. 上海国际航运中心建设面临多方位的国际竞争

伦敦、新加坡、香港等港口城市在海事服务、船舶登记服务、综合物流服务、船员税收政策等方面，比国内拥有更为优惠的产业政策，并依靠传统优势，推动了其航运服务业在全球扩张，这将对上海形成较大的竞争压力。

2. 上海国际航运中心建设的深入推进遇到制约因素

随着国务院 19 号文的深入落实，上海国际航运中心建设加快向纵深推进，体制、机制问题日益突出。如何通过区域性的“先行先试”为国家层面相关政策的调整提供实践经验，进而实现提高我国航运业的综合竞争力，成功参与国际竞争；如何在先行先试的政策措施在全国推广过程中继续保持先发优势，有效地实现上海国际航运中心产业集聚和资源配置能力不断增强的战略目标；如何有效依托国务院推进上海两个中心建设联席会议制度，加强开拓航运中心建设中条块联动、区域合作的最佳途径，都有待深化研究。

（三）发展的要求

“十二五”期间所面临的形势，要求上海国际航运中心建设在全面贯彻国务院 19 号文精神的同时，进一步落实国家转型发展的战略目标，理清思路，明确重点，协同推进，创新发展。

一是充分发挥国际航运发展综合试验区政策“先行先试”优势和上海综合保税区“三区三港”联动发展优势，争取在航运金融、保险、船舶租赁、航运交易等方面实现跨越发展和重大突破，不断完善航运业态，规范航运市场，

加强航运法制、文化建设，提升上海国际航运中心软实力。

二是主动站在落实国家战略的高度，加强区域合作，与长三角地区各港口城市协同共建上海国际航运中心，共享航运中心建设成果。积极争取在国家有关方面的统筹下，合理布局长三角地区的航运和物流资源。

三是加快航运中心建设国际化进程。一方面，要进一步扩大开放，引进国际航运及航运服务企业和人才；另一方面，本土航运及航运服务企业要加快走向世界，形成国际经营网络，提升国际竞争力。

三、“十二五”发展指导思想、基本原则和发展目标

（一）指导思想

深入贯彻落实科学发展观，以国务院 19 号文为纲领，按照加快建设“四个中心”和加快实现“四个率先”的总体要求，以资源配置型国际航运中心为目标，发展高端航运服务业、提高航运软实力为核心，集聚货物、船舶、企业、人才、信息、技术等航运要素为主线，不断提高全球航运资源配置能力，建成具有较强服务功能和辐射能力的国际航运中心。

（二）基本原则

上海国际航运中心建设既要注重规模，又要注重质量，并以质量效益为重；既要重视硬件，也要重视软环境，并以软环境营造为主；既要关注自身发展，也要关注长三角、长江流域乃至全国的区域发展，并以服务区域经济、推动共同发展为重。

在空间布局方面，要利用国际航运发展综合试验区的政策优势，推动“三港三区”、北外滩、陆家嘴、临港、虹桥等航运服务集聚区发展，吸引航运服务产业在上述区域集聚。

在发展重点方面，要立足航运服务体系和集疏运体系建设，利用国际航运发展综合试验区政策“先行先试”优势，突破航运服务体系建设中的难点和政策瓶颈，不断创新和完善，形成有利于提高全球航运资源配置能力的法律环境和政策环境。

（三）发展目标

1．总体目标

重点提升和优化航运优势产业，建立较为完整的航运服务体系，形成有利于国际航运中心建设的政策环境，鼓励各类市场主体充分发挥作用，提高基于现代信息技术的现代物流服务效能，加强与江浙主要港口的互动协作，建成辐射长三角地区和长江流域的结构合理的集疏运体系。到2015年底，基本实现货物、船舶、企业、资金、人才、信息、技术等航运要素与资源全面集聚，初步具备全球航运资源配置能力，形成上海国际航运中心核心功能，为2020年具备全球航运资源配置能力打下框架基础。

2．具体目标

(1)国际航运业务发展目标

“十二五”期末，把上海建设成为安全、便捷、高效、绿色的国际一流港口，基本确立国际航运枢纽港地位。

“十二五”期间，上海港货物年吞吐量保持在6.5亿吨左右，2015年集装箱吞吐量达到3300万标准箱，继续位居世界前列。在上海登记注册的国际航运船舶达到400艘，合计达1000万总吨。

“十二五”期末，完成港航装备制造产业链的构建和优化，船舶、港口装备及海上工程设备制造在国际市场保持领先优势。

(2)现代航运服务体系发展目标

“十二五”期末，形成门类齐全、市场规范、功能完备的现代航运服务体系，口岸通关相关制度逐步与国际惯例和通行规则接轨，营造“便捷、高效、安全、法治”的口岸环境。2015年，在上海达成的二手船舶年交易金额力争突破人民币100亿元；海事仲裁、海事诉讼等配套服务环境得到明显改善；航运经纪公司在沪注册数量达到50家以上，船舶管理公司达到160家以上；培育5—10家服务网络覆盖全国乃至全球的航运服务代理企业；船员劳务年输出量突破1万人次。

(3)航运金融发展目标

“十二五”期末，基本形成体系健全、功能完备、服务优质，具有与国际航运中心相匹配的支撑能力和较强全球资源配置能力的现代航运金融服务体系。国际航运结算的便利化水平有较大提高，航运融资的创新能力和多样化程度达到或接近国际先进水平，航运融资、航运保险和航运衍生品交易规模在国际市场占比和影响力显著提高。

（4）国际航运发展综合试验区发展目标

“十二五”期间，出台一批符合产业发展需求的航运支持政策，集聚各类航运企业，使国际航运发展综合试验区成为具有国际竞争力的航运政策“先行先试”示范基地。

（5）集疏运体系发展目标

“十二五”期末，建成公路路网结构完善、铁路货运能力大幅提高、内河航道运输能力大幅提升、航空枢纽功能完备、与国际枢纽港地位相匹配的现代集疏运体系。

2015 年底，上海港集装箱水水中转比例达到 45%，提高铁路集疏运比例；保障浦东国际机场 130 架次、虹桥国际机场 60 架次高峰小时飞行量需求，航空枢纽旅客年吞吐量达到 0.9—1 亿人次，货邮年吞吐量保持世界前列，达到 500—550 万吨，主要基地航空公司成为具有国际竞争力的大型网络型航空公司，形成以上海为核心枢纽的中枢运营网络，经上海运送的中转旅客比例达到 20%以上。

（6）邮轮产业发展目标

“十二五”期末，将上海建设成为亚太地区举足轻重的国际邮轮母港，营造基础设施完善、市场分工合理、经营环境便利、船供市场开放、行业服务与管理规范的发展环境。到 2015 年底，力争实现 5—8 艘邮轮以上海为母港基地，邮轮母港旅客年发送能力达到 30 万—50 万人次，出入境邮轮及邮轮旅客分别实现 500 艘次与 100 万—120 万人次的规模。

（7）航运人才和文化建设目标

通过各类社会力量，重点培养和引进航运法律、航运金融、航运经纪、邮轮服务、空中交通等航运人才，集聚与国际航运中心相匹配的航运专业高素质人才，打造在亚洲处于领先地位的人才高地，基本确立覆盖整个航运产业链的人才队伍结构。

着力打造上海特色的航海文化，与地方文化、产业经济、旅游资源等有机整合，促进文化、经济的和谐发展。

四、“十二五”期间主要任务

继续发展国际航运业务，重点培育和发展现代航运服务业，主要包括航运金融、船舶注册、航运经纪、船舶交易、口岸服务、船员服务、航运信息、航运咨询、人才培养、法律服务等领域；利用中央赋予的国际航运发展综合试验区“先行先试”政策优势，力争进一步取得关键政策突破，重点促进国际航运产业链各环节服务功能提升和航运要素集聚。

（一）继续发展国际航运业务

1. 提升船舶运输企业服务能级

鼓励干线船舶向大型化、专业化、低碳化方向发展，增强航运企业参与国际竞争的能力；鼓励航运企业重点发展大型散货船、油轮、集装箱船、液化气船和汽车滚装船，完善产业布局。研究制定江海直达船型标准，建立江海直达船政府补贴制度，鼓励江海直达船型船舶的制造和使用，提高长江运输江海直达船舶比例。

2. 增强港航装备制造业核心竞争力

继续发展港口装备制造、船舶建造产业，重点加强港航装备制造产业链中关键技术的研发。继续推进长兴岛修造船基地建设，支持绿色环保型船舶修造业发展，充分发挥长兴航运与海洋装备岛的功能效应。

（二）培育和发展航运服务业

1. 发展航运经纪、船舶管理服务业

促进航运经纪业务规范发展，不断完善航运经纪公司的市场准入和管理制度。以优惠的政策吸引大型现代船舶管理公司落户上海，引领全国船舶管理业务发展；成立船舶管理行业协会，制定行业标准，提高船舶安全水平。

2．发展船舶交易市场

争取将中国籍二手船及废船交易业务纳入船舶交易市场，建设包含新造船、二手船、废船买卖及船舶租赁等业务的国际性交易平台；研究建立船舶交易市场政府扶持制度，降低船舶进场交易成本，促进船舶进场交易。

3．加强口岸联动，提高通关效率

完善“5＋2”通关服务体系，提高信息公开水平，建立主动服务企业通关的高效互动工作机制。探索集装箱“一体化通关”的监管模式，提高国际集装箱水水中转效率。加快推进江海联运，简化空箱监管查验手续。简化特殊监管区域进出境监管手续，实现保税物流便捷移动。运用科技手段，促进查验环节联动协作，提高税费电子支付水平。

4．规范代理服务市场

规范代理行业准入门槛，引进世界知名代理企业，促进航运代理市场发展。鼓励代理企业合作联营、组建联合体，着力改变代理企业小、散、乱的状况。

5．发展船舶供应市场

推进船舶供应市场开放，建立合理竞争的船供市场体系。发展面向远洋货轮和国际邮轮的各类船供企业，通过有序竞争，促进市场繁荣；对从事国际航行船舶供应业务的企业，建立、完善保税制度。建立船供保税燃油基地，推动出台相关准入条件、质量控制机制等标准和细则，增强保税油的价格和服务竞争力，谋求在全球保税燃油供应市场上的合理份额。

6．加强海事安全与技术服务

加强平安海区构建，推动并完善海上监管救助基地建设、国家溢油应急基地建设。提高航道维护水平，优化通航秩序，完善通航管理。推动船载危险品、化学品以及各类有毒有害物质事故应急处置能力的建设。建立专业处理水上污染、危险品应急处理企业。提升船舶技术服务企业发展水平。开展船舶进出港全天候运行安全保障体系研究。争取财政部和交通运输部的支持，在沪设立“中国船舶油污基金管理中心”技术保障机构。促进船舶检验机构科学发展，吸引更多外资船检机构入驻。

7. 加强航运信息化建设

依托电子口岸平台和港航电子数据交换(EDI)中心整合优势，推进跨部门、跨行业的综合信息共享平台建设，建立国际航运中心门户网站，建立口岸监管、口岸物流、集疏运、航运服务信息系统等应用平台。加速集装箱电子标签技术推广应用，建立第三方信息服务机构。加快推动上海国际航运信息中心的建设与发展，完善“中国船舶交易信息平台”，推动其成为全国统一的船舶交易信息平台；开发和建立“中国航运数据库”，全面及时反映我国航运业发展情况。建设中国海图数据中心，提供及时、全面的纸质海图和电子海图。

8. 促进海事法律、仲裁服务机构的发展

争取交通运输部和司法部门的支持，制定并推广以上海为仲裁地的船舶买卖、船舶租赁、船舶建造、船舶修理等航运交易推荐格式合同。扶持海事仲裁机构发展，完善海事仲裁制度，提升上海海事仲裁质量和声誉。

9. 加强航运咨询与研究

继续推动上海国际航运研究中心等科研机构的发展，支持世界海事大学等各类国际航运组织在沪设立分支机构，鼓励国外知名咨询机构在沪开展业务。

10. 吸引各类航运服务机构和组织集聚上海

鼓励搭建跨领域的航运服务交流平台，为航运企业与金融、保险、信息等行业企业的交流合作创造条件。吸引各类国际海事机构在沪设立分支机构，形成产业集聚效应。

11. 加强航空服务要素市场建设

支持航空公司和机场在上海国际旅游度假区、虹桥商务区的规划建设中充分发挥区位优势和资源优势。大力拓展临空经济等航空现代服务业，加快临空产业发展，建设国际空运货物分拨集拼中心，充分发挥口岸监管和保税监管优势。

12. 推动航运文化建设

依托上海中国航海博物馆、国际航运上海论坛、中国海事会展、中国航海日等载体，扩大上海国际航运中心建设的社会影响，促进航运文化发展。

（三）发展航运金融服务业

1. 完善航运金融服务功能体系

引进和培育一批在航运方面具有较强专业能力的商业银行、保险公司、租赁公司、信托公司和基金管理公司，形成较为完整的航运金融机构布局；鼓励金融机构完善海外分支机构和代理网络，逐步形成与上海国际航运中心要求相匹配的服务能力。培养经纪、公估、法律、会计、船舶检验等为航运金融提供专业外包服务的服务机构。继续推动单船、单机融资租赁业务创新，根据市场需求，建立相应的船舶、飞机等融资租赁登记中心和租赁交易中心。深化上海综合保税区内企业外汇管理试点改革，不断满足企业离岸金融业务需求，探索结算、融资方式创新，提高航运企业跨境资金运用和流动的便利化水平。

2. 发展多种航运融资方式

引导金融机构加大对造船、航运等企业的信贷支持力度，开展船舶抵押贷款、融资租赁等传统的航运融资业务。鼓励金融机构开发符合市场需求的航运融资产品，拓宽外资融资、直接融资、私募股权投资等多个渠道，开展信贷、租赁、信托、资产证券化等组合创新，为航运服务业和航运制造业提供结构性的融资安排和专业化的融资服务。借鉴国外航运基金或海运信托创新模式，引导航运相关企业、金融机构等共同组建航运产业基金、船舶产业基金、石油海上储备产业基金，支持航运企业开辟新的融资途径。支持在沪金融租赁公司进入银行间市场拆借资金和发行债券。

3. 加快发展航运保险业务

大力发展船舶保险、海上货运险、保赔保险等传统保险业务，积极培育航运再保险市场。扶持国内保险公司开拓海外服务网络。完善航运保险相关地方性法规，贯彻实施各项优惠政策，鼓励海上货运险本地投保。加强航运保险信息化建设，形成具有影响力的航运保险定价机制。设立保赔协会或吸引国内外船东保赔协会在沪设立机构。成立承保人协会，制定由海上保险人使用的保险条款。利用税收导向政策，将航运保险业务纳入拟设立的保险交易所的交易范畴，促进航运保险市场发展。

4. 探索发展航运指数衍生品市场

配合国家有关部门，支持上海航运交易所开展运价备案工作，采取有效措施，加强对运价备案的监管和检查，提高报备数据的及时性、全面性和真实性。支持上海航运交易所进一步完善运价指数体系，探索发展航运指数衍生品市场。支持相关机构研究、开发新造船舶、二手船舶交易指数，促进市场健康发展。

（四）建设国际航运发展综合试验区

1. 深化国际航运发展综合试验区突破性政策

围绕到2020年基本建成具有全球资源配置能力的国际航运中心的要求，以功能突破为引领，以制度创新为依托，以区域联动为导向，研究借鉴航运发达国家和地区的航运支持政策，提升上海航运服务市场功能，破除制约高端航运服务业发展的瓶颈障碍，提高我国航运服务企业的国际竞争力，争取国家支持，形成新一轮突破性政策。

2. 创新国际航运船舶登记制度

依托国际航运发展综合试验区“先行先试”政策，探索创新洋山港国际航运船舶登记制度，优化船舶登记流程，降低登记成本，缩短登记周期，集聚中资国际航运船舶。

3. 加强海关特殊监管区域与产业腹地间联系

有效整合上海综合保税区的各项政策，建立便捷高效的保税货物移动办法。建立覆盖口岸与腹地的保税网络系统，争取尽快实施启运港退税政策，增强区域保税物流联动功能，增进与后向腹地的联系。增强区域保税和非保税物流整合增值功能，推进国内货物在综合保税区内进行保税延展操作。优化国际航运发展综合试验区内的港口费收体系，进一步扩大港口向腹地辐射的范围，便利国际物流入区中转。

4. 研究财税支持政策

在国家有关部门的支持下，探索研究国际航运发展综合试验区内航运企业船舶吨税制，以国际航运企业为龙头，带动上下游服务产业集聚。探索研究有利于综合保税区融资租赁项目（企业）发展的财税政策，推动融资租赁业务功能提升。

5. 加大对内对外开放力度

探索研究放宽外资航运金融和航运保险机构经营准入。对航运产业相关基金投资造船、买船、租船等业务，给予政策支持。争取注册在国际航运发展综合试验区内的邮轮企业参照国际通行规则经营相关业务。

（五）促进邮轮产业发展

1. 完善邮轮产业发展协调机制

完善市级层面邮轮产业发展推进协调机制，统筹邮轮产业发展事务，指导区域合作和营销推广，促进上海邮轮经济快速健康有序发展。

2. 鼓励本土邮轮产业发展

借鉴国际邮轮经营模式，大力发展长江中下游和国内沿海邮轮旅游市场，组建 1—2 家本土邮轮公司。组建 3—5 家具备相当业务能力的邮轮专业旅行社，开发邮轮旅游产品，积累从业经验，探索盈利模式。不断提高邮轮旅客通关服务能力和效率，优化随船办理通关手续的工作制度，创造便捷环境吸引更多邮轮停靠上海。

3. 推进邮轮港口建设

统筹上海国际客运中心、吴淞口等邮轮码头发展，建设具有国际竞争力的邮轮母港。完善邮轮补给、废物污水处理、口岸联检、海事救助、船舶维护、引航等综合服务功能，健全邮轮码头服务体系。

（六）优化完善集疏运体系

1. 推进港口基础设施建设

实施洋山深水港区四期及后续工程建设，进一步巩固集装箱吞吐能力。

建设临港新城东港区公用码头一期工程和进港航道工程，提高装备企业海路运输能力和上海港汽车滚装运输能力，推动甩挂运输业务发展。加快外高桥、洋山港集装箱支线泊位建设，提高其服务内河支线船舶的水平。研究张华浜港区功能调整，推进外高桥、芦潮港等内河集装箱港区建设。

争取国家相关部委支持，实施长江口深水航道通航宽度全线拓宽工程，实现超大型船舶进出港双向交会无限制。建立支航道维护长效机制，充分发挥长江主航道作用，满足船舶大型化的需要。完善岸线管理体系，优化配置和整合现有岸线资源，促进岸线资源的高效率、高效益使用。推进上海港资源节约型和环境友好型港口建设，支持港口实施岸基供电等节能减排措施。

2. 完善内河航运发展

加快推进黄浦江上游、杭申线、大芦线二期等航道整治工程；建设长湖申线、平申线，开展大浦线、油墩港、苏申内港线、赵家沟东段等内河高等级航道建设储备研究，着力构建连通长三角地区的高等级内河集疏运网络，培育发展内河运输业。完善内河航运信息系统，建设长三角地区内河高等级航道网信息共享平台。

3. 完善货运道路网络

加快郊环北部越江通道前期研究，完善外高桥港区对外货运通道布局；完善外高桥地区路网结构，提高陆路集疏运效率。加强与长三角对接，适当增加出省通道，江苏方向，新建、改建崇启高速、崧泽大道、金商公路、外青松公路等干线公路；浙江方向，新建、改建大叶公路、朱平公路等干线公路。

4. 推进海铁联运发展

建成京沪高速铁路，推进沪通铁路建设，开展沪乍铁路前期工作。完善上海铁路货运服务体系，结合沪通铁路工程，启动外高桥货场建设，调整既有杨行、张庙站功能；结合城市用地功能的调整，取消杨浦等货运站。

5. 加强航空枢纽建设

组织实施《“十二五”上海民航发展纲要》，加快推进上海航空枢纽建设。

适时进行机场改扩建，完善机场保障功能。建设浦东国际机场第四、第五跑道，满足航空运量和大飞机项目发展需要。加快浦东国际机场设施改造，满足中枢运营需求。改造虹桥国际机场东区设施，进一步提高飞行区安全保障能力。落实国家《调整上海地区空域结构方案》，系统性改善枢纽空域容量；完善上海终端管制中心建设，切实改善空中交通保障能力。重点建设和完善浦东国际机场西货运区和空港保税区相关设施，完成浦东国际机场综合保税区在机场西货运区规划范围的整体封关，实现区港一体化运作。简化航空口岸国际中转旅客口岸监管查验程序，争取航空口岸扩大免签证国家范围和延长免签证停留时间，增强浦东国际枢纽的中转吸引力和国际竞争力。推进航空口岸空运货物电子信息化建设，优化货物通关便利政策和口岸查验单位工作机制，促进货运枢纽建设发展。支持主要基地航空公司加快向大型网络型航空公司转型，加强航线网络航班波建设，加快发展国际航空运输，加强国际国内航线航班衔接。

（七）加强区域合作

1. 拓展航运服务业的辐射范围

推进现代航运服务业发展，面向长三角、全国提供高端航运服务，扩大辐射面和服务范围。

2. 完善区域港口发展协调机制

依托国际航运发展综合试验区，与浙江省共同推动洋山港扩区发展，形成互利共赢格局。探索成立长三角地区港航发展促进机构，建立区域港口航运的行政与企业联合协调机制。鼓励企业实施“走出去”战略，加强长三角港航企业联营联合，促进企业在设施建设、航线经营、企业管理等方面的相互融合。

3. 配合国家有关部门协调建立华东机场群、长三角国际航空货运枢纽群的合作发展机制

鼓励和支持主要基地航空公司和上海机场集团在华东机场群、长三角国际航空货运枢纽群建设中发挥积极作用，推动长三角航空运输市场、产

品、服务一体化进程，参与打造具有较强国际竞争力的华东机场群、长三角地区国际航空货运枢纽群。

4. 推进跨区域口岸大通关合作

健全区域大通关合作工作推进机制，着力完善“点对点，城与城”、以项目为抓手、以口岸城市为载体的大通关合作模式。加强上海与内地口岸查验单位之间协作联动，不断拓展区域通关改革的覆盖面。加快推进长三角“陆改水”、陆空联运、海铁联运、保税货物快速移动等口岸物流。积极发展上海与中西部地区海铁联运、江海直达和航空中转联程等。

5. 加强港航发展政策合作研究

鼓励区域间研究机构围绕上海国际航运中心建设重大问题及政策开展合作研究，为政府部门制定港口、航运发展战略等提供决策支持。

五、保障措施

（一）加强协调保障机制建设

1. 加强上海建设国际航运中心的协调推进力度

进一步完善上海国际航运中心建设推进工作机制，搞好与国家有关部门的衔接，部署上海国际航运中心建设任务，统筹协调推进过程中遇到的重大问题，检查、指导、监督各项工作的开展。

2. 加强与国家有关部委的沟通联系

充分利用推进上海“两个中心”建设部际协调机制，及时向国家有关部委报送上海国际航运中心建设的进展情况，争取国家支持。

3. 加强与国内外地区间的合作交流

加强与兄弟省市的合作交流，推动长三角地区、长江流域共同参与上海国际航运中心建设，共享建设成果。加强与国内外先进港口城市的合作交流，学习和借鉴其发展措施和经验。

（二）优化航运中心发展环境

1. 建立和完善相关政策法规

全力营造有利于航运业发展的法制环境，推进口岸综合管理地方立法；

推动国家相关部门进一步完善港口经营、船舶服务等方面的法规政策。

2. 营造自律有序的航运市场秩序

建立科学的市场监管手段，鼓励行业自律，支持运价备案中心等功能性机构有效运行，促进市场有序竞争。

3. 研究建立市、区县两级航运发展支持专项资金

由市、区县政府研究建立市、区县两级航运发展支持专项资金，加快推进江海直达船型、航运信息化、船舶交易市场等的发展，鼓励高端航运人才引进和培养，鼓励跨国企业和国内大企业在沪设立营运中心，支持相关国际组织在沪设立分支机构。

4. 提升行政服务效率和水平

优化行政审批程序，简化行政审批环节，为航运要素市场、航运机构、中介服务机构、行业协会等提供公开透明、便捷高效的行政服务，鼓励相关行业协会发挥更大作用。

5. 提升突发事件的处理能力

构建应急处理保障体系，健全危机预警和处置机制，制定突发事件应急预案；增强应对风险和突发事件能力的培训；增强航运相关的救助抢险人力、物力资源储备。

（三）建设国际航运人才高地

1. 培养和集聚航运人才

完善航运人才引进制度，优化人才发展环境，通过人才奖励措施，引进一批海外高端航运人才；对地区总部企业、高端航运服务企业、国际组织分支机构等落户上海给予政策优惠。完善从业资格认证制度，培养一批与国际接轨的航运金融、航运保险、航运经纪、海事仲裁、空中交通等高端专业人才。

研究建立上海国际高级航运学院。构筑国际化的开放平台，在职培养航运贸易、航运金融等复合型高端人才和航海、空管、邮轮经营管理等紧缺人才。

2. 加强船员市场建设

依托中国船员发展与保障中心设立在上海的优势，打造船员劳务交易平台，面向全国船员，提供船员劳务市场需求信息；提供船员法律咨询服务，保障船员合法权益；提供船员履约培训、业务培训、知识更新等培训信息。

建立船员管理行业协会，依法搞好船员管理，提高船员管理水平；建立国家级船员评估中心，提高船员综合素质；设立船员劳动争议专业仲裁委员会，为船员提供高效的法律服务，协助船员维权。

交通运输部办公厅
《关于调整超设计规范船型船舶靠泊管理的通知》

（厅水便<2012> 13 号）

为进一步加强沿海港口码头靠泊超设计船型船舶管理工作，确保港口生产运营安全，我部先后印发了《关干加强港口码头靠泊能力核查管理工作的通知》（交水发【2006】81 号）和《关于进一步明确码头靠泊能力核查工作有关问题的通知》（厅水字【2006】347 号）。该政策实施以来，为促进港口结构调整、转变发展方式、加强港口安全生产起到了积极作用。

鉴于当前超大型船舶港口作业安全形势不容乐观，特别是超设计规范船型的超大型船舶靠泊作业安全隐患较大。根据国务院安委会关于安全生产标准的相关规定，为了加强安全生产，决定对超设计规范船型船舶靠泊码头管理方式进行调整。自本通知发布之日起，超过现行规范设计船型的大型干散货、油品船舶，不再采取“一船一议”的方式进行靠泊管理。码头靠泊管理严格按照《关于加强港口码头靠泊能力核查管理工作的通知》（交水发【2006】81 号）的有关规定执行。请各交通运输（港航）行政管理部门、海事管理机构、港航企业、船舶代理企业等单位严格遵照执行。

交通运输部办公厅、铁道部办公厅《关于2012年集装箱铁水联运示范项目重点工作的通知》

（厅水字<2012>129号）

自2011年5月10日交通运输部、铁道部签署了《关于共同推进铁水联运发展合作协议》以来，两部领导高度重视集装箱铁水联运工作，共同签发了《关于加快铁水联运发展的指导意见》和《关于开展集装箱铁水联运示范项目的通知》，并于2011年10月12日在江苏连云港召开了集装箱铁水联运现场推进会。一年来，交通运输部水运局和铁道运输局全力推进相关工作，港口所在地交通运输主管部门、铁路局、中铁集装箱公司、港口企业、航运企业通力配合。交通运输部水运科学研究院、中国铁道科学研究院等研究机构积极支持、集装箱铁水联运发展步伐明显加快、现对2011年集装箱铁水联运工作情况进行简要回顾，并就2012年重点工作安排如下：

一、2011年工作回顾

2011年，港口所在地政府、铁路局、港口企业、航运企业、中铁集装箱公司积极贯彻落实两部签署的协议，主要开展了以下工作：

一是建立示范项目合作机制。签订了"连云港一阿拉山口沿线地区"集装箱铁水联运示范项目合作机制。二是推进基础设施建设。加强港口铁路换装能力、集疏运能力、内陆铁路场站及其无水港建设。三是加大铁路运力保障力度。新增新港一满洲里，阿拉山口、乌西一连云港，宁波一上饶等班列。优化班列车流径路。四是推进铁水联运信息共享。提出了连云港、宁波等港口集装箱铁水联运信息共享方案，将铁水联运信息共享在铁路货运电子商务系统建设中统筹考虑。五是培育发展铁水联运市场主体。连云港港口集团与中铁国际多式联运有限公司合资成立了连云港港铁集装箱多式联运有限公司，开展集装箱铁水联运业务。六是积极争取地方政策支持。大连、青岛、连云港等港口取得了铁水联运财政、税收、金融、土地利用等方面的政策支持。七是有序推进科研立项工作。科技都 863 课题《大型铁水联运枢纽装卸作业智能化联动控制》、铁道部重大课题《铁水联运技术标准及关键技术研究》、交通运输部队科学课《集装箱铁水联运发展研究》已立项，并积极争取后续科研和试验立项支持。

经过各方共同努力，2011 年集装箱铁水联运取得明显进展，集装箱铁水联运共完成 194 万 TEU，同比增长 19%。其中，1—4 月完成 57 万 TEU，同比增长 13%；5—12 月完成 137 万 TEU，同比增长 22%。6 条集装箱铁水联运示范通道全年共发送集装箱 79.94 万 TEU，同比增长 37.2%。

二、2012 年重点工作

为充分发挥首批 6 条集装箱铁水联运示范通道效应，实现 2012 年集装箱铁水联运量同比增长 20%的目标，应重点做好以下工作：

(一)建立完善示范项目工作机制。

交通运输部、铁道部在合作协议框架基础上。成立集装箱铁水联运示范项目办公室(以下简称两部示范项目办公室)：各示范通道成立由港口行政管理部门和铁路局牵头的示范项目工作组。(相关工作机制附件略)

各示范项目工作组牵头单位要协调各相关部门和单位，认真研究制定示范项目实施方案，明确示范项目具体工作目标、内容、时间进度要求，各成员单位的任务分工、工作责任，工作组的协调工作机制等，并于 2012 年 6 月 30 日前上级两部示范项目办公室。

(二)完善联运基础设施建设。

各相关港口要加强港口集装箱铁水联运配套工作和设施建设，加大内陆元水港建设，增加设备投入。各相关铁路局和中铁集装箱公司要围绕促进集装箱铁水联运发展，加大设备更新改造力度。

（三）积极完善运输组织。

各港口要积极扩大港口腹地货源市场，中铁集装箱公司、各相关铁路和航运公司要进一步优化方案，完善管理，加大运输组织力度，保障班列、班轮的稳定性和可靠性、加强班列、班轮的有效衔接，确保集装箱铁水联运的有序、畅通、航运企业要根据货运需求情况开通、加密班轮于线，加强集装箱互相互用，在内陆地区增加提、还箱点。

（四）加快推进信息共享。

各相关单位要充分利用铁路、港航和口岸管理部门等的信息资源，结合交通电子口岸和铁路电子商务系统建设，建立集装箱铁水联运信息共享系统基本结构，实现铁水联运集装箱的班列预确报、班轮船期、集装箱货物等信息的交换和共享。

（五）努力提高运作效率。

各港口和铁路内陆场站要优先安排铁水联运集装箱班列作业，提高装卸效率，缩短车辆停留时间。各港口和中铁集装箱公司要积极协调海关、国检等口岸监管部门、优先查验铁水联运集装箱，积极推进内陆无水港、港口按“直通关”方式办理进出境手续。

（六）全面做好科技支撑。

交通运输部、铁道部有关部门要组织交换运输部水运科学研究院、中国铁道科学研究院等科研支撑部门开展集装箱铁水联运发展战略、集装箱铁水联运示范通道重来重去班列开行方案、铁路参与无水港建设运管模式、集装箱铁水联运信息共享和电子单证等专题研究，基于物联网的集装箱铁水联运全过程监控、铁水联运危险品集装箱运输、集装箱铁路运输超偏载检测等关键技术的研究与应用。梳理我国集装箱水联运的标准规范和管理规定。提出标准规范制订计划建议并组织制定急需的标准规范。

三、工作要求

（一）提高认识，加强领导。

各地交通运输主管部门和铁路局要高度重视集装箱铁水联运工作，充分认识发展铁水联运有利于促进综合运输体系建设、促进现代物流发展、促进区域经济协调发展、促发展节能减排的重要意义，稳步推进示范项目工作，不断提升集装箱铁水运发展水平。

（二）明确任务，各负其责。

各示范项目工作组在制定示范项目实施方案时，要把上述工作任务分解到各相关单位，明确具体实施内容和工作目标，按照时间进度落实责任到人，切实完成示范项目各项工作。两部示范项目办公室要加强工作协调，与各示范项目工作组建立密切联系，及时掌握各地区各部门示范项目工作进展，认真做好示范项目推进工作。

（三）提供支持，加大科研。

各地区、各部门要在政策上、资金上向集装箱铁水联运倾斜。进一步加大支持力度、加强基础设施建设投入。交通运输部水运科学研究院、中国铁道科学研究院等技术支撑单位要进一步加强研究力量、抽调骨干人员组织技术攻关，做好基础性和专项课题研究工作，全力保障示范项目实施。

（四）加强沟通，争取政策。

各管理部门和铁路局、港口企业、航运企业要充分利用各种渠道，加强与地方政府相关部门以及海关、国检部门间的沟通协调，进一步争取在铁水联运财政、税收、金融、土地利用等方面的政策支持、努力实现便利通关，提高查验效率，为加快集装箱铁水联运发展创造良好环境。

（五）加强宣传，营造氛围。

各管理部门和铁路局、港口企业、航运企业要充分利用媒体渠道，大力宣传加快发展集装箱铁水联运的重要意义，不断提高集装箱铁水联运示范项目的影响力，充分调动各方面参与的积极性，形成集装箱铁水联运发展的良好氛围。

国家海事局《关于加强船舶进出港许可业务代理诚信管理的通知》

［海船舶(2012)763 号］

为规范国际航行船舶进出口岸查验和国内航行船舶进出港签证等船舶进出港许可业务代理行为，强化代理人(包括代理机构和个人代理)的守法经营意识和责任意识，维护水上安全形势稳定，更好地服务航运经济发展，现就船舶进出港许可业务代理诚信管理有关事项通知如下：

一、加强对从事船舶进出港许可业务代理人信息的掌握。请各单位参照《船舶进出港许可业务代理诚信管理工作指南》(附件 1，以下简称《指南》)，收集本辖区内从事船舶进出港许可业务代理人的信息，对现有的代理人信息于 2012 年 12 月 31 日前录入到船舶动态管理系统或者其他海事业务信息系统，建立数据库。同时将代理人名单按统一格式(附件 2)在本单位外网公布并及时更新。

二、推行船舶进出港许可业务代理诚信管理。请各单位参照《指南》，对辖区船舶进出港许可业务代理人进行综合评估，逐步建立并实施诚信管理制度。

三、努力提高船舶进出港许可业务代理从业人员的业务素质。各单位要针对部分代理从业人员守法意识淡薄、责任心差、业务水平低的情况，督促代理单位组织开展专业知识培训，使其掌握与船舶进出港许可业务相关的海事法律法规和相关要求，提高业务能力和责任意识。

四、强化船舶进出港许可业务代理的日常监管。各单位要督促代理人建立、健全业务代理档案，真实完整地记录其船舶进出港许可代理代办业务，并自觉接受海事部门的日常监管。各单位要进一步规范代理代办秩序，对弄虚作假的代理人予以打击，对涉嫌伪造、变造、买卖、租借船舶船员证书等违法行为的单位和个人依法严肃处理。

五、开展船舶进出港许可业务代理协同共管工作。各单位要主动走访相关交通运输主管部门，通报船舶进出港许可业务代理工作中存在的问题，协商建立协同共管机制；必要时，联合相关主管部门对船舶进出港许可业务代理行业进行整顿，维护代理市场的正常、有序。

六、加大宣传教育力度。各单位要通过多种宣传方式，通报记录不良代理的违规行为和典型案例查处情况，提高航运公司和船员使用诚信、规范代理人的意识，努力营造合法经营、诚实守信的工作环境和氛围。

七、加强内部管理，严肃工作纪律。各单位要狠抓内部管理，加强对海事执法人员的教育和纪律监督。对于船舶进出港许可业务代理管理工作中存在行政不作为、监管不到位，或者内外勾结、以权谋私、弄虚作假、推诿刁难和选择性执法的单位和个人，要依法依规严肃处理。

各单位要提高对船舶进出港许可业务代理管理工作的重视，加强组织领导，明确责任部门，确保责任到位，措施到位，落实到位。各单位可结合本辖区的实际情况，研究制订具体的措施，确保工作取得实效。在工作中如有困难和问题，请及时报部海事局。

附件 1

船舶进出港许可业务代理诚信管理工作指南

为规范国内航行船舶进出港签证(以下简称“船舶签证”)和国际航行船舶进出口岸查验(以下简称“船舶查验”)代理人的代理行为,促进船舶进出港许可业务代理诚信管理的实施,制定本指南。

一、从事船舶进出港许可业务代理人应提交《船舶代理信息表》(见附表)和下列材料,以完成信息的收集、整理、录入和公布。

(一)船舶签证代理机构:1.《工商营业执照》复印件(同时交验正本);2.批准从事船舶签证代理服务的文件或证明复印件(同时交验正本);3.代理机构运行情况(含组织架构图);4.代理机构的印章印模;5.业务人员名单和联系方式。

(二)船舶签证个人代理:1.申请人身份证复印件(同时交验原件);2.从事船舶代理业务情况;3.申请人签名留底或个人印章印模;4.联系方式。

(三)船舶查验代理机构:1.《工商营业执照》复印件(同时交验正本);2.《国际船舶代理经营资格登记证》复印件(同时交验正本);3.代理机构运行情况(含组织架构图);4.代理机构的印章印模;5.业务人员名单和联系方式。

二、各单位对代理人提交的信息、材料进行核实,并准确录入信息系统,列入“船舶进出港许可业务代理名单”。

三、已列入“船舶进出港许可业务代理名单”的代理人需在每年 3 月 31 日前向所在地海事机构提交《年度核验报告》,其主要内容包括:年度代理业务情况及分析、代理差错及原因、遵守海事相关规定情况、自我评估、今后改进措施等。

（一）对于代理人资料失效，或未提交《年度核验报告》者，取消其信息的录入。

（二）代理人的信息（即《船舶代理信息表》内容）如有变动，应及时书面向海事部门提交更新后的《船舶代理信息表》，否则取消其信息的录入。

四、各单位应鼓励遵章守法、业务规范、服务质量优良的代理人为航运业提供服务，将符合下列全部条件的代理人列入“船舶进出港许可业务诚信代理名单”：

（一）上一年度业务代理未发生违法违章行为；

（二）上一年度所代理船舶未出现“配员不足”、“人证不符”等违章行为；

（三）拥有三名及以上完成船舶进出港许可业务代理专业知识培训的业务人员（针对代理机构）。

五、已列入“船舶进出港许可业务代理名单”的代理人，在其申办业务时可免于提交本指南第一条所要求的材料。此外，各单位可考虑为列入“船舶进出港许可业务诚信代理名单”的代理人办事提供便利措施。

六、各单位应将符合下列条件之一的违规违章、投机取巧的代理人列入“船舶进出港许可业务不良记录代理名单”：

（一）上一年度发生三起及以上业务代理违章违法行为（针对个人代理和代理机构的业务人员）；

（二）上一年度所代理船舶出现三起及以上“配员不足”、“人证不符”等违章行为（针对代理机构）；

（三）拥有两名及以上上一年度发生三起及以上业务代理违章违法行为的业务人员。

各单位应对经办违章违法行为代理业务的业务人员进行连续跟踪管理，对满足上述条件的业务人员，应参照对代理人员的管理列入“船舶进出港许可业务不良记录代理名单”。

各单位应在外网公布“船舶进出港许可业务不良记录代理名单”。

七、对未列入“船舶进出港许可业务代理名单”和已列入“船舶进出港许可业务不良记录代理名单”的代理人，其代理船舶签证时船舶现场核查比例应在20％以上，其代理船舶查验时船舶应列入优先接受安全检查对象。

八、各单位要加强对未按要求提交信息和材料的代理机构和代理人员的核查。在其每次代办船舶签证或船舶查验业务时，均要求提交本指南第一条所要求的材料。

九、对严重违章或违法的代理机构，各单位应通报当地相关主管部门。

（附表略）

国家海事局
《关于办理船员出入境证件有关事项的通知》

[海船员(2011)948 号]

为进一步规范船员出入境证件管理,根据《中华人民共和国船员条例》、《中华人民共和国船员服务管理规定》、《中华人民共和国海员外派管理规定》、《中华人民共和国海员证管理办法》、《〈海员出境证明〉管理办法》和《船员出境证件管理规定》等法律法规,现将办理船员出入境证件的有关事项通知如下:

一、申请办理海员证的单位资质要求

申请办理海员证的单位应当具有以下资质之一:

(一)取得《海员外派机构资质证书》的机构(以下简称"外派机构")。

(二)取得甲级海船《船员服务机构许可证》的机构(以下简称"甲级机构")。

(三)经营国际航线(包括特殊航线)中国籍船舶的航运公司(以下简称"航运公司")。

(四)经营和管理国际航线(包括特殊航线)中国籍船舶的国际船舶管理公司(以下简称"国际船舶管理公司")。

(五)经国家有关部委批准的从事远洋渔业项目及具有渔工外派资质的公司。

二、申请办理海员证的有关要求

(一)外派机构和甲级机构为自有船员申请办理海员证,需提交与船员签订的劳动合同及影印件;为协议船员申请办理海员证,除提交服务协议外,还应提交与用人单位签订的劳动合同及影印件以及用人单位的同意函。

（二）航运公司和国际船舶管理公司只能为自有船员申请办理海员证，需提交与船员签订的劳动合同及影印件。

（三）具有从事远洋渔业项目资质的公司只能为自有船员申请办理海员证，需提交与船员签订的劳动合同及影印件。

对台渔工的海员证只能由具有从事大陆向台湾远洋渔船派出的渔工劳务以及向在第三地注册挂方便旗的台湾渔船派出渔工劳务资质的单位申请办理。

（四）航海院校预分配学生办理海员证，需提供预分配函、实习协议或就业协议（如需）。

三、申请办理《海员出境证明》的有关要求

（一）航运公司只能为自有船员登自有中国籍船舶申请办理《海员出境证明》，申请时可免予提交邀请函。

（二）国际船舶管理公司只能为自有船员登其管理的中国籍船舶申请办理《海员出境证明》，申请时可免予提交邀请函。

（三）航运公司和国际船舶管理公司的自有船员由甲级机构派往国际航行的中国籍船舶的，由负责派出的甲级机构申请办理《海员出境证明》，同时应提交海员证申请单位的同意函、甲级机构与派往单位的配员协议。

（四）赴外国籍船舶（包括特殊航线船舶）工作的船员，由外派机构申请办理《海员出境证明》，同时应提交外派机构与船员签订的上船协议、外派机构与境外船东签订的船舶配员协议。

四、邀请函的内容要求

邀请函（外文版需提供中文译版）至少应包括：

（一）船舶所有人（经营人或管理人）的名称、地址、联系人及联系电话。

（二）签发人的姓名（印刷体）及手迹签名，或船舶所有人（经营人或管理人）的公司印章。

（三）被邀请船员的姓名、海员证号码及拟服务船舶的名称。

五、其他未尽事宜，请遵照相关船员出入境证件管理法规执行。

交通运输部水运局《关于促进我国国际海运业平稳有序发展的通知》

［交水发(2012)262号］

各省、自治区、直辖市交通运输厅(局、委),上海市、天津市交通运输和港口管理局,中国船东、港口、船舶代理及无船承运人协会:

当前由于国际海运市场供需失衡、企业运营成本增加等多重因素影响,国际海运市场持续低迷。为积极应对当前国际海运业困难局面,规范市场秩序,进一步促进我国国际海运业平稳有序发展,现就有关要求明确如下:

一、提高对国际海运业健康发展重要性的认识

国际海运业对促进和保障国民经济社会发展具有重要战略作用。当前,国际海运受运力过快增长、供求严重失衡、成本不断上涨等多重因素影响,已深陷低谷并且还将持续较长时间,我国海运企业生产经营举步维艰,面临严重考验。

各级交通运输主管部门(港航管理部门)要充分认识当前国际海运形势的严峻性,把应对挑战和抢抓机遇作为重要内容,针对航运低谷期特点,研究采取有效政策措施,支持海运业发展,进一步加强辖区内国际海运市场管理,引导规范行业平稳有序发展。

二、积极推动国际海运业结构调整升级

积极引导国际航运企业加快拆解能耗高、污染重的老旧船舶,避免运力盲目发展,优化运力结构,协调好规模和质量的关系,通过主动调结构、转方式适应市场变化。要指导和鼓励企业转变发展观念,增加科技投入,创新经营方式,完善现代企业制度,不断提高经营管理水平和风险防范意识,建立健全风险防控体系,提高成本控制能力,转变粗放式经营模式,走稳健发展之路。要积极鼓励和支持有能力的企业开展兼并、重组和联营,优势互补,做大做强，发挥规模效益。

三、着力构建良好的行政服务环境

要进一步深入开展服务性港航管理部门建设，转变政府职能，深化行政审批制度改革，改进办事流程，坚持政务公开透明，提高办事效率，提高行政服务水平和能力。要重视研究分析市场信息并定期发布，形成信息提示和预警机制，为企业提供有效的信息服务，充分发挥信息发布和形势预判对市场的引导作用。

四、强化企业守法诚信经营

严禁国际航运企业、无船承运企业以低于正常、合理水平的运价提供服务，例如以“零运价”、“负运价”方式承揽货物以及其他损害国际海运市场秩序的行为，妨碍公平竞争。严禁具有市场支配地位的国际航运企业在经营中滥用市场支配地位，排除、限制竞争。

国际航运企业、无船承运企业要规范收费行为，严禁乱收费；要依法履行运价报备义务，严格执行生效的备案运价。国际航运企业订立运价协议和各类附加费协议的，要依法履行备案手续，并与中国境内托运人或托运人组织进行有效沟通和协商。

五、加强维护公平有序的竞争秩序

要严格按照《中华人民共和国国际海运条例》及相关法律法规，加强国际海运及其辅助业市场准入管理，强化市场动态监督管理，加大调查执法力度，严格杜绝无经营资质擅自开展经营的行为，严厉查处恶性杀价等不正当竞争行为，促使辖区内经营者依法经营、公平竞争。

要密切关注国际海运市场竞争状况，对可能损害市场公平竞争的行为，要及时报请我部依法启动调查程序。对公平竞争造成损害的，由调查机关依法采取责令修改有关协议、限制班轮航班数量、中止运价本或暂停受理运价备案、责令定期报送有关材料等禁止性、限制性措施。

要敦促国际航运企业、无船承运企业依照《中华人民共和国国际海运条例》履行运价备案以及其他备案手续。对未履行运价备案手续或未执行备案运价的，由我部或授权的地方交通运输主管部门责令限期改正，并依法处以行政罚款。对未履行条例规定其他备案手续的，由我部或授权的地方交通运输主管部门责令限期补办手续，逾期不补办的，依法处以行政罚款，并可撤销其相应资格。

六、加强合作提高企业抵御危机和防控风险能力

要积极引导企业间、上下游行业间加强合作，规范货主投资航运业，引导货主和航运企业互补共赢，结成利益共同体，在携手发展中，共同促进和保障我国对外贸易的健康稳定发展。

七、充分发挥行业协会在应对危机中的积极作用

鼓励行业协会组织企业加强合作，协调市场经营行为。同时，鼓励加强行业自律，维护自身企业信誉，共同维护市场竞争秩序，促进行业健康良性发展。

八、加强安全生产督导确保水上交通安全

在当前严峻的经济形势下，各级交通运输部门要督促企业高度重视安全生产，提高生产队伍的安全意识，杜绝麻痹思想，确保安全生产不放松，严格落实各项安全措施，加强安全隐患的排查，切实把安全工作做细做实。

各级交通运输部门要加强对国际海上客运、危险品运输，特别是客滚船、客渡船、高速客船和邮轮的重点排查。要进一步密切与地方政府相关部门及海事部门的联系，督促国际海上客运企业严格落实安全主体责任，坚持由政府统一领导、企业全面负责、部门依法监督，建立完善的安全告知制度、安全举报制度、安全隐患排查整改监督制度、应急救助协调制度，保障船舶适航、船员适任、航行安全。

九、加强督促检查和信息报送工作

各级交通运输部门要密切关注国际海运市场形势变化，并结合本地实际，会同相关管理部门加强督促检查，并将相关情况以及对促进本地区国际海运发展的相关政策措施落实情况，及时向部水运局报告。有关行业协会要将国际海运业总体形势、企业总体经营状况，以及存在的主要问题等情况，定期报部水运局。

上海市口岸服务办公室《上海口岸开放范围内作业区对外开通启用验收工作规程(试行)》

第一条 为规范上海口岸开放范围内码头、航站楼、车站等作业区对外开通启用验收工作，根据国家有关法律法规和《上海口岸服务条例》的有关规定，结合上海口岸实际，制定本规程。

第二条 上海口岸开放范围内的码头、航站楼、车站等作业区(以下简称“作业区”)对外开通启用验收适用本规程。

第三条 作业区对外开通启用验收工作应遵守国家相关政策，符合上海口岸实际，服务地方经济发展，体现高效、便捷、安全的原则。

第四条 作业区对外开通启用验收，由作业区运营单位向市口岸办提出申请，市口岸办会同上海海关、上海出入境检验检疫局、上海海事局、上海出入境边防检查总站(以下简称“口岸查验机构”)组成验收组实施。

第五条 市口岸办自受理作业区对外开通启用申请之日起20个工作日内牵头组织对作业区生产、安全相关的查验监管条件等进行验收。

第六条 作业区申请对外开通启用应当具备以下条件：

(一)符合上海市口岸对外开放规划和年度开放计划。

(二)具备相关主管部门认可的工程立项手续及生产运行条件。

(三)口岸查验配套设施应按照“保障监管、便利通关、资源集约、合理适当”的原则建设和配备，符合口岸查验监管要求。

第七条 作业区运营单位提出作业区对外开通启用申请时，须向市口岸办提交下列材料：

(一)对外开通启用的书面申请(含上级主管部门意见)。

(二)工程立项经主管部门认可的相应材料。

（三）工程建设经行业主管部门认可的相应材料。

（四）经营资格证书（从事码头作业的，需提供港口设施保安的相应材料；从事危险品作业的，另需提供从事危险品作业许可）。

（五）营业执照正本复印件。

（六）作业区口岸查验配套设施等查验和监管条件的落实情况说明。

上述材料，作业区运营单位须同时报送相关口岸查验机构。

第八条　申请对外开通启用的作业区符合本规程第六条规定的各项条件，且材料齐全的，市口岸办正式予以受理，并及时协调口岸查验机构和作业区运营单位，明确验收时间。

第九条　口岸查验机构加强对作业区对外开通启用验收前的指导，作业区运营单位配合做好验收工作并落实验收有关要求。

第十条　验收主要采取现场检查和听取汇报的方式，验收组成员根据各自职责对作业区口岸查验配套设施等查验和监管条件进行验收，在此基础上形成验收意见。同意通过验收的，形成验收纪要，由验收组成员共同签署。

对于个别条件尚未完全符合要求的，验收组提出整改建议，并一同写入会议纪要，作业区运营单位应当在相应期限内落实整改要求。

第十一条　作业区验收未通过的，作业区运营单位根据验收组提出的整改意见进行整改，待符合验收条件后，由作业区运营单位另行申请组织验收。

第十二条　作业区验收合格的，市口岸办于5个工作日内，向市政府报请该作业区正式对外开通启用。

市口岸办收到市政府批复文件后，应及时在上海口岸门户网站上予以公告，并转发作业区运营单位，同时抄送口岸查验机构和行业主管部门。

第十三条　市口岸办会同各相关单位，建立相应的沟通联络机制和协调机制，加强对相关运营单位的指导，不断规范和完善作业区对外开通启用验收工作。

第十四条　本规程自2012年12月1日起试行。

上海市口岸服务办公室《上海口岸开放范围内作业区临时接靠办理规程(试行)》

第一条　为规范上海口岸开放范围内码头、航站楼、车站等作业区(以下简称"作业区")临时接靠办理工作,根据国家有关法律法规和《上海口岸服务条例》的有关规定,结合上海口岸实际,制定本规程。

第二条　作业区确有临时接靠需求的,由作业区运营单位提前向市口岸办提出申请。

市口岸办及时协调上海海关、上海出入境检验检疫局、上海海事局、上海出入境边防检查总站(以下简称"口岸查验机构"),牵头办理临时接靠手续。

第三条　作业区申请临时接靠应当具备以下条件:

(一)符合重要项目建设、科研考察、重大活动、民生保障,以及国家和地方支持行业的对外往来需求等情形。

(二)具备相关主管部门许可的工程立项手续及生产运行条件。

(三)具备口岸查验机构监管工作所需的基本查验监管条件。

第四条　作业区运营单位提出临时接靠申请时,须向市口岸办提交下列材料:

(一)临时接靠的书面申请(含上级主管部门意见)。

(二)工程立项经主管部门认可的相应材料。

(三)工程建设经行业主管部门认可的相应材料。

(四)经营资格证书(从事危险品作业的,另需提供从事危险品作业许可)。

(五)营业执照正本复印件。

（六）作业区临时接靠所需的基本查验监管条件等落实情况说明。

上述材料，作业区运营单位须同时报送相关口岸查验机构。

第五条 市口岸办收到申请后，负责征询口岸查验机构及相关部门意见。需要实地踏勘和检查的，由市口岸办牵头组织。

第六条 市口岸办负责召集由口岸查验机构及相关部门参加的联合会审会议，口岸查验机构对临时接靠申请提出意见，协调一致后形成会议纪要。对于临时接靠期限、延期及相关保障等事项，一并由会议议定，并写入会议纪要。

第七条 市口岸办负责将会议纪要抄送作业区运营单位、口岸查验机构和行业主管部门，并会同口岸查验机构加强对作业区临时接靠条件落实情况的督促检查。作业区运营单位应配合落实相关保障措施，做好各项准备工作。

第八条 可以临时接靠的作业区，运营单位在国际交通运输工具抵达前，须按照有关规定，向口岸查验机构办理申报等手续。

第九条 口岸查验机构依照各自职责，对临时接靠的作业区实施监管和检查检验，并加强对作业区运营单位的指导。

第十条 本规程自 2012 年 12 月 1 日起试行。

上海海关、上海出入境检验检疫局公告

（2012 年第 2 号）

为简化进出口申报手续，提高上海口岸通关效率，在通关单联网核查的基础上，经研究，上海海关和上海出入境检验检疫局决定自 2012 年 4 月 23 日起，对上海口岸进出境货物实施通关单无纸化试点，现就有关事宜公告如下：

一、通关单无纸化试点后，对试点企业申报的法定检验进出口商品（以下简称“法检商品”），海关凭检验检疫部门发送的出入境货物通关单（以下简称“通关单”）电子数据为企业办理进出口通关手续。除应急等特殊情况外，检验检疫部门不再签发纸质通关单，海关不再收取纸质通关单。

二、通关单无纸化试点范围

所有出口法检商品，及部分企业的进口法检商品（进口试点企业名录另行确定）。

进口“三废”和进出海关特殊监管区域货物除外。

三、试点企业应严格按照《关于实施“通关单联网核查”的公告》（联合公告〔2007〕68 号）要求，规范填制相关报关报检内容，对需修改通关单电子数据的，关检双方按以下手续办理：

1. 对应报关单未结关的，企业直接向检验检疫部门申请，检验检疫部门修改后，海关凭通关单电子数据验放货物。

2. 对应报关单已结关的，在更改内容不涉及检验检疫工作的改变时，企业凭海关出具的业务联系单向检验检疫部门申请，检验检疫部门受理更改后签发纸质通关单和电子通关数据，海关凭纸质通关单和电子数据办理相关手续。

四、当通关单联网核查系统故障时，关检双方经对故障原因及处理方案核实确认后，启动下列应急措施：

1．当系统故障影响较大范围业务运转时，企业向原报检机构申领纸质通关单，海关凭检验检疫部门签发的纸质通关单办理进出口通关手续。

2．当系统故障仅影响个别通关单数据交换时，企业可向报关地检验检疫机构申领纸质通关单，海关凭检验检疫部门签发的纸质通关单办理进出口通关手续。

口岸工作文集

论海关特殊监管区发展在建设上海“四个中心”进程中的作用

黄胜强

海关特殊监管区是指一个国家划定的有别于本国关境内一般地区并实行特殊的贸易管制、税收等政策，并因此必须由海关实施特殊监管措施的区域。从我国的发展实际来看，海关特殊监管区是经国务院批准，设立在中华人民共和国关境内，赋予承接国际产业转移、连接国内国际两个市场的特殊功能和政策，由海关为主实施封闭监管的特定经济功能区域。海关特殊监管区现有 6 种模式：保税区、保税物流园区、出口加工区、跨境工业园区、保税港区、综合保税区。根据特殊区域的类型不同，分别具备“自由区”的部分功能，并根据实际情况，实行相应的管理制度。可以说，海关特殊监管区的发展历程就是我国不断深化改革、扩大开放的历程。截至 2012 年 5 月底，国务院已批准海关特殊监管区 103 个。其中：保税区 12 个；出口加工区 51 个；保税物流园区 5 个；保税港区 14 个；综合保税区 19 个；跨境工业园区 2 个（珠澳跨境工业区（珠海园区）、中哈霍尔果斯国际边境合作中心（中方配套区））。

在 2011 年上海召开的第 11 届自由贸易园区大会上，WTO 副总干事瓦伦丁一鲁格瓦比扎先生指出：“被称为亚洲工厂的特殊经济区，对于支持全球经济增长、提升所在国在全球和地区之间贸易谈判的地位，都起到了十分重要的作用。特殊经济区也是一个重要的手段：有助于促进建立一个国家可持续的出口基地、帮助吸引境外和国内投资、提供知识和技术的转移平台。”

作为我国改革开放的龙头城市，目前上海地区是各类海关特殊监管区地域最集中的地区，具有功能齐全、政策完备的特点，共设立了5类10个特殊区域，总规划面积为43.52平方公里，分别是：1个保税区（外高桥保税区）、6个出口加工区（松江、金桥、青浦、漕河泾、闵行、嘉定出口加工区）、1个保税物流园区（外高桥保税物流园区）、1个保税港区（洋山保税港区）和1个综合保税区（浦东机场综合保税区）。这些特殊监管区无论在设立时间、运作现状都处于全国同类型特殊监管区域的前列。我国的第一个保税区、保税物流园区和保税港区都诞生在上海关区。松江出口加工区也是国务院首批设立的出口加工区之一。上海地区的海关特殊监管区产业层次比较高，主要集中在IT、半导体、电子化工等高新技术产业和仓储、物流等现代服务业，保税加工和保税物流互补联动发展的效应明显。

笔者认为，海关特殊监管区在上海"四个中心"建设的进程中，至少发挥了以下6个方面的作用：

（一）加快海关特殊监管区建设是上海"四个中心"建设的重要任务

2009年4月，国务院发布《关于推进上海加快发展现代服务业和先进制造业、建设国际金融中心和国际航运中心的意见》（国发〔2009〕19号文，下同），其中第十二条提到：进一步拓展洋山保税港区的功能，发展北外滩、陆家嘴、临港等航运服务集聚区。第十三条提到：探索建立国际航运发展综合试验区，研究借鉴航运发达国家（地区）的航运支持政策，提高我国航运企业的国际竞争力。这是国家明确的唯一个国际航运发展综合试验区，是加快推进国际金融、航运中心建设的重要突破口。上海市政府在落实国务院19号文实施意见中进一步提出：国际航运中心建设重点任务是"研究借鉴国际自由港政策，拓展洋山保税港区功能，不断丰富和完善国际航运发展综合试验区的内涵。"根据"十二五"时期上海"四个中心"功能建设和产业结构调整需要，上海市规划布局深水港物流园区、外高桥物流园区、浦东空港物流园区、西北综合物流园区、西南综合物流园区等五大重点物流园区。同时，积极推动各出口加工区拓展保税物流、研发、检测、维修等功能，促进加工贸易调整升级；放大外高桥保税区效应，推动"三港三区"建立海、陆、空保税物流联动发展机制。上述区域范围，涵盖了上海所有10个具有保税物流功能的海关特殊监管区。

今年上半年召开的上海市第十次党代会明确要求，加快推进“四个中心”建设，构建具有国际竞争力的新型产业体系。其中，国际贸易中心建设要着力提高市场开放程序和贸易便利化水平，推动外高桥国际贸易示范区建设；国际航运中心建设要优化航运集疏运体系，深入推进国际航运综合试验区建设，巩固提升国际航运枢纽港的地位和功能。因此可以说，海关特殊监管区域作为诸多政策先行先试的重要载体，在功能拓展、制度创新、整合发展等方面既承担着率先突破的重任，也面临着全新发展的机遇。

（二）海关特殊监管区是上海在区域经济中龙头带动作用的巨大优势

特殊监管区技术与管理的“外溢效应”，能够促进了所在地区企业的技术进步与产业升级；区内众多企业云集，为周边地区创造了大量就业机会；区内派生出的各种需求又进一步拉动城市商贸、金融保险、房地产、交通运输、信息和商业服务等相关配套产业的发展。上海地区的海关特殊监管区发展的20多年，是我国改革开放不断深化、参与经济全球化不断深入的20多年，也是上海建设“四个中心”、推进浦东开发开放的20多年。中央和上海先后把一大批改革开放的重大举措放在海关特殊监管区先行先试。同时，上海地处我国最重要的经济区——长江三角洲，辐射范围大、市场领域广、贸易活动集聚等综合优势，使特殊监管区的先行先试效应发挥得淋漓尽致。比如：外高桥保税区的贸易、物流及其他服务业增加值占区域增加值的89.7%，其内外贸结合的标志性功能特征使区内5000多家贸易企业80%的商品销往国内市场（其中上海以外的长三角地区38%）。与此同时，贸易业的不断发展也促进了加工与贸易、物流与贸易、商务与贸易、金融与贸易的逐步融合，推动了区域产业结构的持续转型升级。又如：洋山保税港区所具有的开发开放价值，除了保税区原来所能发挥的各项功能外，更强调其开放的质量、效益和创新示范价值。通过国际商务活动的拓展，服务和辐射周边区域，创立综合性功能区的“区域品牌”。可见，如果把各类海关特殊监管区的政策优势、功能优势全部发挥出来，上海一定会在区域发展竞争中占得先机。

(三)海关特殊监管区是上海开放型经济发展的主要增长极

海关特殊监管区无论从对外开放程度、政策优惠程度以及海关监管效能上都具有一定的比较优势,已经成为资源集约化程度最高、单位面积产出最多、对地区开放型经济贡献最大的特殊经济功能区,从最初的“政策飞地”逐渐形成区域经济发展的增长极。2011年上海地区的海关特殊监管区进出口总值达1610.5亿美元,其中松江、金桥、漕河泾、青浦、闵行、嘉定等6个出口加工区进出口总额为666.07亿美元,外高桥保税区进出口总额为813.92亿美元,外高桥保税物流园区进出口总额为65.74亿美元,洋山保税港区进出口总额为58.85亿美元,机场综合保税区进出口总额为5.89亿美元。上海特殊监管区年度进出口总值同比增长13.8%,占同期上海市外贸总值的37.8%;共征收税款635.9亿元,同比增长24.7%。其中最具典型意义的是外高桥保税区,这片封关面积仅为8.9平方公里的土地,其生产总值、商品销售额、工商税收都约占全国保税区总和的一半,2010年每平方公里形成的增加值和税收分别为140亿元和83亿元,远高于全国保税区的平均水平;实现的商品销售额、进出口贸易额分别占上海市的四分之一、五分之一,其中进口占全市的三分之一;以不到浦东新区1%的面积,贡献了浦东新区五分之二以上的进出口贸易值、四分之一以上的生产总值、五分之一以上的工商税收。

(四)海关特殊监管区是上海金融、航运、贸易和经济中心建设的核心载体

上海要建设“四个中心”,发展现代服务业和先进制造业,海关特殊监管区域是非常重要的核心载体。上海正重点发展洋山深水港、外高桥、浦东空港等物流园区、依托海、陆、空港门户,搭建对接国际、连接腹地、服务全国的物流设施平台,通过合理布局物流资源和网络,强化上海在区域合作中的枢纽地位,扩大经济腹地对上海的支撑作用。其中,洋山保税港区是目前我国“政策最开放、功能最强大、层次最高级”的海关特殊监管区,具有国际中转、

国际配送、国际采购、国际转口贸易、出口加工五大功能，是海关各类特殊监管区域优惠政策的叠加，对于上海建设成为国际航运中心和贸易中心十分关键。外高桥保税区经过近20年的运作，国际贸易、现代物流、先进制造及保税商品展示交易等多种经济功能日益凸显，结合上海“四个中心”建设目标，不断延伸产业链、拓展物流链、完善贸易链、提升价值链，朝集综合产业、商贸会展、服务创新和保税物流等功能于一体的方向发展。保税物流园区已具备了国际中转、国际配送、国际采购和国际转口贸易四大功能，它的发展对于巩固上海港作为我国国内物流和国际物流的枢纽地位具有积极的作用。出口加工区有利于提升上海先进技术承接扩散能力，推动上海地区加工贸易转型升级、构筑高层次的产业结构，形成产业带动、技术引领的发展格局。浦东机场综合保税区正在着力打造为航空业服务的租赁和维修基地，建立以信息技术产品、航空航材及零部件为核心空运货物分拨配送中心和中转集拼基础，从而拓展航空物流增值服务功能，为上海提高物流资源配置能力，积极参与国际竞争发挥重要的推动作用。

(五)海关特殊监管区的政策优势是上海地区货物、技术、资金、人才流的巨大吸引力

保税物流的发展有助于优化我国投资软环境，促进企业聚集。产业聚集、区域聚集等效应和物流环境，包括物流基础设施、物流管理政策和制度以及物流服务质量和水平等，已成为投资者评价一个地区投资环境的重要内容。海关特殊监管区域是实现保税物流的区域载体之一。由于区内实行特殊的贸易管制、税收、营运等政策，加上其与其他地区相比的较为现代、完善的交通、供水、供电等基础设施，特别是相对集中、便捷、宽松的行政审批，投资服务体系和工作机制，营造了一种低成本、高效率的投资环境，在上海吸引外资的过程中充分发挥了“吸金”作用，许多世界一流跨国企业纷至沓来。龙头企业入区后，又产生马太效应，吸引产业链上相关配套企业纷纷入驻，使海关特殊监管区域成为了上海吸引国际货物、技术、资金、人才流的“金字招牌”和“服务磁场”。如:洋山保税港区是国务院批准设立的全国首个“区港一体”海关特殊监

管区域，拥有 11 条国际航线，覆盖全球 300 多个港口，跨国公司亚太采购配送中心、供应链管理中心、国际大宗商品集散中心以及大型航运企业的集散基地已初具规模，美国戴尔和克莱斯勒、法国阿尔卡特一朗讯、日本索尼、韩国三星、台湾华硕等知名跨国企业相继在区内设立亚太分拨中心。“十一五”期间，洋山港国际中转比例从 2006 年的 5%提高至 2009 年的 11%；水水中转货物 1540 万标箱，中转比例从 2006 年的 41%上升至 2009 年的 51%。又如：外高桥保税区依托国家进口贸易促进创新示范基地、外高桥国际贸易示范区、国家对外文化贸易基地 3 张“名片”，截至 2011 年已累计批准来自 94 个国家和地区的项目 1.1 万余个，其中世界 500 强企业中有 107 家进驻共投资 236 个项目。这些企业对内服务长三角地区乃至全国，对外与 190 多个国家和地区保持着进出口贸易往来。特别是区内已有 20 家企业启动了以离岸贸易为特征的国际贸易结算中心试点，截至目前累计完成专用账户贸易额已突破 50 亿美元。再如：保税物流园区以“保税—滞后纳税”为特征的物流分拨和第三方物流发展迅速，集聚了德国全球物流、DHL 和美国 UPS 等世界知名物流企业。从中转功能看，物流园区跨国配送和国际采购业务取得新突破，区内国际中转货值比重已达 35%。

（六）海关特殊监管区是上海创新驱动、转型发展的平台和试验田

海关特殊监管区是对外开放的前沿，对我国深化改革，扩大开放起到了积极的示范作用，目前正在成为全面深化改革，进一步提高开放水平的重要途径。从自主创新角度讲，海关特殊监管区已成为承接全球高新技术产业转移和国际高新技术企业研发中心的重要基地。特别是 2009 年上海市委市政府设立综合保税区管理委员会，对外高桥保税区、洋山保税港区、浦东机场综合保税区进行整合，整合后的总面积达 21.73 平方公里，已封关运作 18.64 平方公里。在物理整合的同时，上海综合保税区集聚了保税区、保税物流园区、出口加工区、保税港区、综合保税区等五类海关特殊监管区的政策优势，并从制度上实现“国家战略，国家推动”，在海关监管、外汇管理、检验检疫等进出口管理上基本达到国内最为齐全、最为便捷和最为开放的程

度。与此同时，上海综合保税区进一步厘清了自己的定位，那就是以推进“三港三区”联动发展为契机，成为国际航运中心的核心区域、国际贸易中心的重要载体、国际金融中心的重要突破。比如，凭借综保区独特的海港、机场口岸资源优势和保税政策环境，规划建设中国最大的租赁产业特别功能区；加快建立与国际接轨的净价环境，打造面向亚太地区的大宗商品集散平台；大力推进国际贸易示范区建设，试行离岸贸易便利化政策，扩大新型国际贸易结算方式试点范围等创新举措，都是以综合保税区为平台和载体先行开展试点。这样一种整合，形成了区域运作与高效监管有机结合、区域发展与企业成长有机结合、区域贡献与政府扶持有机结合的发展新模式，为加快上海“四个中心”建设提供了重大机遇。2008 年整个区域进出口总额为 626 亿美元，而 2011 年上海综合保税区完成进出口总额 950 亿美元，实现了大幅增长。区内企业类型出现变化，新型贸易业态不断涌现，业务功能持续拓展。

从今后发展来看，转型发展是中国特殊监管区的必然趋势和基本主线。在第 1 1 届自由贸易园区大会上，上海市市长韩正指出“以外高桥保税区为代表的上海综合保税区，经过多年发展，已经具备了相当的规模和功能，成为中国经济走向世界的前沿阵地和窗口。”上海综合保税区管委会也明确提出了全面推进向与国际接轨的自由贸易园区转型发展判断和思路：首先，建设与国际惯例更加接轨、具有世界一流水准的自由贸易园区，是上海综合保税区基本的发展理念和目标。第二，成为自由贸易园区是一个渐进的过程，称之为“转型和升级”发展过程。第三，上海综合保税区发展成为完整意义上的自由贸易园区既是上海建设国际贸易中心、提升国内国际两个市场资源配置服务能级的一项积极而重要的举措，也是中国特殊监管区域面向未来发展先行而必要的探索。第四，在向自由贸易园区转型发展道路上，上海综合保税区已经先行试验和实践，也取得了初步的成果。第五，上海综合保税区正在全面深化向自由贸易园区转型发展的内涵与力度。

（作者系上海海关党组书记、关长）

以质取胜促发展 转变作风抓落实

——以十八大精神为指导服务上海转型发展的几点思考

徐金记

前不久召开的中央经济工作会议提出，要以提高经济增长质量和效益为中心，稳中求进，开拓创新，扎实开局。深入学习贯彻党的十八大和中央经济工作会议精神，就是要紧密联系当前的形势和任务，把学习领会中国特色社会主义理论体系与学习新一届中央领导集体的务实作风结合起来，与研究解决遇到的重点、难点问题结合起来，以改进工作作风、优化服务举措、创新工作机制为着力点，为各项事业的创新与发展提供不竭的推动力，奋力为关键之年开好新局。

当前，上海出入境检验检疫部门正在认真学习、深刻领会、全面把握党的十八大精神，全力服务上海“创新驱动、转型发展”战略，以作风建设的新成效广泛凝聚人心、推动事业进步，以更大的政治勇气和智慧推动检验检疫监管方式的改革与创新，坚持以质量和效益为核心，坚持把关与服务相并重，切实提升检验检疫服务经济社会发展的实际能力，以只争朝夕的精神狠抓各项工作的落实。

一是提高认识、坚定信念，凝聚深化改革的力量

当前，我国外贸发展遇到的挑战很多，仍面临较多困难和不确定性。我们要准确把握中央对形势的科学研判，把思想和行动统一到十八大和中央经济工作会议重大决策上来，使智慧和力量凝聚到落实十八大和中央经济工作会议的重大部署上来，坚持不懈地用中国特色社会主义理论武装头脑、教育干部职工，用共同的理想凝聚起深化改革的力量，夯实服务区域经济又好又快发展的思想基础。

检验检疫部门兼具垂直管理的特殊性、技术执法的专业性、涉及质量把关和民生安全的敏感性等特点，要深刻领会中央对国际国内形势的分析判断，坚持立足上海口岸乃至长三角区域检验检疫工作实际，增强工作的使命感、责任感和紧迫感。近年来，上海检验检疫部门大力弘扬“崇检尽责、服务至上”的精神，以“守护国门、服务发展”为己任，持续聚焦上海“四个中心”建设，致力于服务新产业业态发展集聚；持续聚焦贸易便利化建设，致力于营造一流的通关环境；持续聚焦现代物流服务体系，致力于创新检验检疫监管模式和服务模式。针对2012年上海地区进出口增长明显放缓并出现下滑的严峻形势，上海检验检疫部门迅速行动，出台了支持上海地区进出口贸易发展的35条具体举措，在优化口岸通关环境，提升贸易便利化水平，支持重点区域、产业和商品的进出口，拓展特殊监管区域功能，提升技术性贸易措施服务等方面为上海进出口贸易稳定、健康发展提供了有力保障。

中央经济工作会议从6个方面对今年经济工作作出部署，上海也提出进一步深化改革、扩大开放的要求，这些都对做好检验检疫工作具有重要的指导意义。站在新起点，我们要进一步融入上海经济社会发展全局，把贯彻落实的行动体现到创新服务区域发展的各项工作部署中，以强烈的大局意识，做好检验检疫服务保障工作，为新年度工作开好局、起好步打下坚实基础。

二是精心谋划、忠诚履职，探索创新服务的举措

上海是我国改革开放的前沿阵地和对外窗口，中共中央政治局委员、上海市委书记韩正指出，要紧紧抓住提高经济增长的质量和效益这个中心，使之贯穿于上海经济工作全过程。近年来，上海积极落实国家战略，加快推进“四个率先”，加快建设“四个中心”，上海浦东新区被批准成为国家综合配套改革试验区，这些不仅为区域发展提供了重大机遇，也为检验检疫部门提出了新的任务和更高的要求。

紧抓质量和效益这个中心，上海检验检疫部门要进一步充分认识上海大口岸、大外贸的区位优势及其对长三角、长江流域乃至全国的辐射作用，牢固树立“沟通上下左右，服务系统内外”的理念，以实现上海检验检疫事业的更大突破为着眼点，促进“上海制造”向“上海智造”加速转变，精心谋划检验检疫服务科学发展、转型发展的配套战略举措。一要创新质量安全监管机制。持续深化中小微企业发展帮扶政策落实，进一步建立与完善质量安全责任追究制度，探索运用分类管理、诚信管理等多种监管手段，对质量好、信用高的企业和产品给予通关便利。进一步强化做好质量分析工作，形成向地方政府报告进出口产品质量状况的长效机制。强化跨区域、跨部门合作，建设泛长三角检验检疫信息共享平台，打造优质的口岸通关环境。二要创新科技检测运行机制。科技是检验检疫部门履行职责的支撑和保障。我们现有国家检测重点实验室 25 个，区域性中心实验室 14 个，历年来检测设备购置总价值达 7.25 亿元，比 5 年前增加了 4.72 亿元。2012 年在外高桥保税区等口岸一线的酒类、粮谷等多个国家级专业实验室也相继建立并投入运转。我们将进一步扩大开放协作力度，加强检验检疫跨地区特别是泛长三角区域检测资源的广泛协作，统筹规划，共同推进公共检测技术平台建设。三是创新服务外贸发展机制。要继续贯彻落实好国家质检总局和上海市政府签署的部市合作备忘录，致力于推行先行先试的创新性支持措施和个性化周到服务，大力支持生物制药、高新技术、总部经济、循环经济的发展，大力支持以迪斯尼为核心的国际旅游度假区等重大项目建设，促进贸易便利化。要始终坚持以上海“创新驱动、转型发展”和企业需求为导向，探索通过视频、电脑、手机平台网络等现代数字化手段全面打造“上海智检”，力争实现一线口岸查验科学化、快速化、数字化，形成“通报通放、快检快放、即查即放”三轮驱动口岸贸易提速的全新局面，支持上海外向型经济健康发展。

三是内强素质、外塑形象，促进行政作风的转变

加强队伍建设是一个永恒的主题，需要常抓不懈。习近平总书记曾经指出：“我们一定要始终与人民心心相印、与人民同甘共苦、与人民团结奋斗，夙夜在公，勤勉工作，努力向历史、向人民交一份合格的答卷。”贯彻落实好十八大精神，就是要与内强素质、勤练内功、转变作风结合起来，不断加强自身建设，提高履职尽责能力。

我们要按照建设学习型、服务型、创新型的马克思主义执政党的要求，担当起服务区域发展的使命重任，打造一支高素质、高效能的检验检疫队伍，是做好新时期检验检疫工作的根本保证。一要改进领导作风，在真抓实干上下功夫。领导干部要带头讲政治、讲大局，带领干部职工深入学习贯彻中国特色社会主义理论，提高理论政策水平和业务能力，树立正确的政绩观，把握好全局工作方向，处处以身作则，处处率先垂范，形成坚强的领导核心。要审时度势，积极探索检验检疫把关服务的新思路，不断地完善和改进检验检疫的工作模式，敢于不断地推陈出新。要在转变作风抓落实上见成效，察实情、讲实话、办实事、求实效，提高决策能力、执行能力、创新能力，培养过硬的作风，创造实实在在的工作成绩。二要改进学习风气，在学以致用上下功夫。要深钻细研，切实改进学风，以更加宽广的视野和敏锐的思维，来深入研究检验检疫工作，准确把握检验检疫事业发展规律，加强检验检疫事业发展的前瞻性研究，充分发挥检验检疫系统人才、技术、信息等优势，探索适合上海特点的检验检疫新模式、新方法，拓展上海检验检疫事业发展的新思路、新举措。三要改进工作作风，在攻坚克难上下功夫。近年来，我们围绕做好服务上海经济社会发展这篇大文章，主动协同各有关单位联合行动，及时解决遇到的困难问题，同时自身的能力水平也得到了很大的提升。根据中央和上海的整体部署要求，我们要继续牢固树立和强化“为民服务”的使命感，抓好工作任务分解，在解决重难点问题上下功夫，做到有部署、有督促、有落实，有检查、有奖惩、有评估，切实转变作风，狠抓任务落实，更加坚定地抓质量、保安全、促发展、强质检，把检验检疫工作提升至新的水平。

（作者系上海出入境检验检疫局局长、党组书记）

加强上海港水上客运(含大型邮轮)危险源管理

徐国毅

在上海建设国际航运中心的大背景下，包括国际邮轮在内的水上客运是上海港整个航运体系中不可或缺的一部分。海事部门作为水上交通安全管理的主管部门，长期以来一直十分重视对"四客一危"船舶的监管，把保障客船和客运安全当做海事安全监管的重中之重。2012 年 3 月份以来，国内外连续发生的水上客运事故向我们再次敲响安全警钟。水上客运安全疏忽不得，懈怠不得。正因如此，去年上海海事局在全局排查、梳理的基础上，首次明确把水上客运(含大型邮轮)作为全局五个重大危险源之一，并发挥局和基层两个层面的积极性，专门组织力量开展系统性、规律性的课题研究，制订相应的防范对策和有效的风险控制措施，为建立上海港水上客运安全监管长效机制奠定坚实基础。

一、科学系统地摊查水上客运危险源

科学系统地排查水上客运危险源，需要采用定量和定性的办法，分析包括国际邮轮、省际航线客船、市内轮渡、游览船、游艇、交通艇等在内的上海港各种类型水上客运船舶、码头、航线、客运量的现状和发展趋势，并通过对近年来上海港客运船舶险情事故的统计和分析，展现典型事故原景，探查各类事故险情的性质特征、事发地点、位置和主要原因。

经实践排查和理论分析，我们认为，上海港水上客运重大危险源比较典型的有十个方面，包括船员素质因素、瞬时客流量因素、水文条件因素、天气因素、海况因素、航路因素、船船流量因素、渔汛期渔船作业因素、码头选址布局因素、客船龄因素、携带易燃易爆危险品因素。邮轮除具有船舶具有的安全风险之外,还具有大量人群集结所带来的安全风险急剧上升的特点(如火灾,污染等)。

近年来,上海海事局根据上海港水上客运实际情况,在实地调研、走访、调查问卷、征求意见和评估分析等的基础上,运用国际上广泛应用的综合安全评估(FSA,Formal Safety Assessment)理论,利用模糊综合评价的数学方法,对影响水上客运安全的人为因素、船舶因素、码头因素、通航环境因素、客轮载货管理因素、旅客管理因素、公司管理因素、海事监管与服务等方面,从理论和实践两个角度,详细地予以分类和阐述。系统利用这些因素,综合 FSA 评价方法,构建上海港水上客运安全指标评价体系,确定评价指标的内涵和评价标准,计算各类危险源在水上客运安全中所占的权重,建立上海港水上客运综合安全评价模型,并对评价结果进行分析,为水上客运安全提供技术支持和制度保障。

二、综合运用消除水上客运危险源的方法

按照危险源管理理论和法律法规要求,我们结合具有普遍性的水上客运危险源的各种因素,对现行的水上客运相关的海事法律法规以及对查找的影响上海水上客运安全的重大危险源进行全面梳理。同时,利用综合安全评估的理念,从影响"水上客运危险源"的环节即"人一船机一环境一管理一货"五个方面着手,梳理与水上客运相关的运输链和利益关系链,分析与水上客运相关利害各方的制衡关系、合作关系、责任关系以及义务关系,建立数学分析模型,从打造"责任链"的角度,从"防、堵、查、救、纠"五个环节,运用成本效益分析法,在把危险源控制在可容忍的前提下,提出消除危险源的各种方法及最佳方法的建议,制定水上客运隐患防控措施,编织严密的"安全网",努力实现危险源排查、科学评估和综合治理的统一,强化危险源消除的长效机制建设,着力提高水上客运安全服务水平。

三、打造责任链,编制安全网,保障上海港水上客运安全

我们探索在"打造责任链、编制安全网"的基础上,从"防、堵、查、救、纠"五个方面制定相应的海事管理对策和措施,强化非传统领域内相关利益方的合作。重点从加强水上客运安全传统领域监管、探索水上客运安全非传统领域合作和提升水上客运应急救助能力三个方面，针对上海港水上客运十个重大危险源进行逐项分析，遵循“防、堵、查、救、纠”等步骤，提出实用性或建议性的措施和意见，着力形成上海港水上客运危险源海事“链网”工程治理措施。其中包括形成构建水上客运综合治理格局探索建立完善的水上客运合作责任体系；探索建立完善的水上客运合作源头控制体系；完善水上客运合作安全保障体系；建立水上客运合作安全监管体系；建立健全水上客运合作安全生产应急反应体系；健全水上客运合作安全宣传教育培训体系；探索建立水上客运合作企业安全生产自控体系等。总之，我们对外要创造吸引多方参与水上安全管理的机制，打造一条开放的责任链；对内要通过“防、堵、查、救、纠”五个方面制定海事管理措施，编织一张严密的安全网，确保上海港水上客运安全可防可控。

（作者系上海海事局局长）

边检职业文化建设路径探析

施　健

边检职业文化，是中华民族的传统文化、现实文化和边检行业文化相交融的产物，是边检机关在保障国家利益、服务社会大众、提供安全环境、管理民警队伍的过程中形成的具有鲜明边检职业特点的群体文化[①]。在我国构建社会主义和谐社会的新时期，边检职业文化对边检机关凝聚警心、激励斗志、陶冶情操、树立形象具有十分重要的作用。如何准确把脉文化改革发展的历史机遇，乘势而上，实现自身的新跨越，是摆在边检机关面前的一项重要课题。边检机关应立足向文化要警力、向文化要战斗力，积极探索富有时代特征、体现边检特色、符合民警需要的边检职业文化建设新道路，进一步推动边检整体工作和队伍建设创新发展。

一、边检职业文化的范围界定与维度剖析

（一）边检职业文化的内涵

“文化”一词源自《易・贲卦》中的“观乎人文，以化成天下”，其意是以典籍或礼仪风俗教化民众。《辞海》中对“文化”的解释为：“广义指人类社会历史实践过程中所创造的物质财富和精神财富的总和。狭义指社会的意识形态，以及与之相应的制度和组织结构。”

本文所阐释的文化取其广义的解释，即边检职业文化是具有边检职业特色的、在长期的边检工作中形成的群体文化，它包含警察意识、价值观念、精神风貌、行为规范、管理方法和外观外貌等物质与精神的全

① 参见《关于加强公安文化建设的思考》黑龙江省绥化市公安局政治部　徐洪文　陈曦

部内容。

(二)边检职业文化的维度

边检职业文化可从四个维度加以剖析,包括深层的精神文化、中层的制度文化、浅层的行为文化和表层的物质文化[①](见图示1):

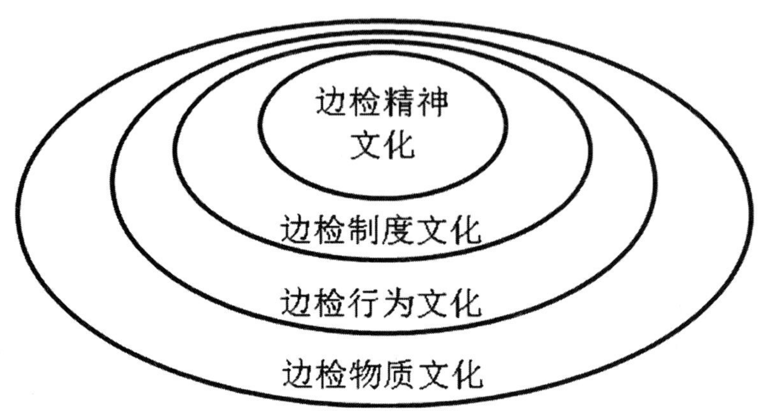

图示1

1、边检精神文化:这是边检职业文化的灵魂与核心。它是在长期的边检工作实践中形成的群体意识和文化心理,它包括价值观念、理想信念、纪律作风、道德规范、感情取向、思维方式等。而以"忠诚、为民、公正、廉洁"为内容的人民警察核心价值观则是边检精神文化的核心,它清晰地阐释了这支队伍支持什么、反对什么。

2、边检制度文化:这是边检职业文化的条件与保障。它是与边检精神文化特别是核心价值观相适应的,规范边检民警行为方式的制度体系,其内容是以人民警察法为核心的规范边检工作和队伍管理的法律、法规、规章及其他规范性文件。它使得边检管理文化既具有刚性又具有柔性,清楚地向民警表明哪些行为能做、哪些行为不能做,做了以后会受到何种激励或处罚。

3、边检行为文化:这是边检职业文化的过程与推动。它以边检民警行

① 参见《警察文化建设的时代价值与路径选择》北京人民警察学院 张明

为方式为表征，包括管理行为、执法行为、边检公共关系乃至生活方式等。它是边检精神文化的具体体现，直观地表现为边检民警的形象。

4、边检物质文化：这是边检职业文化的载体与基础。它是人民群众对边检民警群体、个体的整体感觉、印象和认知。它是边检文化一切内涵的最直接最直观的表现者。它包括建筑、服饰、装备、名片、纪念品等实物，以及网上警务室等虚拟空间。

二、边检职业文化建设过程中需要正确认识的若干问题

（一）要正确认识边检职业文化的继承与创新

边检文化作为一种客观存在，具有历史性，内容随着边检制度的发展变化而变化，不同性质、不同时期的边检制度对边检工作提出了不同的要求，也因此产生了不同内容的边检文化。[①]

边防检查工作从建国初期到改革开放，历经数次变革，工作理念从上世纪50年代“防范和控制”为主，到80年代“加强管理，方便往来”，始终是把管控摆在第一位，直到2007年起才逐步调整为“以服务为中心”。2010年底，经过四年时间提高边检服务水平工作的实践和探索，公安部适时出台《关于进一步提高边检服务水平的意见》，明确提出了“以服务为中心，坚持顺畅通关，坚持严密管控”的新时期边检工作指导方针，要求全国边检机关向“服务型”转变，以“服务”为核心内容，大力推进服务理念、专业素质、职业精神“三大支柱”建设，一种崭新的边检工作理念应运而生。为深入推进边检服务水平进一步提高，《意见》突出了职业精神的引领作用，明确提出了边检人员“要树立‘国门似铁，宾至如归’的职业理想，恪守‘尊重旅客，公平公正’的职业操守，培育‘自信开放，亲和体恤’的职业文化，追求‘和谐沟通世界，亲情不分国界’的职业境界，在为国把关中锻造忠诚，在服务旅客中体现价值，在平凡工作中体会快乐，在创新业绩中追求卓越”，这既对进一步提高边检服务水平工作指明了努力方向，提出了更高的工作标准和要求，同时也

① 参见《检察文化现代化的战略思考》天津市大港区检察院　赵刚。

进一步明晰了边检职业文化的实质和内涵，凸显了边检职业文化的重要意义和作用。[①]

因此，发展先进的边检职业文化，必须遵循文化发展的根本规律，在继承和发扬优良文化传统的同时，紧跟时代步伐，找准文化建设的切入点和突破口，突出时代主旋律，不断创新文化建设的“载体平台”，营造一流的文化环境。

（二）要正确认识边检职业文化四个维度之间的关系

边检职业文化四个维度密不可分，相互作用、相互影响、相互联系、相互渗透，共同构成一个完整的体系。物质文化、行为文化、制度文化反映着、并受制于精神文化，是一定精神文化的折射，是它的表面化和具体表现，是它的附属品，其中物质文化要靠精神文化去推动，行为文化和制度文化还要靠精神文化去建构、去评价；而精神文化体现着各种不同文化的独特的心理结构，是系统中最深层、最具稳定性和最有决定力的东西，是整个文化系统的核心。然而，精神文化不能独立存在，它需要一定的载体，它只能通过物质、行为、制度的形式表现出来、折射出来。这些物质、行为和制度正因为体现着人的精神心理和精神世界，因而才成为了文化的重要部分，它们对精神文化的体现越多，内涵越丰富，其文化价值就越大[②]。正因为如此，精神文化就决定着整个文化的特质，并且代表着文化的层次，从根本上决定了边检职业文化的性质。正确认识和把握这四者的关系，对各级边检机关和领导干部在边检职业文化建设中明晰方向、把握实质、抓住关键、找准载体有着重要作用。

（三）要正确认识边检职业文化建设的对内和对外价值

我们知道，在边检队伍内部，文化对民警个人的行为和价值取向的影响是渗透性、潜隐性、积累式的，它发挥着育警、励警、律警、悦警和强警的功

---

① 参见《整体谋划边检服务品牌建设 努力开创边检职业文化建设新局面——公安边防部队边检职业文化建设试点单位座谈会感悟》浙江边防总队提服办主任 蒋幼盛。

② 摘自《精神文化与文化的层次》浙江临安市委党校网 2009.7.7

能，对队伍整体建设有着实质性的影响。然而，有学者将文化分为物质层、制度层、精神层之外，另分出一个社会层，认为它是群体文化的外溢，是群体同其社会环境相互反馈而形成的价值体现，既有社会对群体的认同，又包括群体对社会的态度。因此，笔者认为，加强边检职业文化建设，应从对内价值和对外价值两个方向共同破题。对内，要通过职业文化建设来促进同类价值观的形成，增强群体成员的认同感和归属感，提高队伍的战斗力、凝聚力；对外，要构建和推进新型良好的警察公共关系，使边检职业文化有机地融入社会主义文化体系，从而进一步提高边检机关的感召力和影响力。这样，通过将文化建设四个维度串联起来，共同提高边检队伍的“软实力”，使得文化在对内、对外两方面的价值得到充分实现。

（四）要正确认识民警个体在边检职业文化建设中的地位

文化的规律，不但不是外在于人的，而且它就是人的活动的规律，就是人基于一定的价值目标进行生产、生活和其他活动所具有的内在逻辑[①]。因而，人是文化的创造者，是文化的载体，也是文化的唯一感受者，人在本质上与文化有一种必然的联系。在文化建设过程中，要面向基层、全警参与，充分尊重民警的主体地位和首创精神，激发民警的文化创造力，保障民警的文化权益，满足民警精神文化需求，促进民警全面发展，使民警共享边检文化建设成果，做到快乐工作、幸福生活。在物质层的硬件配置中、在行为层的统一规范中、在制度层的顶层设计中、在精神层的思想引领中，都应体现“以人为本”的理念，即以民警个体的全面发展作为文化建设的一切出发点和落脚点，最终实现全体民警的文化自觉、文化自信以及对边检文化的趋同。

三、边检职业文化建设的路径选择

通过前面的分析，笔者认为，在正确认识以上四个问题的基础上，应从精神文化、制度文化、行为文化和物质文化四个方面来加强边检职业文化建设。

---

① 参见《精神家园——新文化论纲》李德顺 孙伟平 孙美堂著 第112页

(一)坚持文化强警,加强精神文化建设,促进边检职业文化认同

在文化体系中,物质文化、制度文化、行为文化都可能渗透或体现某种“内在精神”,因而,精神文化同物质文化、制度文化、行为文化相比,具有更加复杂多样,活泼多变的形式[①],对文化建设者来说是最复杂、最有难度和效果最为隐性的一个维度。

一是坚持文化强警战略,确立“以服务为中心”的大文化环境。“以服务为中心”是以社会管理职能为轴心的政府职能形态在边检机关的体现,要以服务这一根本形式实施边检管理,把充分体现和切实保障公民的合法权利当作边检机关的终极职能所在。要大力实施文化强警战略,构建服务型边检机关职能体系,引导民警树立职业理想,恪守职业操守,培养职业文化,提升职业境界,增强边检队伍的职业认同感、归属感和荣誉感,使全体民警把提高服务水平作为实现自身价值的自觉追求,形成“以服务为中心”的独特的边检文化大环境,为边检工作和队伍建设提供坚强思想保证和强大精神动力。

二是加强正向文化引导,发挥边检职业文化的引领示范作用。要以社会主义核心价值体系引领边检队伍文化建设,把人民警察职业道德规范和培育塑造“忠诚、为民、公正、廉洁”的人民警察核心价值观作为推动建立边检核心价值体系的基础,让边检文化内化于心、外践于行,确保边检队伍永葆忠于党、忠于祖国、忠于人民、忠于法律的政治本色。要通过文化潜移默化的作用,培养边检民警公正执法、干事创业的自觉性、积极性和责任心,同时,加大对外宣传力度,使边检职业文化更直观、更有效地为人民群众所了解、所接受,从而增进人民群众对边检机关和边检民警的理解和支持,使边检工作和队伍建设走上良性发展的轨道。

三是注重反向文化抑制,确保边检职业文化的先进性和纯洁性。当前边检队伍的主流是积极向上的,是时刻践行人民警察核心价值观的、有战斗

① 参见《精神家园——新文化论纲》李德顺 孙伟平 孙美堂著 第50页

力的、人民群众可信赖的队伍。但是,我们也要清醒地看到,这支队伍中还存在着一些问题。如果不及时加以制止,极有可能形成“反向文化”,进而冲击主流的先进的边检职业文化。这就要求边检机关合理利用负面激励手段,持续不断地开展以勤政廉政、遵纪守法、履行职能等为主题的专题教育和专项检查活动,纯洁边检职业文化,使边检职业文化始终保持先进性。

(二)坚持刚柔并济,加强制度文化建设,实现边检队伍的文化管理

从宏观到微观不同层次的制度之间,有共同的特征,体现一以贯之的价值规则,这就构成一定的制度文化①。边检制度文化主要通过法律法规规章、内部管理举措来体现,是从严治警的刚性管理与从优待警的柔性管理的有机结合。

一是加强刚性管理,固化和丰富从严治警的内容。近年来,国家、公安机关、边检机关先后颁布了《人民警察法》、《公安机关人民警察纪律条令》、《公安机关人民警察内务条令》、《公安机关人民警察着装规定》、《公安部警车管理规定》、《五条禁令》、《边检执勤现场八不准》等一系列法律法规规章和内部规定,做到依法从严治警,形成了具有鲜明警察特色的边检制度文化。随着社会的发展进步,边检文化不断吸纳新的元素,因而需要进行制度创新,进一步整合和固化原有制度内容。在这些制度的顶层设计中,必须明确哪些做法是与先进边检职业文化相向前进的,需要及时予以鼓励;哪些做法是与其背道而驰的,必须及时给予处罚。唯有如此,才能推动边检职业文化不断内化、固化,发挥制度文化刚性的约束作用。

二是加强柔性管理,营造尊警爱警的和谐氛围。当前,社会对群体的主要管理手段从“经验管理”过渡到“科学管理”,再发展到“文化管理”,体现的是社会对“以人为本”、“以文化人”的客观要求。各级边检机关和领导干部要用文化管理理念创新工作制度,充分发挥边检职业文化“软”管理对广大民警春风化雨、润物无声、以柔克刚的独特作用,与行政命令、法纪约束等

① 参见《精神家园——新文化论纲》李德顺 孙伟平 孙美堂著 第52页。

“硬”管理一道共同做好管理工作。要从晋职晋衔、培训考察、津贴补贴、慰问抚恤、医疗保健、疗养休假、加班备勤、安全防护、权益保障、谈心家访等多个方面建立行之有效的关爱制度，并健全组织领导、激励促进、考核考评等配套机制，全方位、多层次地抓好从优待警工作，主动回应广大民警的现实期盼，最大限度地解除民警后顾之忧，切实维护广大民警的切身利益，营造和谐的警营管理文化，进一步增强队伍的凝聚力、创造力和战斗力。

(三)坚持定式养成，加强行为文化建设，提升边检队伍的职业素养

边检行为文化体现的是边检民警的职业素养。当前，在口岸出入境流量迅猛增长、新兴出入境形态不断涌现、个性化出入境需求不断增加的情况下，出入境人员对边检工作的要求是具体的、现实的、个性化的，他们不仅关注边检机关宏观职能的发挥，更关心每一个具体的执法和服务过程。因此，我们需要在规范边检民警工作行为的定式和养成上下功夫。

一是切实加强执法规范化建设，树立边检民警良好的职业形象。目前，边检机关应从既有利于执法目的实现，又有利于增进社会公众互动与信任的角度出发，对执法办案过程中容易影响执法公信力的环节进行改革和完善，将“柔性执法”理念贯穿执法过程始终。要针对容易发生问题的执法活动、执法环节、执法程序，抓紧健全相关程序规定和标准规范，不断完善执法监督和保障机制，确保民警有法可依、有章可循。通过提高边检机关的执法规范化水平，使每一个执法活动既合乎严格公正文明执法的要求，又能够让当事人和社会公众心悦诚服，最终实现每个民警都是先进边检职业文化的承载者、和谐警民关系的推动者，在执法过程中展示边检机关和边检民警的良好形象。

二是切实加强精细化建设，固化边检民警服务的定式。边检机关服务水平的高低，很大程度上取决于服务定式。抓服务定式工作概括地说就是实现边检服务的“高质量”和“标准化”。就是在建立一套服务对象认同的外部服务质量标准的前提下，总结、整合、优化边检工作，形成一套科学、可行的内部操作规范，并狠抓养成，使每个岗位都把工作做对、做好、做成习惯，

从而在服务对象心目中形成“在任何时间任何岗位都能得到同样优质高效的服务”这样一个稳定的印象[①]。公安部出入境管理局制定下发的《边检标准化服务手册》从服务形象、勤务实施、服务技巧、服务保障和服务监督等五个部分对边检工作的各环节进行了精细化定位,使一线执勤人员对本职岗位和服务要求有了更清晰的理解,有效提升了边检队伍整体的服务素质和能力,对于边检机关形象的塑造、边检职业文化的展示都有现实直接的价值。

三是切实加强教育培训,促进边检民警行为文化的养成。教育训练工作,在边检工作中具有先导性、全局性、基础性的地位,在全面提升广大民警思想政治素质、法律素养、查堵查控能力、服务层次等方面发挥着重要作用,而这些内容也恰恰是边检行为文化的内容,因此教育训练工作是使先进的边检职业文化在民警身上固化和定格的过程。在定式养成培训方法选择上,要坚持培训方法为培训目标服务的原则,根据不同培训需求、培训时间、培训环境和学员数量等客观条件,灵活选择培训方法,以提高培训质量,达到培训目的。在专业素质培训方面,坚持以专业化、信息化、实战化为突破口,紧紧围绕边检工作的现实需要,着眼于岗位上最需要学习的知识、实战中最需要解决的问题,切实加大实战训练力度,着力提高边检民警的实战能力。

(四)坚持虚实结合,加强物质文化建设,树立边检机关外在形象

边防检查站自成立以来,经历过公安部队、解放军、武警、公安等多次体制变革,制服和各种警用装备、工作场所经历了数次变化。特别是全国公安机关推进公安队伍正规化建设以来,推行了统一监管场所、执勤现场硬件设置标准等举措。有些边检站建立了网络警务室、边检微博等,新的物质文化现象层出不穷。这些变化不仅为边检物质文化注入了新鲜血液,而且带给群众更加直观、感性的良好形象。边检机关应从实物建设和虚拟空间建设

① 摘自《基层业务领导干部服务定式培训班专题授课内容之六——准确理解边检服务定式的内涵》出入境管理局边检处副处长 赵静

两个方面来开展物质文化建设。

一是注重标准和创新，做好边检机关实物建设。对外，警用装备、设施、场所等带给群众的是直观的视觉效果；对内，荣誉室、图书室、健身房等带给民警的是健康向上的生活方式，这些都是边检物质文化建设的组成部分。各级边检机关要在技术、装备、经费等方面加大对边检物质文化建设的保障力度；要活用地方文化资源，努力打造突出反映边检队伍“精、气、神、韵”的文化品牌；要搭建互动高效的文化交流平台，吸引广大民警广泛参与形式多样的文艺警体活动，以文化修身、以文化舒怀、以文化怡情；要注重文化人才的培养和使用，积极营造职业文化氛围。

二是注重规范和管理，推进虚拟空间文化建设。目前，很多边检机关已经开设了以沟通交流为目的的网络公共关系平台，比如博客、微博、播客、网络警务室等，一些民警个人也以公开警察身份进行开设，部分边检机关还依托政务网站开办了具有与实体同效的办公平台。这些成为在虚拟空间领域具有代表性的边检物质文化。我们需要对网络警务进行升级和规范管理，一方面进行网络警务升级，能够依托网络办理的事务性工作，放到网上办理，最大限度地方便群众；另一方面对于民警开设博客、微博等要纳入管理视线，避免出现一些反向文化的问题。

四、结语

边检职业文化的内容十分丰富，边检职业文化建设是一项长期任务。本文仅从理论层面对边检职业文化各维度作一解析，试图探寻一条符合边检职业要求、具有边检职业特色的文化建设之路。然而在具体建设过程中，我们仍需做到文化建设要有规划有目标、有制度有标准、有监督有考评，不断在继承与创新中大力发展边检职业文化。

（作者系上海出入境边防检查总站总站长）

论建设海洋强国与发展航运经济

张　页

海洋经济现在很“热”，沿海各省市都制定了发展海洋经济的规划。一时似乎凡是涉海的皆为好的，凡是涉海皆是充满希望的。

“热潮”的形成除了国家层面推动外，更深层次的原因无疑可以归结为两点：

第一，我国经济的对外依存度已超过60%，外贸运输量90%通过海运，全球海运市场19%的大宗商品货物运往我国，22%的出口集装箱来自我国。可以说，我国经济已是高度依赖海洋的开放型经济，这种经济形态将长期存在，并且不断深化。

第二，我国现代化建设与小康社会建设进行到现在，资源、环境、空间都遇到了瓶颈，而海洋是潜力巨大的资源宝库，是人类赖以生存的蓝色家园，也是支撑我国未来发展的战略空间。

真因为“海洋”相关议题如此重大，所以，不能带些许盲目性！而大多数人面对“海洋”、“海洋经济”的欢喜深究起来多少有些“无端”——或是以为，大海预示着摆脱陆地疆界的束缚；或是以为，大海未经深度开发，有更多资源可供利用；甚或是以为，大海带有的浪漫气质……。总之，大海意味着所得更多，有“无限种”可能性。我要提醒有着无端的“浪漫”情怀的人：第一，海不比陆地更富饶；第二，海也不比陆地更廉价；第三，海不如想象中那样无量；第四，海不像陆地那样“唾手可得”；第五，海不如陆地“温柔稳妥”……。尽管海洋是中华民族伟大复兴的第二空间，但是，那不是“当然”的空间，要看我们如何对待它。

有这么一句话:“海洋是国家权力的输出,世界财富的输入”。1500年以来,地球上崛起的所谓九个大国,无一不是在海洋之争中取胜而壮大!可以说,世界政治的格局、文明发展的样式、社会进步的方向,都是因海而生。19世纪美国人马汉创立了“海权论”,美国始终将海洋视为国家繁荣与安全的根本。海,渐渐成为一个民族生存与兴旺的重中之重。海,成为了现代国际政治的舞台。这种政治经济状态迫使我们必须提高对海的认识。古代中国人没有“海权”观念,600年前,郑和率领庞大舟师七下西洋,未占寸土、未取分毫,却旨在传播“皇威”与“皇恩”。而在郑和之后直至近代,中国就“无海”了。即便时至现代,我们的海洋意识仍然是不完整的。当今,中国的船队规模世界第四、港口货物吞吐量世界第一,造船量世界数一数二,近海养殖量世界第一…。中国还有许多出自海洋的第一,是一个航运大国、港口大国、造船大国、海洋产出大国,但是,仍然不是一个海洋强国。

我们有海,我们用海,但我们未必懂海。有道是:曾经沧海难为水。我们真的“曾经沧海”了吗!还是“未经沧海”!我们现在讲海洋经济,经济讲产出,对于海洋就是索取。但我们是否懂得海洋有承载能力的极限,有休养生息的要求,甚至,有她特有的情怀呢?我们能深刻地理解中国文化中“经济”二字的寓意吗?“经济”原是“经时济世”的简称,意思远比现在经济学之“经济”来得全面和深刻。如果有如此的情怀,我们就会从重视单纯的海洋经济转向“海洋意识”“海洋文化”的全面建设。

党的十八大报告对上述问题已经给出了全面的界定,十八大的报告提出:“提高海洋资源开发能力,发展海洋经济,保护海洋生态环境,坚决维护国家海洋权益,建设海洋强国。”短短40个字,内涵很丰富,要真正懂得海洋经济的深度和广度,必须吃透这40个字。十八大将“海洋强国”概念进入报告,是中华民族永续发展、走向世界强国的必由之路。

第一,“提高海洋资源开发能力”。海洋具有总量巨大的资源,但是,资源不是放在那里等我们去取的,开发资源需要能力、实力,甚至是魄力。开发海洋、发展海洋经济第一要义就是建立、提高获取资源的三种“力”。

第二，“发展海洋经济”。海洋对人类来说不仅仅意味着“物资来源”，人类社会涉海的经济门类十分众多，包括矿产能源开发、捕鱼海产养殖、休闲观光旅游、交通运输等等，各门类虽说不能等量齐观，但也不可限于一隅有所偏废，“海洋经济”应该始终是一个内涵多种经济门类的总体性的范畴。

第三，“保护海洋生态环境”。在提高开发能力、发展海洋经济的同时，保护海洋环境，保持海洋永续与人类和谐共处的能力应是开发和发展中应有之义，也是和谐社会、美丽中国的应有之义。

第四，“维护国家海洋权益”。我国领海、专属经济区的相关权益当然在维护之列，所谓“1.8 万公里海岸线，300 万平方公里的管辖海域”，我们一般说的海洋经济通常指的是发生在这一范围内的经济活动，指的就是这个范围，但是，现在要突破传统的束缚，要根据国际相关法律法规，维护国家在全球海洋的的相关权利、权益。十八大的报告把它提在我们面前，这是一个更深远和广大的认知，是对中国传统海权意识一次突破和升华，具有深远的历史意义和现实意义。

有了这样一个较全面的理解，接下来的工作才有可能做到没有偏废，更没有缺漏。因为，原先我们脑子里或多或少残留着一些误区：海洋是海洋经济的依托，它的存在意义主要在此，而海洋经济以海洋生物、能源矿产等资源开发利用为主，海洋开发以领海、专属经济区为主要地域载体。

现在这个概念完整了：除了各类资源，以“航海”为本质特征的海上运输、旅游等活动同样要包含到“海洋经济”里进去，从全球角度而言，海上运输、旅游等那部分“海洋经济”更具备“扩张性”，它超越了国土的范畴，将自己人民的活动散布到世界各个角落，一艘船到世界的一个港口，一个商人带着中国商品来到了世界的一个角落，这里就留下中国人足迹，有关活动就关乎中国人的利益，这个空间就与中国有了交集，这不仅也是海洋经济的一部分，而且是更具根本意义的那部分。以此为媒介，中国成为全球性的中国，中国的发展融入了全球的发展，而全球的发展印记了中国的元素。更主要的是，海洋不再仅仅是经济活动的场所，它还是中华民族重要的生存空间，甚至，海可以不是任何什么，她是我们的精神家园就足矣。诗人海子说："我只愿面朝大海，春暖花开"。那还只是"陆地的情怀"，而不是人对海的爱恋，真正的海的情怀是要融入大海，对于海是千里万里都是家。

于此同时，"海洋生态"成为海洋的核心议题之一。从第二次工业革命开始——海洋对于人类来说不再是"至大"的了，海洋渐渐成为人类的"内湖"；海洋不是"至多"的了，觊觎海洋资源的人类的要求几何级数增长，海洋能够容纳下这么多欲望吗；海洋也不再是"至公"的了，各个国家、各个民族的海洋主体意识不断提高，海洋不再是少数几个海洋强国驰骋的专属领域，多国的交错汇集是当代海洋政治经济的总生态。于是，"永续发展"、"和谐发展"成为海洋议题的前提、目的，也是难点。十八大报告中的"保护海洋生态环境"的论断，提出了当代海洋发展的核心主题。因此，我们对海的期盼千万不要建立在对海的误解之上——对海，我们还知道的很少。当我们向大海大把大把地索取之前，除了要有的计划外，更要有一种前置的态度，我把这个态度归结为一个字——敬。在"海洋"后面加上"经济"二字，不能是出于时髦，要"经济"大海先要与大海相知。什么是"相知"？知道一件物品有什么用，掌握它的性状性能，不叫"相知"，只能算是"认识"。对陌生人、对宾客可以止于认识，但对亲人更要"相知"。相知是没有索取心；因为不索取，心思才会正；因为心正，才没有得失；无得失，才会包容；有包容，才是真懂；因为真懂，才会长长久久。海，就是亲人；对海，我们要去真懂。这样，才能有得依靠，并且依靠得长久。

（作者系上海航运交易所　总裁）

统计资料

2012年1—12月上海口岸主要数据统计表

1月

大类	项　目	当月	同比(%)	月累计	同比(%)
货物	上海口岸进出口货物总额(亿美元)	790.0	−7.7		
	出口	507.2	3.9		
	进口	282.9	−23.1		
	上海关区进出口货物总额	611	−6.1		
	出口	406	1.8		
	进口	205	−18.7		
	上海市进出口货物总额	317.8	−9.6		
	出口	166.6	1.4		
	进口	151.2	−19.3		
	上海口岸货物吞吐量(万吨)	3043.5	3.8		
	航空口岸货邮量	18.7	−20.3		
	水运口岸货运量	3024.8	4.0		
	上海口岸集装箱吞吐量(万标箱)	232.5	−2.0		
	出口	101.1	−4.7		
	进口	98.5	0.5		
	内支线	32.9	−0.3		
人员	上海口岸出入境人员总数(人次)	2242721	13.3		
	旅客总数(人次)	2048683	14.9		
	航空口岸出入境人员	2183464	14.0		
	旅客	2033114	15.0		
	水运口岸出入境人员	44857	−12.0		
	旅客	2010	−26.8		
	铁路临时口岸出入境人员	14400	7.5		
	旅客	13559	7.8		
交通工具	上海口岸出入境交通工具总数	16530	−1.0		
	飞机(架次)	14359	0.2		
	船舶(艘次)	2068	−11.5		
	列车(车次)	32	6.7		
	进出上海口岸国际航行船舶(艘次)	3429	−9.6		
	货船	3412	−9.5		
	邮(客)船	17	−22.7		

2 月

大类	项　目	当月	同比(%)	月累计	同比(%)
货物	上海口岸进出口货物总额(亿美元)	732.0	25.3	1522.1	5.7
	出口	378.9	15.9	886.1	8.7
	进口	353.0	37.1	636.0	1.7
	上海关区进出口货物总额	544.4	23.9	1155.3	6.0
	出口	285.1	122.1	691.2	5.7
	进口	259.4	40.3	464.1	6.3
	上海市进出口货物总额	320.1	31.0	637.9	7.0
	出口	132.9	21.6	299.6	9.5
	进口	187.2	38.5	338.3	4.9
	上海口岸货物吞吐量(万吨)	2524.2	18.7	5566.6	10.0
	航空口岸货邮量	20.2	5.4	37.9	−9.1
	水运口岸货运量	2504.0	18.8	5528.7	10.2
	上海口岸集装箱吞吐量(万标箱)	189.7	10.7	422.2	3.4
	出口	72.8	15.2	173.9	2.7
	进口	87.7	17.1	186.2	7.7
	内支线	29.2	−12.3	62.1	−6.3
人员	上海口岸出入境人员总数(人次)	1915320	6.7	4158051	10.2
	旅客总数(人次)	1738714	7.1	3787397	11.1
	航空口岸出入境人员	1857373	6.8	4040847	10.6
	旅客	1722428	7.1	3755542	11.3
	水运口岸出入境人员	46347	4.4	91204	−4.4
	旅客	5397	−0.8	7407	−9.5
	铁路临时口岸出入境人员	11600	−4.5	26000	1.8
	旅客	10889	−4.2	24448	2.1
交通工具	上海口岸出入境交通工具总数	15197	6.3	31727	2.4
	飞机(架次)	13275	6.7	27634	3.2
	船舶(艘次)	1894	4.2	3962	−4.6
	列车(车次)	28	0	60	3.4
	进出上海口岸国际航行船舶(艘次)	3090	6.7	6519	−2.6
	货船	3068	6.6	6480	−2.5
	邮(客)船	22	15.8	39	−4.9

3月

大类	项　目	当月	同比(%)	月累计	同比(%)
货物	上海口岸进出口货物总额(亿美元)	937.1	1.2	2459.3	3.9
	出口	540.0	3.1	1426.0	6.5
	进口	397.1	−1.2	1033.3	0.6
	上海关区进出口货物总额	702.6	0.1	1857.9	3.7
	出口	415.3	−0.7	1106.5	3.2
	进口	287.4	1.3	751.4	4.3
	上海市进出口货物总额	386.5	−0.9	1024.2	3.9
	出口	173.1	−6.2	472.5	3.1
	进口	213.4	3.8	551.7	4.5
	上海口岸货物吞吐量(万吨)	3156.6	12.8	8722.4	11.0
	航空口岸货邮量	21.7	−1.0	58.8	−3.5
	水运口岸货运量	3134.9	12.9	8663.6	11.2
	上海口岸集装箱吞吐量(万标箱)	233.8	2.4	656.0	3.0
	出口	104.1	2.2	278.0	2.5
	进口	91.1	−2.3	277.3	4.2
	内支线	38.6	16.3	100.7	1.2
人员	上海口岸出入境人员总数(人次)	2230409	11.9	6388460	10.8
	旅客总数(人次)	2019937	13.0	5807334	11.9
	航空口岸出入境人员	2125607	12.7	6166454	11.1
	旅客	1974812	12.7	5730354	11.8
	水运口岸出入境人员	91317	11.7	182521	4.7
	旅客	32480	41.6	39887	40.6
	铁路临时口岸出入境人员	13485	3.3	39485	2.3
	旅客	12645	3.7	37093	2.6
交通工具	上海口岸出入境交通工具总数	17019	1.7	48675	2.0
	飞机(架次)	14813	2.8	42447	3.1
	船舶(艘次)	2174	−5.3	6136	−4.9
	列车(车次)	32	0	92	2.2
	进出上海口岸国际航行船舶(艘次)	3676	−3.7	10195	−2.9
	货船	3612	−4.2	10092	−3.1
	邮(客)船	64	42.2	103	19.8

4 月

大类	项　目	当月	同比(%)	月累计	同比(%)
货物	上海口岸进出口货物总额(亿美元)	846.5	－4.0	3305.2	1.8
	出口	505.8	－1.2	1931.3	4.4
	进口	340.8	－8.0	1373.9	－1.7
	上海关区进出口货物总额	641.8	－3.7	2499.7	1.7
	出口	396.9	－2.9	1503.4	1.5
	进口	244.9	－5.0	996.3	1.9
	上海市进出口货物总额	345.7	－2.8	1369.9	2.1
	出口	163.3	－4.1	635.8	1.2
	进口	182.4	－1.6	734.1	2.9
	上海口岸货物吞吐量(万吨)	3098.3	8.6	11823.3	10.4
	航空口岸货邮量	21.8	－17.9	83.2	－9.7
	水运口岸货运量	3076.5	8.8	11740.1	10.5
	上海口岸集装箱吞吐量(万标箱)	232.9	1.3	888.9	2.5
	出口	103.5	1.8	381.5	2.3
	进口	89.9	－3.5	367.1	2.2
	内支线	39.5	12.5	140.2	4.2
人员	上海口岸出入境人员总数(人次)	2297181	13.3	8685641	11.5
	旅客总数(人次)	2093321	14.5	7900655	12.5
	航空口岸出入境人员	2202409	13.4	8368863	11.7
	旅客	2052972	14.1	7783326	12.4
	水运口岸出入境人员	81387	14.9	263908	7.6
	旅客	27740	62.8	67627	40.4
	铁路临时口岸出入境人员	13385	－3.2	52870	8.5
	旅客	12690	－3.4	49702	1.0
交通工具	上海口岸出入境交通工具总数	16654	0.6	65329	1.6
	飞机(架次)	14531	1.6	56978	2.7
	船舶(艘次)	2093	－5.8	8229	－5.1
	列车(车次)	30	0	122	1.7
	进出上海口岸国际航行船舶(艘次)	3510	－5.2	13705	－3.6
	货船	3474	－5.3	13566	－3.7
	邮(客)船	36	－2.7	139	13.0

5月

大类	项　目	当月	同比(%)	月累计	同比(%)
货物	上海口岸进出口货物总额(亿美元)	945.1	7.0	4250.2	2.9
	出口	557.1	8.0	2488.3	5.2
	进口	388.0	5.7	1762.0	−0.2
	上海关区进出口货物总额	728.8	8.1	3228.4	3.1
	出口	447.9	8.2	1951.2	3.0
	进口	280.9	8.0	1277.2	3.1
	上海市进出口货物总额	397.7	10.3	1767.6	3.8
	出口	189.2	10.0	825.0	3.1
	进口	208.5	10.7	942.6	4.5
	上海口岸货物吞吐量(万吨)	3265.8	10.6	15089.1	10.4
	航空口岸货邮量	21.6	−10.0	104.8	−8.4
	水运口岸货运量	3244.2	10.7	14984.3	10.6
	上海口岸集装箱吞吐量(万标箱)	244.9	3.4	1133.7	2.7
	出口	111.2	3.2	492.7	2.5
	进口	96.3	4.8	463.4	2.7
	内支线	37.4	0.3	177.6	3.3
人员	上海口岸出入境人员总数(人次)	2214259	7.7	10899900	10.7
	旅客总数(人次)	2007862	8.4	9908517	11.7
	航空口岸出入境人员	2125168	8.1	10494031	10.9
	旅客	1973319	8.5	9756645	11.6
	水运口岸出入境人员	75876	−0.2	339784	5.4
	旅客	22123	2.0	89750	28.5
	铁路临时口岸出入境人员	13215	−2.7	66085	0.1
	旅客	12420	−3.2	62122	0.1
交通工具	上海口岸出入境交通工具总数	17131	3.8	82460	2.1
	飞机(架次)	14843	4.3	71821	3.0
	船舶(艘次)	2258	0.1	10487	−3.9
	列车(车次)	30	0	152	1.3
	进出上海口岸国际航行船舶(艘次)	3770	2.3	17475	−2.4
	货船	3735	2.3	17301	−2.5
	邮(客)船	35	2.9	174	10.8

6月

大类	项　目	当月	同比(%)	月累计	同比(%)
货物	上海口岸进出口货物总额(亿美元)	930.8	2.7	5178.9	2.8
	出口	559.6	4.4	3047.2	5.0
	进口	371.2	0.3	2131.7	−0.2
	上海关区进出口货物总额	691.8	−0.6	3919.7	2.4
	出口	433.4	0.9	2384.1	2.6
	进口	258.4	−3.0	1535.6	2.1
	上海市进出口货物总额	377.2	0.1	2144.9	3.2
	出口	183.6	1.1	1008.6	2.7
	进口	193.7	−0.8	1136.3	3.6
	上海口岸货物吞吐量(万吨)	3082.7	9.8	18172.5	10.3
	航空口岸货邮量	21.4	−3.6	126.9	−6.3
	水运口岸货运量	3061.3	9.9	18045.6	10.5
	上海口岸集装箱吞吐量(万标箱)	241.3	6.2	1375	3.3
	出口	106.6	3.7	599.3	2.7
	进口	100.0	7.4	563.4	3.5
	内支线	34.7	10.9	212.3	4.5
人员	上海口岸出入境人员总数(人次)	2256113	8.3	13156013	10.3
	旅客总数(人次)	2049043	9.1	11957560	11.2
	航空口岸出入境人员	2148472	8.6	12642503	10.5
	旅客	2000166	8.9	11756811	11.1
	水运口岸出入境人员	94908	4.5	434692	5.3
	旅客	36933	22.1	126683	30.1
	铁路临时口岸出入境人员	12733	−0.5	78818	0.0
	旅客	11944	−0.6	74066	0.0
交通工具	上海口岸出入境交通工具总数	16599	2.4	99059	2.1
	飞机(架次)	14398	2.5	86219	2.9
	船舶(艘次)	2171	1.1	12658	−3.0
	列车(车次)	30	0.0	182	1.1
	进出上海口岸国际航行船舶(艘次)	3551	1.1	21026	−1.8
	货船	3517	1.4	20818	−1.8
	邮(客)船	34	−26.1	208	2.5

7月

大类	项　目	当月	同比(%)	月累计	同比(%)
货物	上海口岸进出口货物总额(亿美元)	932.6	－4.0	6111.3	1.7
	出口	551.8	－7.7	3598.8	2.8
	进口	380.8	1.9	2512.5	0.1
	上海关区进出口货物总额	707.2	－4.6	4646.9	1.2
	出口	437.8	－8.6	2821.8	0.7
	进口	269.4	2.7	1805.0	2.2
	上海市进出口货物总额	384.2	－3.0	2529.1	2.2
	出口	182.8	－9.9	1191.4	0.6
	进口	201.5	4.2	1337.8	3.7
	上海口岸货物吞吐量(万吨)	3168.1	－0.4	21341.5	8.6
	航空口岸货邮量	23.0	－3.9	150.8	－5.6
	水运口岸货运量	3145.1	－0.4	21190.7	8.7
	上海口岸集装箱吞吐量(万标箱)	246.9	－2.5	1622.1	2.4
	出口	109.4	－5.2	708.8	1.4
	进口	102.1	－0.9	665.5	2.8
	内支线	35.4	1.7	247.8	4.1
人员	上海口岸出入境人员总数(人次)	2535327	7.4	15691349	9.8
	旅客总数(人次)	2310524	7.6	14268074	10.6
	航空口岸出入境人员	2383742	5.0	15026245	9.6
	旅客	2228971	5.2	13985782	10.1
	水运口岸出入境人员	136675	82.9	571376	16.4
	旅客	67467	340.4	194150	68.2
	铁路临时口岸出入境人员	14910	－1.8	93728	－0.3
	旅客	14086	－2.0	88142	－0.3
交通工具	上海口岸出入境交通工具总数	17412	0	116471	1.8
	飞机(架次)	15108	0.4	101327	2.5
	船舶(艘次)	2272	－2.9	14930	－3.0
	列车(车次)	32	0	214	0.9
	进出上海口岸国际航行船舶(艘次)	3702	－2.7	24728	－2.0
	货船	3654	－2.9	24472	－2.0
	邮(客)船	48	14.3	256	4.5

8月

大类	项　目	当月	同比(%)	月累计	同比(%)
货物	上海口岸进出口货物总额(亿美元)	891.4	−6.7	7001.9	0.5
	出口	521.3	−7.3	4119.9	1.4
	进口	370.1	−5.9	2882.0	−0.7
	上海关区进出口货物总额	684.1	−6.0	5310.9	0.3
	出口	418.4	−6.6	3240.3	−0.3
	进口	265.6	−4.9	2070.7	1.2
	上海市进出口货物总额	368.6	−5.3	2897.9	1.2
	出口	174.2	−5.3	1365.6	−0.2
	进口	194.4	−5.2	1532.2	2.5
	上海口岸货物吞吐量(万吨)	2749.7	−4.3	24090.8	6.9
	航空口岸货邮量	22.0	−6.9	172.4	−6.0
	水运口岸货运量	2727.7	−4.3	23918.4	7.0
	上海口岸集装箱吞吐量(万标箱)	225.4	−7.5	1847.5	1.1
	出口	100.3	−8.4	809.1	0.1
	进口	93.7	−6.5	759.2	1.6
	内支线	31.4	−7.6	279.2	2.6
人员	上海口岸出入境人员总数(人次)	2509150	4.5	18200499	9.0
	旅客总数(人次)	2290403	4.4	16558477	9.7
	航空口岸出入境人员	2366636	2.3	17392881	8.5
	旅客	2212382	2.3	16198164	9.0
	水运口岸出入境人员	128551	74.6	699927	24.6
	旅客	64830	259.4	258980	98.1
	铁路临时口岸出入境人员	13963	0.7	107691	−0.2
	旅客	13191	0.8	101333	−0.1
交通工具	上海口岸出入境交通工具总数	16933	−1.4	133404	1.4
	飞机(架次)	14893	−0.2	116220	2.2
	船舶(艘次)	2010	−9.3	16940	−3.8
	列车(车次)	30	0	244	0.8
	进出上海口岸国际航行船舶(艘次)	3258	−9.2	27986	−2.8
	货船	3208	−9.6	27680	−2.9
	邮(客)船	50	38.9	306	8.9

9 月

大类	项　目	当月	同比(%)	月累计	同比(%)
货物	上海口岸进出口货物总额(亿美元)	943.4	1.1	7945.3	0.6
	出口	564.2	3.6	4684.1	1.7
	进口	379.2	−2.5	3261.2	−0.9
	上海关区进出口货物总额	714.8	0.7	6025.7	0.3
	出口	444.0	2.2	3684.3	−0.1
	进口	270.7	−1.8	2341.4	0.8
	上海市进出口货物总额	383.4	1.2	3281.1	1.2
	出口	179.5	0.7	1545.0	−0.1
	进口	203.9	1.6	1736.1	2.3
	上海口岸货物吞吐量(万吨)	3092.2	10.0	27182.7	7.3
	航空口岸货邮量	22.0	−7.3	194.1	−6.1
	水运口岸货运量	3070.2	10.2	26988.6	7.4
	上海口岸集装箱吞吐量(万标箱)	250.0	4.5	2097.5	1.5
	出口	111.1	6.2	920.2	0.8
	进口	101.7	1.7	860.9	1.6
	内支线	37.2	7.2	316.4	3.2
人员	上海口岸出入境人员总数(人次)	2207367	1.5	20407866	8.2
	旅客总数(人次)	1997842	1.6	18556319	8.8
	航空口岸出入境人员	2105424	1.8	19498305	7.8
	旅客	1955221	1.7	18153385	8.2
	水运口岸出入境人员	88968	−5.2	788895	20.4
	旅客	30396	−5.4	289376	77.7
	铁路临时口岸出入境人员	12975	2.1	120666	0.0
	旅客	12225	2.6	113558	0.1
交通工具	上海口岸出入境交通工具总数	16883	0.6	150287	1.3
	飞机(架次)	14607	0.7	130827	2.0
	船舶(艘次)	2246	−0.5	19186	−3.4
	列车(车次)	30	0.0	254	−6.6
	进出上海口岸国际航行船舶(艘次)	3676	0.9	31662	−2.4
	货船	3634	1.1	31314	−2.5
	邮(客)船	42	−10.6	348	6.1

10月

大类	项　目	当月	同比(%)	月累计	同比(%)
货物	上海口岸进出口货物总额(亿美元)	835.1	−4.9	8778.0	0.0
	出口	503.7	−3.2	5187.4	0.9
	进口	331.4	−5.9	3590.6	−1.2
	上海关区进出口货物总额	632.4	−6.6	6658.1	−0.4
	出口	394.3	−7.9	4078.6	−0.9
	进口	238.2	−4.2	2579.6	0.3
	上海市进出口货物总额	349.5	−4.3	3630.6	0.6
	出口	168.6	−8.7	1713.6	−1.0
	进口	180.9	0.1	1917.0	2.1
	上海口岸货物吞吐量(万吨)	2856.8	0.2	30040.3	6.6
	航空口岸货邮量	22.5	−2.4	217.4	−4.9
	水运口岸货运量	2834.3	0.2	29822.9	6.7
	上海口岸集装箱吞吐量(万标箱)	233.1	−0.3	2330.6	1.3
	出口	96.8	−3.6	1017.0	0.4
	进口	102.4	3.4	963.3	1.8
	内支线	33.9	−1.5	350.3	2.7
人员	上海口岸出入境人员总数(人次)	2222090	−1.4	22629956	7.1
	旅客总数(人次)	2009891	−1.5	20566210	7.7
	航空口岸出入境人员	2100830	−2.3	21599135	6.7
	旅客	1950623	−2.3	20104008	7.1
	水运口岸出入境人员	107037	19.4	895932	20.3
	旅客	45853	47.9	335229	72.9
	铁路临时口岸出入境人员	14223	0.6	134889	0.1
	旅客	13415	0.4	126973	0.2
交通工具	上海口岸出入境交通工具总数	16657	−3.4	166944	0.8
	飞机(架次)	14574	−2.7	145401	1.5
	船舶(艘次)	2051	−8.2	21237	−4.0
	列车(车次)	32	0.0	306	0.7
	进出上海口岸国际航行船舶(艘次)	3422	−4.3	35084	−2.6
	货船	3370	−4.6	34684	−2.7
	邮(客)船	52	20.9	400	7.8

11 月

大类	项　目	当月	同比(%)	月累计	同比(%)
货物	上海口岸进出口货物总额(亿美元)	892.7	−3.9	9670.5	−0.4
	出口	543.1	−2.4	5730.4	0.6
	进口	349.6	−6.2	3940.1	−1.7
	上海关区进出口货物总额	670.6	−5.6	7328.7	−0.9
	出口	417.5	−5.4	4496	−1.3
	进口	253.1	−5.9	2832.6	−0.2
	上海市进出口货物总额	368.9	−2.8	3999.5	0.3
	出口	182.5	0.0	1896.1	−0.9
	进口	186.4	−5.3	2103.4	1.4
	上海口岸货物吞吐量(万吨)	2946.1	2.6	32984.9	6.2
	航空口岸货邮量	22.3	1.9	238.2	−4.8
	水运口岸货运量	2923.8	2.6	32746.7	6.3
	上海口岸集装箱吞吐量(万标箱)	240.5	5.5	2571.1	1.7
	出口	100.4	3.6	1117.4	0.6
	进口	104.5	5.8	1067.8	2.2
	内支线	35.6	10.6	385.9	3.4
人员	上海口岸出入境人员总数(人次)	2096221	2.2	24726177	6.7
	旅客总数(人次)	1900569	2.3	22466779	7.2
	航空口岸出入境人员	2019468	2.2	23618603	6.3
	旅客	1874243	2.2	21978251	6.6
	水运口岸出入境人员	64424	2.4	960356	18.9
	旅客	14745	18.5	349974	69.6
	铁路临时口岸出入境人员	12329	−1.6	147218	0.0
	旅客	11581	−1.2	138554	0.1
交通工具	上海口岸出入境交通工具总数	16596	0.6	183540	0.8
	飞机(架次)	14434	1.3	159835	1.5
	船舶(艘次)	2132	−4.3	23369	−4.0
	列车(车次)	30	0.0	336	0.6
	进出上海口岸国际航行船舶(艘次)	3494	−1.1	38578	−2.5
	货船	3472	−1.1	38156	−2.5
	邮(客)船	22	−8.3	422	6.8

12月

大类	项　目	当月	同比(%)	月累计	同比(%)
货物	上海口岸进出口货物总额(亿美元)	908.4	-4.4	10577.9	-0.7
	出口	543.4	-1.2	6273.6	0.4
	进口	365.0	-8.8	4304.4	-2.3
	上海关区进出口货物总额	684.4	-6.0	8013.1	-1.4
	出口	415.5	-6.5	4911.6	-1.8
	进口	268.9	-5.3	3101.5	-0.7
	上海市进出口货物总额	368.1	-4.7	4367.6	-0.2
	出口	172	-6.4	2068.1	-1.4
	进口	196.1	-3.2	2299.5	1.0
	上海口岸货物吞吐量(万吨)	3100.6	3.6	36086.6	5.9
	航空口岸货邮量	22.3	-4.5	261.6	-4.9
	水运口岸货运量	3078.3	3.7	35825	6.1
	上海口岸集装箱吞吐量(万标箱)	244.7	6.2	2815.9	2.1
	出口	101.2	-0.6	1218.6	0.5
	进口	102.9	7.0	1170.8	2.6
	内支线	40.6	24.9	426.5	5.1
人员	上海口岸出入境人员总数(人次)	2096017	-0.3	26822194	6.1
	旅客总数(人次)	1904131	-0.3	24370910	6.6
	航空口岸出入境人员	2040306	-0.1	25658909	5.8
	旅客	1890993	-0.3	23869244	6.0
	水运口岸出入境人员	42651	-11.1	1003007	16.8
	旅客	848	-13.8	350822	67.0
	铁路临时口岸出入境人员	13060	0.6	160278	0.03
	旅客	12290	0.8	150844	0.1
交通工具	上海口岸出入境交通工具总数	16606	-0.8	200146	0.6
	飞机(架次)	14541	0.9	174376	1.4
	船舶(艘次)	2035	-11.3	25404	-4.6
	列车(车次)	30	0.0	366	0.5
	进出上海口岸国际航行船舶(艘次)	3483	-5.2	42061	-2.7
	货船	3464	-5.2	41620	-2.8
	邮(客)船	19	-5.0	441	4.5

2012 年全国主要港口货物吞吐量统计表

单位:万吨、%

港口	2011 年吞吐量	2012 年吞吐量	同比
宁波一舟山	69393	74401	7.2
＃宁波	43339	45303	4.5
＃舟山	26054	29099	11.7
上海	62432	63740	2.1
天津	45338	47697	5.2
广州	43149	43517	0.9
苏州	38006	42801	12.6
青岛	37230	40690	9.3
大连	33691	37426	11.1
唐山	31263	36505	16.8
＃京唐	13757	17002	23.6
＃曹妃甸	17506	19503	11.4
营口	26085	30107	15.4
日照	25260	28098	11.2

2012 年全国主要港口集装箱吞吐量统计表

单位:万 TEU、%

港口	2011 年吞吐量	2012 年吞吐量	同比
上海	3173.9	3252.9	2.5
深圳	2257.1	2294.1	1.6
宁波一舟山	1471.9	1617.5	9.9
(宁波港域)	1451.2	1567.1	8.0
广州	1425.0	1454.7	2.1
青岛	1302.0	1450.3	11.4
天津	1158.8	1230.3	6.2
大连	640.0	806.4	26.0
厦门	646.5	720.2	11.4
苏州	468.5	586.3	25.1
连云港	485.2	502.0	3.5

2012 年全国主要机场客货吞吐量统计表

机场	旅客吞吐量(人)				货邮吞吐量(吨)				起降架次(次)			
	名次	2012 年	2011 年	比上年同期增减%	名次	2012 年	2011 年	比上年同期增减%	名次	2012 年	2011 年	比上年同期增减%
合计		679,772,088	620,536,534	9.5		11,993,970.9	11,577,677.2	3.6		6,603,207	5,979,664	10.4
北京/首都	1	81,929,352	78,674,513	4.1	2	1,799,863.7	1,640,231.8	9.7	1	557,159	533,166	4.5
广州/白云	2	48,309,410	45,040,340	7.3	3	1,248,763.8	1,179,967.7	5.8	2	373,314	349,259	6.9
上海/浦东	3	44,880,164	41,447,730	8.3	1	2,938,156.9	3,085,267.7	−4.8	3	361,720	344,086	5.1
上海/虹桥	4	33,828,726	33,112,442	2.2	6	429,813.9	454,069.4	−5.3	6	234,942	229,846	2.2
成都/双流	5	31,595,130	29,073,719	8.7	5	508,031.4	477,695.2	6.4	4	242,658	222,421	9.1
深圳/宝安	6	29,569,725	28,245,738	4.7	4	854,901.4	828,375.5	3.2	5	240,055	224,329	7.0
昆明/长水	7	23,979,259	22,270,130	7.7	10	262,272.3	272,465.4	−3.7	10	201,338	191,744	5.0
西安/咸阳	8	23,420,654	21,163,130	10.7	13	174,782.7	172,567.4	1.3	9	204,427	185,079	10.5
重庆/江北	9	22,057,003	19,052,706	15.8	9	268,642.4	237,572.5	13.1	11	195,333	166,763	17.1
杭州/萧山	10	19,115,320	17,512,224	9.2	7	338,371.1	306,242.6	10.5	12	166,340	149,480	11.3
厦门/高崎	11	17,354,076	15,757,049	10.1	8	271,465.8	260,575.1	4.2	13	146,183	135,618	7.8
长沙/黄花	12	14,749,701	13,684,731	7.8	20	110,608.0	114,831.1	−3.7	16	127,041	116,727	8.8
南京/禄口	13	14,001,476	13,074,097	7.1	11	248,067.5	246,572.2	0.6	15	128,440	120,534	6.6
武汉/天河	14	13,980,527	12,462,016	12.2	19	128,196.2	122,762.4	4.4	14	132,417	117,010	13.2
乌鲁木齐/地窝堡	15	13,347,188	11,078,597	20.5	18	131,372.5	107,580.5	22.1	17	118,701	97,801	21.4
大连/周水子	16	13,337,184	12,012,094	11.0	16	136,546.8	137,859.1	−1.0	20	100,231	94,344	6.2

续表

机场	旅客吞吐量(人)				货邮吞吐量(吨)				起降架次(次)			
	名次	2012 年	2011 年	比上年同期增减%	名次	2012 年	2011 年	比上年同期增减%	名次	2012 年	2011 年	比上年同期增减%
青岛/流亭	17	12,601,152	11,716,361	7.6	14	171,891.9	166,533.1	3.2	18	116,176	105,835	9.8
郑州/新郑	18	11,673,612	10,150,075	15.0	15	151,193.5	102,802.4	47.1	19	109,249	93,014	17.5
三亚/凤凰	19	11,343,387	10,361,821	9.5	30	52,603.9	48,290.8	8.9	25	81,456	74,392	9.5
沈阳/桃仙	20	11,011,800	10,231,185	7.6	17	131,931.3	133,903.5	−1.5	24	82,294	77,866	5.7
海口/美兰	21	10,696,585	10,167,818	5.2	21	99,944.9	97,826.9	2.2	21	87,245	83,057	5.0
哈尔滨/太平	22	9,143,823	7,841,521	16.6	23	85,947.8	76,490.6	12.4	28	74,626	62,520	19.4
贵阳/龙洞堡	23	8,746,034	7,339,228	19.2	25	79,586.5	69,130.3	15.1	27	77,173	67,759	13.9
天津/滨海	24	8,139,988	7,554,172	7.8	12	194,241.0	182,856.7	6.2	23	83,700	84,831	−1.3
福州/长乐	25	7,851,966	7,196,800	9.1	22	96,948.1	87,573.8	10.7	29	72,512	67,866	6.8
济南/遥墙	26	7,664,111	7,879,707	−2.7	27	74,070.2	77,623.9	−4.6	26	78,465	77,856	0.8
南宁/吴圩	27	7,032,312	6,464,428	8.8	26	78,134.4	67,633.5	15.5	31	61,793	59,181	4.4
太原/武宿	28	6,813,265	5,876,005	16.0	33	42,258.9	39,702.7	6.4	30	68,789	62,746	9.6
南昌/昌北	29	6,018,223	5,347,853	12.5	35	37,856.9	34,330.5	10.3	34	55,783	50,177	11.2
长春/龙嘉	30	5,819,581	4,971,667	17.1	28	66,213.6	62,255.8	6.4	39	49,732	41,364	20.2
桂林/两江	31	5,687,449	5,489,481	3.6	39	33,762.4	33,613.7	0.4	40	48,531	47,431	2.3
温州/永强	32	5,637,303	5,598,674	0.7	31	49,714.1	48,997.2	1.5	38	50,211	49,995	0.4
呼和浩特/白塔	33	5,435,237	4,331,529	25.5	41	28,673.6	25,218.2	13.7	33	55,990	48,870	14.6
宁波/栎社	34	5,266,738	5,014,002	5.0	29	61,662.4	58,763.0	4.9	41	44,924	44,083	1.9
合肥/骆岗	35	5,194,178	4,398,739	18.1	32	42,602.4	38,425.3	10.9	36	51,641	48,001	7.6

续表

机场	旅客吞吐量(人)				货邮吞吐量(吨)				起降架次(次)			
	名次	2012年	2011年	比上年同期增减%	名次	2012年	2011年	比上年同期增减%	名次	2012年	2011年	比上年同期增减%
石家庄/正定	36	4,852,071	4,021,167	20.7	34	39,660.9	33,229.1	19.4	35	54,647	54,903	−0.5
兰州/中川	37	4,583,509	3,809,023	20.3	37	35,946.9	32,033.3	12.2	44	43,146	34,510	25.0
银川/河东	38	3,809,550	3,376,964	12.8	42	26,901.0	23,742.5	13.3	45	33,950	29,889	13.6
北京/南苑	39	3,459,887	2,644,598	30.8	40	30,054.0	23,557.3	27.6	50	29,365	21,642	35.7
无锡/硕放	40	3,238,638	2,940,122	10.2	24	84,026.7	66,208.0	26.9	51	28,499	26,040	9.4
烟台/莱山	41	2,984,465	2,547,499	17.2	36	37,233.9	40,331.6	−7.7	47	31,301	26,573	17.8
丽江/三义	42	2,884,335	2,183,597	32.1	52	6,951.3	4,370.2	59.1	53	26,097	20,138	29.6
西宁/曹家堡	43	2,664,488	2,030,378	31.2	46	15,278.1	11,882.3	28.6	54	23,864	18,176	31.3
西双版纳/嘎洒	44	2,307,830	1,918,825	20.3	58	4,888.4	4,814.8	1.5	58	21,234	17,729	19.8
泉州/晋江	45	2,149,502	1,975,836	8.8	38	35,711.1	31,226.6	14.4	59	21,211	19,992	6.1
揭阳/潮汕	46	2,103,303	1,901,856	10.6	49	10,646.9	10,160.9	4.8	57	21,316	17,903	19.1
珠海/三灶	47	2,090,491	1,797,306	16.3	44	16,270.4	16,768.3	−3.0	42	43,815	48,059	−8.8
拉萨/贡嘎	48	1,829,792	1,581,538	15.7	45	15,339.3	11,347.1	35.2	62	17,084	13,932	22.6
鄂尔多斯/伊金霍洛	49	1,800,572	1,301,806	38.3	50	9,752.4	5,992.9	62.7	55	22,912	14,118	62.3
九寨/黄龙	50	1,752,937	1,717,603	2.1	169				63	16,632	14,946	11.3
包头/二里半	51	1,625,870	1,345,598	20.8	51	9,265.2	7,491.7	23.7	65	13,623	11,261	21.0
张家界/荷花	52	1,135,202	1,148,396	−1.1	77	2,224.9	2,075.7	7.2	76	9,234	9,381	−1.6
喀什	53	1,086,340	912,591	19.0	60	4,744.3	3,705.7	28.0	75	9,406	9,880	−4.8
常州/奔牛	54	1,078,444	933,663	15.5	48	11,057.6	8,362.7	32.2	56	22,367	10,160	120.1

续表

机场	旅客吞吐量(人)				货邮吞吐量(吨)				起降架次(次)			
	名次	2012 年	2011 年	比上年同期增减%	名次	2012 年	2011 年	比上年同期增减%	名次	2012 年	2011 年	比上年同期增减%
榆林/榆阳	55	1,066,322	910,424	17.1	73	2,408.1	1,312.5	83.5	69	11,691	10,304	13.5
延吉/朝阳川	56	1,059,528	1,016,274	4.3	55	5,391.4	4,915.6	9.7	80	7,972	7,884	1.1
海拉尔/东山	57	1,011,775	713,037	41.9	65	4,045.4	2,986.9	35.4	74	9,640	7,632	26.3
徐州/观音	58	974,120	846,267	15.1	54	6,069.2	4,930.0	23.1	52	28,091	11,523	143.8
义乌	59	936,785	761,938	22.9	70	2,696.6	3,414.0	−21.0	78	8,330	6,746	23.5
运城/张孝	60	923,691	749,924	23.2	71	2,430.2	2,192.6	10.8	73	9,641	8,132	18.6
威海/大水泊	61	912,220	935,450	−2.5	56	5,092.5	4,570.4	11.4	71	10,548	12,006	−12.1
宜昌/三峡	62	901,366	778,004	15.9	66	3,995.5	3,769.3	6.0	43	43,354	45,492	−4.7
柳州/白莲	63	773,459	600,856	28.7	53	6,214.2	5,035.3	23.4	68	11,931	9,136	30.6
临沂/沭埠岭	64	735,463	666,024	10.4	64	4,097.9	3,200.4	28.0	79	8,015	7,181	11.6
洛阳/北郊	65	719,845	354,677	103.0	102	1,060.8	1,158.3	−8.4	7	211,798	198,086	6.9
北海/福成	66	713,555	699,148	2.1	63	4,260.2	4,027.9	5.8	60	21,096	24,931	−15.4
武夷山	67	690,236	594,562	16.1	86	1,657.6	839.6	97.4	90	6,040	5,249	15.1
德宏/芒市	68	689,594	506,452	36.2	59	4,882.1	3,929.9	24.2	87	6,605	4,927	34.1
绵阳/南郊	69	681,217	622,816	9.4	57	4,935.2	4,491.5	9.9	8	207,112	207,140	0.0
腾冲/驼峰	70	643,901	517,838	24.3	107	884.9	981.2	−9.8	86	6,694	5,258	27.3
赣州/黄金	71	601,658	515,068	16.8	61	4,566.8	2,948.1	54.9	83	7,041	6,106	15.3
库尔勒	72	595,413	415,277	43.4	74	2,345.7	2,116.2	10.8	82	7,244	6,160	17.6
伊宁	73	553,839	483,967	14.4	85	1,669.0	712.7	134.2	84	7,009	6,562	6.8

续表

机场	旅客吞吐量(人)				货邮吞吐量(吨)				起降架次(次)			
	名次	2012 年	2011 年	比上年同期增减%	名次	2012 年	2011 年	比上年同期增减%	名次	2012 年	2011 年	比上年同期增减%
黄山/屯溪	74	547,703	465,336	17.7	82	1,885.0	1,429.5	31.9	92	5,932	5,024	18.1
湛江	75	517,236	488,835	5.8	72	2,427.9	2,104.2	15.4	72	9,697	9,065	7.0
长治/王村	76	501,890	412,167	21.8	87	1,617.2	1,641.3	−1.5	88	6,459	5,555	16.3
连云港/白塔埠	77	483,768	460,784	5.0	95	1,387.8	1,374.4	1.0	89	6,229	5,408	15.2
阿克苏	78	483,563	412,085	17.3	101	1,113.8	833.6	33.6	91	5,962	5,460	9.2
舟山/普陀山	79	464,077	384,859	20.6	122	425.1	286.6	48.3	67	12,317	10,314	19.4
大庆/萨尔图	80	452,966	404,083	12.1	76	2,288.1	1,939.5	18.0	98	4,351	3,645	19.4
和田	81	452,676	359,040	26.1	93	1,408.8	1,270.4	10.9	99	4,262	3,236	31.7
迪庆/香格里拉	82	429,495	374,710	14.6	121	460.4	512.5	−10.2	95	4,790	4,167	15.0
景德镇/罗家	83	425,538	355,930	19.6	104	1,022.4	678.5	50.7	106	3,820	3,104	23.1
台州/路桥	84	403,997	628,268	−35.7	62	4,384.6	6,179.1	−29.0	110	3,638	6,212	−41.4
襄樊/刘集	85	402,244	203,722	97.4	103	1,025.4	611.9	67.6	37	50,955	40,434	26.0
井冈山	86	401,601	302,406	32.8	88	1,574.6	1,121.5	40.4	97	4,400	3,502	25.6
赤峰/玉龙	87	394,830	304,642	29.6	98	1,245.0	509.3	144.4	94	5,290	4,757	11.2
牡丹江/海浪	88	392,205	313,333	25.2	91	1,472.9	1,387.2	6.2	100	4,240	3,202	32.4
南通/兴东	89	386,021	249,494	54.7	47	11,104.9	6,496.7	70.9	46	32,092	27,538	16.5
大理	90	377,934	274,486	37.7	117	596.2	952.9	−37.4	103	4,090	3,559	14.9
西昌/青山	91	366,534	522,093	−29.8	75	2,306.4	3,366.6	−31.5	105	3,842	5,156	−25.5
锡林浩特	92	361,245	258,918	39.5	96	1,378.8	445.7	209.4	70	11,675	4,133	182.5

续表

机场	旅客吞吐量(人)				货邮吞吐量(吨)				起降架次(次)			
	名次	2012 年	2011 年	比上年同期增减%	名次	2012 年	2011 年	比上年同期增减%	名次	2012 年	2011 年	比上年同期增减%
淮安/涟水	93	346,867	230,462	50.5	81	1,910.2	1,556.8	22.7	77	9,189	5,060	81.6
通辽	94	343,840	178,006	93.2	90	1,485.2	1,186.7	25.2	85	6,809	3,351	103.2
乌海	95	322,195	227,021	41.9	99	1,220.3	711.5	71.5	111	3,607	2,778	29.8
盐城/南洋	96	316,913	232,315	36.4	67	2,842.4	2,323.3	22.3	116	3,350	2,558	31.0
敦煌	97	315,570	248,805	26.8	132	182.8	137.3	33.1	96	4,666	3,796	22.9
泸州/蓝田	98	311,774	284,886	9.4	79	2,138.4	2,425.6	−11.8	104	3,916	3,518	11.3
佳木斯/东郊	99	309,034	212,904	45.2	114	615.8	758.5	−18.8	101	4,182	2,230	87.5
宜宾/菜坝	100	305,217	325,560	−6.2	69	2,760.5	2,737.6	0.8	114	3,511	3,859	−9.0
南阳/姜营	101	290,782	227,056	28.1	109	812.1	677.4	19.9	66	12,527	16,256	−22.9
常德/桃花源	102	283,296	308,559	−8.2	134	161.9	159.7	1.4	22	86,496	60,399	43.2
大同/倍加皂	103	282,456	217,027	30.1	80	2,133.5	1,799.3	18.6	81	7,426	3,428	116.6
济宁/曲阜	104	281,287	189,365	48.5	125	366.3	258.6	41.7	113	3,534	2,712	30.3
万县/五桥	105	278,409	251,169	10.8	83	1,741.2	2,000.6	−13.0	102	4,117	3,846	7.0
嘉峪关	106	272,703	222,134	22.8	105	946.0	615.9	53.6	119	2,843	2,521	12.8
满洲里/西郊	107	270,564	226,891	19.2	84	1,709.5	1,528.0	11.9	112	3,563	3,173	12.3
南充/高坪	108	259,124	170,908	51.6	97	1,377.8	695.4	98.1	48	31,030	33,690	−7.9
扬州泰州机场	109	247,314			89	1,566.6			108	3,694		
恩施/许家坪	110	241,775	170,845	41.5	92	1,420.6	1,215.4	16.9	128	2,158	1,677	28.7
林芝/米林	111	220,031	143,793	53.0	111	696.2	477.3	45.8	124	2,438	1,362	79.0

续表

机场	旅客吞吐量(人)				货邮吞吐量(吨)				起降架次(次)			
	名次	2012 年	2011 年	比上年同期增减%	名次	2012 年	2011 年	比上年同期增减%	名次	2012 年	2011 年	比上年同期增减%
达州/河市	112	218,001	215,948	1.0	78	2,160.5	1,993.3	8.4	123	2,492	2,462	1.2
普洱/思茅	113	213,168	238,486	−10.6	112	692.3	734.4	−5.7	126	2,337	2,572	−9.1
阜阳	114	206,782	172,107	20.1	136	131.2	8.8	1,384.4	115	3,468	2,518	37.7
乌兰浩特	115	203,496	140,643	44.7	110	745.2	224.7	231.6	109	3,694	3,137	17.8
白山/长白山	116	198,290	127,531	55.5	130	218.7	26.4	729.2	117	3,196	2,052	55.8
齐齐哈尔/三家子	117	190,089	149,995	26.7	108	858.0	685.0	25.2	139	1,712	1,354	26.4
衢州	118	190,077	148,907	27.6	120	470.2	263.8	78.2	144	1,540	1,474	4.5
阿勒泰	119	186,377	183,280	1.7	135	132.2	56.3	134.9	120	2,836	2,814	0.8
佛山/沙堤	120	183,032	142,337	28.6	68	2,840.2	2,200.0	29.1	147	1,335	1,016	31.4
丹东/浪头	121	179,780	132,362	35.8	94	1,404.0	864.4	62.4	142	1,548	1,160	33.4
邯郸	122	169,554	154,176	10.0	142	69.8	10.6	558.2	122	2,584	2,879	−10.2
唐山/三女河	123	166,897	151,051	10.5	106	905.7	1,004.8	−9.9	135	1,809	2,537	−28.7
库车	124	160,849	54,462	195.3	137	103.1	36.7	181.1	121	2,639	1,152	129.1
秦皇岛/山海关	125	155,438	191,378	−18.8	116	605.6	349.2	73.4	127	2,286	3,046	−25.0
保山/云端	126	155,276	153,616	1.1	124	368.0	306.6	20.0	136	1,804	1,740	3.7
延安/二十里堡	127	153,030	112,098	36.5	143	61.4	38.8	58.2	118	2,906	2,614	11.2
布尔津/喀纳斯	128	143,827	130,743	10.0	163	3.4	1.5	135.2	140	1,644	1,484	10.8
潍坊	129	139,634	139,559	0.1	43	17,083.2	18,688.8	−8.6	107	3,741	3,699	1.1
临沧	130	136,393	119,067	14.6	118	495.3	500.6	−1.1	146	1,358	1,304	4.1

续表

机场	旅客吞吐量(人)				货邮吞吐量(吨)				起降架次(次)			
	名次	2012年	2011年	比上年同期增减%	名次	2012年	2011年	比上年同期增减%	名次	2012年	2011年	比上年同期增减%
鸡西/兴凯湖	131	131,775	89,567	47.1	128	260.1	293.0	−11.2	125	2,348	1,236	90.0
锦州/小岭子	132	130,510	102,801	27.0	100	1,120.4	1,206.3	−7.1	148	1,326	1,090	21.7
昌都/邦达	133	126,771	85,213	48.8	123	402.2	291.9	37.8	149	1,319	816	61.6
东营	134	119,736	67,994	76.1	119	476.9	96.1	396.2	93	5,326	1,448	267.8
巴彦淖尔/天吉泰	135	115,550	434	26,524.4	113	656.7			138	1,731	8	21,537.5
漠河/古莲	136	114,142	79,115	44.3	140	85.1	42.5	100.3	133	1,954	1,026	90.4
广元/盘龙	137	107,312	85,277	25.8	131	184.7	176.3	4.7	151	1,258	1,066	18.0
黑河	138	105,068	90,568	16.0	133	167.5	109.9	52.3	134	1,915	1,232	55.4
二连浩特/赛乌苏	139	104,650	79,725	31.3	141	74.8	7.1	947.3	137	1,780	1,466	21.4
哈密	140	104,159	72,647	43.4	138	98.2	39.3	149.6	143	1,544	978	57.9
玉树/巴塘	141	98,481	75,838	29.9	115	606.1	34.3	1,667.0	158	1,098	910	20.7
怀化/芷江	142	93,851	88,268	6.3	151	39.1	4.7	725.0	157	1,106	1,096	0.9
安庆	143	90,559	76,241	18.8	129	254.7	263.8	−3.4	131	1,978	1,720	15.0
格尔木	144	90,070	70,502	27.8	127	275.0	165.9	65.7	155	1,166	885	31.8
中卫/香山	145	87,734	88,569	−0.9	147	51.8	46.2	12.1	49	30,930	14,139	118.8
黔江/武陵山	146	83,832	21,686	286.6	148	49.7			145	1,498	614	144.0
铜仁/凤凰	147	81,442	43,430	87.5	144	54.5	118.4	−53.9	130	2,008	1,326	51.4
文山/普者黑	148	75,373	84,336	−10.6	139	85.4	126.0	−32.2	153	1,222	1,563	−21.8
九江/庐山	149	73,258	85,429	−14.2	126	317.6	81.3	290.7	150	1,312	1,516	−13.5

续表

机场	旅客吞吐量(人)				货邮吞吐量(吨)				起降架次(次)			
	名次	2012 年	2011 年	比上年同期增减%	名次	2012 年	2011 年	比上年同期增减%	名次	2012 年	2011 年	比上年同期增减%
伊春/林都	150	68,946	44,507	54.9	149	42.7	13.3	220.7	156	1,164	842	38.2
兴义	151	57,534	62,176	−7.5	153	33.3	44.7	−25.5	132	1,962	1,990	−1.4
梅县/长岗岌	152	52,672	61,539	−14.4	152	35.6	27.8	28.2	129	2,114	2,052	3.0
阿尔山/伊尔施	153	51,978	1,083	4,699.4	154	29.0			152	1,252	16	7,725.0
连城/冠豸山	154	50,229	47,691	5.3	170		0.2	−100.0	162	768	730	5.2
梧州/长州岛	155	47,731	32,569	46.6	156	25.2	14.7	70.8	141	1,627	5,357	−69.6
那拉提	156	47,457	25,818	83.8	157	20.7	1.8	1,042.4	163	750	310	141.9
遵义	157	46,512		171			168	484				
朝阳	158	43,803	15,380	184.8	164	2.0			32	59,984	26,094	129.9
昭通	159	40,447	55,431	−27.0	150	39.6	49.6	−20.3	167	547	694	−21.2
克拉玛依	160	37,590	45,765	−17.9	145	54.3	5.5	883.3	61	17,744	11,606	52.9
甘孜/康定	161	33,473	27,616	21.2	172				166	644	542	18.8
金昌/金川	162	30,288	5,671	434.1	166	1.2		3,202.8	154	1,172	142	725.4
塔城	163	29,995	25,460	17.8	159	6.6	2.1	219.2	159	938	696	34.8
博乐	164	27,538	18,397	49.7	155	28.8	1.0	2,792.1	160	931	560	66.3
张掖/甘州	165	25,520	2,630	870.3	165	1.2			165	664	70	848.6
加格达奇机场	166	23,428		167	0.7		161	824				
日喀则	167	22,519	11,463	96.4	161	4.7	3.7	28.1	176	275	148	85.8
黎平	168	20,574	14,466	42.2	162	4.3	2.0	116.7	164	684	522	31.0

续表

机场	旅客吞吐量(人)				货邮吞吐量(吨)				起降架次(次)			
	名次	2012年	2011年	比上年同期增减%	名次	2012年	2011年	比上年同期增减%	名次	2012年	2011年	比上年同期增减%
百色/田阳	169	19,443	26,421	−26.4	173				169	474	1,167	−59.4
吐鲁番	170	19,417	8,424	130.5	174				172	389	240	62.1
阿里/昆莎	171	18,166	9,350	94.3	146	52.2	11.7	347.8	174	362	214	69.2
固原/六盘山	172	17,126	28,828	−40.6	175				64	14,226	940	1,413.4
鞍山	173	16,134	319	4,957.7	176				177	238	6	3,866.7
永州/零陵	174	12,056	28,131	−57.1	160	5.5	6.2	−10.7	171	410	632	−35.1
安顺/黄果树	175	9,541	4,251	124.4	177				173	389	2,790	−86.1
天水/麦积山	176	8,477	4,966	70.7	158	11.1	2.2	398.7	170	462	190	143.2
黔南州/荔波	177	5,182	5,013	3.4	168	0.0	0.3	−93.4	179	183	348	−47.4
庆阳	178	3,819		178	0.0		178	218				
长海/大长山岛	179	2,613	3,516	−25.7	179				175	333	450	−26.0
汉中/西关	180	91	1,436	−93.7	180				180	6	74	−91.9
攀枝花/保安营(停航)	181	58,974	181	545.5	181	588						
且末(停航)	182	2,269	182	0.3	182	82						
安康(停航)	183		183		183							

2012年全球主要港口货物吞吐量统计表

单位:万吨、%

港口	国家/地区	2011年吞吐量	2012年吞吐量	同比
宁波一舟山	中国	69393	74402	7.2
上海	中国	72758	73559	1.1
新加坡	新加坡	53119	53714	1.1
天津	中国	45132	47697	5.7
鹿特丹	荷兰	43455	44200	1.7
广州	中国	43149	43517	0.9
苏州	中国	38006	42801	12.6
青岛	中国	37230	40690	9.3
大连	中国	33691	37426	11.1
唐山	中国	31263	36458	16.6
釜山	韩国	29433	31192	6.0
香港	中国	27745	27014	−2.6
秦皇岛	韩国	28004	26328	−6.0
黑德兰	中国	22427	26006	16.0
南路易斯安那	中国	24888	25307	1.7

2012年全球主要港口集装箱吞吐量统计表

单位:万 TEU、%

港口	所属国家/地区	2011年吞吐量	2012年吞吐量	同比
上海	中国	3174.0	3253.0	2.5
新加坡	新加坡	2993.8	3164.9	5.7
香港	中国香港	2437.3	2312.6	−5.2
深圳	中国	2257.1	2294.1	1.6
釜山	韩国	1617.5	1704.0	5.3
宁波一舟山	中国	1472.0	1617.4	9.9
广州	中国	1425.1	1454.7	2.1
青岛	中国	1302.0	1450.3	11.4
迪拜	阿联酋	1300.0	1330.0	2.3
天津	中国	1158.7	1230.3	6.2
鹿特丹	荷兰	1190.0	1190.0	平
巴生	马来西亚	960.4	1001	4.2
高雄	中国台湾	963.6	978.1	1.5
汉堡	德国	902.0	886.4	−1.7
安特卫普	比利时	863.8	863.5	−0.3

上海口岸主要数据统计资料(2000年—2012年)

2000年上海港货物吞吐量统计表

		数量（万吨）	与去年同期比增%	金额（亿美元）	与去年同期比增%
全港货物吞吐量		20440.2	9.65	……	……
本港货物吞吐量		11729.1	16.03	……	……
上海口岸外贸货物进出口量	出口	3084.2	29.00	615.72	39.0
	进口	4550.5	16.70	477.39	49.8
	进出口合计	7634.7	21.50	1093.11	43.5
本市外贸货物进出口量	出口	……	……	253.5	34.9
	进口	……	……	293.6	49.7
	进出口合计	……	……	547.1	42.5

2001年上海口岸主要数据统计表

		单位	2001年	2000年	同比增长
进出口外贸货值		亿美元	1204.86	1093.1	10.2%
海港口岸	货物	亿吨	2.21	2.04	8.3%
	国际集装箱	万TEU	633.98	561.2	13%
	出入境船舶	艘次	19655	18598	5.7%
	出入境旅客	万人次	5.40	4.88	10.6%
航空口岸	进出口货物	万吨	61.71	4.95	12.3%
	出入境飞机	架次	52591	44780	17.44%
	出入境人员	万人次	753.772	650.41	15.89%
	其中:过境免签证人员	人次	8375	4017	108.4%

2002 年上海口岸主要数据统计表

项　　目	2001 年	2002 年	同比增长%
集装箱吞吐量	633.98 万 TEU	861.3 万 TEU	35.8%
货物吞吐量	2.21 亿吨	2.63 亿吨	19.0%
国际航行进出口船舶	19655 艘次	19788 艘次	0.06%
海港口岸出入境旅客	5.40 万人次	7.40 万人次	37.0%
外贸货物	6413 万吨	7586 万吨	18.2%
外贸货值	1204.86 亿美元	1425 亿美元	18.3%
	进口 524.80 亿美元	进口 607 亿美元	15.7%
	出口 680.06 亿美元	出口 818 亿美元	20.3%
空港口岸出入境飞机	42775 架次	59421 架次	38.9%
空港口岸出入境旅客	722.19 万人次	912.34 万人次	26.5%
空港口岸进出口货物	61.69 万吨	83.38 万吨	35.1%
口岸出入境旅客总数	727.59 万人次	919.74 万人次	26.4%

2003 年上海口岸主要数据统计表

项　　目	2002 年	2003 年	单位	同比增长
集装箱吞吐量	861.3	1128.25	万 TEU	31.01%
海港货物吞吐量	2.63	3.13	亿吨	19.01%
国际航行进出口船舶	22265	25248	艘次	13.40%
海港口岸出入境旅客	74000	37357	人次	—49.52%
外贸货物	7586	9370	万吨	23.52%
外贸进出口货物总值	1425	2012	亿美元	41.19%
	进口 607	进口 889	亿美元	46.46%
	出口 818	出口 1123	亿美元	37.29%
空港口岸出入境飞机	59421	69141	架次	16.36%
空港口岸出入境旅客	9123400	8071326	人次	—11.53%
空港口岸进出口货物	833800	1066500	吨	27.91%
铁路口岸出入境旅客		20908	人次	
口岸出入境旅客总数	9197400	8129591	人次	—11.6%

注:铁路口岸出入境旅客数自 2003 年 10 月起计算

2004 年上海口岸主要数据统计表

项　目	2003 年	2004 年	单位	增长
集装箱吞吐量	1128.6	1455.4	万 TEU	29.0%
货物吞吐量	3.16	3.79	亿吨	19.9%
国际航行进出口船舶	22400	26077	艘次	16.4%
海港口岸出入境旅客	37357	41658	人次	11.5%
铁路口岸出入境旅客		93317	人次	
外贸货物	12968.4	15835.6	万吨	22.1%
外贸货值	2012	2826	亿美元	40.5%
	进口 889	进口 1213	亿美元	36.4%
	出口 1123	出口 1613	亿美元	43.6%
空港口岸出入境飞机	69132	104707	架次	51.4%
空港口岸出入境旅客	807.1	1259.7	万人次	56.1%
空港口岸进出口货物	108.4	162.1	万吨	49.5%
口岸出入境旅客总数	812.9	1273.2	万人次	56.6%

2005 年上海口岸主要数据统计表

分类	项目	2005 年	2004 年	单位	同比
海港口岸	集装箱吞吐量	1808.4	1455.4	万标箱	24.3%
	货物吞吐量	4.43	3.79	亿吨	16.9%
	国际航行船舶	28847	26077	艘次	10.6%
	出入境旅客	61808	41658	人次	48.4%
	外贸货物	18492.2	15835.6	万吨	16.8%
空港口岸	出入境飞机	120359	104707	架次	14.9%
	出入境旅客	1442.9	1259.7	万人次	14.5%
	进出口货物	162.8	158.1	万吨	——%
铁路口岸	出入境旅客	88379	93317	人次	−5.3%
口岸外贸	出入境货物总值	3506.8	2826	亿美元	31.7%
	出口	2124.3	1613	亿美元	24.1%
	进口	1382.5	1213	亿美元	14.0%
口岸出入境旅客总数		1458.0	1273.2	万人次	14.5%

由于从 2005 年 2 月份起，空港进出口货物数据统计不再包含行李，因此，无法作同比。

2006 年上海口岸主要数据统计表

分类	项目		2006 年	2005 年	单位	同比
海港口岸	集装箱吞吐量		2171.9	1808.4	万标箱	20.1%
	货物吞吐量		5.37	4.43	亿吨	21.3%
	外贸货物		2.12	1.85	亿吨	15%
	国际航行船舶		32970	28847	艘次	14.3%
	邮船		354	331	艘次	6.9%
	出入境旅客		91312	61808	人次	47.7%
空港口岸	出入境飞机		134130	120359	架次	11.4%
	进出口货物		185.7	162.8	万吨	14.1%
	出入境旅客		1576.9	1442.9	万人次	9.3%
	国际旅客		1137.7	1068	人次	6.5%
	48 小时过境免签证		36256	39996	人次	−9.4%
铁路口岸	出入境旅客		88365	88379	人次	−0.01%
口岸外贸	进出口货物总值		4287.5	3506.8	亿美元	22.3%
	其中	出口	2665.6	2124.3	亿美元	25.5%
		进口	1621.9	1382.5	亿美元	17.3%
口岸出入境旅客总数			1594.8	1458	万人次	9.4%

2007 年上海口岸主要数据统计表

分类	项目	2007 年	2006 年	单位	同比
海港口岸	集装箱吞吐量	2615.2	2171.9	万标箱	20.4%
	货物吞吐量	5.61	5.37	亿吨	4.5%
	外贸货物	2.55	2.12	亿吨	20.2%
	国际航行船舶	37495	32970	艘次	13.7%
	邮船	325	354	艘次	−8.2%
	出入境旅客	93942	91312	人次	2.9%
空港口岸	出入境飞机	152880	134130	架次	14%
	进出口货邮	217.6	185.7	万吨	17.2%
	出入境旅客	1728.5	1576.9	万人次	9.6%
	国际旅客	1197.8	1137.7	人次	5.3%
	48 小时过境免签证	13568	36256	人次	−62.6%
铁路口岸	出入境旅客	100171	88365	人次	13.4%
口岸外贸	进出口货物总值	5209.1	4287.5	亿美元	21.5%
	出口	3284.8	2665.6	亿美元	23.2%
	进口	1924.3	1621.9	亿美元	18.6%
口岸出入境旅客总数		1747.9	1594.8	万人次	9.6%

2008年上海口岸主要数据统计表

<table>
<tr><th colspan="3">项　目</th><th>2008年</th><th>同比(%)</th></tr>
<tr><td colspan="3">上海口岸集装箱吞吐量(万标准箱)</td><td>2459.6</td><td>23.8</td></tr>
<tr><td rowspan="3">其中</td><td colspan="2">出口</td><td>1085.1</td><td>4.5</td></tr>
<tr><td colspan="2">进口</td><td>1053.5</td><td>11.1</td></tr>
<tr><td colspan="2">内支线</td><td>321.0</td><td>11.7</td></tr>
<tr><td colspan="3">上海口岸关区进出口货值总额(亿美元)</td><td>6065.6</td><td>16.4</td></tr>
<tr><td rowspan="2">其中</td><td colspan="2">出口额</td><td>3936.5</td><td>19.9</td></tr>
<tr><td colspan="2">进口额</td><td>2129.1</td><td>10.3</td></tr>
<tr><td colspan="3">上海口岸出入境人员总数(万人次)</td><td>1673.0</td><td>－4.3</td></tr>
<tr><td rowspan="2">其中</td><td colspan="2">出境</td><td>－849.3</td><td>—</td></tr>
<tr><td colspan="2">入境</td><td>823.7</td><td>—</td></tr>
<tr><td rowspan="4">水运口岸</td><td colspan="2">外贸货物吞吐量(万吨)</td><td>27376.9</td><td>7.1</td></tr>
<tr><td colspan="2">进出口国际航行船舶(艘次)</td><td>39510</td><td>5.4</td></tr>
<tr><td colspan="2">邮(客)船(艘次)</td><td>335</td><td>3.1</td></tr>
<tr><td colspan="2">出入境人员(人次)</td><td>112948</td><td>20.2</td></tr>
<tr><td rowspan="5">航空口岸</td><td colspan="2">进出口货邮量(万吨)</td><td>232.1</td><td>6.6</td></tr>
<tr><td colspan="2">出入境飞机(架次)</td><td>147072</td><td>1.8</td></tr>
<tr><td colspan="2">出入境人员(人次)</td><td>16501922</td><td>－4.5</td></tr>
<tr><td rowspan="2">其中</td><td>国际及地区旅客</td><td>11162381</td><td>－6.8</td></tr>
<tr><td>48小时过境免签证</td><td>7948</td><td>－41.2</td></tr>
<tr><td rowspan="2">铁路临时</td><td colspan="2">出入境列车(车次)</td><td>364</td><td>0</td></tr>
<tr><td colspan="2">出入境人员(人次)</td><td>115245</td><td>15.0</td></tr>
<tr><td rowspan="3">特殊监管区域</td><td colspan="2">进出口总额(亿美元)</td><td>1196.7</td><td>10.4</td></tr>
<tr><td colspan="2">出口额</td><td>576.3</td><td>14.5</td></tr>
<tr><td colspan="2">进口额</td><td>620.4</td><td>6.8</td></tr>
</table>

2009年上海口岸主要数据统计表

大类	项　目	月累计	同比(%)
货物	上海口岸进出口货物总额(亿美元)	6827.3	－14.1
	出口	4096.1	－16.2
	进口	2731.2	－10.7
	上海关区进出口货物总额	5154.9	－15.0
	出口	3251.3	－17.4
	进口	1903.6	－10.6
	上海市进出口货物总额	2777.3	－13.8
	出口	1419.1	－16.2
	进口	1358.2	－11.1
	上海口岸货物吞吐量(万吨)	25796.6	－6.6
	航空口岸货邮量	216.6	－6.7
	水运口岸货运量	25580	－7.0
	上海口岸集装箱吞吐量(万标箱)	2174	－11.6
	出口	945.7	－12.8
	进口	920.6	－12.6
	内支线	307.7	－4.1
人员	上海口岸出入境人员总数(人次)	18787660	－0.7
	航空口岸出入境人员	17969764	－0.8
	旅客	16481679	－0.1
	水运口岸出入境人员	698578	0.9
	旅客	144501	27.9
	铁路口岸出入境人员	119318	－4.2
	旅客	109989	－4.6
交通工具	上海口岸出入境交通工具总数	163671	－5.4
	飞机(架次)	138924	－5.5
	船舶(艘次)	24383	－4.6
	列车(车次)	364	0
	进出上海口岸国际航行船舶(艘次)	38267	－3.1
	货船	37917	－3.2
	邮(客)船	350	4.5

2010年上海口岸主要数据统计表

大类	项　目	月累计	同比(%)
货物	上海口岸进出口货物总额(亿美元)	9085.0	33.1
	出口	5329.1	30.1
	进口	3755.8	37.6
	上海关区进出口货物总额	6846.5	32.8
	出口	4233.4	30.2
	进口	2613.1	37.3
	上海市进出口货物总额	3688.7	32.8
	出口	1807.8	27.4
	进口	1880.9	38.5
	上海口岸货物吞吐量(万吨)	30509.4	18.3
	航空口岸货邮量	284.2	31.2
	水运口岸货运量	30225.2	17.1
	上海口岸集装箱吞吐量(万标箱)	2529.8	16.4
	出口	1120.8	18.5
	进口	1079.6	17.3
	内支线	329.4	7.1
人员	上海口岸出入境人员总数(人次)	23743759	26.4
	航空口岸出入境人员	22751252	21.6
	旅客	21074154	27.9
	水运口岸出入境人员	832720	19.2
	旅客	263485	82.3
	铁路口岸出入境人员	159787	33.9
	旅客	150186	36.5
交通工具	上海口岸出入境交通工具总数	186052	13.7
	飞机(架次)	160403	15.5
	船舶(艘次)	25283	3.7
	列车(车次)	366	0.5
	进出上海口岸国际航行船舶(艘次)	40663	6.3
	货船	40246	6.1
	邮(客)船	417	19.1

2011年上海口岸主要数据统计表

大类	项　目	月累计	同比(%)
货物	上海口岸进出口货物总额(亿美元)	10654.9	17.3
	出口	6249.6	17.3
	进口	4405.3	17.3
	上海关区进出口货物总额	8123.1	18.6
	出口	4999.6	18.1
	进口	3123.5	19.5
	上海市进出口货物总额	4374.4	18.6
	出口	2097.9	16.0
	进口	2276.5	21.0
	上海口岸货物吞吐量(万吨)	34052.6	11.6
	航空口岸货邮量	275.0	−3.2
	水运口岸货运量	33777.6	11.8
	上海口岸集装箱吞吐量(万标箱)	2759.3	9.1
	出口	1212.0	8.1
	进口	1141.5	5.7
	内支线	405.8	23.2
人员	上海口岸出入境人员总数(人次)	25278658	6.2
	旅客总数	22869184	6.4
	航空口岸出入境人员	24259874	6.6
	旅客	22508474	6.8
	水运口岸出入境人员	858564	3.1
	旅客	210044	−20.2
	铁路口岸出入境人员	160220	0.3
	旅客	150666	0.3
交通工具	上海口岸出入境交通工具总数	198871	6.9
	飞机(架次)	171884	7.2
	船舶(艘次)	26623	5.3
	列车(车次)	364	−0.5
	进出上海口岸国际航行船舶(艘次)	43222	6.3
	货船	42800	6.3
	邮(客)船	422	1.2

2012年上海口岸主要数据统计表

大类	项　目	月累计	同比(%)
货物	上海口岸进出口货物总额(亿美元)	10577.9	-0.7
	出口	6273.6	0.4
	进口	4304.4	-2.3
	上海关区进出口货物总额	8013.1	-1.4
	出口	4911.6	-1.8
	进口	3101.5	-0.7
	上海市进出口货物总额	4367.6	-0.2
	出口	2068.1	-1.4
	进口	2299.5	1.0
	上海口岸货物吞吐量(万吨)	36086.6	5.9
	航空口岸货邮量	261.6	-4.9
	水运口岸货运量	35825	6.1
	上海口岸集装箱吞吐量(万标箱)	2815.9	2.1
	出口	1218.6	0.5
	进口	1170.8	2.6
	内支线	426.5	5.1
人员	上海口岸出入境人员总数(人次)	26822194	6.1
	旅客总数(人次)	24370910	6.6
	航空口岸出入境人员	25658909	5.8
	旅客	23869244	6.0
	水运口岸出入境人员	1003007	16.8
	旅客	350822	67.0
	铁路临时口岸出入境人员	160278	0.03
	旅客	150844	0.1
交通工具	上海口岸出入境交通工具总数	200146	0.6
	飞机(架次)	174376	1.4
	船舶(艘次)	25404	-4.6
	列车(车次)	366	0.5
	进出上海口岸国际航行船舶(艘次)	42061	-2.7
	货船	41620	-2.8
	邮(客)船	441	4.5

编 后 记

《上海口岸年鉴》是由上海市口岸服务办公室主管，上海市口岸服务办公室和上海口岸联合会组织市政府相关部门、口岸查验单位、运营单位及其他有关单位共同编纂的专业类年鉴，是一部全面、翔实记录上海口岸工作，系统汇辑上海口岸各种数据，按年度公开出版的资料性工具书。

《上海口岸年鉴》(2012 年版)是《上海口岸年鉴》创刊以来的第 13 部年鉴，主要反映 2012 年上海口岸工作的新进展，有少量条目及数据涉及到 2011 年度的情况，以求查阅的方便和内容的完整。

本年鉴的顺利出版，得到了全体编委成员单位和其他参编单位的大力支持，尤其是各单位撰供稿人为之付出了辛勤劳动，在此，谨表示衷心感谢！限于编辑水平，本年鉴中有疏漏或不足之处，敬请批评指正。

《上海口岸年鉴》编辑部

2013 年 6 月

图书在版编目(CIP)数据

上海口岸年鉴. 2012 / 上海口岸协会编. —上海：文汇出版社，2013. 7

ISBN 978-7-5496-0942-0

Ⅰ. ①上… Ⅱ. ①上… Ⅲ. ①通商口岸—上海市—2012—年鉴 Ⅳ. F752. 851-54

中国版本图书馆 CIP 数据核字(2013)第 148034 号

上海口岸年鉴<2012 年版>

编　者/《上海口岸年鉴》编辑委员会

责任编辑/甘　棠
封面装帧/徐　健
责任校对/洪　雷

出版发行/文匯出版社
上海市威海路 755 号
(邮政编码 200041)
照　排/上海康城印务有限公司
印　刷/上海豪杰印刷有限公司
版　次/2013 年 7 月第 1 版
印　次/2013 年 7 月第 1 次印刷
开　本/787×1092　1/16
字　数/600 千字
印　张/28

ISBN 978-7-5496-0942-0
定价 280 元

上海同盛投资(集团)有限公司

上海同盛投资(集团)有限公司成立于2002年4月,公司注册资金85.28亿元,资产规模总计653亿元。上海同盛投资(集团)有限公司与上海市深水港工程建设指挥部的内设机构合署办公,为市级国有多元投资控股公司,是洋山深水港项目和上海内河航道项目开发建设的主体,承担项目的投资管理、综合开发和资产管理,具有对外融资,为项目建设公司提供融资担保,盘活深水港区内各类资产的职能。自成立以来,公司投资建设上海国际航运中心洋山深水港、东海大桥、同盛保税物流园区等一大批重点项目,在港口、航道建设、物流园区开发运营方面有着丰富的经验。目前,集团公司正致力于构建洋山保税港区航运功能性平台建设,逐步形成洋山保税港区汽车进出口贸易服务平台、集拼分拨转动中心、洋山游艇贸易服务平台、油品储运销平台和大宗商品贸易服务平台。

上海同盛物流园区投资开发有限公司系同盛集团全资子公司,从2002年至今,公司已先后建设完成洋山港口岸查验区、芦潮辅助配套区等工程,公司现拥有保税仓库20万平方米,堆场6万平方米,办公设施1万平方米,为海关、国检提供了先进的查验设施和运作服务。各类设施已开始全面对外招租或寻求合作伙伴。作为洋山保税港区物流集成服务商,公司提供进口分拨、出口集拼、运输配送、物流信息服务、进口贸易代理、报关预录、期货保税交割、物流地产开发等物流综合服务

上海同盛投资集团资产管理有限公司系同盛集团的全资子公司,成立于2004年,公司注册资金2亿元,为洋山深水港区政府和企业提供商务办公配套服务,并受同盛集团委托管理深水保税港区内的商务办公楼宇17万平方米、土地资源约2000亩,以及保税港区的海域、岸线等优质资产。公司经营范围包括:产业投资与资产管理、房地产开发与经营、房地产咨询、物业管理、贸易及保税展示等配套服务。

中国海运(集团)总公司
CHINA SHIPPING(GROUP)COMPANY

中国海运(集团)总公司

中国海运(集团)总公司(简称中国海运)组建于1997年7月1日,总部设在上海,是以航运为主业的跨国经营、跨行业、跨地区、跨所有制的特大型综合性企业集团。

中国海运主营集装箱运输、油品运输、散货运输、旅客运输、汽车船运输、特种运输等,目前正积极开展LNG(液化天然气)运输业务,截止到2012年底,集团拥有各类船舶约500艘/3000万载重吨,集装箱、油轮、干散货三大主力船队的规模均跻身世界前列。集团年货运量4.6亿吨、集装箱运量1100万标箱,在国家能源和进出口贸易中发挥了重要的运输支持和保障作用。

近年来,中国海运围绕航运主业,积极拓展码头经营、综合物流、船舶代理、环球空运、船舶修造、集箱制造、船员管理、供应贸易、金融投资、信息技术、交通科技等相关业务领域,已形成完整的业务体系。集团业务范围已覆盖全球100多个国家和地区,拥有香港、北美、欧洲、东南亚、西亚五家控股公司,境外下属公司、代理、代表处超过110家,营销网点近400个。集团船岸员工总数47000余人。

中国海运坚持稳健发展,积极参与资本市场运作,控股沪、港、深三地上市公司四家,集团共拥有总资产约1800亿元,财务状况良好。

中国海运将坚持科学发展、建设百年中海、世界一流航运企业的发展理念;坚持做强做优航运、工业制造、码头物流金融三大板块的经营战略;以进入世界500强为中期目标,努力建成具有国际竞争力的大型国际航运企业集团。

上海松江出口加工区

Shanghai Songjiang Export Processing Zone

上海松江出口加工区A区于2000年4月27日经国务院批准设立，规划面积2.98平方公里，于2001年初封关运作，现已全部开发完毕。B区于2003年3月14日经国务院批准设立，规划面积2.98平方公里，分二期开发，2003年11月一期1.33平方公里封关运作。

上海松江出口加工区地理位置优越，距上海虹桥国际机场20公里；距上海浦东国际机场42公里；周边有沪昆高速公路、沈海高速公路、申嘉湖高速公路、嘉金高速公路等高等级的公路，构成便捷的公路交通网络。上海市区外环线距松江出口加工区仅18公里。

2007年，上海松江出口加工区在原先的保税加工功能之外，拓展了保税物流功能。目前，物流、研发、测试和维修等新业务已全面推开，为企业打通上下游形成完整的产业链提供了政策支持。

作为全国最早的出口加工区之一，上海松江出口加工区经历12年的快速发展，基础设施配套完善，管理机构运作娴熟，各类服务措施齐全。区内电子信息技术产业链日趋完善，目前，区内货物进出口的通关物流时间只需4小时，达到先进国家水平。

截至2012年底，上海松江出口加工区累计完成工业生产总值14403亿元；累计实现进出口总额3218亿美元，约占全国出口加工区累计实现进出口总值的三分之一；为国家提供各类税收122亿元；是我国最大的以加工制造为主导的特殊监管区之一。

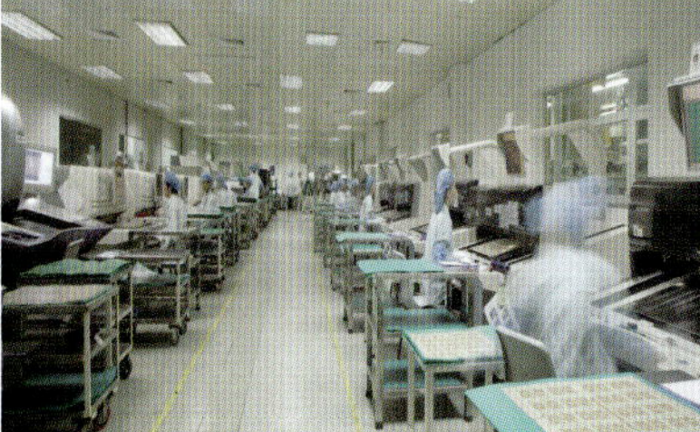

中远集装箱运输有限公司

中远集装箱运输有限公司(COSCON),简称中远集运,是中国远洋运输集团(COSCO,简称中远集团)所属专门从事海上集装箱运输的核心企业。中远集运成立于1998年1月27日(工商注册登记日期为:1997年11月11日),是由COSCO集装箱运输总部(成立于1993年7月)与上海远洋运输公司(成立于1964年4月1日)合并而成。截至2012年12月31日止,本公司经营船队包括168艘集装箱船舶,运力达745155标准箱。

在全球超过48个国家和地区的159个港口挂靠,经营76条国际航线、10条国际支线,21条中国沿海航线及67条珠江三角洲和长江支线。年箱运量达6910041标准箱,较上年增长约11.2%,承运能力排名世界前列。公司在航海、货运及管理上,广泛应用当今最先进的信息技术,并成功移植全球航运信息系统IRIS-2(Integral Regional Information System),提高了公司主业经营的网络化、信息标准化和系统集成化程度,实现网上订舱、船期及货物跟踪、远程提单打印等电子商务业务,为客户提供高附加值、个性化服务。公司始终坚持以市场为导向,以客户满意为中心,在激烈的市场竞争中积极倡导"诚信全球、追求卓越、奉献社会、实现共赢"的价值理念,运用国际最新服务理念和手段,带动企业服务质量的不断提高,打造出了"中澳线"、"西北欧航线"等一系列精品航线,"一站服务"、"HDS服务"等多项品牌服务,在货主和社会各界赢得了广泛的声誉。在国内外权威机构各类评比中,公司连年获得"最佳承运人"、"最佳班轮公司"等称号。

海丰国际控股有限公司

SITC INTERNATIONAL HOLDINGS CO.,LTD.

海丰国际控股有限公司（HK1308）是亚洲区内领先的综合航运物流企业，公司于2010年在香港主板上市。长期以来，公司坚持以客户为导向，秉承“专、精、特、新”的经营理念，为客户提供高品质、高效率的服务。现下属航运集团和物流集团两大业务集团。

海丰航运集团经营范围涉及集装箱班轮运输、船东、船舶管理、船舶经纪、集装箱租赁等领域。截止2012年12月31日，公司共运营60艘集装箱船舶，经营52条航线，网络覆盖中国、日本、韩国和东南亚10个国家和地区的46个主要港口。根据Alphaliner的统计，以运力计，海丰国际在全球集装箱航运企业中排名第24位。

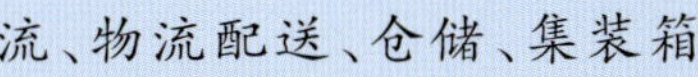

海丰物流集团经营范围涉及国际货运代理、拼箱、项目物流、物流配送、仓储、集装箱堆场、码头、船代、报关等领域。物流网络覆盖中国、日本、韩国、越南和新加坡的的29个主要城市。目前，在中国青岛、上海、越南海防已建成经营堆场、仓储业务的物流园，共经营（含合资经营）约67.6万平米堆场和7.6万平米仓库。同时，海丰物流分别与丹马士物流、伊藤忠物流、韩进、胜狮、青岛啤酒等世界物流及著名生产企业保持着长期的合资合作关系。

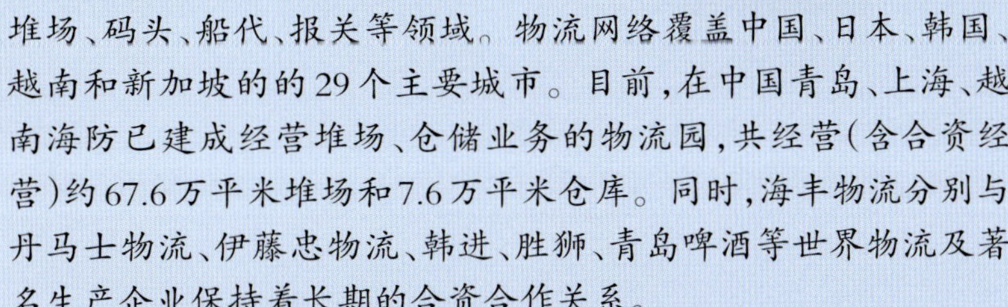

公司在航运物流业内屡获奖项。曾经荣获中国-日本航线最佳集装箱班轮公司、综合服务十佳集装箱班轮公司、拼箱服务最佳货运代理公司、综合服务十佳货运代理公司、2012商贸物流-最佳企业奖、2012年度中国十大稳健港行企业等奖项，并取得“2012年度中国十大领军社会责任企业”称号。

达飞轮船（中国）有限公司
CMA CGM (CHINA) SHIPPING CO., LTD

CMA CGM (CHINA) SHIPPING Co., Ltd

39th Floor, Bund Center, 222 Yan'an Road (East)
Shanghai, 200002
Tel : +86 (21) 2306 9696
Fax : +86 (21) 6355 2500
chn.genmbox@cma-cgm.com
www.cma-cgm.com

John WANG
President, China

Gordon GUO
Vice-President, China
Horse MA
Assistant to President, China
Harriet WU
CFO
Annie TAO
Country HR&Admin. Manager
Rena XIA
General Manager, Shanghai

Activities :
Ranking first in France and third worldwide, CMA CGM has become an international operator serving maritime shipping routes around the world with door-to-door services that combine maritime shipping with rail, river and highway transport.
CMA CGM operates a fleet of 370 ships on more than 200 shipping routes, by 403 ports of call in 150 countries.

History
Created by Jacques R. Saadé in 1978, Compagnie Maritime d'Affrètement (CMA) merged with Compagnie Générale Maritime (CGM) in 1999.
CMA CGM counts a board of 17000 members in the world with 650 agencies and offices worldwide, including 65 in China. At the beginning of 2009, the slot capacity exceeds 1,000,000 TEU.

Employees:
In China: 1450

Other offices:
Tianjin, Dalian, Qingdao, Ningbo, Nanjing, Wuhan, Beijing, Shenzhen, Xiamen, Guangzhou, Fuzhou, Shantou, Shunde etc.

达飞轮船(中国)有限公司

上海市延安东路 222 号外滩中心 39 楼
邮政编码： 200002
电话：+86 (21) 2306 9696
传真：+86 (21) 6355 2500
chn.genmbox@cma-cgm.com
www.cma-cgm.com

王保裁
中国区总裁

郭绍海
副总裁
马新华
总裁助理
吴卉
财务总监
陶静
行政人力总监
夏萍
上海公司总经理

业务介绍
达飞海运集团是法国第一、世界第三大国际集装箱航运企业。集团为客户提供集海路、铁路、河流、公路运输为一体的多式联运到门服务。
集团在全球运营集装箱船舶 370 艘，经营航线 200 多条、航迹遍布全球 150 个国家的 403 个港口。

发展历程
1978 年 Jacques R. Saadé 先生创建法国达飞轮船公司(CMA)。1999 年，达飞成功并购法国国家航运公司（CGM）。目前，达飞集团在世界各地设立了 650 家分公司和办事机构，其中中国有 65 家，在全球范围内拥有雇员 17000 人。2009 年初达飞集装箱船队运载力突破 100 万 TEU。

职员人数：
中国国内： 1450 人

中国境内其它办公地点：
天津、大连、青岛、宁波、南京、武汉、北京、深圳、厦门、广州、福州、汕头、顺德等

上海青浦出口加工区开发有限公司

SHANGHAI QINGPU EXPORT PROCESSING ZONE DEVELOPMENT CO.LTD

上海青浦出口加工区于2003年3月10日经国务院批准设立，属于国家海关监管特殊区域，位于上海市级开发区——青浦工业园区内。总规划面积3平方公里，西依同三国道，东傍油墩港，南临北青路，北至秀横路，交通便捷。一期开发1.6平方公里。2010年6月，青浦区委、区政府为了加快上海青浦出口加工区发展，在原出口加工区3平方公里规划面积的基础上，向东南扩大13平方公里，东至通波塘、南至318国道、西至油墩港及绕城高速、北至章泾江及S26，总规划面积16平方公里。

上海青浦出口加工区新规划区域分为功能区和产业区。功能区规划面积3平方公里，为海关特殊监管区域，主要为出口型加工制造以及保税物流、检测、维修等业务拓展为主的高科技含量、高附加值的企业提供投资服务。产业区规划面积13平方公里，主要为现有落户企业和未来主导产业企业提供投资服务。目前，新区域内已基本形成四大主导产业，即以普惠飞机发动机、斯伦贝谢油田设备等为代表的精密机械装备产业、以日立海立汽车马达、欧菲滤清器等为代表的汽车零部件产业、以希悦尔包装、威盛亚新材料、阿姆斯壮等为代表的新材料产业、以鼎讯科技、锐嘉科电子、晶盟硅材料等为代表的电子信息产业。

上海航运交易所

上海航运交易所(以下简称航交所)是经国务院批准、由交通运输部和上海市人民政府共同组建,于1996年11月28日成立的我国唯一一家国家级航运交易所,是我国政府为了培育和发展中国航运市场,配合上海国际航运中心建设所采取的重大举措。

航交所实行理事会领导下的总裁负责制,下设交易部、信息部、技术部、结算部、市场部和总裁办六个部门。

航交所在遵循"公开、公平、公正"原则的前提下,紧紧围绕"维护航运市场公平、规范航运交易行为 、沟通航运动态信息"三大基本功能,在构建航运信息研究平台、航运资信评估体系、船舶交易鉴证中心、口岸航运服务中心以及为会员服务等方面取得了丰硕的成果,产生了广泛的社会、经济效益,对规范我国航运市场、维护航运交易秩序、促进航运市场的健康发展起到了积极的推动作用。

目前,航交所正充分把握航运市场发展的机遇,顺势而为,开拓创新,以航运信息的加工与发布、航运公约的宣传与推广、航运政策的研究与建议、航运业务的沟通与交流、航运交易的经纪与鉴证、航运实务的咨询与代理、航运文本的制定与示范、航运市场的规范与服务等八个方面赋予航交所功能新的内涵,争取为中国航运市场的发展及上海国际航运中心建设作出更大的贡献!

DHL全球物流

DHL — 最国际化的物流企业

DHL是全球物流业的领导者和最国际化的物流企业。DHL结合其全球范围内的领先优势和对当地市场的深入理解，在快递、空运、海运、洲际运输、合同物流解决方案及国际邮政服务方面为客户提供专业化的服务。DHL的服务网络覆盖全球220多个国家和地区。目前，DHL在全球拥有310,000名尽心尽力的员工，他们将不负众望地为客户提供快捷、可靠的服务。DHL通过支持环境保护、灾害管理和教育致力于企业社会责任。

中外运-敦豪国际航空快递有限公司

中外运敦豪是中国成立最早、经验最为丰富的国际航空快递领导者。创建于1986年，中外运敦豪由德国邮政敦豪DPDHL和中国对外贸易运输集团总公司各注资一半成立，专注发展限时递送服务、全球范围的文件、包裹快递。目前，中外运敦豪已经成功的建立了中国最大的快递服务网络，拥有超过6,000名专注于国际快递各项业务的最专业的员工，服务覆盖全国400个城市，国内航空快递服务可直达其中131个主要城市，网络已经遍及中国95%的人口聚集区和经济中心城市，在全国各主要城市已建立超过100家分公司和近200间办公设施。每周使用超过500架次商业航班和专机。

DHL北亚枢纽

2012年7月12日，全球领先的快递及物流公司DHL在上海浦东国际机场举行盛大开幕仪式，正式启用其耗资1.75亿美元 的北亚枢纽。这是DHL在亚洲最大的快递转运中心，占地88,000平方米(面积约相当于13个足球场大小)，面积为55,000平方米的主体建筑配备了长达6公里的输送带和分拣机组成的先进自动化分拣系统，其最大处理能力可达到每小时20,000件包裹及20,000份文件。

北亚枢纽的落成使DHL亚洲多枢纽网络更加完善。DHL分布在上海、香港、曼谷、新加坡等四个亚太地区的枢纽，将遍布于亚太地区70多个DHL快递口岸紧密地连接在一起。DHL亚太区完善的基础设施网络由40余架执飞40个国家和地区的DHL专用飞机，以及每天超过690架次的商业航班所服务。

目前，DHL北亚枢纽已建立了同香港、大阪、东京以及DHL全球枢纽莱比锡和辛辛那提的直航连接。DHL广泛分布的网络使业务更快地通往国际市场。与位于香港的DHL中亚枢纽形成有益补充，北亚枢纽为客户提供了北亚地区间更短的运输线路，将可实现最多缩短四小时的飞行时间，客户能享受到更晚取件、更早送达的优质服务。

上海通银石油化工有限公司

SHANGHAI TONGYIN PETROCHEMICAL CO., LTD

上海通银石油化工有限公司成立于二零零四年三月,注册地点:浦东新区东方路1988号706-C7室。公司主要经营石油制品、化工原料及产品、润滑油的销售、水路运输,并经营其他方面如仪器仪表、建筑材料、咨询服务等。公司的主要业务是水上供油、供水。

公司目前共有员工近90人,设董事长、总经理各一名。并设有财务部、业务部、海务部、机务部和安全部。公司管理层是一支具有较强的政策水平、较高的学历层次、较丰富的商海实践经验的精英队伍组成。自公司成立以来,全体员工按照公司宗旨“客户至上、诚信为本、竭力开拓、勇于创新”,努力寻找市场,共同开拓销售渠道,提高经营管理水平。以加油为主体的业务发展趋势看好,几年来已与多家船务公司建立了良好的业务关系。

目前,公司有内河供油船四艘,船名:通银3、通银5、通银6、通银8,沿海供油船四艘,船名:通银12、通银13、通银17、通银18,供油品种已由单一向多元化发展,并且力求做到价格合理、品质优良,送货及时。24小时全天候服务。几年来,依靠全体员工的努力。赢得了众多客户的信赖,在供油商竞争激烈的商海中,争得了宝贵的一席之地。

近年来,鉴于水上加油量逐步增加,特别是市重点工程洋山深水港的建设,各种工程船舶云集于此,船舶的油品补给需求紧迫。面对未来挑战,我公司已取得油船、货船水路运输许可证、港口经营许可证。在这样的基础上,逐渐将公司打造成集水上加油、货物运输、油污水处理等综合型服务一条龙的“水上人家”新品牌。

品牌是企业的灵魂,质量是企业的生命。上海通银公司全体员工愿以诚信为本,并通过不懈的努力与追求,为广大客户源源不断地提供最优质的产品和最完善地服务。本公司一贯奉行“互利互惠、共同发展”的原则,并时刻恭待您的光临!

公司经营地址:上海浦东新区民生路1518号
(金鹰大厦)B座1604室　邮编:200135
总机:021-61763030转各分机;
传真:021-61763131
公司网址:www.shtongyin.com

上海北海船务股份有限公司

一、基本情况

上海北海船务股份有限公司是经上海市商委、上海市工商行政管理局批准设立于上海浦东新区陆家嘴金融区的外商投资企业。前身为“上海北海船务有限公司”，成立于1994年，目前注册资本为76,375万元人民币。

公司现有股东及股权比例分别为中国海洋石油总公司下属中海石油化工进出口有限公司(30%)及中国近海石油服务(香港)有限公司(10%)、上海海运(集团)公司(20%)、中化国际(控股)股份有限公司(20%)、银邦海外有限公司(20%)。

公司主营业务包括国内、国际原油、成品油运输、国际船舶管理和租船、运输咨询、中介服务等。

二、公司现状

公司目前设立上海办公室和北京办公室。上海办公室主要负责船舶安全管理、财务、行政等业务，在册员工30余人；北京办公室主要负责船舶经营业务，在册员工20余人。

公司自成立至今，人员规模不断扩大，特别是对高素质人才的引进。公司现有高级管理人员(总经理、副总经理、财务总监)五人，均为在相关领域有丰富工作经验的高级人才；船舶管理人员二十人，其中有船长资质的九人，轮机长资质的五人，资深电机员一人，在船工作经验均在十年以上；经营管理人员十人。公司员工中研究生以上学历九人，大学学历三十二人，其中十四人毕业于大连海事大学，十一人毕业于上海海事大学。

公司目前拥有自有船舶八条：十一万吨级油轮—“凤凰洲”轮、十万五千吨级油轮—“北海威望”轮、十万五千吨级油轮—“北海展望”轮、十万吨级油轮—“北海希望”轮、七万吨级油轮—“北海之星”轮、五万五千吨级油轮—“北海众望”轮、五万五千吨级油轮—“北海厚望”轮、四万六千吨级油轮—“北海远望”轮；长年期租2艘油轮；总载重吨达到七十万吨以上。

上海港引航站

上海港引航站是上海港唯一的合法引航机构，代表国家行使引航主权，负责对进出上海港的外国籍船舶实行强制引航，并接受远洋、近海航运公司的申请，提供引航服务。引航工作对于保证船舶安全航行、提高港口作业效率、维护航行秩序等都具有重要作用。

上海港引航站是目前国内规模最大，技术力量最为雄厚和设施最为齐全的引航站。全站现有职工705名。现职310名引航员，约占中国引航员总人数的百分之二十，是中国引航员数量最多的引航站。另有各类船舶23艘，其中“沪港引11”轮是中国最大、最先进、功能最齐全的专业引航船。

拥有优质人力资源、技术装备的上海港引航站也是中国业务最为繁忙的引航机构。2012年累计完成引航67715艘。其中，上海港船舶45892艘次；进出长江船舶23131艘次；洋山分站引领9822艘次。2012年，进出上海港船泊大型化趋势显著。全年引领船长250米以上14897艘次；长度300米以上超大型船舶达5568艘次。2012年，引航站引领的大型客轮也明显增多。全年引领长度大于160米的大型客轮238艘次，同比增长10.2%。

在如此巨大的工作量之下，上海港引航站常年保持了优秀的安全率，在国内外同行中享有盛誉。上海港引航站是中国引航协会会长单位，也是中国大陆四十七家引航机构在国际引航协会（IMPA）中唯一的正式代表。

大连海昌船运有限公司

Dalian Haichang Shipping Co., Ltd.

大连海昌船运有限公司(简称海昌船运)系辽宁省运力最大的民营液货运输企业之一。公司于1998年8月16日成立,隶属大连海昌集团,注册资金5000万元人民币。公司主要经营中国沿海及长江中下游地区的成品油及散装化学品运输。

国内沿海成品油运输业务是海昌船运的传统和龙头业务,经过多年的不懈努力,公司与国内的多家石油公司、航运公司及主要港口建立了良好的战略合作关系。从2006年起,公司开始涉足散装化学品运输,已陆续购入散装化学品船多艘,主要经营国内成品油、原油及纯苯、二甲苯、甲醇等化工品运输业务。为了进一步增强公司的运输能力,占据更多的市场份额,公司目前正在增加投入,以进一步扩大船队规模。

海昌船运的管理团队是由以茅士家总经理为代表的一批高素质和经验丰富的经营管理、高级技术人员以及具有丰富航海实践经验的船长和轮机长组成。管理队伍知识全面,经验丰富,训练有素。公司涉足国内油化运输市场多年,拥有精湛的业务、良好的信誉、完善的服务、灵活的经营手段,为客户提供高水平的专业化服务。

数年来,海昌集团在巩固国内市场地位和开拓市场份额的同时,积极扩大外贸业务领域,先后携手多家国际知名企业为战略合作伙伴,共同打造海昌国际品牌。并在上海和香港等沿海主要港口城市开设了船运公司,为海昌走出国门,走向世界,筑起平台,铺平道路。

上海华润大东船务工程有限公司

上海华润大东船务工程有限公司是一家由香港华润投资控股有限公司、沪东中华造船(集团)有限公司、上海亚通股份有限公司、上海大同农工商实业有限公司共同投资以修理及改装国内外各类大型船舶为主业的合资企业。公司成立于1994年1月,1995年11月正式对外开业,经过短短10多年的发展,完成了一、二、三期工程建设,目前已承修了来自欧、美、日、韩、新加坡以及香港和台湾等30多个国家和地区的2000多艘各类大型船舶修理及改装工程。近几年来,企业经营生产规模不断扩大,综合实力不断攀升,已连续多年位列全国三强,成为业内先锋,2008年更是取得了各项经济指标全国单厂第一的良好业绩,在国际修船市场上具有相当高的知名度。

公司修船基地位于上海崇明岛,临近长江入海口,与上海港、外高桥集装箱码头隔江相望,地理水域条件优越。厂区面积近102万m2,面临长江口主航道岸线长2300m,码头长度近2290m。拥有水深8~14m的修船码头8座,30万吨级、15万吨级、8万吨级、5万吨级浮船坞各1座以及超大型干船坞1座,其中超大型干船坞长380m,宽103m,深14m,能够承接从方便型到超大型的任何尺寸的船舶(最大可并列修理2艘170000DWT散货船,或并列修理12500TEU集装箱船/300000DWT油船和70000DWT散货船各1艘)。"五坞八泊位"的生产格局使公司具备了年修理万吨级以上船舶300艘左右和修理(改装)海洋石油平台3座的能力。

根据国务院和上海市政府对崇明生态岛的建设规划要求,公司在国内同行中率先建立了质量·职业健康安全·环境综合管理体系,并于2006年7月取得了美国船检局ABSQE颁发的OHSAS18001:1999和ISO14001:2004证书。此外,根据SOLAS公约(《1974年国际海上人命安全公约》)和ISPS规则(《国际船舶和港口设施保安规则》)要求,公司还于2004年6月份取得了《中华人民共和国港口设施保安符合证书》,旨在为来我公司进行船舶修理的国内外船东提供优良的质量、安全和健康保障。此外,公司还于2010年1月1日在全公司范围内正式运行顾客服务管理体系,并于2010年下半年开始将体系进一步向末端延伸,致力为顾客提供全方位、全过程、全员参与的优质高效服务。

公司以诚信、敬业、团队、勤俭为核心价值观,秉承思危、求实、创新、超越的企业精神,致力发展成船东在中国首选的修船基地。公司关心员工,为员工营造良好的成长环境,并把实现股东价值和员工价值最大化作为企业使命的目标之一。

美设国际货运有限公司

美设国际货运有限公司是一家提供综合性物流服务的行业领先企业。我们为来自所有领域和地区的合作伙伴服务，在整个供应链中，把客户具有价值的机遇和严峻的挑战转变成客户真正的竞争优势。

美设在追求卓越中辛勤耕耘，美设专注于海运，空运，陆路运输，危险品运输与合同物流。在全球我们拥有1,500位杰出的员工和专家，服务到达20,000多个城市，覆盖120多个国家。全年拼箱货量超过100万方。我们精挑细选的1,200多家优质代理伙伴，使我们的服务网络不断延伸，满足并超越客户的需求和期望。在美设，我们的愿景是：在自己专业的领域中不断创新与贡献，为人类创造简单而又多元化的生活。

美设致力于培养货运行业的高素质实用专业人才，每一个美设人都秉承着"服务员工、服务客户、服务社会"的理念。在公司发展的前提下，逐步实现员工福利最大化；凭借专业、敬业、高效的团队，向客户提供迅捷可靠的一站式服务，服务做到'有求必应、有问必答、日事日毕、热情周到'，促成客户、员工与公司的共同发展与三赢。

美设的每一个领导者必将恪尽职守，无愧领导者称谓，带领团队，携手同仁，并肩奋战，提升"美设"企业品牌，共求企业生存发展，提供员工长期就业和福利保障，提高员工工作满意度和事业成就感，提升企业的员工凝聚力和社会良好声誉，为社会发展尽绵薄之力。

美设的宗旨是"信誉为本、服务取胜、志在必得、市场在我。"美设人坚信"勤奋创造财富、成就体现价值"。

美设必将为推动中国国际运输及物流事业的发展不遗余力，为促进社会经济发展、改善人民生活尽义务，努力将我们所做的事做得更好，为中国国际货运代理事业发展做出积极贡献。

上海汇通船务有限责任公司

上海汇通船务有限责任公司成立于1996年9月26日。原系从事内河油运的企业。1996年以后逐步发展成为国内沿海及长江中下游各港间油品、化学品船运输为主营的民营企业。并在2003年公司通过安全管理体系认证，获得海事局颁发的《符合证明》证书。为了满足市场发展需要，公司在2008年通过了SGS对ISO9001:2008的认证，取得了质量管理证书，同年取得了国际船舶危险品运输许可证和国际海运辅助业经营资质，拓展了公司经营范围。2009年公司的经营范围又涉及到船舶修造和船舶交易买卖。为适应发展需要，2010年已开始着手组建集船舶运输、船舶修造，船舶贸易买卖于一体的集团公司。

公司主营：

国内外散装液体化学品/成品油运输。运输货物品类：苯类、醇类、酯类、酮类、烷类、烃类等一系列化工产品及成品油。

公司内部设置海务、机务、业务、船员部等管理机构，并聘用大连海事、上海海事大学毕业的有航海经验的资深船长、轮机长担任公司中、高层领导，对公司安全管理体系及营运进行全面管理。

公司船舶船型齐全，备有1000吨至11000吨液体油兼化的运输船舶。目前投入营运的国内航线船舶为8艘---船名为：汇通21、汇通22、汇通25、汇通27、汇通56、七星21、永盛化7和永盛化9。同时公司备有一艘国际化学品船舶--“YONGTONG 1”，总计运力为34000吨。公司还有2艘4000吨的不锈钢PO船将于2011年6月下水投入营运。

公司近几年来安全承运了国际、国内沿海和长江中下游各港间的各类散装化学品和成品油，与众多包括中石化、中石油、中海油、三井、赛拉尼斯、天津大沽化工及上海华谊集团在内的大型石化企业、炼油厂及化工企业建立了良好的散化海运合作关系并在国内外散装运输行业中赢得了良好的声誉。

依托公司良好的业绩和日益增强的运输能力，上海汇通船务有限责任公司必将跻身于散装化学品运输行业的前列。公司竭诚欢迎国内外广大客户选择汇通船务为您服务，我们将为每位客户提供优质、高效的服务。

十年辉煌 二次创业

——热烈庆祝海仲上海分会成立十周年

中国海事仲裁委员会上海分会自2003年设立以来，受理了海事争议案件计330余件，争议标的额达42.60亿元，近年来每年受案量均在50至60件左右，占海仲案件总量的百分之六十以上。通过不懈努力，海仲上海分会在国内外的影响力显著提高，上海海事仲裁的发展已经成为中国海事仲裁发展的重要标志。海事仲裁作为航运高端服务业，为上海国际航运中心软环境建设注入新活力，为中国海事仲裁发展开创了新局面。

上海分会成立十周年活动暨上海海事仲裁第二次创业论坛于2013年3月20日在上海隆重举行。会议侧重虚心听取航运界的批评建议，进一步坚定了海仲上海分会未来发展的方向和目标：几年内使上海成为全国海事仲裁中心，进一步成为亚太地区海事仲裁中心。

海仲上海分会推荐标准仲裁条款：“凡因本合同产生的或与本合同有关的任何争议，均应提交中国海事仲裁委员会上海分会”。

英文条款：Arbitration in CMAC–Shanghai。

地址：上海浦东东方路710号汤臣金融大厦13楼 邮 编：200122
电子信箱：cmac@cmac.org.cn http: // www.cmac-sh.org
电 话：021-58200329 传 真：021-50810965

上海港国际客运中心

【国客中心口岸邮轮游客出入境人数】

2011年，受东日本大地震所引发的海啸和核危机影响，国客中心日韩航线受到一定的影响，全年靠泊各类船舶195航次，同比2010年下降了6%；2011年完成出入境总人数207540人，同比2010年降了27%。其中，入境人数105074人，同比2010年下降了28%；出境人数102466人，同比2010年下降了26%。

【包船业务】

2011年，上海港国际客运中心向COSTA邮轮公司包船运作了3个航次。其中台湾2航次，上海–舟山–冲绳1航次，出入境游客共计3700余人。10月12日~17日上海港国客中心首开了上海—舟山—石垣岛—那霸六天五晚的包船航线，运营取得圆满成功，有1267名游客参与其中。这是上海港国客中心继2010年10月以来的第四次包船，在国内港航界和邮轮界，取得了一定的声誉，促进了国内各港口之间的交流与合作。经过台湾和日本冲绳航次的成功运营，检验了上海港国客中心的市场销售能力、航线策划能力、产品定价能力等，扩大了“上港邮轮，上乘服务”的品牌效应，为上港集团打造本土邮轮船队奠定了基础。

【通过劳氏ISO9001:2008质量管理体系认证审核】

为了进一步提升在邮轮码头管理方面的能力，公司对邮轮码头管理的质量管理体系进行了认证。2011年3月，上海港国际客运中心开发有限公司顺利通过了英国劳氏质量认证(上海)有限的ISO9001:2008认证。成为了世界上第一家通过该公司认证的邮轮码头。

【2011上港邮轮生活赏鉴会】

上海港国际客运中心在承办的“2011上港邮轮生活赏鉴会”上隆重推出了“上港邮轮，上乘服务”的上港邮轮品牌，该品牌集国际化邮轮码头运营、邮轮票务销售、邮轮物资供应、邮轮劳务输出于一体，折射出上海港国际客运中心致力于为中国的邮轮消费者提供一流的邮轮服务新理念。赏鉴会以“邮轮生活赏鉴”为主线，从邮轮的旅行理念、邮轮母港、世界著名邮轮公司产品及最新航线介绍入手，为与会的旅游界嘉宾提供了一次全方位的邮轮赏鉴感受。

【国客中心形象宣传】

上海港国客中心在“2011上海旅游节花车巡游”上，以“邮轮游上海，悦动新母港”为主题的上港邮轮花车作为花车队伍的压轴海陆空车辆之一，在淮海路闪亮登场。这是上海港国客中心第一次参加旅游节花车巡游活动，被上海旅游节组织委员会授予“‘银联杯’花车巡游暨评比大奖赛优秀组织奖”荣誉称号。上海旅游节是上海城市形象的一次大展示，是旅游业同其它产业整合发展的一次大拓展。在实现“建设世界著名旅游城市”目标的进程中，上海旅游节将起到积极的推进作用。上海港国客中心的积极参与，无疑给企业形象和社会地位带来深远的影响和知名度的提高。

上海海运服务有限公司

上海海运服务有限公司，是上海海运(集团)公司下属企业，成立于1985年10月，现位于上海市黄浦区滇池路100号3楼办公。下属经营单位主要有海运大厦、海厦旅馆、助航船队以及与上海巴士国际旅游有限公司合资组建的上海巴士旅游船务有限公司。

公司主营业务有：住宿餐饮、会务接待服务、商务办公、水上交通服务、商贸经营、船员接送、旅游咨询等。根据公司业务范围广的特点，结合各项业务需要，公司所设下属经营单位分散于本市不同地区。

海运大厦位于长阳路1441号，消防安全重点单位，建筑面积13371平方米，是一栋集商务办公、会务接待、住宿餐饮为一体的综合性大楼。

海厦旅馆位于阜新路182弄13号，消防安全重点单位，属人员密集型场所，建筑面积3101平方米，中档旅馆。

助航船队位于淞浦路222号，是一支拥有拖轮、交通船共4艘的船队，长期以来作为船舶配套服务的功能，为中海集团内部、外部航运企业的船舶和相关部门提供后勤保障服务，主要承担崇明、横沙、宝山及黄浦江水域接送引航员、船员、外轮代理、应急抢险人员等接送服务，并为大船运送、物料、主副食品及港口拖轮作业等业务。

上海巴士旅游船务有限公司现有载客450人的中国人寿游船和永诚保险游船以及载客300人的金灿灿号游船这三艘豪华浦江游览船，主要从事黄浦江游览、会务接待、餐饮服务等。

上海海运服务有限公司　联系电话:021-63232680

上海奉贤联运有限公司

董事长兼总经理：邹元放

上海奉贤联运有限公司座落于奉贤区南桥镇南桥路466号，地处奉贤区南桥镇中心地段，汽车30分钟经A4高速公路即可直达市中心，交通十分便捷。

公司始建于1992年，是奉贤区成立较早并具有相当规模和实力的专业运输企业。主要经营：水、陆、空联运、长途客运、液化气销售与充装、汽车修理（一类）、旅游服务、钢瓶检验、危险品车辆运输、代售汽车、火车、轮船票、码头、仓储等运输服务项目。

多年来，公司领导抓住机遇，乘势而上、深化改革、锐意进取，凭借良好的经营信誉，广泛的市场网络，成熟的管理经验，优质的规范服务，使企业走上良性发展的轨道。

目前，公司下属有6家企业：上海浦江汽车运输有限公司、上海奉贤交通液化气有限公司、上海银星汽车维修有限公司、上海远方气瓶检验有限公司、上海凤舞汽车运输有限公司、上海远方旅行社有限公司。各公司之间相互依托、互相支持，形成具有一定实力的经济联合体，为振兴奉贤经济发展创建和谐社会而努力奋斗。

地址：上海市奉贤区南桥镇南桥路466号　电话：021-57425001　传真：021-57425130

上海中远国际货运有限公司

上海中远国际货运有限公司(简称上海中货),成立于1996年8月20日,作为中远集装箱运输有限公司(简称中远集运)在华东地区的船东营销服务机构,是华东区域服务功能最齐全、综合实力最雄厚的国际货运和船舶代理企业之一。公司下辖江、浙、沪、皖65家货运代理机构及船舶代理机构,构建了以上海口岸为龙头、以华东三省和长江沿线等城市为业务覆盖面的全方位、多功能的国际货运网络体系。上海中货始终坚持以市场为导向,以客户满意为中心,在激烈的市场竞争中运用国际最新服务理念和手段,带动企业服务质量的不断提高。上海中货先后获得了"全国五一劳动奖状","全国交通系统企业文化建设优秀单位","上海市合同信用等级AAA级单位"、"上海市报关AA单位"等一系列荣誉和资质。锐意进取,不断开拓,自我完善,上海中货人将秉持"为您想得更多,做得更好"的服务理念,为广大国内外客户提供优质的个性化物流服务。

中钢国际货运上海有限责任公司

一、公司简介

中钢国际货运上海有限责任公司(简称中钢货运上海公司)是中钢国际货运有限公司控股的九家地区子公司之一。公司成立于2005年1月,注册资本为人民币500万元。公司充分利用上海港的地理优势和资源优势,大力拓展各种产品的进出口货代业务,自05年成立以来,公司货代业务总量每年以超过10%的增长速度发展。

公司秉承中钢"合作、友谊、双赢、发展"的理念,始终以诚信、热忱与专业,为广大客户提供精致、安全、高效的物流配套服务。

二、主要业务

国际货代业务、国内物流业务、仓储及配送业务、第三方物流及监管

三、服务优势

货代业务行业领先

公司代理货物总量多年来位居上海港前列,其中铁矿石、铬系列产品进口货代量位居上海口岸前三甲,大型设备出口货代量亦位列前茅。

丰富的船舶资源支持

公司在国际海运、沿海及内河水运服务方面,拥有丰富的船舶资源支持,通过及时准确地掌握各种类型船舶的信息,确保能够提供客户满意的订舱服务。

现代化的仓储中心

公司在上海宝山地区投资建设了达7600平米的仓储中心。该中心配有4台10吨行车以及大小叉车、堆高机、铲车等现代化专业仓储设备,具备集装箱掏箱装卸能力。全库设24小时监控摄像头,全面覆盖库内货物与库外通道。

完备的信息网络系统

公司通过实施ERP系统,加强了对各方面业务的管理,提高了工作效率,确保能够为客户提供优质、快捷、安全的服务。

良好的客户评价

公司的优质货代配套服务,赢得了客户的赞誉与青睐。其中中钢集团、马钢集团、武钢集团、宁波韵升集团等客户已与我司建立长期友好的战略合作关系。

公司地址:中国上海市虹口区曲阳路299号9楼 邮政编码:200081

联系电话:021-65211237 传真:021-65211511

荣思克远洋运输有限公司

荣思克远洋运输有限公司（英文简称“ROSCO”）成立于2009年10月，主要从事国际干散货远洋运输，是三河汇福粮油集团的全资子公司。

公司现有10艘巴拿马型以及1艘好望角型散货船，总载重量近100万吨。船队平均船龄不到5年，航线覆盖全球100多个国家和地区的1000多个港口，运输货物包括粮食、煤炭、铁矿石等。

荣思克采用专业化、精英化、多元化的人力资源结构，大部分员工均毕业于国内外著名的海事院校和其他高等院校。公司拥有众多具有丰富国际航运经验和高级职称的管理人员、资深船长、轮机长、海事律师等经营管理与专业技术人员。

荣思克以回报客户、员工、社会和环境为最高使命，致力于为全球客户提供优质、安全、高效、快捷的运输服务。公司内部以“领导敬业，员工尽责；科学管理，优质高效”为管理理念，强化以安全生产为核心的安全保障体系，确保公司长期良性地持续发展。

荣思克远洋运输有限公司
地址：香港九龙弥敦道625号雅兰中心二期909H室
邮箱：ops@rewoodshipping.com
chartering@rewoodshipping.com
网址：www.rewoodshipping.com

荣思克船务（上海）有限公司
地址：上海市浦东新区陆家嘴环路1318号星展银行大厦1901单元
邮编：200120
电话：+86 21 50116900
传真：+86 21 50116910
邮箱：ops@rewoodshipping.com
chartering@rewoodshipping.com
网址：www.rewoodshipping.com

上海中海船务代理有限公司

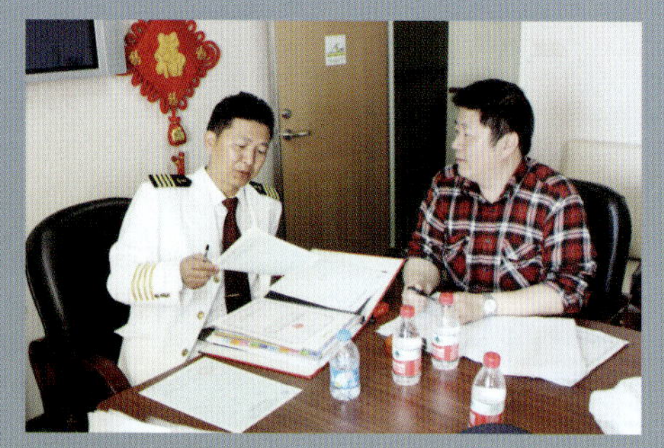

上海中海船务代理有限公司成立于1993年9月，前身为上海金辉国际船务代理公司。2000年9月，经交通部批准更名为上海中海船务代理有限公司。

公司主要从事中外籍国际船舶代理业务：缮制单证，代签提单、运输合同、速遣滞期协议，代收代付款项；办理船舶进出港手续，联系安排引水、靠泊、装卸；报关，办理货物的托运和中转；揽货和组织客源，洽定舱位；联系水上救助，协助处理海商海事；代为处理船舶、船员、旅客或货物的有关事项，陆路国际货运代理，海上国际货运代理，航空国际货运代理，在上海海关关区各口岸或监管业务集中地从事报关业务等。

公司成立以来，始终坚持“开拓为先、服务为本”的理念，紧随中国海运集团的发展战略，坚持创新驱动，转型发展，围绕船舶代理、海运、货运代理主业积极开拓市场和延伸服务。二十年间，公司依靠船货并举、多元发展的经营理念与大量的国内外相关行业客户开展业务往来，并与上海港检查、检验单位及港口企业建立了良好的业务联系，跻身于上海口岸船代同行前茅。

公司拥有多名经验丰富的高级管理人员及一批业务精湛的优秀员工，秉承“诚信、专业、增值、责任”的服务理念，建立覆盖全业务的信息化工作机制，为客户提供安全、快速、全方位、多层次的代理服务。

公司全体员工竭诚欢迎社会各界同仁，友好合作，共同发展。

上海建科检验有限公司

上海建科检验有限公司(以下简称公司),是上海市建筑科学研究院(集团)有限公司全资子公司,是国内一流的权威性检验服务机构。公司主要从事建筑材料、建设工程及其相关领域的检测、检验、校准与评估、咨询业务,承担建设工程和建筑产品的质量监督、抽查检验、仲裁检验、产品验货及认证检验。检测技术涵盖材料、结构、环境、消防、交通、职业卫生等领域。公司已通过国家实验室认可(CNAS)和上海市质量技术监督局的计量认证(CMA)。

多年来,建科院实验室以第三方公正地位为建筑材料行业、建设工程及相关领域提供了大量准确、可靠、及时的检验数据,为上海及外省市的政府部门、司法部门、企事业单位和个人提供了数以万计的检测检查服务,承担主编或参编建筑材料、建筑工程和检测方法的国家标准、行业标准和地方标准近百项。实验室在积极参与国内行业标准制定与研发、推动产品行业的生产效率和产业升级的同时也不断拓展国外标准检测能力,并与国外知名机构SGS、BSI、INTERTEK、BV、TUV等保持着密切地交流与合作关系。

近年来,建科检验公司致力于进出口商品检验服务,提供木地板、强化地板、竹地板、木门、家具及其他木制品、五金、玻璃、木塑产品、塑料类等产品验货、检测服务,以其专业、准确、公正、高效、恪尽职守获得海内外客户高度赞誉,为进出口商品贸易真正起到把关商品质量、提高交易效率、降低交易成本的作用。

公司地址:上海市申富路568号　联系电话:021-54428284
邮　箱:zhangzhiyu203@hotmail.com　公司网址:www.jktac.com

上海市邮政速递物流有限公司

上海市邮政速递物流有限公司(以下简称上海公司)成立于2010年6月,坐落于上海市闸北区恒丰路601号,是专业经营和管理上海邮政速递物流业务的现代综合快递物流企业,注册资金5.6亿元人民币,属于年营业收入1000万元以上的交通运输及邮政业。

上海公司下辖15个区县分公司及6个直属单位,拥有员工7800余人,下设揽投部165个,揽投站117个,揽投道段近2000条,机动运输车辆1600余台,业务范围通达全球200多个国家和地区及国内2800多个县市,主要经营业务有:EMS国际特快专递业务、国内特快专递业务、同城特快专递业务、物流业务、国际货代业务、商业快件业务、国际E邮宝业务、电商业务等。

上海公司成立以来,秉承"全心、全速、全球"的核心服务理念,坚持"做大做强,行业领先"的企业使命,为客户提供便利、快捷、可靠的邮政速递物流服务,最大程度地满足客户和社会的多层次需求,曾先后荣获"中国消费者十大满意品牌"、"全国名优产品售后服务十佳"、"中国货运业快递信息系统和服务规范金奖"、"上海市建行杯第四届百佳公积金诚信缴交企业"等奖项。

Nisshin
SHANGHAI

日一新国际货运代理（上海）有限公司

公司概要

（日一新总部）

- 公 司 名：日一新国际货运代理（上海）有限公司
- 英 文 名：NISSHIN UNYU（SHANGHAI）CO.,LTD.
- 成立日期：2006年11月14日
- 注册资金：307万美金（US$）
- 出资公司：日本日新运输株式会社
- 董事长：勝又 泰二
- 总经理：杨 浔
- 本社人数：460人（2011年4月）

公司宗旨

公司秉承“诚信、高效、创新”的原则，追求卓越、致力专精、为客户提供前瞻性、全方位的感心服务。致力于建设一个高起点、专业化集国际货物运输代理业务、报关、报检、仓储、流通加工为一体的综合型物流企业。

日一新国际货运代理（上海）有限公司
上海浦东新区东方路710号汤臣金融大厦1106-1109室　〒200122
Tel：021-58303208　Fax：021-58303209

上海振华船运有限公司

上海振华船运有限公司作为上海振华重工(集团)股份有限公司(ZPMC)的合作伙伴，主要负责大型起重机和超大件的越洋运输业务，公司于1999年12月29日获得上海海事局颁发的DOC证书，2005年11月17日获得中国船级社颁发的DOC证书。振华船运公司现有22艘整机运输船，其中包括4条半潜运输船。

振华船运多次出色完成具有世界级难度的重大件运输，受到业界的一致好评。

秉承着服务至上的原则，振华船运热诚期待与您的合作。

地址:上海浦东南路3470号　邮编:200125
电话:86-021-58396666　传真:86-021-58398178
E-mail: zpmcshipping@zpmc.net
网址:http://shipping.zpmc.com/

上海亚瀚船舶代理有限公司

上海亚瀚船舶代理有限公司(SHANGHAI JOHNASIA SHIPPING AGENCY LTD.)是于2004年12月由中华人民共和国交通部批准成立的一家中外合资的国际船舶代理有限公司。上海公司由新加坡投资方JOHNASIA SHIPPING PTE. LTD.直接经营管理，而新加坡JOHNASIA SHIPPING (S) PTE. LTD.是一家从事国际船舶代理有二十多年经验的航运公司,具有高标准的服务理念和优越的管理经验及广泛的客源市场。目前公司在上海、青岛和厦门各设有独立经营管理的代理公司,主要从事欧洲各大船公司在中国的船舶总代理,燃油经纪,修船买卖船经纪,船员经纪等业务。公司员工全面贯彻由公司创始人P.H.NG.先生提出的“ONCE JOHNASIA,ALWAYS JOHNASIA”的经营服务理念,竭诚为新老客户服务。

上海振华国际船务代理有限公司

Shanghai Zhenhua International Shipping Agency Co.,Ltd.

上海振华国际船务代理有限公司成立于2003年5月,是由天津振华国际船舶代理有限公司同天津振华国际货运有限公司共同出资在上海注册的独立法人公司,投资总额1000万元。

基于我司良好的信誉及专业的服务,我们同港口当局和相关政府部门,如海事局、海关、边防、检验检疫局、上海港务集团及引航站等建立了长期的紧密的关系。同时,也拥有了 批合作稳定、关系密切的客户。现有的集装箱客户有:澳航(中国)有限公司(ANL)、兴亚海运(中国)有限公司(Heung-A)、泛洲海运株式会社.(PANCON)、东进商船株式会社.(DONGJIN)、天敬海运株式会社(CK LINE)、日本安通海运有限公司(ON-TO)、大通航运有限公司(EAS),赫伯罗特船务(中国)有限公司。

上海振华国际船务代理有限公司和振华物流集团有限公司上海分公司作为一个整体,充分发挥集团经营的优势,可以在货物和船代业务方面全方位的为客户提供解决方案;经验与技术交织相融,使上海振华船代成为上海口岸颇具实力的国际船舶代理。

地址:上海市延安东路700号港泰广场21楼

MCC Transport–您亚洲航运的合作伙伴

MCC CEO– Mr. Tim Wickmann寄语

2009年1月1日起，MCC开始接管马士基航运的近洋线集装箱运输业务。我们的愿景是成为这个重要市场的主要参与者并且盈利，同时保持MCC为其他远洋航线提供出色支线接驳服务的一贯优势。

自2009年以来，MCC的集装箱船队规模扩充了两倍，如今我们经营了相当于100,000TEU装载量的60艘船，使MCC跻身Alphaliner世界航运公司排名第22位。MCC的船只每周挂靠超过170个港口，提供超过3500个点到点服务航线，并在2012年实现10亿美元营业额，共运送了包括近洋和支线服务在内超过3百万TEU集装箱。今天MCC在14个国家拥有500多名员工。

如今，MCC可靠的船期，卓越的客服体验，优势特色航线为客户所认可。这些也是MCC继续专注的重点，通过单独或与其他航运公司合作提供更多直达服务来不断扩大我们的航线网络。MCC灵活、快速的决策流程能够在竞争激烈的环境下抓住市场中的有利商机，并让所有的近洋线客户从中受益。

中国华东区已经在过去的几年内成长为MCC最大的出口地区，因此我要感谢在货量和运价上支持我们的所有客户。结合我们在华东地区不断扩展和革新的服务，我们期待与您在持续繁荣的合作中保持伙伴关系！

Tim Wickmann

MCC华东地区服务介绍

1.稳定全面的航线覆盖：

航线代码	华东出口主要直达挂靠港口	介绍
SH1	Shanghai - Tanjung Pelepas - Chittagong, Bangladesh	市场独家孟加拉吉大港直达周班航线(13天)
IA4(South)	Shanghai - Xiamen - Hong Kong- Tanjung Pelepas- Singapore - Jakarta	印尼雅加达直航并通过香港 和丹戎帕拉帕斯的中转服务覆盖所有泛亚港口
IA5(South)	Shanghai - Manlia - Tanjung Pelepas - Singapore - Semarang - Surabaya	双靠菲律宾马尼拉南港和北港，延伸服务覆盖印尼主要基本港三宝垄和泗水
IA4(North)	Ningbo - Shanghai - Busan - Vostochniy, Russia	全面覆盖俄罗斯远东地区三大基本港
IA8(North)	Shanghai - Busan - Vladivostok, Russia	
PH4	Ningbo -Shanghai- Busan - Vladivostok (Fish Port), Russia	

2.特色偏港服务：

从华东驶发的航线覆盖亚洲各个基本港口，并中转挂靠印尼、菲律宾和马来西亚等偏港，主要有：

※ Brunei : Maura
※ Indonesia : Batam Island, Perawang, Merak, Panjang, Cikarang
※ Myanmar : Yangon
※ Malaysia : Kota Kinabalu, Kuching, Kuantan, Sibu
※ Philippines : Cagayan De Oro, General Santos City, Batangas
※ Vietnam : Danang, Qui Nhon
※ Thailand : Songkhla

3.专业特种柜操作：

便利的特种柜操作流程为客户提供专业的安全保障，主要有：

※ 冷冻柜：–65℃ Supper Freezer, –35℃ Magmum超低温冷冻柜，以及所有冷箱柜型
※ 危险品：接受除IMO class 1和class 7以外所有危险品
※ 框架箱：提供超高超宽超长框架箱
※ Break Bulk：提供各式杂货运输服务

官方网站: www.mcc.com.sg； Iphone/Android APP: MCC Transport; 微博: @MCC 穆勒亚洲航运
上海: Tony.Tuo@mcc.com.sg 13917354735; 宁波: Anthony.Chen@mcc.com.sg 13958206455;
义乌: Jacob.Ding@mcc.com.sg 13777511885; 南京: Steven.Shi@mcc.com.sg 13951811335;
重庆: Eric.Chen@mcc.com.sg 18680807991; 厦门：Echo.Wang@mcc.com.sg 1360600722

支持单位

（排名不分先后）

中国人民解放军73807部队

上海浮海船舶服务有限公司

上海老凤祥国际贸易有限公司

上海出入境边防检查总站

地址：上海市申滨南路666号 电话：021－31366000

上海中谷新良海运有限公司

地址：上海市浦东新区东方路3261号 电话：021－31109911

上海国电海运有限公司

地址：上海市虹口区吴淞路218号16F 电话：021－63576862

上海嘉定出口加工区发展有限公司

地址：上海市宝钱公路4500号 电话：021－39568000

上海航道工程总承包有限责任公司

地址：上海市浦东大道850号2S 电话：021－58871456

上海上电漕泾发电有限公司

地址：上海市漫华路8号 电话：021－37996614

上海外高桥第二发电有限责任公司

地址：上海市海徐路1181号 电话：021－28988060

上海长兴岛第二发电厂

地址：上海市崇明县长兴岛茂进路88号 电话：021－56855585

上海外高桥发电有限责任公司

地址：上海市浦东新区海徐路1001号 电话：021－58695869

上海上实国际贸易（集团）有限公司

地址：上海市漕溪北路18号30楼 电话：021－64277728

上海机场实业投资管理公司

地址:上海市空港一路288号305室 电话:021-22340200

上海美蓓亚精密机电有限公司

地址:上海市青浦区金泽镇练西公路5202号 电话:021-59293680

上港集团煤炭分公司

地址:上海市宝山区川念路28号 电话:021-56158030

上海鹏华船务有限公司

地址:上海市四川北路1318号盛邦国际大厦2401号 电话:021-63302513

上海翔安电力航运有限公司

地址:上海市四川北路1688号南10楼 电话:021-63073170

上海中燃船舶燃料有限公司

地址:上海市四川北路1688号福德广场南楼28F 电话:021-63246102

丽星邮轮旅行社(上海)有限公司

地址:上海市南京西路1038号1506室 电话:021-62580202

昌硕科技(上海)有限公司

地址:上海市浦东新区秀沿路3668号 电话:021-38113768

上海外轮理货有限公司

地址:上海市杨树浦路248号瑞丰国际大厦2层、19层 电话:021-65868800

上海赛科石油化工有限责任公司

地址:上海市上海化学工业区南银河路557号 电话:021-37990088

上海江南长兴造船有限责任公司

地址:上海市崇明县长兴镇长兴江南大道2468号 电话:021-66997000

上海汇宗运输服务有限公司

地址:上海市崇明县建设镇蟠龙公路495号 电话:021-56851896

上海峰运装卸服务有限公司

地址:上海市松江区米市渡中舟船厂 电话:021-37770622